MULTIPLE CHALLENGES FACING THE EUROPEAN UNION AND ITS FOREIGN RELATIONS

多重挑战下的欧盟及其对外关系

徐明棋·主　编
杨海峰·副主编

时事出版社
北京

前　言

《多重挑战下的欧盟及其对外关系》是上海欧洲学会的专家学者2018年关于欧盟研究部分成果的汇集，内容涉及欧盟政治、经济、社会、外交、一体化、中欧关系等相关领域，重点分析了近年来欧盟面临多方面挑战以及所采取的各种应对措施和影响，这些以论文形式撰写的成果有一部分已经发表于专业性学术杂志，多数则尚未发表，是原创性的成果。它展现了上海欧洲问题研究学者对欧盟政治、经济、外交，以及一体化未来发展趋势研究的最新心得，对于了解和把握欧洲在全球大变革背景下的发展方向和在其中的作用，以及中欧关系未来的发展趋势等具有重要的参考价值。当然，这本论文集不能涵盖全部上海欧洲问题研究学者的研究精粹，在数量上更无法代表上海欧洲研究学者浩瀚的研究成果，它只是其中部分成果萃集。

欧盟自从2008年全球金融危机爆发以后，面临的挑战不断。先是2009—2010年的欧元区债务危机曾经冲击多个欧盟成员国，导致欧元信誉大幅度下降，重债务国希腊、西班牙、葡萄牙不得不严格限制财政开支以获得IMF和欧盟提供的财政支持。希腊民众曾因反对严格的紧缩政策，将激进的左翼联盟选上台，并一度威胁退出欧元区。后来，欧盟通过制定《财政契约》，强化财政纪律，同时欧洲央行采取宽松货币政策，并学习美联储开启量化宽松政策，才逐渐缓和了债务危机。但是，希腊的严重债务负担以及意大利财政赤字问题仍然是潜在的危机导火索。欧盟随后在对外关系上遭遇了乌克兰危机，使得欧盟试图不断扩大在东欧地缘政治影响力目标遭受了严重的挫折，与俄罗斯的关系陷入谷底，还导致了欧盟内部在如何应对俄罗斯威胁上意见分歧。中东欧原苏联势力范围的一些国家，担忧欧盟的保护能力，变得更加依赖美国，使欧盟推动共同外交和防务政策的努力变得更加困难。2016年随着叙利亚战乱的恶化，来自中东和北非地区的难民又成为欧盟新的危机。虽然来自北非和中东的移民一直是西欧国家的一个问题，因为穆斯林移民融入当地社群一直不理想，是欧洲国家社会稳定的一个定时炸弹，而2016年超过100万难民进入欧盟造成的冲击是全面的。它造成很多国家新的财政负担，引发更加严重的社会稳定和潜在宗教冲突问题，导致更广泛的对恐怖主义的担忧，还使得不少成员国和政党在难民问题上的分歧尖锐化，疑欧和反对一体化的情绪蔓延。英国脱欧在一定程度上就是上述危机冲击下的另外一个危机，而英国脱欧则是欧洲一体化70多年的进程中的一次严重的倒退和重创，迄今为止仍然未画上终止符，其对欧盟的影响也将是长期的。

在所有上述不断出现的危机背后，欧盟还面临着更加深刻的内部民粹主义思潮高涨和一体化机制遭受质疑，民主悖论凸显的治理危机。欧盟一直引以自豪的民主政治和区域一体化的治理机制，在经济活力下降、增长缓慢、财政困难、贫富差距扩大的背景下，遭遇了前所未有的挑战，越来越多的民众对现存的治理机制表达不满，法国的"黄马甲"运动以及多个欧盟成员国极右翼政党的力量的壮大，都从一个侧面反映了这种治理的危机。

欧盟与美国传统的大西洋联盟也面临着严峻的挑战。美国特朗普政府对于欧盟的传统盟友关系进行着重新定位，不仅要欧盟承担更多的维持北约的成本，提高国防预算，还在经贸关系上寻求对等的利益，要求欧盟对美国开放更大的市场。美国还对欧盟成员国重新定位，选择不同亲疏的伙伴关系，对德法传统大国的地位造成冲击。美国特朗普政府还对欧盟的气候环境政策、多边主义的国际秩序理念等不屑一顾，抛却了传统的协调和合作。在中东、伊核等诸多地区热点问题上，美国与欧盟也存在巨大的判断和利益差异。这一切让欧盟越加感到需要寻求更加独立的欧洲共同外交和防务政策。

在所有上述欧盟面临的多重挑战上，我们上海欧洲研究学者从各自的专业领域出发，都做了深入的研究，在我们收集的2018年这些论文里，对此也都有一定程度的涉及。当然，由于欧盟面临的很多挑战并非是最近几年才出现的，在涉及欧盟内政、一体化和外交主题的论文中，上述挑战只是作为一个背景加以论及，而并非全面分析这些挑战，而是从一定的专题和特定的视角进行剖析，具有更深入的学术研究价值。

在欧盟面临多重挑战的背景下，中欧关系也经历着重大的调整。中欧自1998年确立全面战略伙伴关系以来，经济贸易和科技文化交流不断发展。进入新时代后，中欧更是确立了和平、增长、改革、文明"四大伙伴关系"。尽管中欧在不少领域存在不同的理念和看法，但是中欧都愿意本着求同存异的原则，寻求共同利益，维护多边主义和国际规则。中国"一带一路"倡议，欧盟也给予了积极的响应，表示可以进行广泛的合作。容克投资计划与"一带一路"相衔接就是这方面的例子。欧盟主要成员国都加入了中国倡议的亚洲基础设施投资银行（AIIB），2015年底中国加入了欧洲复兴开发银行（EBRD），都是这种合作不断加深的例子。但是，欧盟对于中国加强与中东欧成员国合作的"16+1"以及发展成"17+1"的合作框架持有一定的怀疑态度。如何进一步推动中欧合作，我们上海欧洲研究学者做了多方面的分析，在本论文集中，也收集了2018年几位学者的研究成果。

当然，本论文集只是我们上海欧洲研究学者研究成果的一个横截面，肯定挂一漏万，收集出版只是我们上海欧洲学会为推动欧洲研究学术水平不断提升的一份努力。

在本论文集最后一部分，我们还附上了2015年以来上海欧洲学会召开的一些重要的学术讨论会的综述。这主要是为了展现上海欧洲学会学术研讨所具有的与时俱进、关注热点和重大焦点问题的特点以及上海欧洲学者对这些问题具有的前瞻性的分析。现在回过头来看前几年上海欧洲研究学者对一些问题的展开的讨论和发表的观点，我们可以感受到学者研究所具有的前瞻性和预见性。它在一定层面上也展现了上海欧洲问题研究学者的水平，故利用出版论文集的机会一起奉上，供读者参考。

上海欧洲学会会长　徐明棋
2019年10月3日

目　录

欧盟内政

欧洲央行职能的转型对于欧洲一体化的影响 …………… 徐明棋（3）
试论欧洲右翼民粹主义政党兴起及其对欧洲
　　一体化的影响 ……………………………… 叶　江　王　琨（18）
德国在欧盟外资审查机制设立中的角色分析 ……… 郑春荣　范一杨（32）
马克龙的实用主义能否继续带领欧盟前进 …………… 薛　晟（51）
关于欧洲一体化的新思考
　　——以英国脱欧为视角 ……………………………… 潘兴明（61）
英国脱欧的当前进展与启示 ……………………… 李冠杰　左　敏（78）
英国穆斯林社群国家认同危机 ……………………………… 陈　琦（99）
极右翼势力侵蚀下的瑞典政局 ……………………………… 沈赟璐（114）

欧盟外交

欧盟外交与安全政策的全球战略及其实施情况评析 ………… 杨海峰（125）
欧盟的WTO改革主张及对我国的启示 …………………… 姜云飞（141）
欧盟建立"欧日经济伙伴关系"的战略机理探析 …………… 忻　华（152）

冷战后欧日合作模式的特征与分歧刍议 …………… 宋黎磊　蔡　亮（172）
三重身份视阈下的21世纪德国安全战略研究 …… 夏立平　祝宇雷（183）
开放的独立外交
　　——2017年法国总统大选与马克龙政府的外交政策 ……… 张　骥（195）

中欧关系

改革开放以来中欧外交、经贸关系40年回顾 …… 丁　纯　霍卓翔（211）
客观理性认识欧盟亚欧互联互通战略文件 ……………… 高晓川（229）
中国与德国机电产品贸易的竞争性和互补性
　　研究 ………………………………………… 杨逢珉　吴梦怡（239）
法国与"一带一路" ……………………………………… 肖云上（256）
"16+1"机制下中波关系发展内外动因及制约 …………… 姚　乐（267）
"16+1合作"背景下投资中东欧国家的环保法律风险及应对策略
　　——从多层治理视角分析 ………………… 彭丹丹　杨　烨（284）

学术动态

欧洲一体化的发展前景与挑战及欧盟的
　　应对 …………………………………… 邹　宏　曹子衡　整理（299）
世界经济变局与欧盟对外经济谈判和对外
　　经贸政策走向 ………………………… 忻　华　曹子衡　整理（304）
英国脱欧与欧盟的未来 ………………… 忻　华　曹子衡　整理（313）
"中英关系回顾与展望——纪念中英建交45周年
　　研讨会"综述 …………………………………… 杨海峰　整理（318）
欧洲处在十字路口
　　——专题学术研讨会综述 ……………… 邹　宏　曹子衡　整理（325）

"16+1合作"与中东欧问题研讨会会议综述 ……… 史永康 整理（334）
"法德轴心与欧盟未来走向及中欧关系"国际
　　研讨会综述 ………………………… 同济大学德国研究中心 整理（339）
"改革开放四十周年的中国与欧洲"国际学术
　　研讨会综述 ……………… 上海外国语大学欧盟研究中心 整理（355）
上海欧洲学会2018年年会暨"多重挑战下的
　　欧盟和中欧关系"研讨会综述 ………………… 杨海峰 整理（362）
《欧盟及其成员国对华政策报告（2018）》发布会暨
　　第九届上海欧洲研究青年论坛综述 ……… 邹　宏　曹子衡 整理（367）
"中欧区域治理与融合发展政策"国际研讨会综述 …… 杨海峰 整理（381）

欧盟内政

欧洲央行职能的转型对于
欧洲一体化的影响

徐明棋[*]

欧洲中央银行的职能在欧债危机的冲击下发生很大的转型和调整,它对欧洲一体化和世界金融格局都产生了重要的影响。这种影响尚未被深入研究。本文试图就第一个方面的影响做一些探究。而第二种影响,则需要在更广的国际货币竞争博弈视角下来探讨,将另辟专文阐述。

一、危机前欧洲中央银行的缺陷:
最后贷款人职能的缺失

欧债危机暴露出欧洲中央银行存在着结构性的缺陷,这被认为是欧债危机未能得到迅速平息,且愈演愈烈的原因之一。欧债危机后,欧洲中央银行职能的调整被提上议事日程。

政府负债增加不管由什么原因引起,都需要有缓冲时间来逐渐降低财

---

[*] 徐明棋,上海欧洲学会会长、上海社会科学院欧洲研究中心主任。

政赤字和债务规模。而此时，能够提供资金，帮助负债率高的政府渡过难关的只有中央银行和国际金融机构。由于欧元区国家各自的中央银行虽然继续运作，但是其提供资金的能力受到限制，必须由欧洲央行出面才能获得足够的资金，而欧洲中央银行制度设计上刻意取消了这一职能。所以，欧元区国家只能向欧盟和国际货币基金组织（IMF）寻求资金援助。IMF提供资金援助有严格的条件限制，而欧盟要援助，资金来源于各国的财政拨款，其难度之大也可想而知。因为现代政府财政多数是赤字，即使财政状况较好的德国，也无力提供巨额资金，更不用说普通德国民众认为拿自己的纳税资金去帮助不负责任的邻国，要坚决反对了。由此可见，如果放任欧元区成员国违约会产生系统性恐慌和危机，那么就必须有一个最后贷款人来提供资金进行救助。但是欧盟现在选择的方案是继续试图建立统一的紧缩性的财政政策，并不让欧洲中央银行扮演最后贷款人的角色。这也就是为什么在欧洲，几乎所有官方的声音认为欧洲主权债务危机的根本原因是统一的货币政策与分散的财政政策这一矛盾所引起。其实，控制财政赤字固然重要，但是问题出现并引发系统风险时，远水解不了近渴，这正是最后贷款人需要起的作用。

现代中央银行是在信用货币诞生后出现的，因为各个商业银行自行发行的银行券在经济周期的收缩期常常因为缺乏足值的黄金储备而无法兑换，从而造成商业银行的挤兑和倒闭，引发金融危机。于是，政府指定一家银行垄断银行券的发行，这家银行就成了中央银行——发行银行。由于中央银行垄断了货币的发行，其他商业银行货币必须从中央银行获得，因此中央银行也就顺理成章地成为所谓"银行的银行"，即为其他商业银行提供货币的银行。随着银行券与黄金的脱钩，中央银行发行的银行券变成纸币，这时中央银行的发行地位进一步靠法律的强制规定来维系，中央银行与政府（广义的政府，并非狭义的行政当局）的关系便不可分离。在纸币的流通制度下，中央银行发行货币的功能变得更加有弹性，中央银行更被赋予了通过调控货币发行来调节经济的功能，与这一功能相适应的是中央银行与商业银行的关系已经不仅仅是提供货币，而且还管理商业银行的存贷活动，并通过这个活动来调节总的货币供应量。因此，中央银行的货币政策调控成为现代经济宏观调控的重要内容，中央银行也就不仅仅是发行的银行和银行的银行，还是政府宏观经济调控的主要执行者。

中央银行调控货币流通规模的功能与中央银行的最后贷款人的职能紧密相联系,因为中央银行调控货币供应,在需要时只有它可以创造货币,并通过对商业银行及对政府的贷款向经济体注入所需要的资金,这一点在经济下降周期或者经济危机时显得尤为重要。我们看到美联储在金融危机之后启动两轮量化宽松货币政策,就是在落实其最后贷款人的职能。

现代中央银行当然还有另外一个职能,那就是政府的银行。这是逐渐派生出来的中央银行的一个职能,也就是中央银行代行政府的出纳,为财政部代行收付。由于这一职能不是中央银行的必须的职能,对于中央银行履行其基本的货币发行和调控的职能没有内在的逻辑关系,所以有些国家政府财政部并不在央行开户,而是在专门的指定的商业银行开户来代理政府收付的职能。由于现代政府的行政部门存在不断扩大开支,不断向中央银行借钱的倾向,通货膨胀在纸币流通制度下便逐渐成为一种难以克服的经常现象。于是,有些国家国会还制定了相应的法律限制行政部门向银行借钱,比如规定政府的债务上限,比如禁止政府向中央透支等,有些国家还在法律上赋予了中央银行一定的独立地位,规定中央银行不隶属于行政部门管辖。但是,这些制度安排总体上都只是保障中央银行不过度服从行政部门财政扩张的要求,避免严重通胀,而并不是否定中央银行作为最后贷款者的职能,甚至不是为了限制中央银行作为政府银行的基本职能。号称具有非常大独立性的美国联邦储备体系在美国经济需要时毫不犹豫地配合美国政府的经济政策,直接购买美国政府债券,履行其最后贷款人的职能就是最好的说明。

但是欧盟从一开始涉及欧洲中央银行时,为了保证欧洲央行制定和执行货币政策的独立性和权威,在制度上做了独特的规定,不让成员国政府和欧盟委员会的任何机构对欧洲中央银行执行理事会施加影响(TFEU 第 130 条款[①])。并规定欧洲中央银行的货币政策首要目标,就是维持价格稳定,只

---

① TFEU 是指《欧洲联盟工作模式条约》(Treaty on the Functioning of the European Union, TFEU)经《里斯本条约》修订后的《欧洲共同体条约》,是所谓《里斯本条约》的重要内容。

有在与这一目标不相违背的情况下,欧洲中央银行才应该支持欧盟的经济政策和为《欧洲联盟条约(TEU)》第3条款规定的目标做贡献(TFEU第127条款)。这种体制上的独立性,使得欧洲中央银行可以专心致志地控制物价稳定,抑制通货膨胀,不受欧盟成员国政府其他政策目标的影响和扰乱。这些规则已经在实际运行中被贯彻,并取得了非常好的效果。欧洲中央银行成立以来,欧元区的通胀水平一直被控制在较低水平且比美国还要稳定。由于这一点学术界已经有比较多的论述,我们不在这里重复。我们要强调的是欧洲中央银行这一制度的设置是欧洲独特的政治结构所决定的,因为欧盟不是联邦,甚至也不是邦联。各国的利益存在差异性决定了欧洲中央银行缺乏一个国家中央银行扩张信用所需要的强权政治后盾。这就使得欧洲中央银行缺失了最后贷款人的职能。

根据欧洲中央银行的相关法律,并没有赋予欧洲中央银行最后贷款人的这一职能。ECB/ESCB地位条款规定,向银行体系提供最后贷款人的责任是各个国家的中央银行(Deutsche Bank,2008)[1]。但是失去了货币政策制订和货币创造能力的国家中央银行,没有欧洲中央银行的支持,其最后贷款人的职能是虚的。欧洲中央银行在欧元区债务危机发生后的2011年发表的《ECB货币政策报告》中也认为欧洲中央银行没有义务为金融稳定和资产价格稳定负责,它首要责任是稳定物价,在这个过程中它会关注金融市场。ECB认为金融稳定是政府以及欧盟其他部门的事。正因如此,欧洲中央银行在爱尔兰发生债务危机后曾经为了解救爱尔兰向爱尔兰央行以及爱尔兰商业银行提供了大量的贷款。但是,当时的欧洲央行行长特里谢本人陷入了非常矛盾的境地,因为这违背了欧洲央行的基本准则和货币政策目标。于是,在2010年11月欧洲中央银行不得不停止继续贷款,而让爱尔兰向欧盟和IMF寻求资金援助。欧洲中央银行这种职能上的尴尬境地被市场观察者敏锐地捕捉到,并提出了疑问(Murphy,2010)[2]。

---

[1] Deutsche Bank, "ECB Objectives and tasks price stability vs. lender of last resort", Deutsche Bank Research, March 26, 2008.

[2] Antoin Murphy, "ECB shift from lender of last resort casts doubt on independence", The Irish Times, November 26, 2010.

根据《稳定增长公约》的规定，欧元区成员国的财政应该保持平衡，在经济下降期，财政赤字也要维持在GDP的3%，公共债务规模要维持在GDP的60%以内。除此之外，《里斯本条约》还专门规定欧洲中央银行不准救助成员国，不能直接购买成员国政府债券（TFEU第125条款）。① 关于限制财政赤字和债务规模的规定在实践中都没有被遵行，甚至德国也超出了限额，罚款之规定也只能不了了之。但是，德国坚持的欧洲中央银行不能救助成员国的规定却在很大程度上得到了贯彻，这实际上束缚了欧洲中央银行的手脚，使其最后贷款人职能被废弃。欧洲中央银行设计时参考了德国中央银行的模式，德国人对通货膨胀的历史恐惧和厌恶在德国中央银行的制度设计中得到了充分的体现。欧洲中央银行最后贷款人职能被欧洲中央银行的单一货币政策目标、高度的独立性、不准提供是财政货币化的融资（TCEU第123条款）、不准救助成员国等相关的规定化解于无形之中。正因如此，在救助希腊、爱尔兰和葡萄牙之后，欧洲有些学者开始重新审视欧洲中央银行最后贷款人的职能（Dixon，2011）②。

二、欧洲中央银行职能的转型

正是在这样的背景下，欧洲中央银行逐步拓展了职能，不再死守维持货币价值稳定的单一职能。随着欧债危机形势日益恶化，欧元区生存受到威胁，重债国国债收益率不断飙升，而短期内欧元区国家又无法实现经济增长的目标，结构性改革也步履艰难，需要时间逐步解决。此时，欧洲中央银行如果不再履行最后贷款人的责任，通过放松银根来帮助重债国降低

---

① 这就是人们常说的"no bail out clause"，该条款规定："欧洲联盟不对成员国中央政府、地区或地方政府、以及其他公共机构的任何项目承担或者被认为承担相互的财务保障"，即明确了欧盟不为成员国提供任何财务上的保障。

② Hugo Dixon, "It's time for Europe to get sensible about Greece's bailout", Montreal Gazette, July 12, 2011.

融资成本，这些国家就可能发生违约，而一旦成员国发生主权债务违约，欧元区本身就可能崩溃。但是，现实需要与欧洲央行的制度性障碍之间的矛盾又使得欧洲央行很难像美联储那样可以简单地通过发货币来稀释债务负担。于是，欧洲央行便在其现有的体制机制框架之内拓展了一些原有的政策工具，为经济体注入流动性。伴随着欧洲央行为解救债务危机而对金融体系注入流动性，欧洲央行的基本职能也开始拓展，不再僵化地盯住通货膨胀这一唯一目标。

（一）启动证券市场计划（Securities Market Plan，SMP）

这是欧洲央行公开市场业务的一种变体，即欧洲央行在证券市场上根据需要买卖证券来调节流动性，是货币政策传导的一个渠道。欧洲央行在欧债危机后启动的证券市场计划（SMP），目的是通过在公共及私人债券市场购买债券来为市场提供流动性。因此，SMP是欧洲央行通过其传统的货币政策渠道来为解决欧债危机提供的援助机制[1]。欧洲央行通过二级市场购买出现危机的国家的国债，扩大央行的资产负债表来为其提供流动性，以此确保二级市场上出现危机国家的国债收益率稳定，进而稳定市场信心。

欧洲央行在2010年5月开始启动SMP购买政府债券。截至2012年7月6日当周，欧洲央行通过SMP购买了2113亿欧元主要债务国的政府债券。但是由于公开市场业务的性质是短期性的操作，在SMP操作中，央行购买的政府债券往往在一个星期内又被央行通过相反的操作冲销。这是因为欧洲央行为实现价格稳定的货币政策目标，注入了流行性之后担心对物价产生影响，又需要通过出售债券把此前通过SMP释放出的流动性收回，以保证SMP操作不对其货币供应产生长期影响。因此，欧洲央行每周都会发行固定期限存款工具来对冲SMP所提供的流动性。

---

[1] Stefan Gerlach, "The Greek Sovereign Debt Crisis and ECB Policy", document requested by the European Parliament Committee on Economic and Monetary Affairs, https：//www.researchgate.net/publication/242681599_The_Greek_Sovereign_Debt_Crisis_and_ECB_Policy.

从上述欧洲央行利用 SMP 提供流动性，为重债国解救危机的操作特点看，其效果是有限的，因为这个机制提供的流动性只是短期的，而债务国的融资需求是长期的，SMP 无法满足这些国家的长期资金需求。但是由于欧洲央行体制上的束缚并没有被解脱，欧洲央行无法持续提供大规模的流动性。在特里谢主持下，欧洲央行虽然试图为解救危机发挥最后贷款人的职能，但是受制于制度约束和德国的坚决反对，欧洲央行并未能取得重要的突破。在 2011 年 4 月 13 日和 7 月 13 日，欧洲央行甚至担心增加了流动性后通胀率会回升，连续两个季度将基准利率提高，与其通过 SMP 释放流动性的操作目标背道而驰。但是欧债危机迫使欧洲央行不得不拓展其职能，原来单一的抑制通货膨胀目标需要同时关注救助成员国、稳定金融市场的复合型目标。但是这个转型并不顺利，这背后的原因也是非常清楚的，就是德国央行和财政部坚决反对欧洲央行的这种职能转型。欧洲央行行长特里谢是法国人，法德核心关系对特里谢有一定的影响，因此特里谢在启动 SMP 的同时，又提高了利率，似乎想实施一种中庸的货币政策。不过无论如何，SMP 的启动标志着欧洲央行的职能开始发生变化。

（二）长期再融资操作（Long Term Refinance Operation，LTRO）及欧洲央行的职能拓展

意大利经济学家和央行行长马里奥·德拉吉 2011 年 11 月 1 日接任欧洲中央银行行长，他上任后明显改变了欧洲中央银行的行事风格，保守谨慎的德国央行的影子逐渐消失。其上任后干的第一件重要的工作就是启动长期再融资操作（LTRO）。所谓 LTRO 是欧洲央行的传统金融工具，是欧洲央行在提供短期（一个月、三个月、六个月和一年期不等）融资之外，增加银行长期流动性的手段，其基本的操作是直接给符合条件的商业银行提供一年期以上的长期贷款，用于维持欧洲银行业金融稳定性。

根据 1992 年通过的《马斯特里赫特条约》，欧洲央行不能直接购买各国的国债，但是可以提供长期融资给银行，由商业银行购买国债，从而达到帮助重债国降低债务发行成本，间接救市的目的。欧洲央行通过 LTRO 救市的操作意图是由欧洲央行为欧洲商业银行提供低息贷款（1%），然后鼓励

银行购买高息的债务国国债。由于存在利差收益，商业银行应该愿意参与这类的操作。通过 LTRO 的操作，欧洲央行试图达到两个目的：一是通过低息资金补充欧洲商业银行的流动性；二是压低出现危机国家的国债收益率，降低其借贷成本。德拉吉上任后，欧洲央行实施了 2 轮 3 年期的 LTRO 操作。第一轮 LTRO 操作于 2011 年 12 月 21 日实施，总量涉及 523 家欧洲银行 4890 亿欧元贷款（其中仅 2100 亿欧元是净流入投标银行的），贷款利率为 1%。第二轮 LTRO 操作于 2012 年 2 月 29 日实施，800 家银行竞拍，资金规模 5295 亿欧元。两轮 LTRO 操作使得欧洲央行向银行系统注入了 1 万亿欧元的 3 年期资金，大部分资金间接购买了国债，迂回地实现了进行救市的目的。

德拉吉主政的欧洲央行通过 LTRO 实际上已经开始了向最终贷款人职能的转向，但是受制于欧洲央行的制度以及德国的反对，欧洲央行此时还无法明确将维护欧元区金融稳定作为其重要的货币政策目标，但是客观形势已经呼唤欧洲中央银行的最终贷款人的职能[1]。

从实施的效果看，LTRO 操作在初期对降低西班牙等国的国债收益率有一定效果，帮助欧元区国家度过了偿债高峰期，但整体上并未完全达到欧洲央行的预期效果。两轮 LTRO 操作后，西班牙、意大利的 10 年期国债收益率并未明显下降，而且曾经一度重回 LTRO 操作之前的高位。由于存在对国债市场前景的担忧，注入的流动性并未充分流入政府债券市场。有数据显示，在欧洲银行投标 LTRO 后，有将近一半的资金又重新被存回欧洲央行，在 LTRO 推出之后，欧洲银行在欧洲央行的隔夜存款接连创出历史新高。

欧洲商业银行获得从欧洲央行的低息贷款后，并没有完全用于购买国债。一部分资金被银行用于偿还自己的债务，缓和了商业银行的资金需求，提升了商业银行的资金实力。商业银行虽然可以从购买国债上获得利息差，但是当时对于国债的风险商业银行存在顾虑，债务危机的阴影没有消散之前，国债并不是优质资产。一些银行当时本身处于资金短缺的状况，如果购

---

[1] Paul De Grauwe, "The European Central Bank as a Lender of Last Resort", Vox 18 August, 2011.

买了大量的国债，它们可能需要从其他渠道获得融资，但成本将高于LTRO融资。因此，LTRO的救市效果并不十分理想。

三、欧洲央行直接货币交易（OMT）与最后贷款人职能的确立

由于LTRO的效果不尽如欧洲央行的意愿，而欧债危机又没有能够得到真正的缓解，欧洲中央银行再不履行最后贷款人职能，欧债危机将会进一步恶化。因为尽管欧盟花力气与成员国签订《欧洲财政契约》，但欧元区国家的财政赤字和债务水平下降需要一个过程，而且赤字下降与经济复苏密切相关。欧洲稳定机制（ESM）虽然也成功设立，但是从财政和金融市场渠道筹措的资金规模毕竟有限。这就需要欧洲央行扮演最后贷款人的角色，通过银行的信用为政府财政赤字背书。这是现代纸币流通条件下，政府财政赤字最终的出路。美联储在美国金融危机时扮演了这种角色，正是美联储搞了三轮量化宽松政策，向经济体注入了3.9万亿的基础货币，才使得美国联邦政府可以以低廉的价格不断发债，金融机构也得以获得充足的流动性来弥补资产价值的损失。欧洲央行正是在这样的内外压力下，迅速地改变了原有的法律条文的束缚，开始承担起最后贷款人的职能。这个转折点就是启动直接货币交易（Outright Monetary Transaction OMT）。

欧洲央行理事会2012年8月2日宣布，将在二级主权债券市场直接交易，购买主权债券。当然，受制于欧洲央行的法规限制，欧洲央行对于OMT设定了一些限制性条件。这个条件就是其购债计划将严格遵循欧洲金融稳定基金/欧洲稳定机制（EFSF/ESM）设置的相关条件，即所购的成员国主权债券必须是达到了EFSF/ESM救助条件国家的债务。在购买这些国家主权债券时，应谋求国际货币基金组织（IMF）的参与，监控OMT计划实施时也是要请IMF的参与。欧洲央行理事会还需要从货币政策和条件是否被遵守的角度考虑OMT的时限，一旦觉得目的已达到或条件没有被遵守，欧央行理事会有权终止OMT。在进行彻底评估后，欧央行理事会有权决定

OMT 的启动、延续和暂停。通过 OMT 产生的流动性还需要通过欧洲央行的冲销工具进行完全冲销，以防止这些流动性引发通胀。

从 OMT 购债的性质看，它比 LTRO 具有更加直接的欧债危机救助的性质，在实质上打破了欧洲央行"不对成员国中央政府、地区或地方政府，以及其他公共机构的任何项目承担或者被认为承担相互的财务保障"的规定，尽管欧洲央行在出台 OMT 时尽可能地避免因为救助重债国而影响其货币政策的主要目标——控制通货膨胀。欧洲央行这一政策措施的出台，直接引发了不少坚定维护欧元价值和欧洲央行独立性的一些德国团体的愤慨，一些学者和政界人士以及民间团体共 35000 人向德国联邦宪法法院提起诉讼，要求德国联邦宪法法院判决欧洲央行此举违反了欧洲央行的相关法律。德国联邦宪法法院 2014 年 2 月决定提请欧洲法院，就欧洲央行的 OMT 购债计划进行裁决。2015 年 1 月 14 日欧洲法院法律总顾问佩德罗·克鲁斯·比利亚隆首先发表了意见，认为在一定条件下，欧洲央行 2012 年提出的购买部分成员国国债的直接货币交易（OMT）不违反欧盟法律。虽然这不具备完全的法律效率，但是这一说法令欧洲央行松了一口气。2015 年 6 月 16 日欧洲法院发表了正式裁决意见，OMT 符合欧盟法律。德国联邦宪法法院也于 2016 年 6 月 21 日做出裁决，认为欧洲央行的直接货币交易（OMT）购债计划没有违法。德国联邦宪法法院发表的声明表示，依照欧洲法院的裁决，欧洲央行的 OMT 计划并没有"明显地"超出欧洲央行的职权范围，也没有威胁到德国联邦议院的预算决定权。至此，欧洲央行从法律上获得了拓展其最后贷款人职能的许可。尽管在欧洲法院的声明中，用了自相矛盾的一种说法，即欧洲央行需要建立对应的规则来确保这类项目不会与欧盟法律中关于禁止央行为政府提供货币融资的内容相抵触。

实际上，面对欧债危机不断蔓延，从财政渠道筹措的资金不足以应对冲击和重债国缓解债务的需求时，欧洲中央银行如果不提供最后贷款人的职能，市场信心无法恢复，重债国的政府信用无法得到保障。欧盟如果再不对欧洲央行的职能松绑，欧债危机将面临越来越严峻的局面。

四、欧洲央行的量化宽松政策与欧洲央行职能的进一步拓展

欧洲央行获得了欧洲法院的绿灯后，OMT 就成为欧洲央行的正式救助渠道，重债国在向欧盟请求资金援助时，可以向欧洲央行请求购买其政府债券以缓解政府再融资的困难。但是，OMT 计划只针对特定危机国家的资产债券，而且限制比较多，自 2012 年 8 月欧洲央行宣布以后实际上并没有实施这一计划。德国的反对以及等待欧洲法院的裁决，使得 OMT 计划只发挥了稳定市场信心的作用，对缓解欧盟成员国流动性紧张局面并未起到直接的帮助。[①] 因此，西班牙、意大利等南欧国家迫切希望欧洲央行进行类似于美联储广泛地购买资产的量化宽松政策。

2015 年 1 月 22 日，欧洲中央银行的量化宽松计划终于出台。欧洲央行宣布从 2015 年 3 月份开始，将每个月购买 600 亿欧元的成员国政府债券以及其他有价证券，期限至 2016 年 9 月，总额将达到 1.08 万亿欧元。欧洲央行此时终于出台类似美联储 QE 的计划，原因主要有三：一是欧洲经济不景气，增长前景不妙。2014 年虽然走出衰退，但欧元区增长率大约只有 0.5%。如果不刺激，2015 年仍将在低迷中挣扎。二是美联储量化宽松结束，并且会在 2015 年开始收缩流动性，这可能会加剧欧洲的通货紧缩危险，因为尽管 2014 年 6 月份欧洲央行将存款基准利率降至 -0.1%，并且从 9 月开始进一步降至 -0.2%，但是欧元区消费者物价指数 2014 年 12 月份同比仍旧滑落至 -0.2%，通货紧缩倾向非常明显。三是制约欧洲央行购买成员国债券的法律障碍得到了一定的排除，因为此前欧洲法院法律总顾问佩德罗·克鲁斯·比利亚隆公开表示欧洲央行购买债券不违规，这令积极筹划量化宽松的欧洲央行行长德拉吉获得了关键的支持。

---

① Francesisco Purificato and Caterina Astarita, "Target 2 Imbalance and the ECB as Lender of Last Resort", International Journal of Financial Studies, 2015 (3), pp. 482 – 509.

由于欧洲经济形势低迷，通货紧缩持续，欧洲央行在随后的货币政策中变得越来越激进，不仅主动承担最后贷款人职能，还学习美联储承担了刺激经济职能。而这是原来欧洲央行的职能中几乎不可能得到认可的，德国表示了高度的质疑。但是，欧洲法院扫清了法律障碍，多数欧元区成员国经济处于衰退中，使得德拉吉的激进货币政策得到了大多数成员的支持。

2015年12月3日，欧洲央行决定进一步放松货币政策，将存款利率降低10个基点，至-0.30%，将资产购买计划延长6个月至2017年3月，并扩大了资产购买范围。2016年3月10日欧洲央行理事会根据欧洲经济仍然处于通缩的情况，再次降低利率，把存款利率从-0.30%下调至-0.40%，主要再融资利率从0.05%下调至0.00%，边际贷款利率从0.30%下调至0.25%；还将购买资产规模从600亿欧元扩大至800亿欧元，并扩大QE范围，投资级别的非银行公司债券将被纳入资产购买行列。2016年12月8日，欧洲央行决定将原定于2017年3月到期的购债计划再次延长至12月底，并将目前每月800亿欧元的资产购买计划从2017年4月起缩减为每月600亿欧元。欧洲央行认为，欧洲经济复苏势头虽然在加快，但是面临荷兰、法国和德国等重要欧元区成员国的大选、民粹主义思潮的上升等不确定性因素，欧洲中央银行仍需要维持目前的宽松货币政策。

2017年10月26日，欧洲央行又决定将量化宽松延长至2018年9月，只不过购买债券的规模从600亿缩减至300亿。到了2018年6月，欧洲中央银行决定将购债延续到2018年12月底，购债规模进一步降低至150亿欧元。

欧洲央行的量化宽松和负利率政策被认为对欧洲经济发挥了积极的作用。尽管德国存在着一些不同的看法，期望欧洲央行及时在经济复苏后退出量化宽松政策，但大多数南欧和中东欧的成员并不期望欧洲央行快速退出。德拉吉与大多数欧元区成员则希望欧洲央行继续利用宽松的货币政策来促进经济增长。进一步明确了欧洲央行货币政策将欧元区经济增长作为主要目标的原则。

随着欧洲央行持续实施量化宽松货币政策，人们已经把欧洲央行与美联储相提并论。在欧债危机爆发初期，很多人认为美联储可以发货币来稀释债务负担，而欧元区由于没有统一的欧元区政府，欧洲中央银行又被剥夺了直接为成员国政府提供财政救助的权利,因此债务水平不比欧元区低的美国没有发生债务危机,欧元区却发生了债务危机。欧洲央行步美联储后尘实施量化宽松货币政策,并且不断延长量化宽松的期限,在实际操作中不仅拓展了欧元区最后贷款人的职能,而且还把维护金融市场稳定和刺激欧元区经济增长的任务担在肩上,这就使欧洲央行在没有改变其设立的基本法律规则的基础上,转型成为了复合货币政策目标的中央银行,其货币政策工具和操作也变得更加像主权国家的中央银行。

五、欧洲央行职能拓展对欧洲一体化的影响

欧洲央行最终走上了帮助成员国政府财政赤字货币化的道路,对于缓解欧洲债务危机有一定的作用,从长期看,对于稳定欧盟内部的金融稳定和一体化的推进有着重要的意义。它对于成员国内部的凝聚力增强,增加欧洲中央银行的核心地位提供了一定的基础。但是我们也不能认为财政赤字和债务货币化是解决债务危机的唯一法宝。根据马克思主义的观点,所有的信用扩张都有极限。中央银行虽然可以通过发货币帮助财政缓解债务负担,但是用中央银行的信用去置换财政的信用也是有限度的,就像用政府的信用去置换商业银行或者企业的信用,让这些银行和企业能够摆脱资不抵债、流动性不足等困境以避免倒闭一样,其极限就是只能作为暂时的手段,以应一时之需。债务被缓解或者重置之后,最关键的是要能够让银行、企业甚至财政扭转债务继续不断扩大趋势,让市场相信未来债务会缩小,起码会得到控制,那么这种信用就是可持续的,否则只会以其他的方式爆发信用危机,比如货币危机和通货膨胀。

因此,即使有央行支持,政府必须要在本身的财政能力范围之内来调节经济的运行,熨平波动的幅度,切不可无限扩大财政赤字,试图通过干预来避免或者跳过经济运行的下降周期,因为这个周期本身是有着内在物质基础的。过度的干预,只会使危机以其他形式表现,债务危机从本质上看,只是

金融危机和经济危机的一个变种，很多国家主权债务危机就是由私人银行危机扩散和蔓延而导致的。因此把政府的负债规模控制在一定的水平之下，并且让财政回归提供公共产品的本位十分重要。如果发生了债务危机后政府不得不削减开支，而被削减的又是社会福利等公共产品，那么危机就会从经济层面向社会层面蔓延。我们看到欧债危机后一些欧洲国家的青年闹事，引起社会动荡，就与这些国家财政陷入窘境后大规模削减开支，尤其是福利开支直接相关。一般情况下，社会福利等公共产品的供应被削减往往首先损害的是年轻人及其他社会弱势群体的福利水平。从这个意义上看，欧洲中央银行对于欧洲一体化在内部凝聚力方面也起到了维护的作用。

作为仅次于美元的第二大国际货币，欧元本来可以逐步形成对美元有一定竞争压力的国际货币。在欧元诞生之前，美国著名国际经济学家金德尔伯格（Kindleberger，2000）曾经认为全球将会形成国际货币的两极竞争局面[1]，诺贝尔经济奖得主蒙代尔（Mundell，2000）更是认为欧元将给国际金融带来更多的稳定性。[2] 但是当时中国学者徐明棋（2000）就在一次国际会议上提出了，如果缺乏美欧之间的协调机制，欧元的诞生反而可能导致资本更容易在两种主要国际货币之间频繁流动，导致国际金融更加不稳。后来欧元对美元汇率大幅度波动的事实以及欧债危机的爆发证明这种担忧是客观理性的。[3] 现在欧洲中央银行开始能够从简单的维持币值稳定的单一功能出发，根据欧元区的金融市场需要扮演最后贷款人的角色，其现代中央银行的功能得到完善，对于国际金融体系应该是一种真正的稳定力量，它可以在美

---

[1] Kindleberger, Charles P. A New Bi‑polar? [M]. in The Euro as a Stabilizer in the International Economic System, ed. By Robert Mundell and Armand Cless, Kluwer Academy Publishers, 2000: 3 - 20.

[2] Mundell, Robert. The Euro and the Stability of the International Monetary System [M] in The Euro as a Stabilizer in the International Economic System, ed. By Robert Mundell and Armand Cless, Kluwer Academy Publishers, 2000: 57 - 86.

[3] Xu Mingqi. The Impact of the Euro on the International Stability [M] in The Euro as a Stabilizer in the International Economic System, ed. By Robert Mundell and Armand Cless, Kluwer Academy Publishers, 2000: 261 - 270.

联储货币政策调整时发挥一定的缓冲、对冲作用，减少对国际金融市场的冲击。当然，欧洲中央银行货币政策调整和中央银行职能的转型还没有达到自主的阶段，在欧元区内也还没有形成共识和维护欧洲央行职能的体制基础，这种积极的作用相对有限。

就当前的调整趋势看，欧洲中央银行继续维持一定的量化宽松可以弥补美元收缩带来的流动性缩减，稳定金融市场预期。同时对于欧元区的经济复苏也会有持续的支持作用，有利于其他地区和新兴市场经济体的调整。2019年以后，欧洲央行开始退出量化宽松政策，世界经济可能会面临一个新的流动性结构调整的新局面。但是欧洲中央银行调整货币政策受到众多因素的影响，前景尚难以确定。经济增长前景，德国、法国和意大利等国家在欧元货币政策上的博弈以及美联储的货币政策走向都会对欧洲中央银行的政策调整产生影响。但是可以肯定的是，欧洲央行将不能再忽略欧洲整体金融市场和经济增长的需要而只考虑价格稳定。作为世界第二大国际货币调控者的欧洲中央银行的货币政策走势，是广大新兴市场和发展中国家在调控各自货币政策时需要考虑的重要外部因素之一。

试论欧洲右翼民粹主义政党兴起及其对欧洲一体化的影响

叶 江[*] 王 琨[**]

2017年10月7日，欧洲十位保守主义倾向的学者和知识分子，在法国巴黎以9种语言同时发布《巴黎宣言》——《我们所能信赖的欧洲》（The Europe We Can Believe In）。该宣言明确提出："今天欧洲因所谓的'民粹主义'兴起而产生了很大的焦虑——虽然该词的含义似乎从未被定义过，并且主要用于谩骂。我们对此持保留意见……所谓的'民粹主义'正确地对维持现状的独裁、'对中间派的狂热'发起挑战。"因此，"民粹主义应该参与到欧洲事务中来。"[①] 毫无疑问，由于该声明的作者都为欧洲右翼的保守主义知识分子，因此，声明中所支持的"民粹主义"显然是指近年来在欧洲兴起的右翼民粹主义及与之相连的右翼民粹主义政党。事实也正是如此，欧洲的右翼民粹主义及其政党对欧盟内部长期以来由中左和中右传统建制派政党所维持的现状展开了激烈的挑战，导致欧盟各成员国及欧盟本身的政治

---

[*] 叶江，上海国际问题研究院全球治理研究所研究员，上海欧洲学会副会长。

[**] 王琨，上海国际问题研究院2017年级硕士研究生。

① THE PARIS STATEMENT——A EUROPE WE CAN BELIEVE IN, https://thetrueeurope.eu/a-europe-we-can-believe-in/.

生态展现一系列新变化，欧洲一体化发展前景呈明显的不确定性，为此，本文拟简要地考察分析欧洲右翼民粹主义政党的兴起及其对欧洲一体化的影响，以求教于国内欧洲研究界的方家学者。

一、民粹主义内涵及欧洲右翼民粹主义政党兴起简析

正如欧洲保守主义思想家们在《巴黎宣言》中所指出的那样，民粹主义一词迄今尚未被很好地定义过，而且在人们使用该词时经常带有明显的贬义。但是随着近年来欧洲民粹主义政党的兴起，对民粹主义尤其是对右翼民粹主义的界定似乎越来越清晰，尽管从学术层面而言似乎很难有统一的意见。

大体而言，民粹主义作为一种世界性的意识形态，其所强调的理念主要为：唤醒底层的人民大众、对抗上层的社会精英、建构属于全体人民的主权。民粹主义认为社会是由二元对立的"人民"与"精英"构成，后者在当前已经形成为占统治地位的"建制派"，他们不了解人民的疾苦，其文化价值观和生活方式也与人民不同，要而言之，"精英"是腐败的，而"人民"则是纯洁的，因此"腐败的精英"与"纯洁的人民"形成了两个对立的阵营，而民粹主义的最终目的就是领导"人民"与由"精英"构成的"建制派"阵营展开斗争，让政治权力回归到人民手中。

以唤醒底层人民大众对抗上层社会精英和建构人民主权为己任的民粹主义一般分为左翼和右翼两种。在当前的欧洲，不论是左翼的民粹主义还是右翼的民粹主义均已经建构起各种不同的民粹主义政党，从"左""右"两面动员"人民"对传统的、由"精英"构成的"中左"或"中右"的"建制派"发起冲击和展开斗争。尽管不论是左翼的还是右翼的欧洲民粹主义都通过强调"人民"与"精英"的对立、利用人民在现实生活中因社会分野而处于艰难的境地来动员"人民"反"精英"和"建制派"，但是，两者所反对象及所进行的斗争的路径则是不同的。左翼欧洲民粹主义所针对的对

象是富人、寡头、金融资本家等,他们坚持认为所有这些人长期以来与帝国主义、殖民主义、全球资本乃至欧盟及其代言人——"建制派政治精英"相互勾结,对无权无势、不被代表的低收入以及不断下沉的中等收入群体实行压迫和剥削,因此社会底层的民众必须与中层的民众联合起来反对上层的经济和政治"精英"。

与左翼民粹主义形成对照的是,右翼欧洲民粹主义则主要针对因全球化和欧洲一体化而导致的急剧增长的外来移民、非法移民、穆斯林、马格里布人等,认为这些群体的存在恶化了本国"人民"的国家和社区环境,因为他们不仅在种族、宗教以及文化认同等方面与"我们"迥异,而且往往与犯罪乃至恐怖活动相关。而更为严重的是,由"建制派"精英们长期把控的政府却始终保护这些"邪恶的"他者,而根本不愿意考虑本国"人民"的利益。因此,右翼民粹主义强调必须采取行动,其中包括各种破坏性的政治手段来坚决地反精英、反权威、反建制派以及反外来的"他者",以有效地维护普通中下层平民的利益。欧盟内部各右翼民粹主义政党就是在这样的思潮指导下,积极地动员"人民"在反外来文化、反移民和反穆斯林的同时,祭起维护民族利益和国家利益的大旗,反自由贸易、反资本输出、反欧洲一体化和全球化,并试图通过参与执政推进一系列去全球化的措施,如采取贸易保护主义、限制对外直接投资、拒绝接受难民、排斥外来移民以及退出区域一体化机制等来推进国家主义、阻遏区域化和全球化发展。

虽然,近年来欧洲的左翼和右翼民粹主义几乎同时兴起,形成一股强大的民粹主义冲击波,但是,总体而言,欧洲右翼民粹主义及其政党的崛起更为引人瞩目,其对欧盟及其成员国政治走向的影响也更为明显。从下述欧洲各国左右翼民粹主义政党兴起的简要比较中似可见此一斑。

迄今,在欧盟内部,左翼民粹主义及其政党相对比较边缘化。目前唯有成立于2004年的希腊激进左翼联盟(Syriza)在2015年选举中获得了空前的36.3%的得票率,从而成为议会内第一大党而组阁,当然还有立陶宛的左翼民粹主义政党也参与了执政联盟。除此之外,欧盟内部各国的左翼民粹主义政党的影响力相对较小。虽然诸如法国的"不屈法国"、西班牙的"我们能"、比利时的"工人党"等左翼民粹主义政党在国内的政治舞台上经常发声，但是他们在从地方到中央的各种选举中的得票率，以及在各级政府中的参与程度都比较低。要之，欧洲的左翼民粹主义政党总体上尚未赢得任何实际的政治权力。

然而，欧盟内部右翼民粹主义政党则自全球性金融危机爆发以来骤然崛起，在地方、国家、乃至欧盟层面的一系列大选中获得一系列斩获。首先，中东欧的欧盟成员国的右翼民粹主义政党已经比过去占主流地位的中左或中右的主流政党更具有竞争力，目前匈牙利、波兰、保加利亚、捷克、斯洛伐克等已经由右翼民粹主义政党执政。波兰的法律和正义党（PIS）和匈牙利的青年民主主义者联盟（FIDESZ）等政党在执政后推行了一系列强调基于国家、血统或传统文化的右翼民粹主义政策，对移民、难民采取强硬态度，解除自由媒体与独立司法机构等传统的民主机构等。波罗的海沿岸的拉脱维亚、立陶宛和爱沙尼亚的民粹主义政党也通过选举而进入议会参与执政，其中立陶宛的农业民粹主义政党——农民和绿党联盟（Peasant and Greens Union）、拉脱维亚的右翼民粹党"谁拥有国家"党（Who Owns the State）的影响力最为显著。

其次，右翼民粹主义政党在西欧和北欧的欧盟成员国中都获得了十分明显的突破性发展。在法国，右翼民粹主义政党国民阵线[1]的发展举世瞩目。该党主席玛丽娜·勒庞（Marine Le Pen）在2012年参加法国总统选举时的首轮得票率为17.9%，到2017年的总统竞选中她的首轮得票率达到21.3%（马克龙得票率为24.0%），从而获得在第二轮投票中与马克龙对阵的资格，虽然她没有赢得总统选举，但获得了1/3的选票。自二战结束以来对极右势力最为警惕的德国也出现了右翼民粹主义高涨的现象。德国选择党以反穆斯林移民、反难民、乃至反欧盟的政策主张吸引了大批的支持者，支持率一度接近传统中左翼大党德国社会民主党。在2017年的德国联邦议会大选中成立仅四年的选择党成为议会中的第三大党，而在东部"新联邦州"如萨安州，该党是仅次于中右翼基民盟的第二大政党。荷兰的右翼民粹主义政党自由党在2017年一跃成为议会中的第二大党。

---

[1] 法国国民阵线于2018年6月1日更名为"国民联盟"，鉴于文献梳理的方便，文中仍以国民阵线代表该党派。

在北欧，右翼民粹主义政党正统芬兰人党从2015年起成为第二大党；丹麦人民党目前为第二大政党、第一大反对党；瑞典的民主党则在2018年9月的大选中成为第三大党。①

最后，右翼民粹主义政党在中欧的奥地利和南欧的意大利的发展十分引人注目。奥地利自由党在2013年大选中成为第三大党，并在2017年大选后与中右翼人民党联合执政，其党内领导人斯特拉赫担任副总理，成为西欧国家中第一个跻身政府的右翼民粹主义政党。在意大利，成立于2009年，持反移民、反欧盟观点的"五星运动"，在2015年成为最大反对党，该党成员迪马约·路易吉被选为众议院副议长；2016年的地方选举中，该党成员成为罗马、都灵两个城市的市长；2018年3月的大选中"五星运动"成为最大单一政党，并在大选之后经过2个月的谈判于2018年5月与老牌极右翼政党联盟党共同组成联合政府。自2018年意大利新联合政府上台之后，意大利与欧盟的紧张关系不断升级，双方在意大利政府的支出问题上争议不断，在移民问题上更是斗争不止。更有甚者，"五星运动"领导人、意大利副总理路易吉·迪马奥还公开支持法国的"黄背心"抗议运动，并提出要为组织实地活动给予援助。

从上述简单的介绍可见，民粹主义尤其是右翼民粹主义政党已在欧洲全面兴起，而其兴起的原因和特点以及对欧洲一体化的影响似需我们做进一步的深入探讨。

二、欧洲右翼民粹主义政党兴起的原因及特征

一般认为，近年来大量难民和移民涌入欧盟对欧盟各成员国形成了巨大的压力，欧洲的底层民众因此而诉诸民粹主义，尤其是诉诸右翼民粹主义来

---

① 目前挪威的右翼民粹主义政党进步党与中右翼的保守党组建联合政府执政，因挪威是非欧盟成员国，所以不做展开讨论。

维护自己的利益，因此难民和移民问题是欧洲右翼民粹主义兴起的主要原因。然而，实际上近年来欧洲右翼民粹主义的兴起还有更为深刻的多重原因。

第一，全球化、欧洲一体化的不断深化造成欧盟内部下层民众的实际生活水平下降，为右翼民粹主义的兴起创造了深刻的群众基础。在很大的程度上，经济全球化是"资本胜利的时代"，即使在强调社会福利和平等的欧盟及其成员国中，强资本、弱劳工的趋势也并未随着欧洲一体化的深化和扩大而遭到遏制。事实恰恰相反，进入21世纪的十年代之后，欧盟各成员国内部收入不平等不断加剧，20%最富有的上层人士的收入是20%最贫困的底层人收入的5.2倍（2014年统计数字），并且这一贫富之间的差距还在扩大。根据《2018年全球不平等报告》的统计，2016年欧洲收入前10%的群体（20岁及20岁以上人群）的收入总和占整个国民收入的37%，其中前1%群体的收入总额占国民收入的12%，而欧洲收入后50%群体的收入则从20世纪80年代占国民收入的24%下降至21%。① 显而易见，欧盟内部的底层民众在全球化大潮和欧洲一体化发展中不仅未得到好处，反而生活得更为艰辛，于是便成为反全球化和反欧洲一体化的中坚，而代表这部分底层民众利益的右翼民粹主义政党由此而大行其道。

第二，自2008年世界金融经济危机以来，发达国家的中产阶级不断衰弱和下层化促使欧盟中更多的人怀念过去民族国家的辉煌及其对自身利益的维护，民粹民族主义因此而更受追捧。2016年7月，麦肯锡全球研究院发布了一份名为《比他们的父母还穷？发达经济体收入的停滞或下滑》的研究报告。报告指出，中产阶级的衰落是全球发达经济体共有的现象，全球25个发达经济体中，从2005—2014年70%家庭的收入都遭遇了下滑，而在1993—2005年，这个数字只有2%。② 欧洲中产阶级的人数也不断萎缩，比

---

① 《2018年全球不平等报告》，https：//www.wir2018.wid.world/files/download/wir2018-summary-chinese.pdf。

② *Poorer Than their Parents? A new Perspective on income inequality*，OECD官网：https：//www.mckinsey.com/featured-insights/employment-and-growth/poorer-than-their-parents-a-new-perspective-on-income-inequality。

如欧盟最大的成员国德国的中产阶级人数从上世纪80年代占总人口的60%下降到50%多一点。① 毫无疑问，在中产阶级急剧衰落之时，往往会刺激激进的政治思潮和运动如右翼民粹主义的高涨，与之相应的，自然就是民粹主义政党的力量大增。

第三，欧盟各成员国内具有强烈挫败感的下层群体不愿继续容忍因全球化和欧洲一体化而得利的外国人，憎恨伴随全球化而兴盛的多元文化主义和社会道德准则的变更等给民粹民族主义的兴起创造了社会条件。多元文化主义于20世纪60年代伴随美欧的民权运动应运而生。虽然其本身并不是一个十分清晰明确的概念，但是多元文化主义的基本内涵强调，持有不同习惯、风俗、传统、语言和宗教信仰的群体应不分主次在同一个社会空间中和谐共存，并保持他们各自不同的差异。多元文化主义通常包含了对文化多样性的肯定性评价，并从制度上承诺可以保留这些文化的多样性，其中尤其是保护少数群体——少数民族（族群）、移民、有色种族、女性、同性恋、双性恋、变性者、性取向不确定者（LGBTQ）、残疾人等。由于在全球化和欧洲一体化过程中不断遭受挫折，欧盟各成员国的底层群体普遍地憎恶那些欢迎全球化和欧洲一体化的多元文化主义者和全球主义或国际主义者。他们尤其厌恶伴随全球化而来的社会道德准则的变更，如强调普遍的性别平等、保护少数群体的权利，如赋予LGBTQ等同等的权利等，于是希望通过反精英、反权威、反全球化和反欧盟来促使欧洲国家回归固有的传统道德，右翼民粹主义政党便利用这样的情绪而夸大自身的影响力。

第四，欧洲右翼保守主义理论的复兴为右翼民粹主义的兴起提供了有效的思想武器。2017年10月欧洲十位保守主义倾向的学者和知识分子所发表的《巴黎宣言》——《我们所能信赖的欧洲》在很大程度上是右翼保守主义的宣言书。实际上这十位保守主义者早在集体发声支持欧洲右翼民粹主义之前，就已通过自己的著述为之摇旗呐喊。比如法国哲学家、政治史家、小说家尚塔尔·德尔索在2013年及2015年发表了《民粹主义：对不可辩护者

---

① 《因就业结构变化，德国中产阶级下降至54%明显萎缩》，《欧洲时报》网：http://www.oushinet.com/news/europe/germany/20160517/230782.html。

的辩护》《民粹主义：历史的残余》①，为欧洲的民粹主义思想和运动做全面的辩护；而法国著名政治理论家菲利普·贝纳通的著作《西方道德的败坏》②则从剖析西方道德由盛及衰的过程为欧洲的右翼民粹主义壮大发展鸣锣开道。也正因为如此，在这份《巴黎宣言》中他们认为：只有由民粹主义加入其中的欧洲新保守主义运动才能促使未来的欧洲成为真正的欧洲——"我们反对这样的主张，认为没有什么能取代由统一的市场、跨国的官僚机构、肤浅的娱乐所构成的人造的和没有灵魂的团结。面包与娱乐是不够的，负责的替代方案是真正的欧洲。"很明显，欧洲右翼民粹主义政党正是在这样保守主义思想的指导下积极行动，全面兴起。

第五，欧盟在解决难民、移民、经济下滑、各成员国民众生活水平及社会福利下降等问题上进退失据也给欧洲民粹民族主义的兴起创造了有利的环境。自2008年全球金融经济危机爆发迄今，欧盟在应对一系列的危机如欧元区主权债务危机、乌克兰危机、难民危机等的过程中表现欠佳，导致各成员国内的普通百姓怨声载道，纷纷认为欧洲一体化已入死胡同，而只有依靠自己的主权民族国家才能真正解决问题。也正是在这样的欧洲大环境下，右翼民粹主义找到了宣泄口，纷纷对准欧盟一体化机制发难，而右翼民粹主义政党也因此高举反欧盟大旗，充分动员在全球化和欧洲一体化进程中失意的中下层群体以形成一股反全球化和冲击欧洲正统建制派政治的强大旋风。

由上述诸种原因所造成的欧洲右翼民粹主义政党兴起的同时，也导致当前欧洲右翼民粹主义政党具有明显的与民族主义相互结合的特征。

民族主义（nationalism）起源于西欧和北美，既是一种思想意识形态，也是一种运动。民族主义强调人类自然地分成不同的民族（nation），本民族当然是最为优秀的民族群体，民族利益（national interest）则是每个民族的最高利益，为了维护本民族的利益，民族必须建立自己的国家——民族国

---

① Chantal Delsol, *Populismos: Una Defensa De Lo Indefendible* (SPANISH EDITION), EDITORIAL ARIEL, 2013; *POPULISME: LES DEMEURéS DE L'HISTOIRE*, EDITIONS DU ROCHER, 2015.

② Phillipe Bénéton, *Le dérèglement moral de l'Occident*, ÉDITIONS DU CERF, 2017.

家（nation state），并且只有通过民族国家才能增进、扩展和加强本民族的利益并且确保本民族在国际体系中的优胜地位，于是民族利益也就与国家利益合二为一。自近代以降，民族主义在促使欧美大国崛起的同时，也催生了民族沙文主义以致强烈地推动欧美列强以捍卫、扩展民族利益的名义而称雄争霸、兵戎相见、刀光剑影、血流成河。发生在20世纪导致千百万生灵涂炭的两次世界大战都与缘起于欧美的民族主义紧密相关。因此，二战后民族主义因其极端发展的后果而在西欧遭到全面否定，欧洲一体化的发生发展其实就是对民族主义的一种明显的否定。

然而，民族主义并没有因为欧洲一体化的发展而在欧洲完全式微。进入21世纪之后，它渐渐地再度显山露水并且与欧洲右翼民粹主义紧密结合，形成了所谓的民粹民族主义。随着当前欧盟成员国内部的右翼民粹主义与民族主义相互结合而产生民粹民族主义，强调维护中下层平民利益、反精英、反权威、反移民、反难民的民粹思想与十分推崇民族国家利益、企求主权民族国家来保护本民族利益的民族主义混合在一起，形成一股强有力的自下而上极具国家主义色彩的政治思潮和运动。

这股欧美的民粹民族主义思潮和运动推动右翼民粹主义政党一方面动员中下层民众在反精英、反权威和反建制派的同时，反外来文化、反移民和反穆斯林，另一方面则祭起维护民族利益和国家利益的大旗，竭力推动各自的国家出台反自由贸易、反资本输出、反区域一体化和反全球化的政策，企求主权民族国家通过一系列去全球化的措施，如采取贸易保护主义、限制对外直接投资、拒绝接受难民、排斥外来移民以及退出区域一体化机制等来推进国家主义、阻遏区域化和全球化发展。这无疑对欧洲一体化的发展会产生十分深刻的影响。

三、欧洲右翼民粹主义政党兴起对欧洲一体化的影响

有关当前欧洲民粹主义及其政党的兴起对欧洲一体化的影响问题已经在

国内展开了讨论，其中既有认为"民粹主义不会毁掉欧洲一体化进程"者，① 也有认为"民粹主义会毁了欧洲一体化进程"者。② 然而，当前比较重要的似乎并不在于带着对欧盟生死存亡的情感讨论民粹主义是否会毁了欧洲一体化进程，而是应该比较冷静客观地分析，近年来欧洲民粹主义尤其是与民族主义相互结合的右翼民粹主义的兴起对欧洲一体化究竟产生哪些具体的影响，从而帮助我们正确地把握欧洲一体化未来发展走向。

首先，当前欧洲的民粹主义尤其是与民族主义相互结合的右翼民粹主义政党的指导思想就是在欧洲复兴"民族—国家"政治形式而否定推行所谓"多元一体"的欧洲联盟。就如《巴黎宣言》所指出的那样："民族—国家是欧洲的标志。真正的欧洲是由（民族）国家构成的共同体。我们有我们自己的语言、传统和边界……多元一体的最为通常的政治形式就是帝国，欧洲尚武的君王们在罗马帝国沦陷后的几个世纪中竭力地想要创建这样的帝国。帝国政治形态的诱惑持续不断，但是将人民与主权相互结合的政治形式民族—国家最终取得了胜利。由此民族—国家成为欧洲文明的标志。"③ 在很大程度上，近年来兴起的欧洲右翼民粹主义政党的主要诉求之一就是要求欧洲的政治形式从"多元一体"的欧盟回归到由人民主权来建构的民族—国家。毫无疑问，欧洲右翼民粹主义政党的这一诉求已经颇有成果，英国的脱欧，意大利等国的民粹主义政党上台执政应该是最有说服力的范例。

其次，当前欧洲右翼民粹主义政党的全面兴起对欧盟机构所设想的欧洲一体化未来发展的五个方向均有负面影响。2017 年 3 月，欧盟委员会主席容克推出一份《白皮书》，提出欧洲一体化未来发展的五个方向。第一，按欧盟既定方针办，即成员国循序渐进地实现经济增长、就业和安全等目标的实现。第二，促进和加强单一市场，即避开难以达成一致的难民、安全和防

---

① 张利华、王晓光：《民粹主义不会毁掉欧洲一体化进程》，《人民论坛》，2017 年第 36 期。

② 丁一凡：《民粹主义会毁了欧洲一体化进程》，环球网：http://www.opinion.huanqiu.com/hqpl/2017 - 10/11335306.html？agt = 15438。

③ THE PARIS STATEMENT——A EUROPE WE CAN BELIEVE IN，https：//www.thetrueeurope.eu/a - europe - we - can - believe - in/.

务等一体化难题，着重完善统一市场。第三，形成"多速"的欧洲，即在诸如防务、内部安全和税收等问题上，允许某些成员国前行，不必所有成员国同步。第四，政策目标聚焦质量而减少数量，即放弃那些遥不可及的宏大政策目标，重点实施能完成的项目。第五，成员国携手并进，即强化欧洲一体化，在政治、外交、贸易、防务与安全领域欧盟完全以一个声音说话。①然而，因为欧盟成员国的各右翼民粹主义政党虽然在欧洲一体化问题上并没有一致的政策，但是它们对欧盟机构持完全不信任的态度以及试图改变欧盟的运作模式的想法则是相同的，法国国民阵线领导人玛丽娜·勒庞所提出的"彻底改变欧盟的运转模式，可以重建一个名为欧洲自由与国家主权联盟的机构来替代欧盟"的看法最具有这方面的代表性，② 所以随着欧盟内部各国右翼民粹主义政党影响力的增强，容克代表欧盟委员会所提出五项愿景均难以付诸实践。

再次，当前欧洲尤其是法国与德国的右翼民粹主义政党的兴起限制了长期以来推动欧洲一体化不断向前的法—德轴心的作用。自欧洲一体化缘起，法国与德国（当时的西德）之间就建立了密切的合作伙伴关系，不仅努力消除两国间长期存在的战争隐患，而且积极推进欧洲联合，逐渐形成了欧洲一体化进程中的法德轴心。应当承认，不论在冷战时期还是在后冷战时期，每当欧洲一体化面临困难，法德总是坚定地站在一起，希望通过在外交、安全和经贸领域的紧密合作不断地促进欧洲一体化的深化。然而，随着民粹主义政党在法德两国的兴起，法德轴心的作用明显地弱化。虽然2017年马克龙在大选中战胜右翼民粹主义政党候选人勒庞当选法国总统之后，提出了与德国紧密合作的推进欧洲一体化的十点计划，但是，由于一方面受到本国诸民粹主义政党以及"黄背心"运动的掣肘，另一方面，德国在2017年9月的大选中反欧盟的右翼民粹主义政党选择党成为联邦议会中的第三大党，致使经过四个多月艰难谈判后产生的联盟党与社民党的大联盟政府在默克尔的

---

① 《欧盟白皮书提出"27国欧盟"的五种设想》，新华网：http://www.xinhuanet.com/world/2017-03/02/c_1120553237.htm。

② 《勒庞希望以"欧洲自由与主权国家联盟"取代欧盟》，俄罗斯卫星通讯社：http://www.sputniknews.cn/politics/201705011022502324/。

领导下必须考虑德国选民的心态而对欧洲一体化深化持更为谨慎的态度,因此马克龙的计划很难付诸实施。由此可见,法德轴心在欧洲一体化深化中的作用因欧洲右翼民粹主义政党的兴起而明显减弱则已经是不争的事实。

最后,近年来欧洲右翼民粹主义政党的兴起影响了欧洲议会对欧洲一体化深化发展的推动。欧洲议会是唯一通过欧盟成员国公民直接选举产生的欧盟机构,相对欧盟委员会代表欧盟整体利益,欧洲理事会代表各成员国利益,欧洲议会代表的是欧洲的民意,它有监督权、预算权、咨询建议权和部分立法权。2009 年 12 月生效的《里斯本条约》提升了欧洲议会的立法权、扩大了其预算权并加强了其监督权等。① 2014 年的欧洲议会选举是《里斯本条约》施行后的第一次选举,这次的选举结果既反映出欧盟内部右翼民粹主义政党的兴起,更对欧洲一体化的发展产生了重要的影响(参见下表)。

**右翼民粹主义政党在 2014 年欧洲议会选举中的表现及其与
2009 年得票率对比②**

政党名称	成立时间	得票率(%)(2014)	席位	排名	得票率(%)(对比 2009)
波兰法律与正义党	2001	31.78	19/51	2	27.40
英国独立党	1993	26.77	24/73	1	16.09
丹麦人民党	1995	26.60	4/13	1	14.80
法国国民阵线	1972	24.86	23/74	1	6.30
意大利五星运动	2009	21.15	17/73	2	—
奥地利自由党	1956	19.72	4/18	3	12.71
为了更好的匈牙利	2003	14.67	3/21	2	14.77

---

① 欧盟官网文件, Klaus - Dieter Borchardt, The ABC of EU Law, Luxembourg: Publications Office of the European Union, 2017, pp63 - 65, available at https://www.publications.europa.eu/en/publication - detail/ - /publication/5d4f8cde - de25 - 11e7 - a506 - 01aa75ed71a1。

② 数据源于欧盟官网,参见 http://www.europarl.europa.eu/elections2014 - results/en/election - results - 2014.html,上网时间:2019 年 5 月 2 日。

续表

政党名称	成立时间	得票率（%）(2014)	席位	排名	得票率（%）（对比2009）
立陶宛秩序与正义党	2002	14.25	2/11	4	12.22
拉脱维亚国家联盟	2011	14.25	1/8	2	—
荷兰自由党	2006	13.32	4/26	3	16.97
保加利亚民族运动	1989	10.66（联盟）	1/17	4	*
瑞典民主党	1988	9.67	2/20	5	3.27
希腊金色黎明党	1985	9.39	3/21	3	（未）
丹麦反欧人民运动	1972	8.10	1/13	6	7.00
波兰国会新右翼	2011	7.15	4/51	4	—
德国选择党	2013	7.10	7/96	5	—
意大利北方联盟	1991	6.15	5/73	4	10.20
捷克自由公民党	2009	5.24	1/21	7	—
比利时弗拉芒利益党	1979	4.26	1/21	10	9.85
希腊人独立党	2012	3.46	1/21	7	—
德国国家民主党	1964	1.00	1/96	10	（未）
克罗地亚权力党	2009	41.42（联盟）	1/11	1	*

*表示因为2014年时与其他政党组成联盟，2009年无法统计；

—表示2009年欧洲议会选举时该党派未成立，没有参加选举；

（未）表示虽然已经成立，但是得票率较低，欧盟官网没有数据。

从上表可见，自2014年起右翼民粹主义政党在第八届欧洲议会中的影响力大增。一方面右翼民粹主义政党可以通过党团在欧盟委员会制定动议草案之前提出自己的观点和报告，将反欧盟的政策偏好引入政策讨论，对欧盟的决策产生影响；另一方面，右翼民粹主义政党的欧洲议会议员个人也可以通过辩论、提问、报告等方式对欧盟的决策产生影响。如玛丽娜·勒庞在担任欧洲议员期间①（2004年7月20日—2017年6月18日），曾发表727

---

① 玛丽娜·勒庞在2004年7月20日至2007年1月14日，和2007年11月14日至2015年6月14日为无党派欧洲议员，其他时间分别为ITG，ENF的议员或联合主席。

次演讲，143 次书面质询，11 次口头质询，56 次个人动议，7 次党团动议。① 更值得注意的是，根据 2019 年初的民意调查，右翼民粹主义政党将在 2019 年 5 月的欧洲议会选举中会在继续保持目前席位的基础上有更大的斩获。②

综上所述，当前右翼民粹主义政党在欧盟内部已经全面兴起并对欧洲一体化产生重要的影响。虽然这一切并不意味着欧洲一体化因此而会被毁掉，但是欧洲一体化将遭遇前所未有的挑战则是不言而喻的。对此，欧洲问题的研究者和实务工作者们似应有充分的准备。

---

① 数据源于欧洲议会官网，http：//www. europarl. europa. eu/meps/en/28210/MARINE_LE + PEN_activities. html，上网时间：2018 年 9 月 6 日。

② 参见下述网站：https：//www. pollofpolls. eu/FI，https：//europeelects. eu/2019/04/08/european – alliance – of – peoples – and – nations – what – we – know – so – far/，https：//ig. ft. com/european – parliament – election – polls/。

德国在欧盟外资审查机制设立中的角色分析[*]

郑春荣[**]　范一杨[***]

　　对于德国在中欧关系中的角色，涉及前者是否对于后者具有某种引领作用。针对近年来中德务实合作日益深化的事实，有学者表示，德国引领中欧关系[①]，或者德国的对华政策在欧洲处于领先地位[②]。也有学者认为中德关系和中法关系均是中欧关系的领跑者[③]。在2015年10月下旬中国国家主席习近平访英、中英两国开启"黄金时代"后不

---

[*]　本文是上海市哲学社会科学规划课题《当前中德关系及其对中欧关系的影响研究》（课题批准号：2013BGJ004）的相关成果。

[**]　郑春荣，同济大学德国研究中心主任、教授。

[***]　范一杨，同济大学外国语学院博士研究生。

[①]　梅兆荣："德国重新崛起之道及其在欧盟及中欧关系中的地位"，《德国研究》2013年第1期，第10—11页。

[②]　Sebastian Heilmann, "Deutsche Chinapolitik in Europa führend", Review 2014, http://www.review2014.de/, last accessed on April 22, 2015.

[③]　周弘："盘点中欧战略伙伴关系（2003—2013）"，载周弘主编：《中欧关系研究报告（2014）：盘点战略伙伴关系十年》，北京：社会科学文献出版社，2013年版，第14—15页。

久,甚至有一种观点认为,中英关系取代了中德关系成为中欧关系的领跑者①。虽然曾有上述不同的提法,但是,毋庸置疑,在我国与欧洲主要大国,尤其是德法英的关系中,鉴于中德合作的广度和深度,中德关系具有特殊的地位,为此,习近平主席在2018年5月24日会见第11次访华的默克尔总理,并明确中德关系的努力方向时,对中德关系的未来发展提出了更高的期许:"中德两国要做合作共赢的示范者、中欧关系的引领者、新型国际关系的推动者、超越意识形态差异的合作者"。②

---

① "Merkels China–Reise: Deutschland verliert in den Beziehungen zu China an Boden – wirtschaftliche Abkühlung und diplomatische Ernüchterung",http://www.merics.org/presse/china–flashpressemitteilungen/merkels–china–reise.html,last accessed on April 22, 2018。中国外交部长王毅谈习近平主席2014年4月访欧时就曾表示,"法国、德国是欧盟的领头羊,也是对华关系引领者"。"铺设友谊、理解、合作的桥梁——外交部长王毅谈习近平主席出席荷兰核安全峰会并访问欧洲四国和联合国教科文组织总部、欧盟总部",新华网,2014年4月2日,http://www.news.xinhuanet.com/world/2014–04/02/c_1110067100.htm,last accessed on April 22, 2015。不过,王毅部长在盘点2015年中国外交和中欧关系时,赋予英法德三国相对均衡的角色,他表示:中德务实合作继续走在中欧关系的前列,并且还在不断深化;中法关系继续在中国同西方国家交往中发挥着引领和示范效应;中英关系的这一重要发展实际上预示着今后中国同西方国家关系的发展前景。参见:"王毅盘点2015年中国外交和中欧关系",2015年12月22日,http://www.fmprc.gov.cn/web/wjdt_674879/wjbxw_674885/t1326626.shtml,last accessed on April 22, 2018。

② "与德国总理默克尔举行会晤习近平明确中德关系努力方向",《人民日报海外版》(2018年05月25日第01版),http://www.paper.people.com.cn/rmrbhwb/html/2018–05/25/content_1856829.htm,last accessed on June 22, 2018。这一四项定位第一次是习主席2018年3月17日与默克尔应约通电话时提出的,其中指出:"中德应该继续做中欧关系的引领者,为增进中欧战略互信、促进中欧合作发挥建设性作用",参见"习近平应约同德国总理默克尔通电话",新华网,2018年3月17日,http://www.xinhuanet.com/2018–03/17/c_1122552188.htm,last accessed on April 22, 2018。

虽然西方学者也表示，德国对华政策在中欧关系中（应）扮演引领角色[1]，但是，他们更多地强调，德国鉴于其在欧盟内的经济地位以及日益增长的政治地位，应承担协调欧洲外交政策以及欧盟对华政策的责任[2]。对此，他们指出的主要原因是，在过去，在对华政策上，欧盟各国一直有违背欧盟统一政策的单独行动，近年来这种情况有增无减。有学者认为，在中欧光伏争端中，德国在中国推动下在欧盟内干预，以削弱欧盟共同立场，就是成员国将本国短期的商业利益优先于欧盟长期战略性政治利益的案例[3]。但问题是，欧盟单个成员国（包括德国）的影响力过小，与中国的实力差距在不断拉大，如果欧盟在其对华政策上以德国为导向，而不是选择一项共同方案，就会被中国"分而治之""各个击破"，因此，增强欧盟对华政策，这最终对德国也有好处[4]。他们举例说，德国企业抱怨它们在中国遇到市场准入上的限制、不平等对待、知识产权的损害和强制性技术转让，这些问题不是中德双边能够解决的，而是涉及所有欧盟成员国，凭德国一方之力不能促使中国有所改变[5]。总之，在西方学者们看来，德国的西方伙伴也认为德国在欧盟内拥有领导地位，应在中欧关系之中发挥领导角色，但这种角

---

[1] Sebastian Heilmann, "Deutsche Chinapolitik in Europa führend", Review 2014, http://www.review2014.de/, last accessed on April 22, 2015.

[2] "Denken für Deutschland. Über außenpolitische Versäumnisse, zukünftige Konturen und blinde Flecken", *Internationale Politik* Juli/August 2014, pp. 14 – 23.

[3] Timothy Garton Ash, "The Federal Republic's chief challenge: Making the EU work!", Review 2014, http://www.review2014.de/, last accessed on April 22, 2015. 也请参见：Charles Grant, "Ein Drückeberger: strategisch schwach und merkantilistisch", Review 2014, http://www.review2014.de/, last accessed on April 22, 2015.

[4] "Denken für Deutschland. Über außenpolitische Versäumnisse, zukünftige Konturen und blinde Flecken"; Français Godement, A strong European China policy is best for Germany, Review 2014 – Aussenpolitik weiterdenken, May 05, 2014.

[5] Gudrun Wacker, "Deutsche China – Politik: Doppelte Einbettung gebraucht!", Blogbeitrag bei Review 2014, Review 2014, http://www.review2014.de/, last accessed on April 22, 2015.

色的目标不应是服务于德国本国的利益，而应是欧盟的共同价值和战略目标。从具体策略而言，德国一方面应利用其与中国的紧密关系，发挥"杠杆作用"，另一方面应在欧盟内利用其领导力协调各国不同的对华政策立场。

近年来，随着中国在欧洲，尤其是在德国的投资并购行为的大幅增加，欧洲出现了新版"中国威胁论"，德国为此收紧了海外投资规定，不仅如此，还在欧盟层面促成了外资审查机制的设立。分析欧盟外资审查机制的设立过程，尤其是德国在这一过程中的影响及其路径，能使我们对德国在某些议题上在欧盟内发挥负面引领作用保持清醒的认识，并加以有效应对。

一、德国在欧盟内角色的综合分析框架

本文重点在于分析德国在中欧关系中的角色，具体是德国在欧盟外资审查机制设立中的角色。与这个主题相关，有多种研究的切入路径，包括"欧洲化"、双层博弈和领导理论或方法，但这些理论或方法只是关注个别维度，并未能提供一个研究的全视角。因此，本文主张综合考察这些因素，以便对德国在欧盟内角色有更为全面的把握。

（一）"欧洲化"

"欧洲化"引入时重点关注的是欧洲一体化或欧盟对各成员国国内政治的影响，但事实上，"欧洲化"包含"从上至下"和"从下至上"这两个维度。例如学者布泽尔（Tanja A. Börzel）指出，"欧洲化"是一个双层的进程，从成员国的视角出发，面对欧盟层面释放的压力，成员国需要从欧盟"下载"（download）相关规则和规范，并进行适应；但为了减少适应成本，成员国出于输出国内制度与政策的需要，也常常会谋求先机（first mover），

"上传"(upload)自身的利益和做法并使之"欧洲化"。[1]

原则上,在任意一个政策领域,成员国的政策始终处于"欧洲化的双向运动"之中,一方面通过向欧盟层面投射其偏好和政策,进行主动"欧洲化"。另一方面受到来自欧盟的适应性压力,进行受动"欧洲化"。[2]德国往往被认为是欧盟内最具"欧洲化"特征的成员国[3],在双向欧洲化视角下,必须仔细考察,这主要是指受动"欧洲化",还是主动"欧洲化"。

但是,对于本文的研究主题而言,更重要的是"上传",即在特定的政策领域,德国作为欧盟内对欧盟政策与决策有较大塑造能力的核心国家,在何种程度上以及如何投射国家政策和偏好到欧盟层面,进行主动"欧洲化",这是因为受欧盟决策机制的约束,德国作为单个成员国,其追求的目标无法通过单边行动来实现,它迫切需要向欧盟层面投射本国政策和偏好,使之转变为欧盟共同或者说欧盟多数国家的政策和偏好。

刘宏松等学者对于欧盟成员国外交政策"欧洲化"的因果机制的分析对本文也有启发意义。他们指出,欧盟外交政策"欧洲化"的实现程度由规范社会化机制和利益社会化机制的叠加效应决定。决定规范社会化效应的主要因素是规范强度。利益社会化效应则主要受社会化实施主体的成功实践和外部激励(正面的或负面的)两个因素影响。在规范强度不高的情况下,利益社会化将对欧盟成员国外交政策产生关键性影响。如果欧盟成员国在其他成员国劝说下,相信接受某一政策路线可以获得较高的预期收益,外交政策欧洲化就很可能在规范社会化机制和利益社会化机制的共同作用下成功实

---

[1] Tanja A. Börzel, "Pace–Setting, Foot–Dragging and Fence–Sitting, Member States Responses to Europeanization", *Journal of Common Market Studies*, Vol. 40, No. 2, 2002, pp. 193–214.

[2] 张骥:"欧洲化的双向运动:一个新的研究框架",《欧洲研究》2011年第6期,第124—137页。

[3] Patricia Daehnhardt, "Germany in the European Union", in Christopher Hill and Reuben Wong (eds.), *National and European Foreign Policy. Towards Europeanization*, London: Routledge, 2012, pp. 35–56.

现。反之，则难以实现外交政策"欧洲化"。① 与这些学者的研究相对应，本文中需要考察的是，德国主动"欧洲化"的动力机制是什么，是基于利益算计，还是价值驱动，抑或是两者综合作用的结果。

(二) 双层博弈

1988年，美国学者罗伯特·普特南（Robert D. Putnam）在政治学期刊《国际组织》上发表了题为《外交与国内政治：双层博弈的逻辑》② 一文，提出了双层博弈理论（Two-Level-Game），详细分析了国际谈判与国内政治的互动逻辑和模式。普特南的双层博弈理论迅速得到了学界的关注，成为分析国际谈判的有力理论工具③。

在双层博弈理论中，核心的概念是"赢集"（Win-Set，也称"获胜集合"）。按照普特南的定义，"赢集"是所有在第一层面（国际层面）达成的，并在第二层面（国内层面）表决时获得必要多数支持的协议范围。简单地说，赢集是协议能在国内层面得到必要多数支持的一个交集，同时又是在国际层面与他国谈判时能够提供的议价回旋余地的一个集合。

在国际谈判中，每个谈判国都有自己的赢集，可以想象，若双方（或者至少一方）的赢集较大，那么就更有可能在国际层面上出现交集，也就是说在谈判中达成协议，否则，谈判破裂的可能性更大。因此，国际谈判能否成功，主要取决于赢集的大小。根据普特南的论述，赢集的大小由三个因

---

① 刘宏松、万天崴："欧盟成员国外交政策欧洲化的因果机制"，《世界经济与政治》2015年第5期，第79—99页。

② Robert D. Putnam, "Diplomacy and Domestic Politics: The Logic of Two-Level Games", *International Organization*, Vol. 42, No. 3. (Summer 1988), pp. 427-460.

③ 关于罗伯特·普特南的双层博弈理论的基本逻辑，国内已有不少文章进行了介绍和研究，本文不再赘述。对此详见王传兴："'双层次博弈'理论的兴起与发展"，《世界经济与政治》，2001年第5期，第36—39页；薄燕："'双层博弈理论'：内在逻辑及其评价"，《现代国际关系》，2003年第4期，第54—60页；钟龙彪："'双层博弈理论'：内政与外交的互动模式"，《外交评论》，2007年4月，第61—76页。

素决定：第一，国内层面各方的权力分配、偏好及可能的联盟；第二，国内层面的决策机制；第三，谈判者在国际层面所采取的策略。

上述因素包含以下几个方面的内容：第一，谈判破裂的成本问题，若谈判破裂的成本较小，那么，赢集较小；若谈判破裂的成本较高，那么，赢集较大，更有可能达成协议。第二，国内层面各方的利益诉求是否"同质"，若是"同质"的，那么一国的赢集较大，但有可能远离另一国的赢集，从而无法达成协议，也有可能与另一国赢集非常接近，从而轻松达成协议；若是"异质"的，则要看各方实力对比，若支持维持现状的一方实力占优，则赢集较小；若支持谈判的一方实力占优，则赢集较大，更有可能达成协议。第三，国内层面的决策机制对谈判的最终结果也将产生实质性的影响。例如，若谈判结果只需简单多数即可通过，那么，赢集较大；若需特定多数才能通过，则赢集较小。

考虑到德国是本文的分析重点，需要特别关注德国采取何种策略来在欧盟内扩大赢集，例如能否基于欧盟决策机制，通过在欧盟层面组建"获胜联盟"（winning coalition）来确保赢集。

（三）领导

德国在中欧关系中的角色，与德国在欧盟内的角色也紧密相关。鉴于德国在欧盟内的权力资源，尤其是德国的经济实力，学者们往往尝试用"政治领导"（political leadership）的方案，分析德国在欧盟内所扮演的角色。例如马格努斯·G. 朔勒（Magnus G. Schoeller）分析了德国在欧债危机应对过程中的角色。作者为此还提出了一个领导力产生和发挥影响的分析框架。[1] 基于此，作者将政治领导力定义为一个过程，在这个过程中，一个处于正式或非正式权威地位的行为体，将其可利用的权力资源（包括物质性

---

[1] 国内学者用类似框架分析了欧债危机、乌克兰危机以及欧洲难民危机中德国的领导有效性问题，参见陈菲："欧盟危机背景下的德国领导有效性分析——以领导理论为分析框架"，《欧洲研究》，2017年第1期，第95—109页。

资源、制度性资源和软实力）转化为相应战略①，旨在引领其他行为体的行为朝向一个共同目标：在引领成功的情况下，这一过程将导致创新，这是指政策变化或制度变迁。② 国内也有学者运用政治领导的方案，分析了德国在危机应对中的角色。例如李巍等通过分析德国在欧债危机应对中的角色指出，德国在危机后期阶段的治理中实现了强有力的政治领导，通过宏观战略层面的公信力、向心力、强制力和操作手段层面的设置议程、建构共识、寻求盟友，有效贯彻了危机治理的德国理念与模式③。

为了判断德国可能扮演的领导角色，需要解析德国的领导力（leadership）。对于领导力，学术界有各种分类，其中，米歇尔·格鲁布（Michael Grubb）和卓伊塔·古普塔（Joyeeta Gupta）把领导力分为结构型、工具型和方向型三种。具体而言，他们把基于政治与经济实力，相对于其追随者的地位优势，运用"胡萝卜和大棒"等刺激手段施展的领导力称为"结构型领导力"（structural leadership）；把运用外交技巧发挥程序优势、建立"获胜联盟"的领导力称作"工具型领导力"（instrumental leadership）。另外，"方向型领导力"（directional leadership）是指通过运用理念优势或本国示范，影响和改变其他国家的感受以达到所期望的目标的能力④。这些不同的

---

① 作者将领导力战略区分为两个类别：优化集体行动（包括议程管理、联盟组建和榜样领导）和提供共同知识（问题定义、提出新思想、促进新思想）。

② Magnus G. Schoeller, "Explaining Political Leadership: Germany's Role in Shaping the Fiscal Compact", European University Institute, Robert Schuman Centre for Advanced Studies, EUI Working Paper RSCAS 2014/82. See also Magnus G. Schoeller, "Providing political leadership? Three case studies on Germany's ambiguous role in the eurozone crisis", Journal of European Public Policy, Vol. 24, No. 1, 2017, pp. 1 – 20.

③ 李巍、邓允轩：“德国的政治领导与欧债危机的治理”，《外交评论》，2017 年第 6 期，第 74—104 页。

④ 两位作者是在分析欧盟在全球气候变迁议题上的领导力时进行这样分类的，本课题在这里加以借用。参见 Michael Grubb and Joyeeta Gupta, "Leadership. Theory and methodology", in Joyeeta Gupta and Michael Grubb (eds.), Climate Change and European Leadership: A Sustainabale Role for Europe? Dordrecht: Kluwer Academic Publishers, 2000, pp. 15 – 24, here p. 23。

领导力虽然有着显著区别，但想要真正发挥影响，德国需要综合运用所有这些领导力。这也是考虑到在地位、程序和理念这三个优势维度上，德国的领导力都是受限的。

（四）小结

"欧洲化"、双层博弈和领导等理论或方法都有其可取之处，而且彼此之间存在着关联性，因此，本文作者认为，这些理论或方法的分析要素的综合，能使我们更好地判断德国在中欧关系中的角色。其中，"欧洲化"使我们认识到德国影响中欧关系的目标：德国始终在谋求将自身的偏好和政策投射到欧盟层面，其因果机制有可能是利益驱动，也有可能是价值导向，抑或是两者综合作用的结果；双层博弈使我们认识到德国实现上述目标的手段，即努力扩大赢集，而在欧盟多层级的治理体系里，很重要的是与其他成员国组建"获胜联盟"，以便突破欧盟决策机制的约束；领导方案则能让我们对德国在中欧关系中的角色做一定位，即德国有无发挥领导角色，以及若有，具体发挥的是哪一种领导力。

这样一种综合的视角不仅有助于我们了解和分析德国在中欧关系中的作用及其作用目标和作用方法，而且也能够使我们能更有针对性地提出我国的应对策略。例如，对于我国希望德国发挥更大作用而德国并不愿在欧盟内"出头"的议题，德国会以欧盟的决策机制约束来搪塞，而在综合分析的视角下，我们不仅可以理解德国角色的局限性，而且也可以看到德国在这种局限性下的回旋余地，由此可以更好地把握德国的策略和意图。不过，需要指出的是，作者在这里并非要搭建一个系统而又严密的理论，而更多的是提供一个综合的分析框架。

二、欧盟投资审查机制的设立过程

一般而言，《欧盟运作方式条约》第64条资本自由流动的限制权能奠定对外资投资的法律基础,①但在实际操作中,该条却处于"长期沉睡"的状态。② 2009年生效的《里斯本条约》将对外直接投资事项纳入属于欧盟专属权能的共同贸易政策后,③欧盟的专属权能主要体现在双边投资协议的谈判中,在外资投资管理方面呈现出"欧盟放任、成员国自理"的模式。④迄今欧盟有14个国家设立了外资投资审查机制,审查程序和审查范围参差不齐。在欧盟委员会2017年提出外资投资审查的立法草案时,它援引的法律依据并不是《欧盟运作方式条约》第64条,而是第207条⑤。它的理由是,外资投资审查机制是外资投资领域事务的一个组成部分,是属于欧盟具有专属权能的共同贸易政策领域,因此,应根据第207条第2款进行立法程序:欧洲议会和理事会应按照普通立法程序,经由条例的方式,采取措施确定实施共同贸易政策的框架。

2016年,在全球外商直接投资流量同比下降的情况下,中国对欧盟直接投资高达350亿欧元,同比增长77%,而欧盟对华投资仅有80亿欧元。这一年中国在收购欧盟高科技和高端制造业领域收获颇丰,其中美的以44亿欧元收购德国库卡机器人子公司、北京控股以14.4亿欧元收购德国废物

---

① 《欧盟运作方式条约》第64条:"2. 在努力实现成员国与第三国之间资本自由流动的目标的同时,并且在不影响两部条约其他各章的前提下,欧洲议会和理事会应根据普通立法程序,就涉及流入或来自第三国的直接投资(包括房地产投资)、设立商业机构、提供金融服务、允许证券进入资本市场等方面的资本流动制定措施"。参见程卫东、李靖堃译:《欧洲联盟基础条约——经〈里斯本条约〉修订》,北京:社会科学文献出版社,2010年版,第74页。

② 叶斌:"欧盟外资安全审查立法草案及其法律基础的适当性",《欧洲研究》,2018年第5期,第25—42页。

③ 肖芳:"《里斯本条约》与欧盟成员国国际投资保护协定的欧洲化",《欧洲研究》,2011年第3期,第93—110页。

④ 石岩:"欧盟外资监管改革:动因、阻力及困局",《欧洲研究》,2018年第1期,第114—134页。

⑤ 相关立法依据的讨论,参见叶斌:"欧盟外资安全审查立法草案及其法律基础的适当性",《欧洲研究》,2018年第5期,第25—42页。

能源利用公司 EEW Energy 等。① 上述种种是德国乃至欧盟将修改或引入外资审查条例提上议程的原因。

2017年2月，欧盟委员会贸易委员马姆斯特罗姆在演讲中表示，欧盟愿与中国一道在全世界同贸易保护主义作斗争，但也希望中方在贸易与投资上体现对等原则。作为对欧盟立场的支持，德国迅速采取行动响应。德、法、意三国经济部长随后联名致信欧盟委员会，建议在欧盟层面设立外资审查机制，防范欧盟的核心战略企业被外资收购。三国在建议中特别强调，如果非欧盟投资者的收购不符合市场经济原则，如背后有国家战略引导、收购资金有政府支持等，欧盟应该进行干涉。② 2017年3月20日，来自欧洲议会人民党党团的十名议员就"在战略领域设立投资审查机制"提出立法提案。人民党党团认为，来自非欧盟国家的投资可能会威胁涉及欧盟核心战略与安全的领域；与此同时，目前欧盟成员国层面的投资审查无法保证投资关系的互惠与公平竞争，而新的投资审查机制应当建立在定义明确、标准透明的基础上，旨在引导外国投资者以合法和市场主导的方式参与投资。③ 2017年5月，欧盟委员会发布题为"塑造全球化"的意见书（Reflection Paper on Harnessing Globalisation），阐释欧盟促进贸易防御工具现代化的背景和愿景，投资审查法案亦是该意见书框架下拟制定的文件④。

但是，在2017年6月的欧盟峰会上，设立投资审查机制的想法遭到荷兰、北欧国家和希腊的质疑而搁浅，欧盟委员会也迟迟未就后续步骤作

---

① ThiloHanemann and MikkoHuotari, "Record flows and growing imbalances", Chinese investment in Europe in 2016, Berlin: Merics, January 2017.

② 信函可下载于：https://www.bmwi.de/Redaktion/DE/Downloads/S-T/schreiben-de-fr-it-an-malmstroem.pdf?__blob=publicationFile&v=5, last accessed on August 19, 2018。

③ European Parliament, Proposal for a Union Act submitted under Rule 46 (2) of the Rules of Procedure on the Screening of Foreign Investment in Strategic Sectors. B [8-0000/2017].

④ European Commission, Reflection Paper on Harnessing Globalisation, COM (2017) 240, Brussels, 10 May 2017.

出反馈。于是，德国于2017年8月25日颁布了第九版《对外经济条例》，在欧盟内率先修订投资审查条例。根据这一修正案，当欧盟外实体收购德国企业至少25%股权时，若涉及需要从严管理的企业，投资者有义务向德国联邦政府报备，德国联邦经济部有权审查该收购是否威胁公共秩序或国家安全并否决收购。[①] 联邦政府的此次修订主要包括两方面内容：第一，首次对法律中的"威胁公共秩序及安全"做出了具体规定：收购案涉及电力或电信网络、电厂、供水系统、银行、医院、机场及火车站等关键基础设施，包括为上述领域企业开发软件的德国企业，能接触到外部储存器（云存储器）中相关数据的企业。第二，联邦经济部的正式审查时间从两个月延长至四个月。在这次修订后，德国联邦政府对于外资收购的"一票否决权"有所扩大。2018年8月，德国政府首次动用这一修改过的法律，以涉及国家安全问题为理由拒绝了烟台台海集团对德国莱菲尔德公司的收购计划。

在欧盟层面，直到2017年9月13日，欧盟委员会主席容克才在盟情咨文中公布了拟设立审查外国对欧盟直接投资的条例草案。容克表示："我们不是天真的自由贸易主义者。欧盟必须一致保护自身的战略利益"[②]。根据该草案，欧盟委员会将被授权基于公共安全和公共秩序的原因审查特定海外投资项目的权力，但不要求已有投资审查法案的成员国修改现行法律、没有投资审查法案的成员国制定相关法律。依照该提案的审查流程，当成员国收到外国投资要约后首先根据本国法律进行审查，并告知欧盟委员会和其他成员国。欧盟委员会和其他成员国可以要求接受要约的成员国提供补充信息并对此收购案提出意见、表达立场。成员国有义务听取欧盟委员会提出的意见，如不同意则需要给出合理解释。但是，接受要约的成员国可以自行决定是否采纳欧盟和其他成员国的意见，并最终决定是否接受要约。这使得欧盟

---

① Bundesministerium für Wirtschaft und Energie, "Aktuelle Entwicklungen im Investitionsprüfungsrecht. Offene Märkte dürfen keine Einbahnstraße sein", Monatsbericht 10 - 2017.

② European Commission - Speech, President Jean - Claude Juncker's State of the Union Address 2017, Brussels, 13 September 2017, http: //www.europa.eu/rapid/press - release_SPEECH - 17 - 3165_en.htm, last accessed on August 19, 2018.

拥有软性、非强制性的外资投资审查权,成员国和欧盟在外资投资审查的流程上呈现出主次分明的合作关系。① 欧盟委员会在提案中列出的审查领域十分广泛,主要包括关键基础设施(如能源、交通、通信、金融基础工程等)、关键技术(如人工智能、机器人、半导体技术、网络安全、空间探索和核技术)、关键投入品的供应安全和获得敏感信息与控制信息的能力。欧盟委员会和成员国确认外国投资是否会威胁公共安全和技术的重要标准是投资者是否受到第三国政府和关键基金的控制。② 如前所述,该草案采用普通立法程序进行决议,即实行特定多数表决制,而且欧洲议会与欧盟理事会在制定贸易政策中共享立法权能。2017年10月26日,欧洲议会全体会议宣布草案移交相关委员会,启动一读程序。2017年12月14日,欧盟委员会、欧洲议会和欧盟理事会通过联合声明,将投资审查立法草案作为2018年欧盟优先立法之一。在2018年5月30日,欧洲议会国际贸易委员会(INTA)通过了对该法案的修改意见报告,6月13日欧盟理事会同意就与欧洲议会的磋商立场达成一致。③ 在6月28日的欧盟峰会上,欧盟成员国首脑要求加快推进该法案的制定。④ 其后,该法案进入欧洲议会、欧盟理事会与欧盟委员会之间的三方磋商阶段。12月5日,三方就法案的最终文本达成最终

---

① European Commission, Foreign Direct Investment – An EU Screening Framework, http://www.trade.ec.europa.eu/doclib/docs/2017/september/tradoc_156040.pdf, last accessed on August 19, 2018.

② European Commission, Proposal for a Regulation of the European Parliament and of the Council establishing a framework for screening of foreign direct investment into the European Union, COM (2017) 487 final, Brussels, 13.9.2017.

③ Council of the EU, "Screening of investments: Council agrees its negotiating stance", https://www.consilium.europa.eu/en/press/press-releases/2018/06/13/screening-of-investments-council-agrees-its-negotiating-stance/, last accessed on August 19, 2018.

④ "European Council conclusions, 28 June 2018", https://www.consilium.europa.eu/en/press/press-releases/2018/06/29/20180628-euco-conclusions-final/, last accessed on August 19, 2018.

协议，10 日欧洲议会国际贸易委员会通过了法案。① 2019 年 2 月 14 日，欧洲议会通过了该法案，理事会则于 3 月 5 日通过。②

三、德国角色的分析

在本案例中，德国尝试将本国对待外来投资的政策偏好"上传"，以形成欧盟共同的投资审查机制。但是，由于各成员国经济发展需求不同，导致它们对待外来投资的立场出现分歧，德国的"欧洲化"尝试较为坎坷，虽然从一开始就联合了法国和意大利，但不足以组成"获胜联盟"。最终德国选择率先修订本国《对外经济条例》，以直接、高效的方式实现对外来投资监管，以此影响欧盟层面的立法。

在"欧洲化"的过程中，德国以"工具型领导力"为手段。首先，德国选择与法国、意大利形成合力、共同发声。相比于德国，法国对华贸易存在结构性逆差，对中国出口的贸易保护主义倾向明显。③ 马克龙在其欧盟改革倡议中就提及要加强欧元区国家投资政策一体化。其次，德国积极发挥欧洲议会在欧盟决策机制中的作用，利用多重影响路径"上传"政策偏好。在上文提及的欧洲议会的立法提案中，十位起草该提案的欧洲人民党议员有

---

① 关于法案目前版本的详细内容分析，可参见：Naboth van den Broek, "EU and Germany Move to Further Tighten FDI Screening Process", https://www.lexology.com/library/detail.aspx?g=f6d5f6bc-dbec-4cd1-ac3f-7e0164c0331f, last accessed on 05 February 2019.

② European Parliament, Press Releases, EU to scrutinise foreign direct investment more closely, 15.02.2019, http://www.europarl.europa.eu/news/en/press-room/20190207IPR25209/eu-to-scrutinise-foreign-direct-investment-more-closely, last accessed on February 19, 2019.

③ 张骥："去特殊化的中法战略伙伴关系"，《世界经济与政治》，2013 年第 12 期，第 112 页。

四位来自德国，远高于德国籍议员在该党团的整体人数比例（33/216）①。在暂时无法在欧盟内形成"获胜联盟"的情况下，德国力图发挥"方向型领导力"，通过本国示范，影响和改变其他国家的感受以达到其所期望的、设立欧盟层面海外投资审查机制的目标。

从迄今的立法进程来看，德国较成功地将对外来投资的防备态度传导到欧盟层面，使促进贸易防御工具改革成为德国与欧盟的共同目标。如前所述，2017年5月欧盟委员会发布题为"塑造全球化"的意见书。在欧盟看来，全球化带来的失业、社会分配不公、环境与健康标准缺失等一系列问题侵蚀了欧盟的传统与认同，欧盟需要依据自身价值追求与理念，为了欧盟公民的福祉重塑全球化。② 欧盟认为，当前欧盟的低端产业正流向因工资和环境标准低而生产成本更低的地方，高端产业需要依靠更强的创新与研发能力来维系其优势地位。因此，欧盟在全球生产分工中受到两面夹击的不利局面。为了更好地应对全球化挑战，欧盟自然需要维系在附加值较高的上游产业链的优势地位。德国则是欧盟对中国向价值链上游攀升产生警惕之心的一个侧影。德国认为中国通过收购核心产业获取先进技术，服务于"中国制造2025"战略，这会威胁德国高科技的国际领先地位，对德国"工业4.0战略"和国家安全构成挑战。在德国宪法保护局颁布的2017年《宪法保护报告》中，德国将中国的资本投入与技术获取同间谍行为挂钩，认为中国通过严格国有资产控制、有选择性的贷款投入和在企业中增设党组织的方式组织中国资本输出海外，进而获得他国高科技产业，发展"中国制造2025"这一国家战略。③ 除此之外，德国和欧盟都认为双方的投资关系并不对等。

---

① 这四位议员分别是：Daniel Caspary（基民盟）、Manfred Weber（基社盟）、Godelieve Quisthoudt-Rowohl（基民盟）和 Andreas Schwab（基民盟）。关于欧洲人民党党团的人员信息参考：http://www.eppgroup.eu/members, last accessed on August 19, 2018.

② European Commission, Reflection Paper on Harnessing Globalisation, COM (2017) 240, Brussels, 10 May 2017.

③ Bundesministerium des Innern, für Bau und Heimat, Verfassungsschutzbericht 2017, Berlin, 2018.

在意见书中，欧盟虽然坦言从开放的全球化进程中获益颇丰，但是由于一些企业和政府不公平的商业行为，如转移过剩产能、倾销补贴商品、限制市场开放等，使得欧盟所获得的收益远低于破坏市场规则的国家，全球化秩序因此遭到破坏。德国同样认为，中国对海外投资开放的领域有限、已开放的领域存在外资股比限制，同时抱怨投资审查繁琐、在华经营受到不平等的歧视政策、被迫以技术换市场等。[1] 由此可见，德国与欧盟设置投资审查机制的目的高度一致：一是防止涉及公共安全与秩序的基础设施和高科技受他国控制，二是希望投资国可以开放本国市场，使欧洲资本获得同等进入他国市场的条件。欧盟（委员会）与德国利益诉求总体上的一致性，使得欧盟（委员会）成为了德国"获胜联盟"中的一员。

但是，从欧盟内部各成员国的反馈来看，欧盟一时难以在外商投资审查上"用一个声音说话"。首先，这一审查机制招致北欧国家的不满。芬兰贸易和发展部长米凯宁表示，"我明白那是试图让法国和德国满意的一件事情，但与此同时它可能激怒中国、印度和美国"，"这个流程很难产生任何我们予以拒绝的案例，因为其法律依据非常薄弱，反而只会搞出一个新的官僚机构"。[2] 其次，南欧和中东欧国家也反对设立这一审查机制。德国前任外长加布里尔视中国与中东欧国家之间的"16+1合作"为"分裂欧洲"企图。按照欧盟委员会所起草的投资审查法案，在告知义务下，其他成员国就有合理途径获得接受要约成员国所获投资的信息，这使得德国在欧盟层面获得了干涉中国对其他欧盟国家投资的话语权。这自然引起了对外资有强烈需求国家的反对。中东欧国家大多在成员国层面尚未设置外资投资审查机制，因此在吸引投资方面具有较大的灵活性。同时，受惠于"16+1合作"框架，中东欧国家普遍欢迎来自中国的绿地投资，以带动当地基础设施建设。受欧债危机的影响，西班牙、葡萄牙和希腊等国目前急需外资刺激经济增长。因此，欧盟内部分歧使得德国难以在欧盟层面取得政策偏好最大化的"赢集"。

---

[1] ThiloHanemann, Rhodium Group and MikkoHuotari, "EU – China FDI：Working towards Reciprocity in Investment Relations", No. 3, Berlin：Merics, May 2018.

[2] "欧盟加强外资审查计划遭芬兰反对"，《金融时报》，2017年9月18日，http://www.ftchinese.com/story/001074344？archive, last accessed on August 19, 2018。

正是由于欧盟各国对设立投资审查机制的立场存在分歧，所以，欧盟拟定的立法草案对投资审查细节的规定并不足够严苛，而且有较大弹性。因此，德国在考虑如何在成员国层面自行完善本国的投资审查机制，但是，德国国内对于应设立怎样的投资审查机制也存在各种声音。首先，德国政界和经济界对于如何界定公共秩序和公共安全的立场不一。从联邦议院的质询中可以看出，德国倾向于建立类似于美国外资投资委员会（Committee on Foreign Investment in US，CFIUS）那样的投资审查机构，它对公共秩序和公共安全拥有足够自由裁量的余地，且对外国投资具有否决权。① 德国联邦工业联合会在其立场反馈中对此提出质疑：投资究竟是来自国家补贴还是私有资本难以明确分割；以"保护公共秩序和安全"为目的进行投资审查释放了错误的信号，经济本身的脆弱性不应成为拒绝投资的理由。其次，德国不希望投资审查机制挫伤投资者对欧洲市场的信心，并不愿意以保护主义者的姿态回应全球化带来的挑战。② 德国"经济五贤人委员会"在其2017/2018年度报告中也表示，"不能为了纯粹的经济利益或经济政策目标而对外国投资履行批准义务。即使在互惠缺失的情况下也不能放弃对外国投资的开放"。③ 第三，欧盟在立法草案中没有规定需要接受审查的起始投资比例，这是因为目前已设立了审查机制的成员国审查门槛各不相同，难以统一量化标准。④ 在此背景下，2018年4月德国联邦参议院根据巴伐利亚州的提案，要求联

---

① Antwort der Bundesregierung auf die Kleine Anfrage der Abgeordneten Marc Bernhard, Tino Chrupalla, Dr. Heiko Heßenkemper, weiterer Abgeordneter und der Fraktion der AfD, Know – how – Abfluss aus Deutschland durch internationale Firmenübernahmen, Drucksache 19/645, 06.02.2018.

② Federation of German Industries e. V., Screening Foreign Direct Investment? Position on the Proposed EU Regulation Establishing a Framework for Screening of Foreign Direct Investments into the European Union, December 12, 2017.

③ Sachverständigenrat zur Begutachtung der gesamtwirtschaftlichen Entwicklung, *Für eine zukunftsorientierte Wirtschaftspolitik. Jahresgutachten* 2017/2018, Berlin, 2018, p. 56.

④ Antwort der Bundesregierung, Prüfung ausländischer Direktinvestitionen in Kritische Infrastruktur, Drucksache 19/2549.

邦政府将投资审查的门槛从 25% 降至 10%。① 在 2018 年 12 月 19 日，德国再次修订《对外经济条例》，由此，海外投资者在德国特别敏感部门的并购的门槛进一步抬高，不仅投资审查的起始门槛从以前的 25% 降低至如今的 10%，而且，一定规模以上的食品生产行业也被列入关键基础设施供应商之列，对于媒体业也适用这一更为严苛的规定，理由是外国投资者并购德国媒体可能会用于散布虚假信息。② 需要说明的是，在否决莱菲尔德公司并购案的前一个星期，也就是旨在降低审查门槛的新条例生效前，德国政府还以商业的形式阻止了中国国家电网收购德国 50 赫兹公司 20% 股份（虽然低于 25% 的起始审查门槛）的计划，即德国政府让比利时大股东以优先权购买小股东拟出售的 20% 股权，然后让它以同样价格再转售给属于德国政府的德国复兴信贷银行（KfW）。③

总体上，德国政界把国内经济界和学术界的呼声置于一边，不惧有违其宣扬的奉行多边主义的承诺，出于维护本国内经济利益的政治考虑，收紧对海外投资的审查，并且把自身的诉求"上传"到欧盟层面。虽然德国由于欧盟内各国立场不同而难以贯彻其立场的最大化，但是，其还是通过与法国、意大利和欧盟（委员会）等组成的联盟，在欧盟层面设立软性的外资审查机制。

四、结语

我们的案例分析表明，虽然德国在欧盟内的结构型领导力有限，但是它

---

① Entschließung des Bundesrates zum Thema Ausländische Investitionen – Absenkung der Eingriffsschwelle in §56 Außenwirtschaftsverordnung, Drucksache 78/18.

② "Außenwirtschaft.. Höhere Hürden für Firmenübernahmen", https：//www. bundesregierung. de/breg – de/suche/hoehere – huerden – fuer – firmenuebernahmen – 1562380，last accessed on December 19，2018.

③【德】韦乃铭："中德经贸投资关系的发展与展望"，待刊于《德国发展报告（2019）》。

如果真的想要施加影响力，仍然可以通过组建"获胜联盟"，实现工具型领导力和方向型领导力。

有鉴于此，中国在通过中德关系促进中欧关系的过程中，需要注意到以下几点。首先，德国在欧盟内的领导角色以及德国在中欧关系中的领导角色可以在相当程度上降低中国与欧盟打交道的协调成本。不言而喻的是，目前德国，包括法德轴心不再能独自为欧盟定调，更多的声音要被倾听、更多的利益需要被顾及，但是，许多成员国在试图解决其许多与欧盟相关问题的时候，仍然会本能地看德国的态度[1]。在英国脱欧、德国在欧盟27国的领导角色一方面更为突出但另一方面却又受制于国内因素的复杂背景下[2]，情况也是如此。但是，面对欧盟多层级、多主体的动态决策体系，单纯倚重单个成员国的领导力，并不能保证中国的外交诉求的实现。因此中国应根据议题领域相对应的利益格局、决策规则和程序，对应做成员国和欧盟机构的工作。

其次，如果德国在中欧关系中不是扮演积极建设性角色，而是错误运用其"方向型领导力"或"工具型领导力"，发挥负能量，则会反而增加中国对欧盟的协调难度。尽管中德关系目前的发展态势非常好，但这方面的风险是依然存在的。本文所研究的欧盟外资审查机制这个案例就明确地表明，德国出于本国的政治或经济利益，会设法向欧盟"上传"自己的不利于中德关系发展大局的做法，在欧盟内利用其领导力协调各国不同的对华政策立场，通过欧盟施压中国以实现所谓欧盟的共同战略利益[3]，那么，从中方视角看来，这对于中德关系和中欧关系的发展都将是危险的，需引起警惕。

---

[1] Alan Mayhew, Kai Oppermann and Dan Hough, "German foreign policy and leadership of the EU – 'You can't always get what you want … but you sometimes get what you need'", Sussex European Institute, Working Paper No 119.

[2] Christian Schweiger, "Germany's Role in the EU – 27 Leadership Constellation after Brexit", *German Politics and Society*, Issue 127 Vol. 36, No. 2 (Summer 2018), pp. 100 – 117.

[3] Andrew J. Nathan, "Für Werte und Interessen. Warum Deutschland die Menschenrechte in China fördern sollte – und wie", *Internationale Politik* Mai/Juni 2014, pp. 86 – 93.

马克龙的实用主义能否带领欧盟前进

薛 晟[*]

法国和德国作为欧盟的创始国,自欧盟创立之初起,一直以来都被誉为欧盟前进的"双擎",是欧盟的绝对轴心。这也是两国在欧洲的经济实力体现。然而,随着2008年金融危机的爆发,原先的法德轴心渐渐转变为了德法轴心。在欧洲央行,德国占最大投票权。最重要的是,欧元区货币政策基本由德国控制,财政纪律由德国制定。德国是欧洲经济制度最稳定的国家。而与此同时,法国在萨科齐时期的亲美政策及奥朗德时期的无所作为使得法国丢掉了欧洲领头羊的位置。然而,伴随着难民危机的爆发,德国在2017年大选之后也显示出了国内政治局势的不稳定,难以保持作为领头羊领导欧盟的态势。欧盟的德法双擎又有转变为法德双擎的态势。

作为法国新任总统,马克龙在参加总统时发布的竞选纲领中就表达了强烈的亲欧观点。在其竞选纲领中所提出的欧洲愿景大部分与经济有关,这一点,也针对了欧洲当前几大危机的最根本的经济问题:自2008年金融危机之后,欧洲进入了漫长的恢复期,直至今日,虽然较2008年有所改善,但是欧洲经济依然不景气:2017年,欧盟和欧元区国家的 GDP 增长率均为

---

[*] 薛晟,上海外国语大学法语系讲师。

2.4%，作为欧洲双擎的德法则明显低于平均水平，德国为2.2%，法国仅为1.8%[①]；从失业率来看，欧盟成员国的平均水平为7.1%，欧元区国家则略高，为8.6%，德国就业情况明显较好，失业率仅为3.4%，而法国的失业率则高达9.2%[②]；从投资增长率来看，欧盟成员国平均水平为3%，欧元区国家则明显低于欧盟平均水平，仅为2.5%，德国为2.9%，法国为3.5%；在贸易层面，整个欧盟贸易顺差占GDP1.7%，欧元区4%，德国8%，法国逆差，0.6%。对于抱着"欧洲雄心"的马克龙来说，重振欧洲经济将会是马克龙能否成为欧洲领导人的关键。而马克龙首先要做的是扭转当前法国的经济形势。虽然从投资增长率来看，相较德国，投资者更倾向于法国，然而，法国相对其他欧盟国家明显高出许多的失业率则向马克龙提出了挑战：如何改善经济状况、提高就业率、改善民生，已经成为马克龙这一任期的最大任务。

一、国内问题：实用主义可能导致一系列连锁反应

马克龙执政至今，在其"不左不右"的标签之下，其执政策略都是本着实用主义的原则：《劳动法》改革旨在提升法国的经济增速，其目标无疑是力图挽救长期以来针对劳动者的过度保护导致的雇主投资信心的丧失，以此吸引投资并创造就业岗位，改善自奥朗德执政末期以来一直居高不下的失业率；针对法国国营铁路公司（SNCF）的改革，除了表面上改善长期以来SNCF的亏损，并为旅客提供更优质服务的同时，还指向其特殊性，该特殊性导致一直以来SNCF成为各项改革的最主要阻力之一；教育改革则指向了

---

① 数据来源：世界银行，https：//www.data.worldbank.org.cn/indicator/NY.GDP.MKTP.KD.ZG? view = chart。

② 数据来源：世界经济合作组织，https：//www.data.oecd.org/fr/unemp/taux – de – chomage.htm。

社会不公平的起源，试图通过从基础教育阶段的教育解决社会两极分化及阶层固化的问题，提升年轻人在就业市场的竞争力，并以此促进就业；承诺将在2019年推行的退休制度改革则是之前的延续，通过继续推迟退休年龄，增加养老金缴纳年限等措施来缓解社保的压力。而所采用的方法也秉承了实用主义的原则：不论是左派还是右派所推行的改革措施，只要是能够改善法国当前的困境，均被马克龙本着拿来主义的原则或是继续施行，或是重新开启。

然而，这样的做法所带来的弊端已经开始显现：自2018年3月起，因为反对SNCF改革而发起的罢工和示威游行就持续到了6月底，如果不是因为法国传统上7—8月的暑期使得罢工暂停，这场罢工的持续时间很有可能创造第五共和国建立以来的纪录，即便是这样，这场罢工也已经成为近30年来法国最大的罢工。在这期间，还穿插着反对《劳动法》改革和反对教育改革的各种罢工和示威游行。自2018年10月起，反对教育改革的罢课也在巴黎及整个法国进行。原本只是针对某个行业或部分特殊人群的改革措施，经过罢工之后，影响到了所有人。虽然，这一系列的罢工和示威游行，从法律层面上并不合法：根据法国《刑法》第431条第三款的规定，任何在公共道路或公共场所可能扰乱公共秩序的人群聚集活动被视为违法行为；同时根据法国《国家安全法》的规定，任何形式的游行，均需在一定期限前在市一级的警察局备案，而这一条款，也通常被游行的组织者所忽视。然而，打着政治正确的标签，罢工或是游行则被认为是民众维护自身利益、阐述自身意见的一种渠道，而追溯其法律依据，则可以在1789年颁布《人权和公民权宣言》第十条以及1950年颁布的《欧洲人权公约》第十一条中找到。此外，面对罢工，尤其是交通等公共服务行业的罢工，尽管法国的民众有所不满，但是，秉承着希望日后在罢工中得到同样支持的传统，大部分民众对于罢工还是持容忍的态度。

触及到小部分人的利益的改革措施已经遇到如此大的阻力，在此之后，涉及到所有人的退休制度改革将会遭遇到什么样的阻力，已经难以想象。从2010年退休制度改革所引发的抵制反应我们或许可见一斑：2010年全年，自3月至11月，除了传统上7月和8月的暑假之外，每个月都有近100万人的游行抗议活动①。面对这样的情况，即使强硬如萨科齐，也不得不在改革纳入实施之后，让时任劳动部部长埃里克·沃尔特辞职。马克龙虽然面对反对声同样的强硬，然而，他是否能够坚持到底，还是让人不禁产生怀疑。

从另一方面来说，马克龙的现实主义中，带有很强的拿来主义的色彩，真正源于其自身或其团队的原创的改革方案并不多。从法国历届政府来看，所有的改革或新政的出台，都会以当时发起改革或主持改革者的名字命名改革措施。在延续此前政策的情况下，对于必定会瞄准下一次选举的马克龙来说，这一点将会是其被诟病的理由之一。马克龙内阁的不稳定，也将会是他接下来需要面对的问题之一：2017年6月，领土协调部长费朗宣布离开政府之后，国防部长古拉尔、司法部长贝鲁、欧洲事务部长德萨尔内相继辞职。2018年8月，生态转型与团结部长尼古拉·于洛更是在事先没有告知马克龙的情况下在电视节目中宣布辞职。作为一个在选举前新组成的政党，马克龙的"共和国前进"党内潜在的矛盾被总统选举和议会选举的胜利所掩盖了，来自不同政党、拥有不同意识形态的政客组成的这样一个新的政党，在选举胜利时，必定会掩盖其因为意识形态不同而导致的意见分歧，而这些分歧，在面临各种困难和危机时，必定会被放大，从而导致内部意见难以统一。马克龙已经成为了"共和国前进"党的绝对领袖，在他的带领下，不同意见之间的差异可以弥合，然而，这并不代表这些差异不存在。对于这些意见上的差异，是否会在积累之下变成党内不同派系之间的裂痕，至少从现在看来，有这样的趋势：环境部长于洛在参加法国国内电台France Inter的直播节目时，突然宣布辞职的消息，在他的表述中，我们可以看到理想主义与现实主义的差距导致于洛无法接受"每次制定决策，都要做出让步"。同样的矛盾是否会在日后继续发生，还有待观察。但是，马克龙的"共和国前进"党的组成，却是实实在在为类似事件的发生埋下了导火索：在马克龙自己看来，"共和国前进"并非一个政党，而是一个"政治团体"（col-

---

① 该数据为游行组织者提供，官方提供的数据中，参与游行的人数明显少于该数据，然而即使根据官方提供的数据，在九十两个月中仍然有三次超过100万人的游行。

lectif politique)①,一个在建立之初就被马克龙称为是"既不左也不右"②的"政治团体",但在很多人眼里,这样一个汇聚了既有左派,也有右派,还有中间派的"政治团体"则具备了左右两派的特性:在政治上采纳的是左派的政策,而在经济上则是以右派的政策为主。然而,在笔者看来,与其说"共和国前进"党是一个政治团体,不如说是一个类似"政治家族"(famille politique)的存在。而马克龙,作为创建者,则是这个"政治家族"的家长,从他建立这一"政治家族"至今所有的行动来看,他在这个"政治家族"中有着绝对的权威。赢得总统选举和议会选举更是将他的声望带到了顶峰。然而,在接下来要面临现实利益的时候,他是否还能够稳固这样的位子,能否在政党遭遇挫折时依旧保持这样的权威,我们还要拭目以待。

二、法德关系,欧盟并不稳固的基石

自欧盟建立以来,不管是法德轴心还是德法轴心,法国和德国这两个国家在欧盟当中,始终处于领头羊的位置。而在欧盟中,两国也是处于相互扶持的态势。然而这并不代表着两国之间在欧盟问题上没有矛盾,尤其是针对欧盟最关键几个问题上,德法存在着不小的分歧:

首当其冲的就是经济问题,虽然长期以来,在通过欧元达到欧洲经济统一,进而形成欧洲一体化的格局这一问题上,法德两国保持着高度的一致性。然而,由于法国作为联合国安理会五大常任理事国之一,而德国又有着二战战败国这一不光彩的历史,因此,长期以来,法德的联盟已经变成了政治上法国占优势,经济上德国占优势的局面,尤其是在欧债危机爆发之后,德国可以说承担了绝大部分重振欧洲的重担,然而,在话语权上,德国却依

---

① 马克龙在接受法国电视二台《电视新闻》节目采访时表示,"前进"运动,是一个政治团体。同时,他也并没有否认这是一个政党。

② 马克龙在2016年4月6日"前进"运动("共和国前进"党前身)成立时的讲话。

然弱于法国,这让德国政府和民众十分不满。并且,我们可以看到,受欧元区影响,德国经济增长率在2008年出现了断崖式的下跌,而且在对于希腊、爱尔兰、西班牙、意大利、葡萄牙这五国的援助问题上,德法之间也并不完全相同。而马克龙的上台,则从某种意义上,可能与德国达成某种妥协。在经济理念上,德国极力主张一种基于规则的体系,强调低赤字,通常反对救助负债方。法国则倾向支持国家可在必要时实施干预,可以保持赤字,甚至可以通过救助来防范危机。幸运的是,马克龙的施政计划承认了德国理论中的相关要素,如要实现预算长期平衡;这表明在马克龙治下,法德间是有可能达成妥协的。而且,从现在的情况来看,法国的发展潜力似乎比德国更大:从人口结构上来看,法国明显优于德国,虽然根据世界经济合作组织所公布的数据,截至2017年,德国劳动力人口为432.85万人,法国为296.68万,然而,法国的人口出生率明显高于德国,2017年,法国的人口出生率为1.9名新生儿/妇女,而德国仅为1.6名新生儿/妇女。这一人口结构上的差别在未来不仅会体现在劳动力人口上,还会体现在包括医疗、养老等社会保障支出,为填补人口缺口而引进的移民所带来的社会融入问题等方面。另外,马克龙施政计划承认要削减开支,为减税行动创造政策空间等措施。

虽然经济问题上的分歧是欧盟需要迫切解决的,然而,分歧最大的还是防务问题。欧盟的防务一直以来对于北约有着强烈的依赖,欧盟试图通过建立欧洲共同安全与防务体系(CSDP)来摆脱这种依赖性。然而,CSDP并不能算成功。而在马克龙上台之后,在防务问题上的许多做法,更是让人对于欧盟防务的统一画上了一个大大的问号:一方面,2018年4月份,法国同英国和美国一起对叙利亚展开了军事行动,这次军事行动既没有得到联合国安理会的批准,也没有打着北约的旗号,从中透露出了法国和美国之间在军事合作领域的良好关系。而另一方面,马克龙又在2018年8月30日与芬兰总统见面时,发表了《法国—芬兰关于欧洲防务的声明》,同芬兰这一部分加入欧洲联合军备合作组织的国家开启了关于欧洲防务的合作,这一动作又颇有意图摆脱美国所牵头的北约,单独引领欧洲防务的重任。深入分析,我们可以发现,马克龙这两个看似矛盾的举措,其实背后透露出了同样的意味:作为联合国安理会常任理事国,同时又是有核国家,法国这一举动,无疑是要展现其大国作风,体现其在国际事务中,尤其是涉及安全和防务问题上的话语权。虽然法国希望，也有这个能力牵头欧洲的防务问题，并以此脱离以美国为首的北约控制，然而，同样作为欧盟轴心的德国可能并不会与法国一条心。首先就是在地缘政治上，法国及其他地中海国家的目标并非坚定地东进，对于他们来说，更切实的利益在于南进，跨越地中海，凭借法、意在北非传统殖民地的影响，将欧盟的影响力扩展至非洲。而德国则是坚定的"东进"支持者，其目标是整合东欧，将其影响力扩展到中东欧的同时，与俄罗斯进行能源对接，以能源优势扩展其在欧盟中的影响力。由于地缘政治利益的不同，外交政策上，欧盟各国也各不相同。因此，要在欧盟层面真正做到各方面有统一的声音，显得无比困难。

三、特朗普上台之后，是否会分化欧盟

除了内部的各种难以统一之外，欧盟还面临着来自外部的威胁。而首当其冲的就是自特朗普上台之后，美国对于欧盟的分化。在特朗普的"美国优先"战略中，虽然没有明显地将欧盟作为主要的竞争对手，但是，从其战略层面来看，明显地是在分化欧盟。除了加征铝和钢铁的关税之外，美国还针对欧盟的汽车加征了关税。虽然这一点符合特朗普重振美国工业、增加就业岗位的竞选承诺，然而，受其带来的附加效果伤害最深的无疑是德国。根据联合国商品贸易统计数据库公布的数据，德国在2016年汽车出口占所有产品出口的12%，达到了1540亿美元，其中，美国是德国汽车的主要进口商，占到所有汽车出口的15%；而相对来说，同为双擎之一的法国，汽车出口仅占所有产品出口的4.1%，数额为204亿美元，而出口到美国的汽车仅占所有汽车出口的1%；虽然西班牙2016年汽车出口占到所有出口产品的13%，达到了352亿美元，但是，其出口汽车目的地则以欧盟国家为主，美国仅占到其中的2.3%。毫无疑问，美欧之间的贸易战，受到伤害最大的是德国。这也是由美国和德国在出口贸易上的竞争关系所决定的。从出口贸易结构来看，德国和美国并非互补的关系，而是完全的竞争关系。在出口贸易结构上，交通运输工具和工业机械在两国的出口贸易中均占到了很大

的比重：德国为 51.12%，美国为 41.44%。不仅是在贸易层面，美国和欧盟的矛盾还体现在了关于难民问题的态度上，德国针对难民接受是持欢迎态度的。而对于这一问题，法国的态度有些耐人寻味，本着政治正确的态度，法国政府并不能也不敢对于接受难民说不，然而，在实际处理难民问题上，却本着祸水东引的态度，在接待难民问题上并不积极。而美国，自特朗普上台之后就是坚决反对接纳更多难民的。三种不同的态度导致了在难民问题上，美国和欧盟的态度大相径庭。

对于欧盟，美国也采取了分化的态度：根据美国媒体的报道，在马克龙2018年4月份访美期间，特朗普曾向马克龙提出"法国可以考虑退出欧盟"的建议，并暗示如果法国退出欧盟，美国可以向法国提供更优惠的双边贸易协定。面对记者的求证，白宫拒绝就有关特朗普和马克龙之间的互动发表评论，但对于特朗普"怂恿"法国退出欧盟一事既没有否认也没有加以反驳。而从特朗普执政至今在外交上所采用的"极限施压"和"以双边贸易协定取代多边贸易协定"来看，不得不说，欧盟内部还有可能进一步面临着美国的分化政策。

四、马克龙的实用主义与欧盟

欧洲的双擎现在都处于不稳定的状态。除了马克龙需要面对的国内各种掣肘，使得他在推行改革措施时遇到各种阻碍之外，同为双擎之一的德国也正处在不稳定时期：默克尔的艰难组阁被广泛认为是一场"惨胜"，其权威也已严重受损。加上特朗普上台之后，欧盟所面对的内忧外患更为严重：内部的意见不统一；美国通过贸易战对于欧盟的分化政策，以及美国将欧盟作为其贸易战的对手。然而，对于欧盟来说并不是没有希望。从现在的情况来看，"德—法轴心"重新转变为"法—德轴心"已经是不可改变的趋势。在德国艰难组阁的过程中，联合组阁协议特别提到将加强"法德同盟"，与法国在绝大多数国际问题上寻求联合政策，同时和法国合作加强科技国防等方向的研究等，这实质上是对法国总统马克龙的改革欧盟、深入一体化倡议的积极回应，也体现出在未来的欧洲一体化进程中，法德将会形成坚定的同盟。然而，马克龙是否能够根据他的意愿来引领欧盟前进？

从马克龙执政至今在外交和欧盟问题上的表现来看，对于他来说，想要塑造的是法国的欧盟，而非欧盟的法国。在不同场合，马克龙已经开始塑造一个欧盟领导人的形象。在各种外交场合，从2018年年初的访问中国，到10月初在法语国家峰会上，虽然马克龙仅仅是作为法国的元首出现，但在他背后，永远会有一面欧盟的旗帜。这一举动，无论是其前任奥朗德，或是萨科齐，还是同样作为欧盟领头羊之一的德国总理默克尔，在外交活动中，均没有这样的表现。同时，这一举动所传达的信息，无疑是马克龙在代表法国的同时，也代表了欧盟，传递了法国能够在国际事务中，代表欧盟发出属于法国的声音这样一个信息。这样一种信息的传递，也是基于法国自身的情况所做出的。在英国脱欧之后，作为欧盟唯一一个联合国安理会常任理事国，从政治上，法国无疑是最能够在国际舞台上代表欧盟发出声音的国家，这也符合法国外交一直以来所秉承的戴高乐主义，展现法国的大国地位，建立以法国为核心的欧盟的理念，同时这也是马克龙所寻求的。在法国由于其经济实力及政治影响在经历了长时间的弱势之后，已经无力单独作为一个大国，在国际舞台上展现其话语权。因此，作为欧盟的领导者，基于欧盟发出法国的声音无疑成为了其最佳的选择。然而，即使代表欧盟发声，马克龙所做的选择，还是基于法国的利益所考虑的。这也体现了在马克龙的外交政策中，法国是无法脱离欧盟的，在需要欧盟的同时，是一种基于欧盟的法国方案。

从法国一直以来保持了欧盟当中的政治优势及其开始渐渐复苏的经济形势来看，德国国内的政治不稳定以及欧盟外部的各种阻力会成就法国重新成为欧盟领头羊的态势，并形成以"法—德轴心"为基础的欧盟发展方向。但是，马克龙的实用主义外交政策能否真正带领欧盟成为国际政治中有力的话语权还存在疑问。首先就是欧盟虽然在经历了2008年金融危机之后开始逐渐复苏，但是仍然没有回到正轨，因此，接下来欧盟发展的重点必定是经济问题，然而，面对美国的"极限施压"，欧盟是否能够坚持得住，还是存在疑问的。其次，英国脱欧为欧盟长时间以来"只进不退"的态势画上了句号，在欧盟成员国内部，是否会出现第二个"退群"者，我们不得而知。

此外，法国虽然能够重新夺回领头羊的位置，但是，基于其自身利益的领导态势在欧盟的长期发展中，是否会与欧盟的利益以及其他成员国的利益产生冲突，并且，当这种情况发生后，马克龙是否能够协调各方利益，达成妥协，尤其是法德之间，如何处理好两者之间如何作为轴心的同时执掌欧盟的话语权。最为关键两点是，马克龙是否能够赢得2019年的欧洲议会选举，在"法—德轴心"的带领下，欧盟如何处理同中国、俄罗斯、美国的关系，值得我们期待。

关于欧洲一体化的新思考[*]
——以英国脱欧为视角

潘兴明[**]

欧洲一体化始于1952年欧洲煤钢共同体的建立,至今已有60余年。其一体化程度不断加强和提高,制度建设取得长足进步,欧共体及欧盟的成员国也由最初的6个扩展到28个,欧盟提出的成为"全球行为体"的国际定位目标也在积极推进之中,对多极化全球治理产生了显著的影响。但在2016年6月,英国脱欧公投获得通过,对欧洲一体化进程造成重大波折,出现了有史以来的首次反向行动,即所谓的"去一体化"现象。因此,我们有必要对这种现象以及欧洲一体化的前景作专门的探讨。

一

英国脱欧是对欧洲一体化的反向行动,可以称之为"去一体化"(de-integration)现象。所谓去一体化,是指对一体化的反向行动,表现为在理

---

[*] 本文系在2018年第18期《人民论坛·学术前沿》发表的论文"关于欧洲一体化的新思考——以英国脱欧为视角"的修改更新稿。

[**] 潘兴明,华东师范大学国际关系与地区发展研究院教授,欧洲研究中心主任。

论和实践上导致对一体化的否定、倒退和终止。英国脱欧不仅涉及当事国——英国,而且产生了更大范围的影响。由于英国脱欧的程序尚未完成,所造成的后果还待进一步的呈现,尚难做最终的定论,但其在理论和实践方面的影响已清晰可见。

就理论方面而言,英国脱欧是对当下流行的各种一体化理论造成重大冲击,不仅超出了相关理论的涵盖和解释范围,而且是对一体化理论的明显颠覆。我们知道,现有的关于欧洲一体化的理论,主要是对欧洲一体化的进程及其原因进行考察和解释,考察和关注的焦点放在一体化的积极进展之上,并未涉及或尝试解释一体化进程中有可能出现的倒退乃至"去除"现象。

新功能主义(Neo - functionalism)在欧洲一体化兴起之际的 20 世纪 50—60 年代开始出现和流行起来,其主要创始人是厄恩斯特·哈斯(Earns Haas),哈斯在代表作《欧洲联合:1950—1957 年的政治、社会和经济力量》中试图解释为何欧洲少数国家在经济领域的特定政策能够导致更大范围的经济一体化,并在此基础上向更广范围的一体化(超国家结构)迈进。这个问题也是其他新功能主义理论家关注的问题焦点。其答案就是其所提出的"溢出"概念。[①] 哈斯认为欧洲煤钢共同体的案例可以表明经济领域的合作能够引发政治、经济和社会方面的各种行为体的"溢出"反应,将其忠诚、利益和期望由国家层面转移和扩展到超国家层面。新功能主义理论提出"溢出"包括三种主要类型:功能性溢出、政治性溢出和地理性溢出。因此,欧洲一体化的未来必然是走向更高程度的经济整合、超国家机构的形成和地域上的扩大。虽然一些新功能主义理论家提出"溢出"的其他可能性,但从未成为该理论的研究重点。由于新功能主义研究具有较明显的单向性特征,专注于一体化的增强和扩展,忽略反向运动,所以无法对诸如英国脱欧这样的事件作出具有前瞻性的预测和合理的解释。

政府间主义(Intergovernmentalism)强调成员国及其政府在欧洲一体化中的地位和作用,因此认为欧共体和后来的欧盟更类似于其他国际组织。艾伦·米尔沃德(Alan Milward)在《欧洲拯救民族国家》(*The European Res-*

---

① Ernst B. Haas, *The Uniting of Europe: Political, Social, and Economic Forces* 1950 -1957, Stanford: Stanford University Press, 1958.

cue of the Nation State）中批驳了疑欧主义关于欧洲一体化损害成员国主权和导致超国家联邦的观点，认为成员国并未因为对欧盟的主权让渡而遭到削弱，反而在此过程中得到了加强，坚称成员国政府是欧洲一体化的中坚力量。[1] 该理论坚称成员国的汇聚主权行为是符合其利益之举，而当成员国利益呈现融合之势时，一体化进程就能得到明显的推进；而当成员国利益出现分歧时，一体化的速度就会放缓。政府间主义重视欧洲一体化中的成员国的重要性，认为超国家机构的作用有限。但是，对于一体化过程中成员国的不满所引发的离心趋势，特别是英国疑欧主义的日益强大，最终出现脱欧后果的机理，政府间主义理论同样未加考察，也无法作出合理的解释。

新制度主义（Neoinstitutionalism）则强调制度在欧洲一体化进程中的作用，关注制度对政策及其他政治选择的影响。在新制度主义的语境中，制度是一系列被人为制定出来的规则、组织和规范，因此欧洲一体化也可以称作是制度化的产物。该理论试图通过对欧盟制度、即欧盟的规则、组织和规范所产生作用的方式和结果，以及对欧洲一体化本身进行考察。主要采取以下研究路径：其一，社会学制度主义路径：强调更广泛意义上的规范和一般规则以及这些规范化规则塑造一体化参与者的身份认同和行动偏好的方式。社会学制度主义也特别关注制度文化及其内部行为体的社会化，并考察政策制定和一体化过程中沟通和说服方式。不过，这个研究路径无法解释为何欧盟同样的规则、组织和规范却对各成员国产生了并不相同的身份认同和行动偏好。其二，历史制度主义关注制度在通过时间积累方式而产生的作用，聚焦于制度对于制度制定者本身行动的制约作用，特别重视和强调由此产生的路径依赖效果。该理论认为制度及其决策过程经过历史（时间）的积累，对一体化的结果产生了不可逆转的影响。该理论对于解释英国脱欧问题的缺陷同样存在，即欧盟制度的时间积累及其路径依赖为何在一体化方面对英国不起作用。其三，理性选择制度主义认为行为者会在制度的框架和范围之内理性选择和追求各自的行为偏好。通过对规则制定权的争夺，政治团体获得对其竞争对手的优势。[1] 在欧洲一体化的案例中，该理论假定欧共体和欧盟的制度的变化也会引起行为者即成员国等行为者的行为偏好的变化，而行为者

---

[1] Alan Milward, *The European Rescue of the Nation State*, London: Routledge, 1992.

的不同行为偏好能够导致相应的政策结果。理性选择制度主义指出了制度对行为者行为偏好的影响和作用，却也无法解释为何欧盟同样的制度却对英国产生了截然不同的"理性选择"。①

多层治理学说（Multi-level governance）是更为晚近的研究欧洲一体化的理论，重点考察欧盟的治理方式，特别是欧盟内部的权力分配和转移问题。欧盟有着与众不同的组织形式和治理方式，其治理架构由超国家层面（欧盟机构）、国家层面（成员国）、地区及地方层面所构成。权力由成员国向欧盟汇聚（向上让渡）、同时由成员国向地区及地方转移（向下下放）。如同一体化进程的动态化一样，欧盟内部的权力转移也处在不断变化之中。该理论认为其研究克服了其他一体化理论研究的静态化弊端，但对于一体化可能出现的反向运动未加预测和涉及。虽然权力转移（让渡）是造成英国脱欧的原因之一，但多层治理学说的关注点并不在此，并不关注和考察权力转移造成的成员国离心倾向问题。②

二

就实践方面而言，英国脱欧对欧盟的许多方面造成了负面影响，其长期影响和最终结果尚待时间的验证。

关于这方面的研究和考察，欧盟对内政策总司于2018年6月发布了最新报告《英国退出欧盟一体化的影响》（The Impact of the UK's Withdraw on EU Integration）。对于英国脱欧的直接影响，该报告开宗明义地指出：

  英国脱欧是欧洲一体化中前所未有的事件。人们担心这会导致欧盟

---

① John Ishiyama, Marijke Breuning, "Neoinstitutionalism", *Encyclopedia Britannica*. https://www.britannica.com/topic/neoinstitutionalism.

② Lucy Hatton, "Theories of European Integration", http://www.civitas.org.uk/content/files/OS.16-Theories.pdf.

解体，而其他人则认为欧盟有机会进一步实现一体化。①

无论如何，欧盟将英国脱欧视为"独一无二的挑战"。② 虽然英国脱欧没有引发连锁反应、出现其他成员国的跟风现象，欧盟内部的稳定和团结也没有出现明显的动荡，但欧洲一体化进程受到了不可避免的损害。从 2013 年克罗地亚被接纳入盟以来，欧盟扩大的步伐出现了暂时停顿，而由于英国的即将离开，欧盟的成员国数目将首次出现减少，其他方面的影响也在逐渐呈现之中。

首先，欧盟的疑欧主义的势头再起，欧盟走向"去一体化"的威胁存在现实可能性。尽管英国脱欧并未立即引发连锁反应，欧盟范围内的疑欧主义势力也一度出现衰退的迹象，但近来又出现再度兴起的局面，其背景就是欧盟民粹主义势力的加强。欧盟成员国的大选，民粹主义政党均对传统的中间势力或左翼政党发起了强劲的挑战。在欧盟领导层，主张推进一体化的欧盟委员会主席容克也与反对欧盟加强权力的欧洲理事会主席图斯克产生分歧。后者警告将权力进一步集中到欧盟层面的做法将会令民众进行对抗，采取反对欧盟的做法，称："若沉溺于即刻和全面一体化的主张，我们就会忽略普通民众的立场——欧洲公民们并不持有与我们相同的欧洲激情。"③ 欧盟一些成员国的疑欧主义表现得较为突出：在匈牙利，反对外来移民的青年民主主义者联盟主席欧尔班（Viktor Orbán）获得连选连任。他曾公开批评欧盟领导层，称"布鲁塞尔未能保卫欧洲，未能阻止外来移民"。④ 而在大

---

① Directorate General for Internal Policy of the Union, "The Impact of the UK's Withdraw on EU Integration", European Union, June 2018, p. 5.

② Directorate General for Internal Policy of the Union, "The Impact of the UK's Withdraw on EU Integration", p. 6.

③ Charles Grant, "The Impact of Brexit on the EU", June 24, 2016. https://www.cer.eu/insights/impact-brexit-eu.

④ Joe Barnes, "Euroscepticism Mapped: Five countries threatening to rock the EU", *Sunday Express*, April 8, 2018. https://www.express.co.uk/news/world/941976/EU-news-five-eurosceptic-countries-threaten-European-Union.

选获胜之后，欧尔班宣布"我们创造了捍卫匈牙利的机会。"① 在波兰，莫拉维茨基（Mateusz Morawiecki）政府在移民问题上与匈牙利持相类似的立场，拒绝接受欧盟的难民分配政策。围绕波兰司法改革的争执，欧委会提出要对波兰实施制裁，中止其欧盟内部表决权。而由于欧盟的压缩拨款的决定，波兰前任总理、现任欧洲理事会主席图斯克甚至发出警告：若波兰一旦成为净供款国，那么就会考虑退出欧盟。② 在意大利，右翼的民粹主义政党在 2018 年 3 月的议会选举中获得胜利，其中反建制的"五星运动"获得超过 32% 的支持率而成为第一大党，右翼政党联盟党也获得近 18% 的选票而成为中右联盟的最大政党。两党组成的新政府在难民、货币和预算政策等方面与布鲁塞尔存在分歧。由于在接纳难民问题上未能达成协议，意大利政府声称将决定暂缓向欧盟缴纳 2019 年的供款。内政部长萨尔维尼（Matteo Salvini）尤为强硬，甚至指称欧盟为"垃圾"。③ 这样，疑欧主义不仅在"边缘地带"的东欧地区，而且在"核心地带"的西欧地区也有了立足点。因此，欧洲甚至已经在谈论欧盟"解体"（disintegration）的话题。④

其次，英国脱欧对欧盟的财政预算产生不利影响，后者的长远发展前景将经受新的挑战。作为欧盟成员国中名列前茅的经济体，英国对欧盟预算的贡献巨大，为主要的净供款国之一，在欧盟预算中的占比达到 13%。

---

① Jennifer Rankin, "Hungary Election: Victor Orban declares victory", *The Guardian*, April 9, 2018. https：//www.theguardian.com/world/live/2018/apr/08/hungary - election - victor - orban - expected - to - win - third - term - live - updates.

② Agence France - Presse, "Donald Tusk Warns Poland Could Hold a Brexit - style EU Referendum", *The Telegraph*, January 11, 2018. https：//www.telegraph.co.uk/news/2018/01/11/donald - tusk - warnspoland - could - hold - brexit - style - eu - referendum/.

③ Alessandra Scotto Di Santolo, "'EU is Filth' Salvini Lashed out at Brussels as He Threat to Stop Funds to 'Useless' EU", *Sunday Express*, August 28, 2018. https：//www.express.co.uk/news/world/1008646/EU - Italy - news - Matteo - Salvini - migrant - crisis - Brussels - funds - Diciotto - migrants - ship.

④ Charles Grant, "The Impact of Brexit on the EU".

表1 2016年欧盟成员国承担欧盟预算比例表

成员国	占比（%）	成员国	占比（%）	成员国	占比（%）	成员国	占比（%）
德国	19.00	波兰	3.26	捷克	1.30	斯洛文尼亚	1.32
法国	16.63	瑞典	2.45	希腊	1.29	立陶宛	0.31
英国	13.45	奥地利	2.36	罗马尼亚	1.15	卢森堡	0.25
意大利	12.49	丹麦	1.83	匈牙利	0.82	拉脱维亚	0.19
西班牙	8.55	爱尔兰	1.61	斯洛伐克	0.58	爱沙尼亚	0.16
比利时	4.47	芬兰	1.56	保加利亚	0.34	塞浦路斯	0.14
荷兰	3.71	葡萄牙	1.35	克罗地亚	0.33	马耳他	0.07

资料来源：Statista：Share of Total Contributions to the European Union Budget in 2016, by Mwnber States. https：//www.statista.com/statistics/316691/european-union-eu-budget-share-of-contributions/.

而且在欧盟28个成员国中，只有10个成员国是净供款国、2个供款和受款持平、另外16个则是净受款国。也就是说，欧盟的预算和财政是靠这10个净供款国支撑的。2014—2016年，这10个净供款国按净供款额大小的排列依次是：德国、英国、法国、意大利、荷兰、瑞典、比利时、奥地利、丹麦和芬兰。[1]

根据英国官方资料，2017年英国对欧盟的总供款额（减去返款）为130亿英镑，同时，英国政府接受欧盟拨款41亿英镑，因此英国的净供款额约为89亿英镑。另外英国的民间组织还接受欧委会的直接拨款，金额约在10亿英镑左右。[2] 另据德国互联网数据中心（Statista）数据，2009年—2017年之间，英国对欧盟的净供款额在47亿英镑到107亿英镑不等。请见图1：

---

[1] Noah Gordon, "The EU Budget after Brexit：Reform not revolution", Centre for European Reform, April, 2018, p. 6.

[2] UK Parliament, "The UK's Contribution to the EU Budget", March 23, 2018. https：//researchbriefings.parliament.uk/ResearchBriefing/Summary/CBP-7886#fullreport.

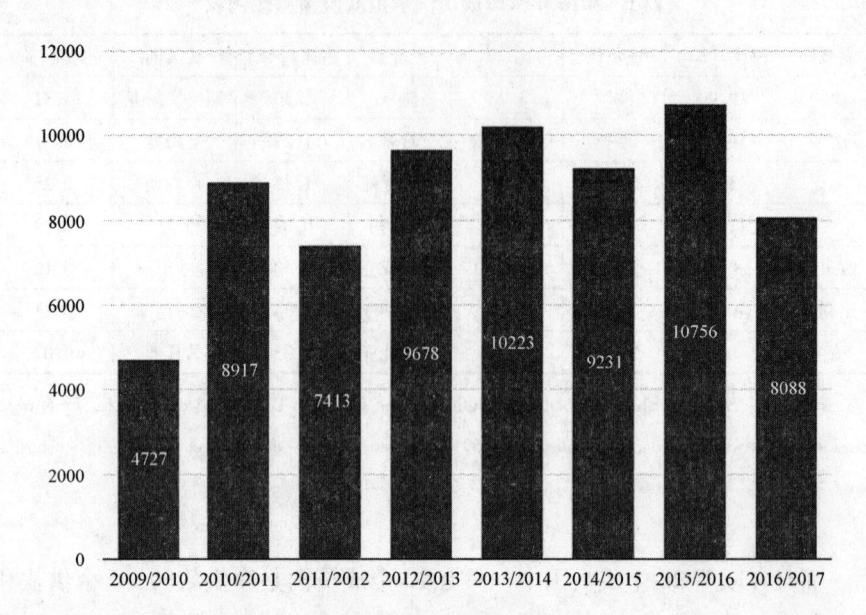

图1 2009—2017年度英国对欧盟预算净供款情况：单位：百万英镑

资料来源：Statista：Net UK Contributions to the European Budget from 2009/2010 to 2016/2017（in million GBP）. https：//www.statista.com/statistics/316736/uk-united-kingdom-net-contributions-to-european-union-budget-eu/.

英国脱欧以及其他因素，已经给欧盟的预算造成了影响。成员国的供款负担增加，拨款项目的拨款额削减，在各成员国中引起反弹和批评。欧盟预算委员厄廷格（Günther Oettinger）提出的"50/50"解决方案是将英国脱欧后留下的财政亏空通过两个方面加以弥补，其中的50%靠增加成员国的供款额来解决，另外50%靠削减现有的欧盟拨款项目来解决。因此，根据2018年5月由欧委会提出的2021—2027年的预算案，预算总额达到1.279万亿欧元。为此，欧盟成员国对欧盟预算的供款额将由占国民总收入的1%提高到1.1%，增加幅度为10%。[1] 再者，欧盟打算削减欧盟预算支出中占比最大的两个项目，即共同农业政策、结构和投资基金。目前这两个项目在

---

[1] EUNEWS, "EU Unveils First Post-Brexit Budet", May 2, 2018. http：//www.euronews.com/2018/05/02/eu-unveils-first-post-brexit-budget.

欧盟预算支出中所占比例分别为 39% 和 34%。① 对于以上方案，德法两国表示了坚定的支持，"节俭四国"（奥地利、瑞典、丹麦、荷兰）提出不同意见，反对增加供款。荷兰首相鲁特（Mark Rutte）称："本人对于多年制预算案的目标是：绝不增加供款，而更好的结果是削减预算。"② 瑞典财政部长安德森（Magdalena Andersson）指出，由于"[英国]不在这了，所以自然而然的是，我们必须削减预算。"③ 中东欧成员国作为欧盟内部重要的净受款国，更担心项目基金的削减问题。2018 年初，波兰、捷克、匈牙利、斯洛伐克、克罗地亚、斯洛文尼亚和罗马尼亚发表联合声明，提出要在新预算中确保结构和投资基金的地位。④ 波兰尤其反对将结构和投资基金的发放与司法独立问题挂钩，认为此举将制造"巨大的麻烦"，是打击波兰的一种手段。而波兰是欧盟最大的净受款国，在 2014—2020 年的欧盟预算中，波兰获得各种基金等项目拨款总额达 800 亿欧元之多。⑤

再次，英国自由市场经济原则对欧盟的影响将不复存在，欧盟推进单一市场（尤其是服务业单一市场）进程有可能受到削弱和延搁。欧盟的单一市场（共同市场）包括四大自由，即货物、人员、服务和资本的自由流动。早在 1985 年，欧盟委员会的英国委员科克菲尔德勋爵（Lord Cockfield）完成了欧共体白皮书《完成内部市场建设》（Completing the Internal Market）

---

① Noah Gordon, "The EU Budget after Brexit: Reform not revolution", pp. 3, 5.

② Speech by the Prime Minister of the Netherlands, Mark Rutte, at the Bertelsmann Stiftung, Berlin, Feburary 2, 2018, from: Noah Gordon, "The EU Budget after Brexit: Reform not revolution, p. 7.

③ Jim Brunsden, Mehreen Khan and Alex Barker, " 'Frugal four band together against Brussels' plan to boost budget", Financial Times, February 22, 2018. https://www.ft.com/content/438b7ff4 – 1725 – 11e8 – 9376 – 4a6390addb44.

④ "Joint Statement of the Visegrad Group, Croatia, Romania and Slovenia", February 2, 2018, p. 2. . https://www.miir.gov.pl/media/50853/Wspolneoswiadczenie.pdf.

⑤ Michael Peel, Mehreen Khan and James Politi, 'Poland attacks plan to tie EU funds to rule of law', Financial Times, February 19, 2018. https://www.ft.com/content/d6ef7412 – 157c – 11e8 – 9376 – 4a6390addb44.

的撰写，着眼于消除三大内部障碍，大力推进和实现四大自由。这三项内部障碍为：贸易方面的实体障碍（欧共体的边界检查站、海关和相关的文书工作）、贸易方面的技术障碍（各成员国的不同产品技术标准、技术规章、商业法规和政府采购规定）、贸易方面的财政障碍（各成员国的不同增值税和间接税税率等）。[1] 为此，该白皮书出台了近300项措施。英国对单一市场的贡献在于"将英国决策的自由主义模式在欧盟得到了更广范围的推广"。[2] 同时，英国在四大自由方面，除了在人员自由流动方面持有保留意见之外，均持十分积极的促进立场。英国的退出，可能使欧盟中主张自由市场经济模式的力量遭到削弱，瑞典方面就表达了这方面的担心。

最后，英国的退出，将在一定程度上消除欧盟一体化的阻力，但有可能影响成员国之间的力量平衡格局。英国作为疑欧主义的大本营，在欧洲一体化过程中屡屡成为阻碍和离心因素，几乎在重大条约的制定中均提出过获得"例外"待遇的要求。而作为入盟较早的成员国和地区大国，却未加入欧盟国家的主要条约和体制——欧元区和《申根协定》。欧盟对内政策总司的前述研究报告归纳道："长期以来，英国一直被描述为'尴尬的伴侣'，因为它经常阻止一体化并要求获得特殊或例外待遇。英国的退出可以消除这样的障碍，并为那些寻求推动欧洲一体化进程的成员国提供急需的推动力。"[3] 同时，欧盟内部德法的主导力量将会进一步加强，其治理路径也会得到更顺畅的实施。欧洲改革中心的一份研究报告认为德国得益于欧盟近年来遭遇的一系列危机，如欧元危机和难民危机等，其重要性愈加突出；加上法国的衰弱和英国的退出，"使得德国成为欧盟的支配国家。而对德国占据更强大支

---

[1] Lord Cockfield, *The European Union: Creating the single market*, Chichester: Wiley Chancery, 1994, p. 39

[2] HM Government, *Review of the Balance of Competences between the UK and the EU: The Single Market*, London, July 2013, p. 35, https://www.assets.publishing.service.gov.uk/government/uploads/system/uploads/attachment_data/file/227069/2901084_SingleMarket_acc.pdf.

[3] Directorate General for Internal Policy of the Union, "The Impact of the UK's Withdraw on EU Integration", p. 6.

配地位的担忧,解释了罗马、巴黎和华沙的政客们对英国脱欧前景感到如此恐惧的缘由。"① 当然,德国由于其经济实力和发展势头,在欧盟的影响力和发言权有可能进一步提升,但不至于引发欧盟内部的重大对立和冲突。对此,其他成员国有可能表示一定程度的关切,但将之称为"恐惧"则似乎言过其实。

三

以英国脱欧为标志,欧盟一体化出现反向运动,出现前所未有的"去一体化"现象,其原因既源自于欧盟内部问题,也存在于英国与欧盟的矛盾冲突之上。

第一,欧盟经受各种危机和挑战,自身发展受到限制,造成一体化的推动力不足。自 2008 年陷入金融危机以来,欧盟的恢复缓慢,之后又受到债务危机、恐袭危机和难民危机等打击,本身的经济基础遭到削弱,社会福利负担沉重,难以支撑推进一体化的资源供给。近年来,欧盟的经济增长率保持在较低水平上,增长势头乏力。

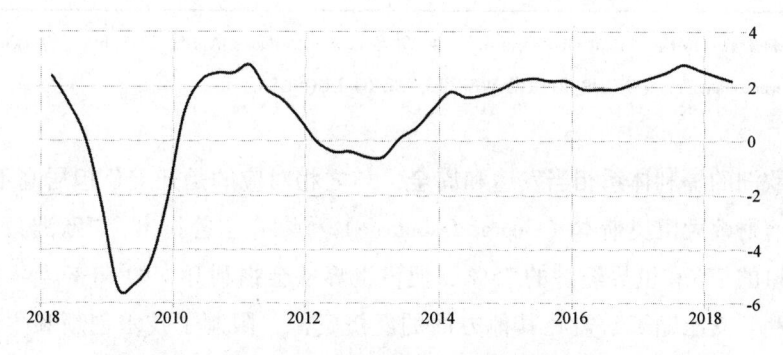

图 2　2008—2018 年欧盟国内生产总值年增长情况(%)

资料来源:EUROSTAT, https://tradingeconomics.com/european-union/gdp-annual-growth-rate.

---

① Charles Grant, "The Impact of Brexit on the EU".

从图 2 可以看到，欧盟的经济从 2009 年后半期起开始恢复，但在 2011—13 年受债务危机的拖累，再次走弱，降入负增长的低潮。2014 年再次恢复之后，经济增长后劲不足，徘徊在 2% 左右。在与世界其他地区相比较，欧洲的经济增长率不仅低于北美和澳洲，更远远落后于亚太地区，甚至还比不上非洲。表 2 是截止于 2018 年 4 月的欧洲与其他主要地区的经济增长情况。

表2　各地区国内生产总值增长情况表（%）

地区	增长率
欧洲	2.4
西欧	2.3
东欧	2.8
北美洲	2.8
澳新	3.0
亚太	5.5
东亚	5.3
东南亚	5.2
南亚	7.1
非洲	3.8
南美洲	1.7

资料来源：IMF："Real GDP Growth", *World Economic Outlook*, April, 2018. http://www.imf.org/external/datamapper/NGDP_RPCH@WEO/EU/EURO/EUQ/USA.

欧洲的福利体系相当发达和周全，与之相对应的是开支负担居高不下。英国前财政大臣奥斯本（George Osbourne）称默克尔曾指出："欧洲只占世界人口的 7% 和世界经济的 25%，但占世界社会福利开支的 50%。"[①] 庞大的福利开支压缩了欧盟在其他方面的经济资源，限制了技术创新和生产投

---

① George Osbourne, "Extracts from the Chancellor's Speech on Europe", UK Government, January 15, 2014. https://www.gov.uk/government/speeches/extracts-from-the-chancellors-speech-on-europe.

资。最新发布的《全球竞争力报告》也指出了欧洲在经济和竞争力方面存在的主要问题：投资水平低下，尤其在数字技术、能源和交通基础设施方面的投资存在缺口；就业市场需求不足，年轻人失业率高企，中等水平技术工人的就业率也在一些国家出现下降。总之，欧洲的经济复苏仍然显得脆弱，而复苏的势头是否能够保持下去还无法确定。[1]

第二，欧盟治理存在诸多问题，内部差异未见缩小，导致对于一体化的共识难以形成。欧盟经过多次扩大，由西欧扩大到中东欧和巴尔干，内部发展水平的差异加大，利益及诉求分歧比比皆是。同时，欧盟实行多层治理，目标和结果是加强超国家层次和地区层次、削弱成员国层次，造成超国家实体与民族国家之间的矛盾冲突，主权问题无法得到妥善安排和处理，反而导致新的问题产生。其一是双速和双向欧洲的出现。在一体化的速度方面，新入盟的成员国与老成员国之间、以及在奉行联邦主义和政府间主义的成员国之间存有分歧。前者主张以组建联邦制国家为目标迅速推进一体化，后者则重视国家主权，主张将维护国家利益放在首要位置之上。而英国脱欧则表明，双向的一体化，即以欧盟大多数成员国主张的正向一体化与以英国为代表的反向一体化现象，已经开始呈现。面对双向欧洲的挑战，欧盟似乎不愿正视，更缺乏应对的具体措施和心理准备。其二是欧盟官僚主义的加强。欧盟官僚体制庞大，运转效率低下、成本高昂。欧盟三大机构拥有各自的官员和秘书等工作人员队伍，欧委会最为庞大，雇员人数为32000人；欧洲议会的总秘书处和政治团体的雇员在7500人左右（不含议员及其工作团队）；部长理事会在总秘书处的工作人员约为3500人。再者，欧盟是拥有官方语言最多的国际机构，共有24种语言，各种语言的文字和口头互译十分繁杂，组建了一支5100人的专业翻译队伍。[2] 欧洲议会有三处开会和办公场所，分别在布鲁塞尔、斯特拉斯堡和卢森堡。每个月的全体会议在斯特拉斯堡举行，会期一个星期，而其他时间议会的常规活动在布鲁塞尔举行，所以每个

---

[1] Klaus Schwab, "The Global Competitiveness Report, 2017 – 2018", World Economic Forum, Genever, 2017, p. 21.

[2] European Union, "EU Administration: Staff, language and location". https://www.europa.eu/european-union/about-eu/figures/administration_en.

月多达一万名相关人员，包括议员、秘书和工作人员、游说人员、记者等都需要在两个城市之间往返一次。① 而且，欧盟精英阶层与普通民众的联系管道不畅，难以在推行一体化过程中形成合力。其三是地区分裂主义势力的抬头。欧盟在多层治理中加强地区层面权力和作用，在推动地区经济文化和社会发展方面具有积极作用。同时，欧盟的地区政策，加上所在国家和地区的其他因素，一些地区的分裂主义势力却有所抬头，在地区认同加强的同时，国家认同却出现了弱化，这一点在英国的苏格兰地区和西班牙的巴斯克地区等表现得尤为突出。分离主义对所在成员国的统一造成危害和挑战，不利于一体化的平稳运行和推进。

第三，英国与欧盟存在各种难以化解的矛盾冲突，最终只得分道扬镳，对一体化造成打击。英国的疑欧主义盛行，前英国首相卡梅伦就是一个疑欧主义者，而疑欧主义与欧洲一体化格格不入。卡梅伦曾这样描述道："我们具有一个岛屿民族的特质：独立、直率，对捍卫我们的主权充满激情"，而且英国人还具有"开放"的秉性。在对于欧洲（大陆）的认知上，"对于我们而言，欧盟是实现繁荣、稳定和成为欧洲内外自由和民主之支柱等目标的手段，而不是目标本身。"② 而更重要的是，卡梅伦的疑欧主义政策比英国以往的疑欧主义政策走得更远：不仅仅是注重在欧洲一体化进程中维护英国的国家主权和利益，而且将脱离欧洲一体化作为重要的政策选项和诉求。所以，英国政府将维护国家主权视为不可动摇的原则，在欧盟治理原则方面与欧盟方面存在重大分歧，而英国脱欧公投的结果使得"去一体化"成为现实。③ 具

---

① Michael Birnbaum, "7 Reasons Why Some Europeans Hate the EU", *The Washington Post*, June 25, 2016. https://www.washingtonpost.com/news/worldviews/wp/2016/06/25/7-reasons-why-some-europeans-hate-the-e-u/? noredirect = on&utm_term = .42a181ad1b97.

② David Cameron, "EU Speech at Bloomberg: On the Future of the EU and the UK's Relationship with It", Prime Minister's Office, London, January 23, 2013. http://www.gov.uk/government/speeches/eu-speech-at-bloomberg.

③ 参见潘兴明："英国对欧政策的新取向探析"，《外交评论》，2014年第4期，第109—123页。

体而言，英国选择脱欧的原因大致有：欧盟威胁到了英国的主权完整；欧盟正在以繁琐的规章扼杀英国；欧盟偏袒大公司的利益并阻止急需的改革；欧元是欧盟货币制度的灾难；欧盟的移民及难民政策失控；英国可以在撇开欧盟的情况下确立更合理的移民制度；英国不须承担对欧盟的财政负担。[①] 其中，主权完整、经济治理、财政负担以及来自欧盟内外的移民和难民等，在英欧矛盾冲突中占据主要地位。

结语

欧洲一体化经过漫长的正向历史演进，在其深度和广度方面都取得了巨大的成就，法律、货币、区域市场、商贸、边界管控等方面的制度建设也是颇有建树，欧盟从一个主权国家的经济联合体逐渐向一个类联邦制国家过渡。但在2016年6月23日，原本相对而言顺风顺水的欧洲一体化出现逆转，英国决定脱欧，出现了与一体化方向相反的"去一体化"。通过对此问题的考察和梳理，我们认为英国脱欧并不能改变欧洲一体化的大方向，但欧盟会面对更加严峻的新挑战。

第一，欧洲一体化中的"去一体化"现象反映出欧盟面临的新问题和挑战。欧洲一体化的成就使得欧共体和欧盟在欧洲产生了巨大的向心力和吸引力。即使是在国家认同上与欧洲大陆国家不同的英国，也曾锲而不舍地多次主动申请加入欧共体。中东欧和巴尔干等相对落后的欧洲国家更是争相提出加入欧盟的要求。但英国在成为欧共体和欧盟成员国四十多年之后决定退出，改变了欧洲一体化的良好发展势头，从中折射出欧盟本身在发展和治理方面存在的问题，反映出英国与欧盟不可调和的矛盾和认同差异。同时，英国脱欧事件也表明疑欧主义已经危及到欧盟的团结和完整，而退出欧盟正成为某些持有相似立场的成员国的一个现实选项。在目前情况下，欧盟需要大

---

① Timothy Lee, "Brexit: the 7 Most Important Arguments for Britain to Leave the EU", VOX, June 25, 2016. https://www.vox.com/2016/6/22/11992106/brexit - arguments.

力维护自身的团结和稳定，避免"去一体化"蔓延到其他成员国。

第二，"去一体化"只是支流现象，无法阻止欧洲一体化的主流。尽管英国脱欧对欧洲一体化产生了一定的影响，但至少到目前，欧盟所担心的脱欧连锁反应并未出现，而且欧盟的制度体系和行政体系也未受到根本性的损害。从目前的情况来看，英国脱欧造成的直接冲击体现在两个方面：一是英国供款的取消所造成的财政亏空；二是欧盟在英国的移民地位的前景不明。欧盟对此已作出适当的应对：在财政方面，欧盟已推出新预算案，提议提高成员国的供款比例，同时还可从英国支付的"分手费"中得到弥补。在移民方面，虽然目前的人员自由流动可能无法延续，但欧盟与英国的谈判将就此达成妥协的可能性依然存在，因为欧洲大陆上也有上百万的英国公民居住和就业。另外，欧盟在制度建设和接纳新成员国方面将继续推进，保持一体化的前进势头和方向。而且，英国的退出能在某些方面减少一体化规划和实施的障碍，增强欧盟的团结和提高行政效率。

第三，欧洲一体化要求欧盟重视和加强创新和改革，以适应新的时代要求。英国脱欧反映出欧盟在经济发展和多层治理方面存在的问题，需要有的放矢地应对和加以解决。重视和加强欧盟内部的创新和改革应当是必由之路。卡梅伦曾对欧盟改革提出过五项建议，具有一定的参考价值，即提高竞争力，消除监管方面的限制，完善服务于单一市场的建设；尊重灵活性，在一体化问题上根据不同成员国的立场要求灵活应对，避免僵硬的划一治理模式；尊重成员国的权力，成员国的权力让渡并非永久性安排，确保成员国与欧盟之间的权力平衡；强调民主责任制，承认和维护成员国议会作为欧盟合法性和责任制的真正来源；坚持公平原则，确保欧元区内外的成员国能够在欧盟单一市场获得公平待遇。[1]

第四，英国脱欧不意味着完全脱离欧洲一体化，将以新的形式参与一体化进程。英国作为一个欧洲国家，无论是从客观还是从主观的角度，都将会与欧盟和欧盟成员国保持密切的联系。英国政府最近公布的"软脱欧"白皮书，主张在退出欧盟的同时，继续保持与欧盟的自由贸易关系，维持统一

---

[1] David Cameron, "EU Speech at Bloomberg: On the Future of the EU and the UK's Relationship with It".

的贸易商品标准，保留北爱尔兰与爱尔兰之间的边界现状（取消边检的"软边界"），继续保持安全伙伴关系，但终止与欧盟国家的人员自由流动，同时对短期访客互免签证。[1] 虽然欧盟不大可能全部接受英国的建议，但考虑到欧盟对其他未加入欧盟的欧洲国家（如挪威和瑞士）的立场和政策，两者之间仍然可能达成妥协和协议；而且，即使英国在无协议情况下脱欧，英国与欧盟依然会保持密切的特殊关系，以实现双方的利益最大化；再者，另一种可能性也不能完全排除，即在未来的某个时刻，英国由于利益使然，重归欧洲一体化之路，再度成为欧盟大家庭的一员。可以说，英国尽管在形式上正在脱离欧洲一体化，但实质上仍然摆脱不了与之千丝万缕的关系。

---

[1] Peter Walker, "What's in the Brexit White Paper?" *The Guardian*, July 12, 2018. https：//www.theguardian.com/politics/2018/jul/12/whats-in-the-brexit-white-paper.

英国脱欧的当前进展与启示

李冠杰[*] 左 敏[**]

对于英国而言，加入欧盟一直存在着国家主权之争。是接受欧洲议会的统治或只受威斯敏斯特议会统治，这是主权争议的关键问题。如果欧盟给予更多利益，主权问题会暂时被掩盖；如果欧盟给英国更多的是责任和担当，回归传统的国家定位便是理所当然之事。脱欧公投是英国重新找回国家主权的重要一步，它正改变着今后英欧关系的基本架构。

一、英国脱欧的实质：重新找回国家主权

英国脱欧是英国民众做出的民主抉择。它是卡梅伦政府对其主导议题失去控制力的结果，是英国在国际局势变得越发复杂的背景下全面退缩的结果，是大众政治力量上扬、精英政治总体走低所导致的结果。然而，无论英国脱欧是何种力量所致，它的实质都是英国重新找回了国家主权。

从历史上看，英国让渡国家主权并不一帆风顺，它是在不断评估欧共体

---

[*] 李冠杰，上海外国语大学英国研究中心助理研究员。
[**] 左敏，上海市静安区行政学院讲师。

发展的基础上作出让渡国家主权决定的。

欧洲联盟是建立在民族国家之上的超国家机构。在欧共体建立之初，欧洲政界、学界对欧共体的性质有过激烈讨论。支持建立欧洲煤钢联营以及后来的欧共体之人大都是试图超越主权国家构建一种大欧洲之人，比如像联邦德国总理康拉德·阿登纳和欧共体缔造者让·莫内等，这些人的观念都带有理想主义色彩。但在欧洲发展的现实中，国家利益永远是无法削弱的重要元素。当欧共体朝着超国家发展时，强势的国家主义扼杀了这种政治一体化梦想。

1965 年法国制造"空椅危机"，危机通过 1966 年 1 月的卢森堡妥协加以解决。自此，欧共体决策体制的超国家化被阻止了。理论界也开始转向，斯坦利·霍夫曼认为，"理论上，经济一体化可以实现。在'高政治'意义上的政治一体化是不现实的。"[1] 高级政治一体化不切实际，那么下层合作也许有很大空间。欧洲一体化开始寻找新的方向。

起初，英国决定加入欧共体是经济方面的考虑，认为不能被排除在"最强大的经济体之外"[2]。英国在 20 世纪 60 年代两次申请加入欧共体，但在 1963 年和 1967 年被法国行使否决权加以拒绝。

在欧洲一体化基本定调为政府间合作之后，英国于 1973 年正式加入欧共体。英国加入欧共体是出于经济利益考量，它需要欧洲大市场。但如果说欧洲一体化最初就展开政治一体化，把国家权力让渡到布鲁塞尔，它也不会加入欧共体。

此后的英国首相在欧洲一体化问题上观点基本一致，即更喜欢松散的联合体，而非超民族国家。撒切尔曾称："我不认为我们会走与美国相同的道路建成欧洲合众国……英国坚决拥护更紧凑的联合的欧洲。"[3] 梅杰试图增

---

[1] Stanley Hoffmann, "Obstinate or Obsolete? The Fate of the Nation–State and the Case of Western Europe", *Daedalus*, Vol. 95, No. 3, 1966, p. 882.

[2] David Gowland and Arthur Turner (eds), *Britain and European Integration 1945–1998: A documentary history*, London and New York: Routledge, 2000, p. 94.

[3] Stephen Wall, *A Stranger in Europe: Britain and the EU from Thatcher to Blair*, Oxford: Oxford University Press, 2008, p. 46.

进与欧洲的关系,却造成了英国重大利益损失。布莱尔也认为:"我们把欧洲视为国家的联合,其中各国更紧密地一起做事,而非是泯灭民族认同的联邦式超国家。"① 卡梅伦也是疑欧主义者,他虽旨在改革欧盟,却以公投的手段让英国脱离欧盟。英国对欧洲一体化的认识基本没有变化,保持一个松散的政府间关系或许是英国政治精英对欧盟的普遍共识。

事实上,欧洲一体化仍在朝向更紧密的方向发展。1975 年,"欧洲地区发展基金"成立,其目标在于消除地区差异。成员国以国家利益为先,通过基金寻找补偿。地区基金的创建意义重大,有人认为:"保障地区基金的附加性将是欧共体地区政策中迈向真正超国家性质的重要步骤。"② 虽然成员国从中受益,但成员国治下的地区增强了对欧洲的认同。除经济补偿,成员国每个地区都有欧洲议会议员的换届选举,而成员国按照欧洲议员的选举规则重新被划定新的选区。欧洲一体化表面上看没有朝着超国家方向发展,但实质上它在经济、政治、甚至军事、安全上的确更加紧密了。而且,各成员国无法摆脱欧盟法律的约束,人们的法律认知和习俗都在潜移默化地发生改变。

欧洲一体化深刻影响着英国,它让英国中央政府的力量大大削弱。20 世纪末,鉴于欧洲地区主义思潮的兴起,布莱尔领导的工党开启了分权进程,把部分中央权力下放到苏格兰等地。这种分权的危险在卡梅伦执政时期充分表现出来,2014 年的苏格兰公投险些让苏格兰从英国分裂出去。而一旦苏格兰分裂,欧盟便是其重要依靠。英国决策者深知欧盟的利弊,当初英国加入只是寻求经济利益,而如今却有国内分裂的趋势,英国必须从欧盟退出以保全自身领土完整性。近年来,外来移民问题更是坚定了英国退欧的决心。

2016 年 6 月的脱欧公投是英国结束这种国家主义与超国家主义内心纠

---

① Tony Blair, "Britain's role in Europe", speech to the European Research Institute, 23 November 2001, http://webarchive.nationalarchives.gov.uk/+/http://www.number10.gov.uk/Page1673, 2016 年 10 月 8 日访问。

② Ian Bache, *The Politics of European Union Regional Policy: Multi-Level Governance or Flexible Gatekeeping?* Sheffield: Sheffield Academic Press, 1998, p. 43.

结的关键之举，它让英国重新回到主权国家的视角处理国内政治，重新以主权国家的视野审视欧洲和国际政治。这种主权回归在短期看可能会对英国带来不利影响，但长期来看，它会利大于弊。在当前国际环境正在发生深刻变化的时代，英国重新拥抱国家主权概念会让它在应对复杂的国际国内难题中找到力量。

二、当前英国脱欧面临的困境

英国脱欧公投已经奠定英国离开欧盟的基础，这个进程已经不可逆转。但从脱欧公投结束之后的谈判进度看，脱欧进程的实施面临着各种困难。

（一）英国保守党政府内部争议巨大，特雷莎·梅无法按照自己的意愿主导脱欧谈判

英国脱欧公投结果出乎大多数人的意料之外，更令首相卡梅伦难以接受。结果一出，卡梅伦立刻宣布自己不再适合领导英国，需要脱欧派领导人物完成英国人民的政治意愿。

按照英国传统，保守党内开始展开领袖选举。起初，脱欧阵营非常有影响力的人物、前伦敦市长鲍里斯·约翰逊理所当然成为众望所归之人。但2016年6月底，约翰逊的搭档迈克尔·戈夫突然指责"约翰逊无法组建团队，无法给予那种领导力和团结力"[①]，戈夫抛开约翰逊独自竞选领袖。在7月5日第一轮投票中，戈夫位居第三。7日第二轮投票中，戈夫被淘汰。最后只剩下特雷莎·梅和安德里亚·利德索姆竞选，普遍认为需要到9月才能选出领导人。约翰逊表示支持利德索姆，但不

[①] "Michael Gove: Boris Johnson wasn't up to the job", BBC News, 30 June 2016, see http://www.bbc.com/news/uk-politics-36677028, 2016年8月10日访问。

久利德索姆退出竞选，特雷莎·梅成为保守党领导人。7月13日，卡梅伦辞职，特雷莎·梅就任新首相。保守党领袖之争暴露了保守党内部的矛盾和分歧，这种分歧不仅是脱欧派和留欧派观点的差异，更是充满着权力争夺。

特雷莎·梅上台后，迅速更换掉卡梅伦旧部。财政大臣乔治·奥斯本、司法大臣迈克尔·戈夫、教育大臣尼克·摩根等被撤换。[1] 而原本无缘担任高级职务的约翰逊则被任命为外交大臣。此外，新政府特意成立专门的"脱欧部"，任命大卫·戴维斯为脱欧大臣，该部门成立后迅速针对脱欧问题展开调研、拟定方案。

特雷莎·梅组建了一个脱欧派占主要力量的右翼内阁，但始终面临着巨大压力。特雷莎·梅政府不仅要在脱欧问题上开展工作，还要应对国内留欧派的民意走势，要应对脱欧给英国经济带来的衰退趋势，要应对国内民族的分离倾向，要应对越来越复杂的国际问题。

为了解决党内意见分裂的问题，特雷莎·梅冒险在2017年6月提前举行大选，但保守党只获得317席，比2015年大选时少了13席，更重要的是，保守党的席位并未过半。特雷莎·梅试图借助大选解决保守党内部问题，却起到了相反的效果。此后，保守党内的意见分裂日益加深。大卫·戴维斯和多米尼克·拉布相继辞去脱欧大臣之职，对特雷莎·梅的脱欧协议表示不满。然而，让特雷莎·梅偶感欣慰的是，她在2018年12月保守党发起的不信任投票中赢得了200名保守党议员的支持[2]，暂时稳住了首相职位。

---

① "Theresa May's Cabinet reshuffle: First day as new Prime Minister begins with removal of Cameron's allies", The Independent, 15 July 2016, http://www.independent.co.uk/news/uk/politics/theresa-mays-cabinet-reshuffle-first-day-massacre-as-new-prime-minister-begins-by-axing-camerons-a7137611.html, 2016年8月1日访问。

② "Theresa May wins critical vote of confidence from Conservative MPs, thwarting Brexiteer rebels", The Independent, https://www.independent.co.uk/news/uk/politics/theresa-may-wins-vote-confidence-conservative-leadership-brexit-deal-eu-vote-a8679986.html, 2018年12月25日访问。

到目前为止，保守党内部依然存在重大争议，这不利于首相特雷莎·梅根据自身及内阁大臣的意愿与欧盟展开有效的谈判。

（二）英国国内民众质疑脱欧公投结果的合法性，国内分裂之声高涨，民众意见充满不确定性，仍会对脱欧进程产生负面影响

2016年6月24日，英国脱欧公投结果公布。从数据上看，脱欧与留欧在选票上相差100余万张，占比分别为51.9%和48.1%，总投票率为72.2%。这种结果让留欧支持者颇有微词，相当接近的票数能否代表民主，是否具有合法性。

早在公投前的5月25日，威廉·希利（W. O. Healey）发起一份电子请愿书，声称："我们签字者呼吁女王陛下的政府实行一项规定，如果留欧或脱欧选票少于60%，投票率少于75%，应该再次公投。"① 当投票结果出来后，留欧支持者在沮丧中寻找阻止脱欧发生的其他路径，这份电子请愿书立刻受到人们的关注。网络签字者越来越多，短短几天就达到100万人，此后签名迅速达到400余万。

面对留欧派的强势请愿，英国议会不得不把该请愿书拿来讨论。2016年9月5日，下院议员用了整整三个小时讨论是否要进行第二次公投的问题。结果罗宾·沃克（Robin Walker）总结说："投票率很高，英国人民所给的指示是清楚的……在尊重签署请愿书数百万人的意见同时，我们还必须尊重更多在6月23日投票之人的意见……我们会尊重公投结果，把它当作是英国人民的指示，实施他们赋予我们的授权。"② 这种结果显然没有让留欧派满意，但他们没有其他可以挽回脱欧局势的途径。

---

① "E-petition 131215 relating to EU referendum rules", House of Commons Library, http：//www.researchbriefings.files.parliament.uk/documents/CDP - 2016 - 0157/CDP - 2016 - 0157.pdf, p. 2.

② "EU Referendum Rules", House of Commons Hansard, https：//www.hansard.parliament.uk/commons/2016 - 09 - 05/debates/1609058000001/EUReferendumRules, 2016年9月15日访问。

除对公投规则本身持怀疑态度外，英国国内的分裂力量纷纷发声。詹姆士·奥麦利（James O'Malley）发起伦敦独立的请愿书，有将近20万人签名支持。① 原本就追求独立的苏格兰也发出第二次独立公投的信息，苏格兰首席部长尼古拉·斯特金认为当前环境发生了重大变化，"如果得出结论说独立对苏格兰最有利，我会举行一场独立公投。"② 英国脱欧将会给苏格兰民族党最强力的证据，证明独立更加符合苏格兰人民的利益，因为在这次英国脱欧公投中，苏格兰投票率有67.2%，支持留欧的有166.1191万票，脱欧有101.8322万票。③ 2016年10月20日，苏格兰政府就第二次公投议案草案向民众咨询，议案称，苏格兰正面临着脱欧带来的社会、经济、财政损害，如果独立是保护苏格兰利益的唯一办法，苏格兰人民必须审视这一问题。④ 英国国内分裂势力正在利用英国脱欧这个机遇。

虽然脱欧公投中脱欧者居多，但留欧者数量也很巨大，而留欧的呼声没有得到相应释放，它必然在民族问题上产生与英国中央相左的声音，这种声音会通过分裂势力表达出来。

截至目前为止，特雷莎·梅政府并没有为留欧派找到意见表达的空间，她主导的"软脱欧"协议在某种程度上代表了原有留欧派民众的声音，但这份协议也有被议会否决的风险。

---

① 关于请愿书及签名数量，可参见 https://www.change.org/p/sadiq-khan-declare-london-independent-from-the-uk-and-apply-to-join-the-eu，2016年10月15日访问。

② "Sturgeon: Second independence referendum could be next year", BBC News, 17 July 2016, http://www.bbc.com/news/uk-scotland-scotland-politics-36819182，2016年8月10日访问。

③ 英国选举委员会网站公布数据，参见 http://www.electoralcommission.org.uk/find-information-by-subject/elections-and-referendums/past-elections-and-referendums/eu-referendum/electorate-and-count-information，2016年11月1日访问。

④ The Scottish Government, "Consultation on a Draft Referendum Bill", October 2016, http://www.gov.scot/Resource/0050/00507743.pdf, pp.1-2，2016年11月2日访问。

(三) 英国脱欧谈判涉及面广，短期内无法达成共识，这对英欧双方来讲都是最大的难题

英国脱欧的最大难题在于英国与欧盟之间的复杂谈判，这种复杂性在于成员国退出欧盟是从未发生过的事情。

英国于1973年正式成为欧共体成员，是欧共体外扩的第一批国家之一，而如今的脱欧也属于成员国中的第一个。英国与欧盟的谈判不仅在欧盟发展历史上开创了脱欧先例，其谈判结果也会影响到今后其他成员国与欧盟的关系。因此，无论是欧盟层面还是英国层面，双方在法律程序和实质谈判上都会压低底线，坚持对自己更为有利的方案，谈判的难度会非常大。

根据规定，脱欧谈判只能由成员国启动。《里斯本条约》第50条规定，"任何成员国都可以根据自己的宪法要求决定退出欧盟。"[1] 这项条款是欧盟对主权国家的让步，是欧盟对成员国作出的不侵犯国家主权的保证。但就是这一条把脱欧的权力交给了成员国，作为承载着美好愿景的欧盟在阻止成员国离开上毫无办法。

特雷莎·梅担任英国首相后并未立刻启动第50条。一方面，因为新政府有很多内部交接事务要处理和沟通，另一方面，启动时间越晚对英国越有利。所以，首相特雷莎·梅指出，不会在2016年年底前启动第50条。[2] 但

---

[1] 关于《里斯本条约》第50条内容，参见 http：//www.lisbon-treaty.org/wcm/the-lisbon-treaty/treaty-on-European-union-and-comments/title-6-final-provisions/137-article-50.html，2016年8月1日访问。

[2] "Theresa May does not intend to trigger article 50 this year, court told", The Guardian, 19 July 2016, see http：//www.theguardian.com/politics/2016/jul/19/government-awaits-first-legal-opposition-to-brexit-in-high-court；此外，在首相特雷莎·梅访问柏林和巴黎期间也特意强调这个启动时间，参见 "PM and Chancellor Merkel statements in Berlin：20 July 2016", https：//www.gov.uk/government/news/prime-minister-theresa-mays-statement-in-berlin-20-july-2016；"PM statement in Paris：21 July 2016", https：//www.gov.uk/government/speeches/pm-statement-in-paris-21-july-2016，2016年10月15日访问。

这种缓慢启动对欧盟不利,经济的不确定性更为明显了。欧洲理事会主席唐纳德·图斯克多次向英国施压,希望英国尽快启动脱欧程序,但首相特雷莎·梅表示在英国没有提出明确的谈判目标前不会启动。

更离奇的是,针对由谁有权开启第 50 条的问题,英国国内也进行法律对决。在首相特雷莎·梅声称将会在 2017 年 3 月前开启脱欧后,吉娜·米勒(Gina Miller)向英国高等法院起诉政府,而 2016 年 11 月 3 日英国高等法院判决称,英国政府无权单独启动第 50 条。①

围绕着谈判启动时间的问题,英国和欧盟就多次沟通,英国内部更是从法律程序上探讨、裁决脱欧事宜,可见这项谈判的难度之大。

英国启动脱欧谈判后,其基本进程按照《里斯本条约》第 50 条展开。第 50 条规定:"决定脱离的成员国要向欧洲委员会告知其意图。鉴于欧洲委员会提供的准则,欧盟会与这个国家谈判并达成一项协定。该协定将会根据《欧盟功能条约》第 218(3)条进行谈判。在获得欧洲议会同意后,它将由欧洲委员会根据欧盟利益考虑达成协定,特定多数表决通过。"② 从程序上看,倘若英国和欧盟达成协定后,则需要特定多数的表决投票。欧盟特定多数的标准是成员国的 55% 和代表 65% 的欧盟民众。也即需要 15 个国家和代表着将近 2.9 亿人民的选票表示赞同。③ 这不但要求欧盟要与英国达成协定,还要求其在欧盟内部协调国家间利益。就从程序这点即看出英欧谈判的难度和复杂性。

---

① 关于英国高等法院判决结果,参见 https://www.judiciary.gov.uk/wp-content/uploads/2016/11/summary-r-miller-v-secretary-of-state-for-exiting-the-eu-20161103.pdf, p.2, 2016 年 11 月 20 日访问。

② 关于《里斯本条约》第 50 条内容,参见 http://www.lisbon-treaty.org/wcm/the-lisbon-treaty/treaty-on-European-union-and-comments/title-6-final-provisions/137-article-50.html, 2016 年 8 月 1 日访问。

③ 据最新统计,欧盟 28 国人口总数为 5.1 亿人,英国为 6534 万人,具体人口统计见 http://www.ec.europa.eu/eurostat/tgm/table.do?tab=table&language=en&pcode=tps00001&tableSelection=1&footnotes=yes&labeling=labels&plugin=1, 2016 年 9 月 1 日访问。

当前，英国政府尚未形成相对清晰的谈判内容和目标。当然，英欧谈判主要涉及到关税、贸易、移民、安全、法律等方面的问题，英国如果想要利用欧盟的大市场，就需付出一定的代价，毕竟欧盟内外的差别非常大，英国不能既享受欧盟市场的便利，又不承担相应的责任。

三、英国脱欧谈判的重点难点与未来英欧关系的可能模式

英国脱欧已经奠定了英欧关系的基调，英国重新以独立国家身份与超国家的欧盟建立联系。英国脱欧谈判已经有序展开。英欧关系朝向何种方向发展，此中充满着非常大的不确定性。从目前英国脱欧谈判的态势来看，英欧谈判会集中在单一市场和移民问题上，未来英欧关系的模式可能会是一种有别于他者的独特英国模式。

（一）英欧谈判的重点：单一市场和移民问题

就目前英欧之间的关切点来看，单一市场和移民问题是双方讨价还价的焦点问题。单一市场是欧盟取得的最显著的成就，欧盟经济发展主要归功于欧洲单一市场所发挥的巨大作用。单一市场的建立是欧盟内部发展需要。在1987年7月1日，欧共体成员国签署的《单一欧洲法案》开始生效，其目标是在1992年底在欧共体内部建成单一市场。到1993年《马约》生效之时，欧洲单一市场基本建成。它在欧盟内部建立了一个没有边界的统一地带，在商品和服务的自由流通方面消除了国家间的常规壁垒。

为了维持商品和服务的自由流通，人员和资本的自由流通必须跟上发展的步伐。因此，商品、人员、服务和资本的自由流动成为欧盟的四大自由，这是欧洲一体化的内核，也是欧盟迈向超国家发展的基本保障。

但是，就是这四大自由给英国带来了诸多问题，最突出的表现是移民问题。这也是英国人在对欧关系上最敏感的话题。2015年爆发的欧

洲难民危机进一步加深了原有的矛盾，英国无力面对这种空间的压迫感。

实质上，英国难民问题的关键仍旧是移民问题，特别是来自欧盟内部的移民压力。据英国国家统计局数据，2015年英国的净移民为33.3万人，比2014年的31.3万多出2万人，其中，来自欧盟的移民大约为27万人，非欧盟的人数为27.7万人。[①] 数据非常接近，而且近几年来，来自欧盟的移民人数呈现上升态势，其数量与来自非欧盟的人数趋近。

总体而言，英国净移民人数正在不断上升，此中主要原因是欧盟内部移民数量的攀升，而这种攀升让英国政府感到无奈，因为它身在欧盟之中，必须承认"四大自由"，特别是人员的自由流通。这就是英欧关系的症结所在。英国加入欧盟享受着欧洲大市场的便利，但也必须忍受着移民潮带来的空前压力。如果说这是市场的无助也就罢了，问题还在于近年来难民危机发生后，欧盟更是以摊派的方式让成员国认领难民，这种官僚式的欧陆治理模式与强调代议民主的英式自由格格不入。毕竟，无论英国身在欧盟与否，无论是历史上的英国还是深受欧洲一体化影响了的英国，它的生活方式和价值观念没有发生重大变化，而这种传统观念是和欧陆国家存在着深刻差异的。

英国从欧盟重新获得主权，它可以自主制定移民政策。2018年12月，英国出台《英国未来以技术为基础的移民体系》白皮书，低技能的工人只能在英国最多待12个月，而技术工人的门槛需薪水达到3万镑。[②] 然而就目前英欧内部的移民情况看，这种移民政策并未解决英欧间的问题。

---

① 英国国家统计局数据，参见 https://www.ons.gov.uk/peoplepopulationandcommunity/populationandmigration/internationalmigration/bulletins/migrationstatisticsquarterlyreport/may2016，2016年11月1日访问。

② HM Government, *The UK's future skills-based immigration system*, December 2018, https://assets.publishing.service.gov.uk/government/uploads/system/uploads/attachment_data/file/766465/The-UKs-future-skills-based-immigration-system-print-ready.pdf, p.16, 2018年12月28日访问。

(二) 英欧谈判的难点：北爱尔兰边界问题

从目前英国脱欧谈判的进度看，英欧之间已经陷入到因边界问题引起的僵局中。实际上，英欧谈判的最大难题并非在于如何保障在对方境内的公民权利，也非在于如何达成一项贸易协定，而是在于北爱尔兰的边界问题。

北爱尔兰边界是历史原因造就的。1922年，爱尔兰从英国独立出去，留下了北爱尔兰问题。在爱尔兰看来，北爱尔兰是爱尔兰的一部分，爱尔兰岛应该实现统一。但北爱尔兰人民并非全都赞成与爱尔兰统一，占主导地位的党派和民众认为应该与英国保持一体。这个涉及两国三方的问题终于在1998年随着《耶稣受难节协议》的签署走上了和平进程，该协议为解决"南北"问题创建了三个有效的机构：北爱民主机构、南北部长会议、英爱会议和英爱政府间会议，[①] 旨在增进"南北"之间的交流与沟通。然而，天主教徒和新教徒内都有支持者和反对者。大多数支持协议的天主教徒和反对协议的新教徒都倾向于认为，这会是通往爱尔兰统一的门槛。

北爱尔兰原本存在着与爱尔兰统一的可能性。虽然1998年《耶稣受难节协议》把北爱尔兰边界变成了软边界，但这是基于英国和爱尔兰同处欧盟之内的现实而商定的解决方案。虽然英国和爱尔兰都非申根国家，但北爱尔兰问题的解决在某种程度上参照了欧盟的制度。显然，这些方案在欧盟框架内不会出现冲突。

但是，英国脱欧实际上让英国选择了另一条道路，英国与欧盟必须划清边界，爱尔兰身处欧盟之中，也就是说英爱必须回归到传统的硬边界上来，这才是脱欧的实质。北爱尔兰与爱尔兰之间的边界从北爱尔兰和平进程上讲不能出现硬边界，从英国脱欧上讲必须实现硬边界，目前这是一个无解的问题，而保守党正在努力尝试寻找答案，但这种答案无法让人满意。

更为关键的是，当前的特雷莎·梅政府是个少数政府，它必须依靠北爱尔兰民主统一党的关键少数票才能稳定执政，而民主统一党并不赞成特雷

---

① HMSO, *Good Friday Agreement*, 1998, http：//www.nio.gov.uk/agreement.pdf, 2016年12月28日访问。

莎·梅的"软脱欧"方案。从民主统一党的立场看，它坚决主张北爱尔兰应该和英国作为一个整体进行脱欧，而不是作为一个英国与欧盟谈判的中间地带来维系英欧关系。截止到2019年3月29日的预定脱欧时间所剩无几，而北爱尔兰边界问题很难在短时间内制定出合适的方案。

（三）未来英欧关系的可能模式

目前，英国选择脱离欧盟，果断了结了多年来对欧盟态度的争执。对于英欧关系的未来发展模式，英国精英阶层仍在不断探讨中。

实际上，英国政府内部早在2016年3月就已经对哪种模式更适合脱欧后的英欧关系进行研究和讨论。在一份名为《身份选择：英国身处欧盟之外的可能模式》的研究报告中，研究者对挪威、瑞士、加拿大、土耳其、世贸成员与欧盟建立的关系模式进行介绍。① 就目前其他非欧盟国家与欧盟关系架构看，英欧关系未来的发展模式主要有三条路径可以参考。

一是挪威模式。挪威至今仍不是欧盟成员国，它在1972年和1994年曾两次试图加入欧共体/欧盟，但都被国内民众否决。然而，挪威与欧盟的关系非常密切。挪威是1960年成立的欧洲自由贸易联盟（EFTA）之创始成员，起初这一联盟是与欧共体相提并论的组织，但后来欧共体发展迅速，欧洲自由贸易联盟的成员相继加入欧共体。后来，欧盟与欧洲自由贸易联盟达成欧洲经济区协定，让该组织成员进入到欧洲单一市场中来。挪威通过这一机制享受到了欧盟市场的便利，但它不是欧盟成员，在共同农业政策、共同渔业政策、共同外交与防务政策等方面不受欧盟规则约束。很大程度上讲，挪威是欧盟成员国之外参与欧洲一体化程度最高的国家。在英国做出退欧决定后，挪威模式成为其参考的主要模式之一。

二是瑞士模式。瑞士是欧洲一个特殊的国家，它在政治、军事上保持永

---

① "Alternatives to membership: possible models for the United Kingdom outside the European Union", https://www.gov.uk/government/uploads/system/uploads/attachment_data/file/504604/Alternatives_to_membership_-_possible_models_for_the_UK_outside_the_EU.pdf, p.14, 2016年8月1日访问。

久中立，但在经济上无法与欧洲隔绝，相反却与之联系密切。和挪威相似，瑞士最初也是欧洲自由贸易联盟成员，后经过与欧共体/欧盟谈判达成双边协定。但瑞士没有加入欧洲经济区，无法通过这一路径进入单一市场。通过与欧盟展开多项双边协定，瑞士只是部分进入到单一市场中来。与挪威相比，瑞士承担的相关责任较少，它无需让本国法律和欧盟立法相符。和挪威一样，瑞士是申根区成员。这种身份为瑞士和挪威进入单一市场提供保障，因为商品、服务、人员能够便利地跨越边界。瑞士模式是通过与欧盟签署大量的协定从而达到经贸互利。

三是加拿大模式。加拿大在地理上不属于欧洲，但它在文化上、语言上、体制上等都与欧洲有相通之处。加拿大与欧盟的关系就是一个完全不属于欧洲的独立国家与欧盟间的关系，它们之间没有边界接触，也就没有申根区身份问题。通过签署各类双边协定，加拿大在对欧贸易上在很多方面取消了关税，为企业发展提供更加便利的机会。加拿大与欧盟之间的谈判耗时费力，至今双方仍在为签署《全面经贸协定》（CETA）而努力。这项协定起初在 2007 年欧盟—加拿大柏林峰会上提出，2014 年加拿大—欧盟渥太华峰会上达成相关协议。① 但由于欧盟批准程序的复杂性，至今双方签署的这份协定并未生效。

从与欧盟的紧密程度看，挪威模式、瑞士模式、加拿大模式呈现递减态势，挪威与欧盟关系最为紧密，加拿大与欧盟关系最为疏远。就目前形势看，英国原本就没有加入申根区，退出欧盟后也不会加入申根区，那么挪威模式和瑞士模式无法完全照搬。前两种模式都是承认人员的自由流动，英国一直试图限制人员自由流动。从根本上讲，挪威模式和瑞士模式都不适合英国。加拿大模式是与英国脱欧决定相称的模式，但也存在着诸多问题。一方面，加拿大和欧盟之间的经贸协定的谈判时间过长，谈判程序复杂；另一方面，加拿大不是欧洲国家，而英国身在欧洲，无论其脱欧与否，英国与欧盟国家间的经贸和人员来往是加拿大无法比拟的。因此某种程度上讲，挪威模

---

① 关于这项《全面经贸协定》的情况，请参见 http：//www.canadainternational. gc.ca/eu-ue/policies-politiques/trade_agreements-accords_commerciaux.aspx? lang=eng，2016 年 11 月 1 日访问。

式、瑞士模式、加拿大模式都不适合未来的英欧关系模式，英国必须走出一条独有的对欧关系模式。

未来的英欧关系模式还必须具有示范作用。因为英国是第一个从欧盟中脱离出来的国家，这是其他模式所不具备的因素。英国与欧盟之间的谈判框架会影响到后续脱欧的欧盟成员国（如果有的话）与欧盟的基本架构，从这方面讲，英国模式必须具有引领作用。一定程度上讲，未来的英欧关系比挪威模式、瑞士模式、加拿大模式等会更加紧密，在对欧洲单一市场的使用上也会更加有效，对欧贸易和人员流动也会比其他模式更加便利和灵活。毕竟，英国待在欧盟内部已经四十余年了，各种法律、习俗等影响力不会立刻消失。

理性地看，未来的英欧模式不单是一种英国模式，甚至还是一种适合脱欧国家的普遍模式，英国和欧盟必须以理性的方式去谈判解决，把独特性和普适性结合起来。英欧会根据实际需要和双方利益寻找到一种更加适合脱欧成员国的独特模式，或许未来这种模式会被人们命名为英国模式。

在政治实践中，未来这种英国模式会如何达成，这要看双方的谈判艺术和技巧。然而目前的症结是，英欧关系不能变得亲密，否则英国政治家会无法回应国内的脱欧决定，但从双边贸易额、人员流动情况、经济相互依存度、国内企业发展等方面看，英欧关系必须更加亲密。这种难题必须在两年内解决，英欧双方将会面临巨大的困难，这不仅是英欧关系模式的问题，更是欧盟如何处理退盟国家的问题，也是退盟国家如何适应没有欧盟大家庭的问题。

四、中国的对策

英国脱欧会对欧盟甚至世界经济发展产生深远影响，未来英欧关系的发展变化也势必会深刻影响中国的对欧投资和贸易，英欧之间的分歧也会影响到中英关系和中欧关系的发展。从目前来看，中国需要从认知、理念、制度、策略等方面进行应对。

（一）中国应深刻认识到英国脱欧对中英关系和中欧关系的影响力度，需重新评估现有的中英、中欧关系模式

一方面，英国脱欧对中国影响最大的就是中英双边关系发展。近年来，中英关系获得迅速发展，特别是双边贸易额不断增加。2014年，英国对华出口价值187亿英镑，从中国进口383亿英镑。中英双边贸易额正在迅速增加，而且中国占英国进出口份额越来越大。2000年，中国占英国商品和服务出口的0.8%，进口的1.8%。到了2014年，中国占英国出口的3.6%，占进口的7.0%。① 随着英国宣布加入亚投行，建立在坚实贸易基础之上的中英关系得到全面提升。

2015年10月，习近平主席访英，把中英关系推向"黄金时代"，中英双方希望能够早日实现双边贸易额1000亿美元的目标。② 此外，中英法将合作建设欣克利角核电站，这是中国首次与发达国家在重大战略事务上进行合作，并意欲将其打造成中英务实合作的旗舰项目。

但在英国脱欧公投、特雷莎·梅组建新政府后，英国突然宣布需要重新评估核电项目的安全性问题。这一决定是在英国决定离开欧盟之后做出的，主要担忧法国电力公司（EDF）未来出现的潜在威胁，毕竟英国今后不会留在德法主导的欧盟之中了。但这一决定引起了中方的不安。8月9日，驻英大使刘晓明在《金融时报》撰文，其题目为"欣克利角考验中英互信"，文中认为"当前中英关系正处在一个重要历史时刻，相互尊重和信任更显弥足珍贵"，并呼吁英方早日做出决定。③ 此后，在英国政府慎重考虑下，9

---

① Dominic Webb, "Statistics on UK trade with China", Briefing Paper, No. 7379, 12 November 2015, pp. 4 – 5, http://researchbriefings.files.parliament.uk/documents/CBP-7379/CBP-7379.pdf, 2016年8月1日访问。

② "开启面向全球的中英全面战略伙伴关系黄金时代"，中国外交部网站，2015年10月23日，参见http://www.fmprc.gov.cn/web/wjbzhd/t1308656.shtml, 2016年8月1日访问。

③ Liu Xiaoming, "Hinkley Point is a test of mutual trust between UK and China", Financial Times, 9 August 2016.

月 15 日，英国议员通过讨论后得出结论，同意项目实施，但附加了几项条件。

在当前英国的脱欧进程中，英欧之间会有诸多此类的冲突和争论，英国政府的决定也会间接地影响中国利益。因此，英国脱欧引发的后续问题会不断考验着中英"黄金"关系，中英关系的热度一定程度上会有所降低。因此，中国需要再次评估中英关系是否处在"黄金时代"，重新审视中英关系的既有内涵。

另一方面，英国脱欧也会影响到中欧关系发展。近年来，中欧之间贸易关系不断增强。欧盟是中国最大的贸易伙伴。2014 年，中欧双边贸易额达到 4675 亿欧元，比上年增长 9.1%，中欧双边贸易占欧盟 GDP 的 3.3%，占中国 GDP 的 6.2%，[1] 而且中国对欧贸易保持顺差状态。[2] 中欧双方的相互依赖性正在增强。

然而，英国脱欧将会对中欧关系产生冲击。英国作为欧盟中的大型经济体，它的退出将会改变欧盟作为中国最大贸易伙伴的地位。不仅如此，英国脱欧短期内对欧盟经济起到负面效应，经济危机尚未得以妥善解决的欧盟将会陷入泥潭。欧盟内部政治、经济出现问题，其对华产品需求将会萎缩，直接影响中国的对欧出口。更重要的是，英国脱欧后，中英之间需要在贸易方面展开谈判，原本中欧之间的贸易规则不适用中英贸易。中英达成贸易协定必须要考虑到中欧相关的贸易协定，中欧之间需要重新规划没有英国在内的中欧战略和相关互惠互利措施。贸易协定的谈判费时费力，新规则的制定充满着不确定性。在英国脱欧之后，欧洲一体化发展的前景不明朗，中欧关系的发展也会充满变数。

从目前英国脱欧带来的诸多不确定性来看，中国必须在认识上加以重视，并考虑改变相关战略措施。当务之急，在英国脱欧导致欧盟衰落的情况

---

[1] 具体数据参见欧盟网站统计，http://www.eeas.europa.eu/delegations/china/press_corner/all_news/news/2015/20150311_zh.htm, 2016 年 8 月 5 日访问。

[2] Directorate – General for Trade, "European Union, Trade in goods with China", http://www.trade.ec.europa.eu/doclib/docs/2006/september/tradoc_113366.pdf, p.3, 2016 年 8 月 18 日访问。

下，中国需要重新评估欧盟的整体影响力，合理判断欧盟在国际格局中的地位和角色，以便及时进行战略调整。

（二）中国应坚持世界多极化发展理念，在战略上支持欧洲一体化发展

英国脱欧除了对欧盟经济产生负面影响外，最重要的是对欧盟这个超国家机构造成巨大打击。英国以公投的形式对欧盟说不，这种方式会影响欧盟的政治生态。其他欧盟成员国内的一些人士正在呼吁效仿英国的公投，法国国民阵线领袖玛丽娜·勒庞（Marine Le Pen）以公投退欧作为竞选法国总统的主要政策，并认为英国脱欧是欧盟的终结。① 德国左派政治领袖也呼吁德国就"跨大西洋贸易与投资伙伴协定"和相关欧洲协定举行公投。② 荷兰也有类似的诉求。③ 2016年2月4日意大利举行修宪公投，也以失败告终，意大利总理伦齐于12月8日提交辞呈。虽然伦齐认为意大利公投与英国脱欧公投"不是一类事情"④，但随着伦齐的辞职，意大利国内政治发生变化，

---

① Dave Burke, "Marine Le Pen promises a Frexit referendum if she becomes French president – and declares Brexit as 'the end of the EU'," Daily Mail, 14 September 2016, http://www.dailymail.co.uk/news/article-3789342/Marine-Le-Pen-promises-Frexit-referendum-French-president-declares-Brexit-end-EU.html, 2016年10月1日访问。

② "Left leader calls for German referendum on EU deals", The Local, 28 Jun 2016, https://www.thelocal.de/20160628/left-party-leader-calls-for-german-referendum-on-eu-trade, 2016年8月10日访问。

③ Allan Hall, "Right-wing Dutch politician shock claim: Holland needs EU vote to 'prevent Islamisation'", The Express, 4 July 2016, http://www.express.co.uk/news/world/685943/netherlands-eu-referendum-brexit-leave-geert-wilders, 2016年9月1日访问。

④ "Italy's referendum is 'not like Brexit': Renzi", The Local, 12 July 2016, https://www.thelocal.it/20160712/italys-referendum-is-not-like-brexit-renzi, 2016年9月1日访问。

这对于欧盟来讲更是雪上加霜的事情。

更有甚者，随着英国脱欧的前行，法德这个欧洲一体化的核心也出现了国内危机。在法国，巴黎于 2018 年 11 月爆发了"黄背心"运动，至今仍未平息。在德国，默克尔放弃了 2018 年 12 月竞选党主席之职，也将在 2021 年卸任。虽然法德国内政治出现巨大变化并非是由英国脱欧造成的，但英国脱欧至少是搅乱欧洲一体化原有进程的开端。

在某种程度上讲，英国脱欧公投的影响仍在欧盟内部蔓延，欧洲一体化事业危在旦夕。在欧盟面临方向选择的紧要关头，中国需要大力支持欧洲一体化，保持欧盟作为世界一极的地位，以便稳定欧洲政局甚至世界多极化格局。

（三）中国应同时加强中英和中欧关系，切勿偏于一方，力求做到中英关系和中欧关系均衡发展

英国和欧盟对中国而言都非常重要。一方面，英国在制度上、文化上、经济上都具有其独特性，曾经的帝国经历和让其保持世界第五大经济体的治理经验都是其他民族国家无法替代的。中英之间需要加强制度交流，需要加强国家治理经验交流，需要加强金融、贸易领域的交流，英国也是中国同发达国家合作的桥头堡。另一方面，欧盟代表着超国家治理的经验和实践，它作为世界重要一极意义重大，其在制度上的创新也是世界首屈一指的。中欧在贸易上具有互补性，在政治制度上有很大的相互学习空间。中国需要欧盟这个重要的经贸伙伴，欧洲也是"一带一路"建设的目的地。因此，中国需要同时加强对英和对欧关系。[①]

在英国退出欧盟之后，中英关系和中欧关系的架构非常明晰。中英关系是国与国之间的双边关系，这种关系的增进与强化以提升双方共同利益为目标。中欧关系是国家与超国家间的多边多层关系，因为欧盟内部关系复杂，

---

① 有学者也认为，在英国脱欧后需要加强对英、对欧关系。参见冯仲平：《英国脱欧及其对中国的影响》，《现代国际关系》，2016 年第 7 期，第 1—6 页。

中国需要既和欧盟层面打交道，又要和成员国之间保持良好关系。英欧关系模式的调整不应影响中国弱化对英、对欧关系，而应成为英欧关系的协调者和平衡者。

（四）中国应在经贸之外的其他领域深化与英、欧开展对话与合作，逐步改变欧洲国家对中国的错误认知

中欧近年来的重点交往领域在于经贸方面，其他领域虽在推进，但存在较多差异。如今，中英之间有中英经济财金对话、中英战略对话、中英高级别人文交流等机制，中欧之间有中欧高级别战略对话、中欧经贸高层对话、中欧高级别人文交流对话等机制，但这些机制的服务目标显然在经贸关系上。这些机制仍在不断推进中，2016年12月6日，中英高级别人文交流机制第四次会议在上海召开，双方签署13项合作协议。① 虽然如此，在诸如政治、人权、军事等其他方面，中国与英、欧存在着明显观念差异，而这种不同观念导致的误解没有通过建立相应机制加以化解。2018年下半年，英国媒体广泛报道中国新疆问题，干涉中国内政，而中国也只能以封杀BBC等主要媒体来防止负面影响进一步扩大。可见，中英之间解决政治分歧的机制仍未建立起来。

在英国脱离欧盟之后，欧盟的一致声音有所减弱，欧盟在一些敏感领域坚持的原则会出现松动，中国与英欧之间的交流应更加注重这些敏感领域。在武器禁运、人权问题等方面，中英、中欧之间应该建立日常对话机制，通过交谈来消除误解，为经贸关系的健康发展奠定深厚根基。然而，需要认识到，使欧洲甚至西方世界改变对华错误认识是一项长期工作，需要双方的耐心，逐步开展对话交流，把官方机制和民间交流相结合，才能使中英、中欧关系不断朝着有利于中欧人民的方向发展。

---

① "刘延东主持中英高级别人文交流机制第四次会议"，新华网，http://www.news.xinhuanet.com/politics/2016-12/07/c_1120075246.htm，2016年12月8日访问。

五、结论

英国脱欧是当前欧洲发生的一件影响深刻的大事，它甚至影响到整个世界的政治格局。在英国经历多年来内心的痛苦纠结后，终于在 2016 年的脱欧公投中选择离开欧盟，英国重新找回了国家主权，国内外大事完全由英国议会做出决定，而非由欧洲议会。英欧之间关于脱欧事宜的谈判面临诸多难题，英国国内问题复杂，脱欧程序繁琐，而且英国开创的脱欧先例会影响今后的欧盟实践，因此双方迅速达成协定的可能性不大。英国脱欧谈判的重点在于单一市场和移民问题，其难点在于北爱尔兰边界问题。目前为止，鉴于英欧谈判的实际，英国"无协议脱欧"的可能性明显增加。在英国脱欧谈判之后，英欧关系会以何种模式出现，这是无法预料之事。但就现有挪威、瑞士、加拿大三种模式看，它们都不适合未来的英欧关系，英欧之间需要建立一种新的英国模式。这种英国模式不但具有英国的独特性质，而且要具有适合未来退欧国家的普适性质。在英欧关系发生重大变化的时代，中国应同时加强对英和对欧关系。此外，除了巩固现有的经贸关系外，中国还需积极与英欧之间推进诸如政治、人权、军事等领域的对话机制，以消除长久以来由于观念差异产生的误解，从而促进中英"黄金"关系、中欧关系的健康发展。

英国穆斯林社群国家认同危机

陈　琦[*]

在过去十余年看似平静的外表下，英国的族群冲突、文化对立、社会分裂暗流涌动。夹杂着宗教因素的族群问题，是英国国内政治公共话语空间的敏感话题。2017年上半年，英国遭受了一系列打着伊斯兰旗号的恐怖主义袭击，策划者都是在英国出生长大或至少是常年生活于英国的穆斯林。由此，穆斯林群体的国家认同问题在沉寂许久后再一次成为英国社会关注的焦点。这些袭击看似突发和偶然，却有着政治、经济、社会、文化等多方面的深刻根源，折射出一个无可回避的现实和一个更加宏观复杂的问题，即对英国政府和英国社会而言，如何培育并提升穆斯林群体内心深处对英国的国家认同感、实现社会整合依然是一项严峻的任务。

一、穆斯林社群的"英国化"与"他者化"

穆斯林移居英国的记录最早可追溯至18世纪。在19世纪中期，每年到

---

[*] 陈琦，上海外国语大学英语学院副教授。

访伦敦、利物浦、加迪夫等港口城市的穆斯林水手保持在3000人次左右。①成气候的穆斯林社区的出现，始于二战结束后英帝国瓦解与欧洲重建所带来的逆向移民潮（人口从前殖民地流入前宗主国）。② 1948年，为维系强化英联邦政治认同以及吸引劳动力促进战后重建，英国政府出台《英国国籍法》，规定英联邦的公民同时具有英国公民身份。③ 在该法案的保障下，来自英国前殖民地包括南亚次大陆的人口，大量移民至英国本土，而在这些前殖民地，穆斯林人口占据当地相当高的比例，因此，当20世纪60年代英国接受移民达到高峰的时候，也就同时大规模地输入了穆斯林人口。然而，"早期穆斯林移民并没有引起英国社会的警觉和关于伊斯兰教的激烈争论，因为那些移民往往把族裔归属而不是宗教作为最基本的身份认同。"④ 此后，随着就业市场的逐渐饱和，英国转向限制移民，提高了接受移民的门槛，如1962年《联邦移民法案》及其1968年、1971年修订案、1980年《英国国籍法》等。⑤ 虽然移民政策的收紧终结了每年数以万计的穆斯林移民潮，但先前移民到英国的穆斯林人口，加之来自伊斯兰世界持续不断的移民与难民，已经构成一个相当庞大的穆斯林群体，成为当代英国社会不容忽视的组

---

① 详见 Nabil Matar, *Islam in Britain*, Cambridge UP, 1998.

② 英国作为二战的主要参战国之一，战后重建工作需要大量廉价劳动力。英国在20世纪50年代施行宽松的开放政策，自前英属殖民地引进劳工，从移民输出国变成移民接收国。

③ *The British Nationality Act* 1948，全文见 http://www.legislation.gov.uk.

④ Shahram Akbarzadeh & Joshua Roose, "Muslims, Multiculturalism and the Question of the Silent Majority", *Journal of Muslim minority affairs*, Vol. 31, p. 310.

⑤ 1962年《联邦移民法案》（Commonwealth Immigration Act）规定，除了出生于英国或持有英国护照者不受限制，其他计划移民英国的英联邦居民必须持有英国内政部颁发的证明。1968年《联邦移民法案修订案》进一步规定，只有出生在英国或英国殖民地或父母或祖父母一方出生在英国或英国殖民地的人才有资格获得英国国籍。1971年《联邦移民法案》在1968年法案的基础上增加条款，将有权自由出入英国的英联邦居民局限为本人出生于英国的人士。1980年《英国国籍法》规定，出生在英国并不意味着自动取得英国国籍。

成部分。

英国穆斯林理事会（Muslim Council of Britain）的调查数据显示，穆斯林的人口增长率是英国各宗教群体中最高的。1991年穆斯林约90余万，占英国全国总人口的1.9%，至2015年已增至296万，占4.8%。穆斯林家庭的平均生育率为白人家庭的三倍。穆斯林学龄儿童占全国学龄儿童的人数比例为8.1%。如果现有生育率保持不变，预计至2050年穆斯林人口将接近英国总人口的半数。穆斯林聚居在大中城市，各大城市都建有伊斯兰中心，形成以族群和宗教关系为纽带的社区。伦敦是英国穆斯林人口最多的城市，超过百万，占伦敦总人口的12.4%。全国合计有26个议会选区的穆斯林选民人口超过当地选民数的20%。①

英国穆斯林来源复杂，拥有不同的种族背景和社会经济状况。来自英国前殖民地的南亚裔穆斯林及其后裔构成了英国穆斯林的主体，占英国穆斯林总数的67.6%，但现在也出现大量从中东、北非、巴尔干战乱地区以及东南亚和土耳其迁徙而来的难民和新移民。② 这些穆斯林往往以国别和族裔形成居住格局，即所谓的"族裔飞地"。现居英国的穆斯林53%为海外出生。③ 英国政府允许穆斯林自己开办专门的宗教学校，这类学校可与其他公立学校一样申请政府补贴。截至2013年，英国有156所合法注册的伊斯兰宗教学校。④

穆斯林在英国社会的平均经济地位相对较低。半数穆斯林居住在贫困地区。一方面，英国社会存在的种族和宗教隔阂造成穆斯林就业时的隐性歧视。⑤ 另一方面，穆斯林群体自身的状况也是导致其在劳动力市场不具竞争

---

① 见MCB发布的报告British Muslims in Numbers, p. 16, pp. 22–23, pp. 25–26, p. 29, p. 37, http://www.mcb.org.uk/wp-content/uploads/2015/02/MCBCensusReport_2015.pdf。

② MCB, British Muslims in Numbers, p. 25.

③ Ibid., p. 16.

④ Claire Tinker & Andrew Smart (2012), "Constructions of collective Muslim identity by advocates of Muslim schools in Britain", *Ethnic and Racial Studies*, 35: 4, p. 646.

⑤ 2003年《就业平等法规》明确在就业及与就业相关的领域，杜绝一切形式的宗教歧视。故在英国，不存在针对穆斯林的显性歧视。一旦存在此类歧视，穆斯林也可利用法律捍卫自身的权益。

力的原因。穆斯林平均婚龄较早，生育率高，53.9%的人口在19岁以下。①由于教育程度不高的年轻人口众多，失业率相对也比较高。此外，传统伊斯兰家庭观束缚了穆斯林妇女的职业发展，女性教育被视为对伊斯兰传统生活方式的威胁，限制女性的受教育权对英国穆斯林整体的社会竞争力产生了负面影响。② 穆斯林社群往往采取聚居模式，形成一个个相对独立封闭的穆斯林主导的社区。这种隔离化的居住模式、宗教信仰和价值观念的差异，导致穆斯林与英国主流社会的融合度不高，并被指试图构建封闭的"平行社会"。

自穆斯林进入英国，英国保守势力对其指责和质疑从未间断，但是在20世纪80年代以前，这些攻击与其说是宗教性质的，不如说是种族主义的。例如，针对20世纪60年代"非洲化运动"导致的非洲亚裔二次移民到英国的浪潮，英国保守党议员鲍威尔（Enoch Powell）在1968年4月发表了著名的煽动种族仇恨的演讲《血流成河》（"rivers of blood" speech）。③右翼政客的煽动加剧了英国的种族冲突。20世纪下半期，英国不同种族间的冲突、游行甚至集体斗殴的事件屡次发生。④ 严重的种族冲突事件包括1958年8月在伦敦爆发的西印度群岛移民和当地白人的暴力冲突、1980年布里斯托尔黑人种族骚乱、1981年英格兰主要城市（伦敦、利物浦、曼彻斯特等地）种族骚乱、1985年伦敦暴乱、1993年斯特芬·劳伦斯事件引发的全英骚乱。⑤ 即便是进入21世纪，此类种族冲突也时有发生。2001年，英格兰北部奥尔德姆白人右翼分子袭击孟加拉移民，同年布拉德福德地区数以千计的白人与南亚裔移民街头械斗。

---

① MCB, British Muslims in Numbers, p. 28.

② Ibid., pp. 58 – 64.

③ 原文见 http：//www.telegraph.co.uk/comment/3643826/Enoch-Powells-Rivers-of-Blood-speech.html.

④ Paul Bagguley & Yasmin Hussain, *Riotous Citizens*：*Ethnic Conflict in Multicultural Britain*, Aldershot, Ashgate, 2008.

⑤ 黑人青年斯特芬·劳伦斯在公交站等车时无故遭五个白人杀害，而警察却以证据不足拒绝逮捕嫌犯，在全英国激起大规模抗议，演变成全国骚乱。

虽然种族主义言论在今天的英国已经被驱逐出了官方的公共话语体系，但是，根据英国政府发布的数据，亚裔遭受种族攻击的可能性比白人高50倍，非洲加勒比裔黑人比白人高36倍，1/3 的英国白人承认自己有种族主义思想，在学校和公共场所，白人对移民（特别是有色人种）的种族主义侮辱、谩骂、欺凌甚至袭击，依然没有彻底杜绝。① 穆斯林作为移民，也无可避免地沦为此类白人种族主义霸凌的受害者。英国代表性的极右翼组织，英国民族党（British National Party）、"保卫英格兰联盟"（England Defence League），带有浓厚的种族主义色彩，一般被认为属于欧洲的新纳粹势力。这些组织不断渲染敌视移民的情绪，特别是将穆斯林视为敌人，而为了让其宣扬的种族主义合法化，经常打出"保卫英国本土文明""抵制伊斯兰化"的旗帜，煽动族群对立。② 在主流保守派政治家也开始操弄移民问题，将"限制移民"的口号转化成角逐自身政治权力的资本的大环境下，此类反移民、反伊斯兰的声音越来越大。

频繁的恐怖袭击事件和在久拖不决的难民危机背景下以穆斯林青壮年移民为主体的欧洲社会骚乱，令英国普通民众对伊斯兰社群的整体印象急剧恶化。③ 伊斯兰教和穆斯林日益被视为一个"安全问题"。当2005年伦敦地铁连环爆炸案发生后，还能看到英国左翼媒体对英国社会自身公平性与融合政

---

① https：//www.gov.uk/government/collections/hate‐crime‐statistics.

② 比如2014年8月罗瑟勒姆性侵案，本是当地警方不作为的一系列普通刑事案件，但被一些英国舆论刻意强调犯罪分子为巴基斯坦裔穆斯林，而受害者是白人少女，宣称犯罪分子是凭借自身的穆斯林身份才得以常年逍遥法外。

③ 2005年7月伦敦地铁连环爆炸案（52人死亡700人伤）、2007年6月格拉斯哥机场爆炸案（5人伤）、2013年5月士兵李·里格比斩首案（1死）、2017年上半年连续发生的国会大厦、曼彻斯特演唱会、伦敦桥恐袭（合计35人死157人伤），加上发生在其他西方国家的重大恐怖袭击如美国"9·11"事件（2996人死亡）、2015年1月法国《查理周刊》事件（12人死11人伤）、2015年11月巴黎剧院连环袭击（130人死350人伤）、2016年7月尼斯袭击（80人死50人伤）、2016年3月比利时布鲁塞尔机场和欧盟总部地铁站爆炸事件（31人死300人伤）、2016年12月德国柏林圣诞市场撞人事件（12人死48人伤）等。

策的反思，但是对于 2017 年的连续三起袭击，在英国主流媒体上已经看不到此类反思。这种沉默其实并非吉兆，这一方面折射出随着恐怖袭击常态化，英国公众开始对这类打着伊斯兰旗号的恐袭"脱敏"，另一方面也暗示着将穆斯林视为麻烦制造者的观点开始固化。"一再发生的恐怖袭击影响了其他族群对于穆斯林的看法，穆斯林现在更多地被视为潜在的入侵者而不是潜在的社会不公平的牺牲者［……］英国媒体，即便是自由派的媒体，也开始倾向于以负面的笔调来展现描述穆斯林。"①

梳理英国近年遭受的恐袭事件，可以看到恐袭执行者并无特定的种族国家的区别。如伦敦地铁爆炸案的主谋为巴基斯坦裔、格拉斯哥机场恐怖袭击的主谋为伊拉克裔、里格比斩首案的凶手为尼日利亚裔、曼彻斯特自杀式爆炸袭击为利比亚裔所为等，但是这些恐袭的共同点是凶犯都打着伊斯兰"圣战"的旗号，都是生长在英国或长期居住在英国、拥有英国公民身份、他人眼中"虔诚的"穆斯林。至少对于这些凶犯而言，当他们对其他英国公民发动袭击的时候，其作为穆斯林的宗教认同（不管他们对伊斯兰"圣战"的理解是否产生了偏差）已经超过了身为英国公民的国家认同。在"伊斯兰国"仍然肆虐的背景下，这些恐袭的行为强化了甚至是合理化了在西方由来已久的伊斯兰恐惧症（Islamophobia）。

各项社会调查发现，与二十年前相比，英国公众对伊斯兰教和穆斯林的总体评价不但没有改善，而且在不断走向负面，并且持这种负面观感的人群已经从以往的右翼扩散到普通民众。② 即便是曾经以"宽容"为自豪的自由

---

① Claire Tinker & Andrew Smart (2012), "Constructions of collective Muslim identity by advocates of Muslim schools in Britain", *Ethnic and Racial Studies*, 35: 4, pp. 643 – 663, p. 645.

② 对此推波助澜的有代表性的宣扬伊斯兰威胁论的著作如 Bruce Thornton 的《欧洲的慢性自杀》（Decline and Fall: Europe's Slow Motion Suicide）、Bruce Bawer 的《激进伊斯兰是如何从内部摧毁西方的》（While Europe Slept: How Radical Islam is Destroying the West from Within）、《绥靖伊斯兰就是牺牲自由》（Surrender: Appeasing Islam, Sacrificing Freedom）、Melanie Phillips 的《伦敦斯坦》（Londonistan）、Bat Ye'or 的《欧拉伯》（Eurabia: The Euro – Arab Axis）等。

派，也开始对穆斯林的文化疏离表现出忧虑。① 根据英国咨询公司尤戈夫（YouGov）2015年的在线调查，55%的英国选民相信伊斯兰与英国社会在价值观上存在根本性的冲突。在保守党支持者中，这个数字高达68%，即便是左翼的工党支持者，也有48%的选民持相同看法。"对伊斯兰厌恶的情绪包括有关在学校提供清真餐的争议、拉什迪事件、激进的毛拉们的宣教"，而频繁发生的暴恐事件"使得每一个居住在英国的穆斯林成为潜在的嫌疑犯"。②"政府和媒体不断渲染穆斯林社区的文化疏离，他们与生俱来的异质的文化，他们与英国公民社会的疏离，穆斯林被视作在英国内部不断复制异质文化的一群人、英国社会秩序的潜在风险，构成对英国主流利益的象征性与现实性的威胁"。③ 按照阿巴扎迪和鲁斯的定义，"伊斯兰恐惧症"植根于"新文化种族主义"（New Cultural Racism）。与以往建立在种族生理特征基础上的种族主义不同，在"新文化种族主义"的公共想象中，有着众多差异性的一群人被同质化，被认为是一个边界清晰的集团，并试图攻击西方自由民主制度。④ 在对穆斯林抱有反感情绪的英国公众中，许多人否认自己是种族主义者，而是认为那是出于英国国家安全和文化统一性的关切。

在日常生活中，伊斯兰文化外在的显性和刚性特征，比如饮食禁忌、服饰装扮，通婚以要求对方归信伊斯兰为条件等，都加剧了与主流社会的隔阂。在担忧英国将来伊斯兰化的人们眼中，"清真寺、宣礼塔、面纱、罩袍都象征着对主流文化的攻击"。⑤ 欧洲内部的穆斯林是欧洲文化的他者，而凝聚力极强、人数不断增长的伊斯兰文明将最终改变欧洲文明的底色。有极

---

① Pnina Werbner (2000) "Divided Loyalties, Empowered Citizenship? Muslims in Britain", *Citizenship Studies*, 4: 3, pp. 307 – 324.

② Yunis Alam & Charles Husband (2013) "Islamophobia, community cohesion and counter – terrorism policies in Britain", *Patterns of Prejudice*, 47: 3, pp. 235 – 252, p. 246.

③ Alam and Husband, p. 250.

④ Shahram Akbarzadeh & Joshua M. Roose (2011), "Muslims, Multiculturalism and the Question of the Silent Majority", *Journal of Muslim Minority Affairs*, 31: 3, pp. 309 – 325, p. 312.

⑤ Alam and Husband, pp. 239 – 240.

端意见甚至主张,"穆斯林是欧洲民族国家内部统一性的颠覆势力,正集体性地寻求颠覆西方民族国家的身份认同与价值观,以求有利于一个旨在建立哈里发统治的国际伊斯兰运动。"①

英国有以盎格鲁·撒克逊为主体的本土文化模式,有基督教传统,有启蒙运动以来的有关民主、人权、自由、政教分离等一系列的标准政治话语,而伊斯兰则有其独特的宗教和文化。一个充斥着伊斯兰恐惧症的社会氛围无疑造就了穆斯林的孤立感,进一步强化了穆斯林社群与主流社会原本就存在的隔阂。

二、穆斯林社群激进化的现象与文化根源

具有讽刺意味的是,当英国主流社会以文化种族主义的目光看待穆斯林社群的同时,穆斯林社群对英国主流社会(白人社群)也抱有类似的文化种族主义的歧视态度。根据皮尤研究中心(Pew Global Attitudes Survey)的调查,47%的英国穆斯林认为"作为一个虔诚的穆斯林与生活在一个现代社会存在冲突",70%的受访英国穆斯林领袖希望能实施"双重法律系统",即在私人领域实施伊斯兰法(Sharia)。② 英国穆斯林对于非穆斯林英国人评价偏负面,相比较而言,非穆斯林英国人对穆斯林的评价倒是更为积极。就这两组数据而言,英国穆斯林对于英国非穆斯林社群抱有更高程度的负面看法。③

英国智库"政策交流"(Policy Exchange)发现,31%的英国穆斯林更加认同其他国家的穆斯林,而不是其他英国公民。④ 在 55 岁以上的受访穆

---

① Akbarzadeh & Roose, p. 310.

② Pew 2006: 3, 转引自 Christian Joppke (2009) *Limits of Integration Policy: Britain and Her Muslims*, Journal of Ethnic and Migration Studies, 35: 3, pp. 453 – 472, p. 454.

③ Ibid., p. 467.

④ *Policy Exchange* 2007: 38, p. 62.

斯林中，有19%的人支持处死"叛教者"（根据伊斯兰教法，穆斯林放弃伊斯兰教等同于"叛教"），有18%的人支持一夫多妻；而在16至24的年龄段，支持处死"叛教者"的比例高达36%，支持一夫多妻的比例高达52%。[1] 年轻一代穆斯林与英国主流社会价值观的差距跟老一辈相比是扩大了而不是缩小。在西方成长的年轻穆斯林，许多靠着社会福利生活，但其对于伊斯兰教的理解比其父辈更为激进。根据Tinker和Smart的调查，有穆斯林团体抵制英国公立学校的课程设计和教学内容，宣称其内容是"反伊斯兰"的，"孩子在学校里都被灌输了错误的东西，所谓错误的东西就是反宗教的东西，比如达尔文的进化理论，性教育等"，"英国的服装不是根据伊斯兰法设计的，饮酒不符合伊斯兰法的规定，穆斯林的身份与世俗主义的英国人是迥异的"，"女孩在混合性别的学校学习会导致她们失去自己的身份，卷入那些非伊斯兰的事物之中，她们将迷失在西方社会中"，"英国的穆斯林所面临的威胁来自日常生活中的非伊斯兰的西方世俗价值观和行为"。[2] 穆斯林在英国街头执行伊斯兰法、反客为主干涉他人饮食和穿着等引发争议的事件屡见报端。伊斯兰教法对英国主流价值观的挑战在婚姻上体现得最为充分。穆斯林女子与非穆斯林男性的交往被严格限制，许多穆斯林女子的生活可能就是局限在家庭和穆斯林社区，而在穆斯林聚居的社区存在数量不小的事实上的一夫多妻家庭。

	"自私"	"傲慢"	"暴力"	"贪婪"	"没有道德"
穆斯林评价非穆斯林	67%	64%	52%	63%	57%
非穆斯林评价穆斯林	30%	35%	32%	17%	16%

受传统的规范多元文化主义影响，英国在族群治理方面所奉行的文化政

---

[1] Christian Joppke (2009), "Limits of Integration Policy: Britain and Her Muslims", *Journal of Ethnic and Migration Studies*, 35: 3, pp. 453 – 472, p. 454.

[2] Claire Tinker & Andrew Smart (2012) "Constructions of collective Muslim identity by advocates of Muslim schools in Britain", *Ethnic and Racial Studies*, 35: 4, pp. 643 – 663, pp. 650 – 653.

策是欧洲国家中最宽容的国家之一,英国公民权也是欧洲各国中比较容易获得的,但是综合多个西方权威调研中心的数据,英国穆斯林具有欧洲最强烈的伊斯兰宗教认同。例如,NOP 的一项调查显示,75% 的英国穆斯林的第一认同是穆斯林而非英国公民,28% 的英国穆斯林宣称他们同情原教旨主义者并希望英国有朝一日能成为一个原教旨的伊斯兰国家,高达 9% 的英国穆斯林表达了对于极端主义的支持。① 如果将 9% 根据英国穆斯林人口总量转化为实际的数字,意味着英国国内约有三十万名"基地""伊斯兰国"这样的极端组织的潜在支持者。根据英国内政部的估计,已经完成了"激进化"、随时可能采取暴力行为的英国本土穆斯林大约有 23000 名,对英国国内安全造成巨大的潜在威胁。Akbarzadeh 和 Roose 的研究发现,即便是一些"温和"的伊斯兰主义者,也号召穆斯林社群不参与英国的公共政治生活,否则将失去独特的伊斯兰价值观,其理由是"这些政治机构都是基于西方世俗主义的理念和这些国家世俗的宪法"。② 英国第四频道 2016 年一部跟踪记录英国国内伊斯兰极端分子的纪录片《身边的圣战主义者》(The Jihadis Next Door)里出镜的激进分子 Shazad Butt,就参与了 2017 年 6 月 3 日晚的伦敦桥恐袭行动。这说明,拥有激进的观念与采取实际的暴恐行为往往只有一步之遥。

在这样的数字和现实面前,似乎证实了塞缪尔·亨廷顿的观点,"西方文化正受到来自西方社会内部的挑战,其中的一个挑战来自其他文化系统的移民,这些人拒绝同化,坚持并传播他们原有的价值观、风俗和文化,这种现象以欧洲的穆斯林尤为突出。"③ 伊斯兰文化特别是伊斯兰教法,正在试图侵蚀欧洲的政治体系,威胁欧洲启蒙运动以来确立的价值观。如果继续强调这类说辞仅仅是毫无根据的欧洲右翼的"政治想象",恐怕已经难以说服

---

① NOP Research broadcast by Channel 4 – TV, 7August 2006.

② Shahram Akbarzadeh & Joshua M. Roose (2011) "Muslims, Multiculturalism and the Question of the Silent Majority", *Journal of Muslim Minority Affairs*, 31: 3, pp. 309 – 325, p. 314.

③ Samuel P. Huntington, *The Clash of Civilizations and the Remaking of World Order* (New York: Simon and Schuster 1996), pp. 304 – 305.

普通民众。

有右翼政治人士声称穆斯林社群的认同问题根源在于多元文化主义,但有反对者驳斥,指出其他族群如犹太人、华裔、印度裔社群在多元文化主义的治理政策下并未产生社会问题。有左翼政治人士认为,有关穆斯林的国家认同问题被夸大,因为暴恐分子只是个别人。但也有反对者提出,暴恐分子的确是个别人,但是英国国内抱有伊斯兰原教旨主义思想的人数量却不可低估,英国最近的国家安全调查显示,过去数年英国有大量资金流向"伊斯兰国",一些穆斯林的社会组织以慈善的名义暗地里为"伊斯兰国"筹款。① Akbarzadeh 和 Roose 的调研发现,所谓"沉默的西方穆斯林群体",即温和的穆斯林,虽然反对极端主义,但对西方价值观也保持着距离。② 在政府鼓励下成立的众多穆斯林代表机构,初衷是促进穆斯林社群与政府的对话,却在客观上成为强化伊斯兰教宗教认同和教徒内部凝聚力的推手。这些机构利用宗教的心理感召力和社会聚合力,以捍卫宗教为理由,藉此获取更多的实际社会资源,在成为新一种利益集团的同时,以宗教信仰为平台和联系纽带,凝聚特定人群,长远来看实际上是加剧了隔离的族际状态。

所以,穆斯林社群的国家认同问题,是摆在英国面前的一个真实的问题,而这个问题极为复杂,不是靠右翼简单化的煽动"伊斯兰恐惧症"或是靠左翼鸵鸟式的否认问题存在所能解决的。尽管自由派学者一再强调的"穆斯林群体内部存在多样性和异质性(种族、来源国、教派、语言、阶级、性别、年龄、身体状况等)"的观点是正确的,但是此类多样性和异质性并不妨碍一个抽象的共同的身份认同即"我是一个穆斯林"的认同的形成,也不妨碍这群内部存在差异的人们形成一个边界清晰的宗教共同体。作为既有开放性又有封闭性的伊斯兰教共同体,其独特的生活方式和信仰相对英国其他族群和文化仍然构成了一个较为均质的整体。而且,多样化的群体在汇聚成一个新的认同共同体的过程中,在界定"我们"与"他们"的过

---

① Islamist extremism funded by donations from public,见 Times, Guardian, Telegraph 等多家媒体 2017 年 7 月 13 日的披露。

② Shahram Akbarzadeh & Joshua M. Roose (2011) "Muslims, Multiculturalism and the Question of the Silent Majority", *Journal of Muslim Minority Affairs*, 31: 3, pp. 309 – 325.

程中，其共性"伊斯兰教信仰"会得到加强而非削弱。在英国出生成长的年轻一代穆斯林，越来越多地仅从宗教的角度来自我定义，一方面是祖籍国给他们留下的印迹已经不多，另一方面是新的共同体的形成要求超越种族和族裔的分野，而以共享的伊斯兰信仰为基础。

一般认为，城市化和工业化会侵蚀宗教赖以生存的传统文化土壤，但伊斯兰教在英国的发展却似乎是个反例，表现出旺盛的生命力、强大的凝聚力以及潜在的政治动员能力。从文化研究的认同理论来看，"认同"作为个体关于自我确认的意识，其形成源于个体的社会群体成员身份，以及与此身份相关的价值观和情感。所谓社会群体认同，包括家族认同、地域认同、族群认同、民族认同、公民身份认同、国家认同、文化认同、宗教认同等。认同的产生，与其说是自觉，不如说是自我与外界之间互动的产物。根据个体对少数族群文化与主流文化的认同程度不同，少数族裔的社会群体认同可以分为四种类型：双文化认同（对主流与族群文化都有高度认同）、单一族群文化认同、主流文化主导的同化性认同、有弹性的动态认同（对主流和族群文化都认同，但是程度随具体情况此消彼长）。认同感作为一种想象的观念可以是多重性的。政治认同、民族认同、宗教认同一般情况下可以共存。对一名英国穆斯林来说，既可以同伊斯兰的身份联系起来又可以同英国公民的身份联系起来。但是在受到自身或外部刺激时，共存的多重认同就可能开始互相角力，自我身份认定或重新认定可能就会变得敏感。基于宗教信仰的伊斯兰认同就会成为国家认同的竞争者。

例如，当无法从英国公民身份中找到归属感或自感始终无法摆脱政治社会生活中边缘化境地的情况下，对英国穆斯林群体中的部分成员来说，就有可能偏向于从他们的另一身份，即从穆斯林的宗教身份中寻求慰藉和认同。如果在他们的实际生活体验中，他们感到，所谓英国公民的身份远不如作为穆斯林的宗教认同来的真实亲切，那么将导致其宗教认同的加强和国家认同的削弱。在主流社会持一种显性或隐性的文化种族主义态度时，无形的压力会传导到穆斯林个体，而英国的自由主义政治体制又使得政府无力塑造一种强有力的覆盖全体国民的认同。从宗教的角度来看，伊斯兰教义中的反种族主义、倡导（男性穆斯林之间的）平等之类的思想，对感受到文化种族主义压力的穆斯林而言具有吸引力。伊斯兰教是内化到公共社会生活领域的，对日常生活里的行为规范有具体详细的指导，对穆斯林而言，清真寺和《古兰经》的训导，每天五次的礼拜，斋戒，种种仪式和禁忌，提供了更为真实的贴近生活的认同的来源。此外，对启蒙以来的欧洲来说，宗教被严格限制在私人领域，甚至其作为道德来源的权威性也被文化相对主义所拷问。然而，对传统的伊斯兰社会而言，既没有经历启蒙运动也没有经历工业革命，伊斯兰教是道德的基础、法律的来源、社会组织的核心，个人与公共空间行为的最高指导原则。

英国穆斯林社群宗教认同的加强，需要放在全球伊斯兰复兴思潮的大背景下考察和理解。当今国际政治中，"全球宗教复兴"和"宗教的政治觉醒"已成为跨地区、跨国界问题。宗教对国际关系、全球治理以及各国政治的影响不断扩大，不仅被认为是国内政治的延续，更是在地缘政治中展现出惊人的动员力。全球化时代，英国乃至整个西欧的穆斯林问题，不仅仅事关外来移民的社会融合问题，而且受制于西方社会与整个伊斯兰世界的冲突和磨合。伊斯兰教是世界性的宗教，在西方国家内，穆斯林是弱势的信仰少数派，然而放在更广阔的全球层面，西方穆斯林却可以在其他地区找到更大比例的同信仰人口，形成新的认同圈。这个认同圈覆盖了原有的民族国家的政治边界。全球化加强了英国穆斯林与伊斯兰世界的联系。全球伊斯兰复兴思潮对英国穆斯林宗教认同感的强化有直接影响。事实上，欧洲包括英国的许多清真寺、穆斯林学校和伊斯兰文化中心都受到沙特等伊斯兰国家政府的资助。欧洲的许多清真寺大教长直接来自伊斯兰国家，一些人甚至不能讲客居国的语言。本轮伊斯兰复兴思潮带有浓厚的原教旨主义和泛伊斯兰主义的色彩。无论是"基地"、"伊斯兰国"、博科圣地等极端组织，还是沙特等海湾国家的官方宗教瓦哈比教派，都带有明显的原教旨主义色彩，而随着冷战结束，美国为首的西方国家对伊斯兰世界世俗强人政权的颠覆造成的混乱，给原教旨主义留下意识形态真空。原教旨主义把其宗教经典当作绝对真理，反对经典解释的多样性，具有强烈的文化排他意识。伊斯兰原教旨主义的历史观与启蒙主义截然不同。前者认为历史是一个从最初的理想状态向后退化的过程，先知默罕默德确立了伊斯兰乌玛生活的基本指导原则，只有那个时期的伊斯兰教才是真正的、纯洁的伊斯兰教，而伊斯兰世界之所以在后来出现危机和衰落，是因为人们的信仰偏离了原旨教义，所以为了纠正这些错误，需要"回到古兰经"。这样的历史观导致伊斯兰原教旨主义谋求在当代公共和私人生活中确立和重建伊斯兰价值标准，在伊斯兰法的基础上形成国家法律和政治体系，建立纯粹的伊斯兰社会，否定国家主权，捍卫"真主主权"。伊斯兰原教旨主义不但破坏了伊斯兰文明内部的多样性，割裂了伊斯兰与其它文明的互动联系，而且虚构了神圣的伊斯兰精神文明对抗贪婪的西方物质文明的想象，为宗教极端化提供了理论基础。另一方面，与原教旨主义联系紧密的主张重建"乌玛"（穆斯林共同体）的泛伊斯兰主义作为一种政权合法性的宗教学说，既是推翻各种形态的世俗民族国家政权的指导原则，又是创建原教旨主义神权政体的理论基础。泛伊斯兰主义通过强化穆斯林的历史自豪感、受害者意识和重现光荣的欲望，促成一种全球化的伊斯兰认同，但这本质上是一种想象的虚构的记忆。然而，这些伊斯兰主义思潮让部分英国穆斯林感觉自己属于一个跨国的宗教共同体，并对非穆斯林抱有心理优越感，排斥非穆斯林的英国公民。

在原教旨主义与泛伊斯兰主义的共谋下，英国穆斯林的宗教认同可以非常容易地转变为一种跨国政治身份认同，民族主义语境中不言自明的排他性国家忠诚在英国穆斯林身上可能变得模糊。特别是当英国卷入与伊斯兰国家的战争时，原本可以共存的身份认同——英国公民的政治定位与身为穆斯林的宗教身份——在社会压力和突发国际事件的背景下就会变得不兼容，是选择忠于信仰还是忠于国家？是将自己归属于英国这一政治实体，还是归属于伊斯兰教（穆斯林）这一宗教共同体？双重效忠的选择困境是英国穆斯林国家认同危机的核心问题。在伊斯兰宗教认同的作用下，英国穆斯林往往会站在想象的全球伊斯兰共同体的立场上，认为这个伊斯兰共同体正承受着西方霸权的压迫，并从而对英国世俗政权和社会产生对立情绪甚至是敌意。

三、结论

随着穆斯林人口在英国的持续增长以及穆斯林社群自我意识的高涨，穆斯林给英国社会整合和原有的"民族国家"（四个民族组成的联合王国）的概念带来了新的挑战。目前来说，英国社会最脆弱的认同部分就是穆斯林群体对英国国家的认同危机。这种导致认同危机的族际歧视的模型是"双向"的。对于穆斯林在融入英国时经历的困难，来自主体族群（英国白人）的文化种族主义是一个重要原因，但是同样无可否认的是，这种融入的困难在很大程度上也是因为伊斯兰宗教意识特别是伊斯兰复兴背景下原教旨主义思潮对西方文明的有意识的抵制，具体地说，是作为伊斯兰文明核心的教法对作为现代西方文明核心的启蒙精神的挑战，是部分穆斯林人群在国家内部主动的"他者化"。

英国作为一个政教分离的西方现代民主国家，要求公民将对国家的政治认同置于认同的首位，公民个体所拥有的其他认同都应置于此政治认同的前提下。但是伊斯兰主义者则主张宗教身份高于世俗国家的公民身份，原教旨主义构筑空间和文化的界限，阻碍穆斯林群体与主流社会的融合，而泛伊斯兰主义宣称穆斯林身份不仅是一种私人空间的信仰，而且是对"乌玛"这一想象的全世界穆斯林联合体的公共空间的政治确认，这样的宗教理解无疑对英国国家认同具有破坏性。目前，英国公民认同和伊斯兰宗教认同两者间的冲突已经暗流涌动。在政治融合、文化融合、身份认同等诸领域，英国主流社会和穆斯林社群的沟通都不算顺畅。来自主流族群的新文化种族主义与来自穆斯林社群的伊斯兰主义间的恶性互动，导致这种"双向歧视"可能诱发的冲突的势能不断积累。英国社会面临的穆斯林社群认同问题也是全球化时代整个欧洲移民问题的一个缩影。对于这个问题，如果英国政府和社会不能拿出强有力的解决办法，情况将不容乐观，亨廷顿所言的文化冲突将有可能在英国乃至西欧成为一种自我期望的实现。

极右翼势力侵蚀下的瑞典政局

沈赟璐[*]

  瑞典自开始议会制的政治模式以来政局一直较为平稳，虽然作为一个多党制国家，它却鲜少出现诸如魏玛共和国及法兰西第三共和国之类的频繁政权更迭的情况。这得益于瑞典长期以来稳定的经济发展以及以此为基础推出的一系列覆盖全社会阶层的福利政策；另一方面，尽管左右两派在意识形态上有所分歧，但独特的地理位置也使它能远离意识形态论争的主战场，偏安一隅静静地勾画着适合自己的蓝图，用实际的作为取代形而上的纷争。但在这样一片没有受到二战洗礼的净土上，竟然也出现了以民族主义，或者更精确地说以民粹主义为标志的执政党派。它的名字与瑞典的最大党瑞典社会民主党仅一词之差，即瑞典民主党。而瑞典民主党作为瑞典极右翼势力的代表却是一个相当复杂，并且自我矛盾的政党。除反对外来移民，高举保护主义旗帜等普遍的极右翼势力特征外，该政党在福利政策上与左派有相似观点，即提倡高税收高福利政策，与此同时还反对右派支持加入北约的思想。本文将从瑞典政党的历史形态、极右翼政党的发展历程和2018年大选三个角度，对瑞典现当代政治格局和未来极右翼势力的发展趋势进行细致的梳理和分析。

---

  [*] 沈赟璐，上海外国语大学德语系瑞典语专业讲师。

一、瑞典政党的历史概貌

瑞典在20世纪50年代保持着和挪威类似的五党政治模型,分别是代表劳工群体、号召高福利政策的社会民主党(简称S),在意识形态分布上最靠左的左翼党(简称V),代表资产阶级和高收入群体的温和党(简称M),代表广大工商业主、信奉自由主义的自由党(曾改名为人民党,后又改回自由党,简称L),在右派阵营中最靠左的中间党(简称C)。90年代曾有以盗版一词取名的盗版党(Pirate Party)崭露头角,该政党主张改革知识产权法,倡议知识的免费共享。除此之外还有个别小党支持率一度飙升至3%,但这些势力都只是昙花一现。随着环境保护意识的增强,环境党(又称绿党,简称MP)日益崛起。[1] 无独有偶,德国总理默克尔所在政党的姐妹党,瑞典基督教民主联盟(简称基民盟,KD)也吸引了农场主、知识分子等诸多民众的支持,选民群体以男性居多。在环境党和基民盟加入后,五党政治模型逐渐更新换代,至21世纪初,七党政治模型已发展得非常成熟。这七支党派均能获得5%以上的支持率,跨过进入议会的门槛。而因为每个政党都无法取得绝对多数的支持率,长期以来,这些政党组成左右两大阵营进行对抗。[2] 根据意识形态,七个政党从左至右的排序是:左翼党、环境党、社民党、中间党、自由党、温和党、基民盟。左边三个政党根据其党徽颜色被称为红绿阵营,而右派阵营则被冠以蓝色阵营的名号。

社民党在这期间始终保持全瑞典支持率第一的地位,其影响力无可撼动。从80年代起,左派就保持着常胜将军的姿态,直至2007年。面对失败,2010年社民党时隔四年欲卷土重来,可党首莫娜·萨琳(Mona Salin)偏在大选之际陷入个人经济丑闻,民众支持率下滑。屋漏偏逢连夜雨,在2008年金融危机的强势打击下,左派的高福利执政方针不被民众看好,右

---

[1] Karl Magunus Johansson, *Sverigei EU*, Stockholm: SNS Förlag, 1999, ss. 48-49.
[2] Olof Petersson, *Svensk Politik*, Stockholm: Norstedts Juridik AB, 2007, ss. 36-43.

派再度成为大选赢家,温和党党首弗雷德里克·赖因费尔特(Fredrik Reinfeldt)连任首相一职。据当时莫娜·萨琳所称,左派的倾颓,不仅标志着社会民主党执政生涯的终结,更暗示着瑞典多年来引以为傲的高福利体系倒塌了。①

二、瑞典极右翼势力的发展历程

如果说2006年右派政党联盟上台执政已经对所有人产生强烈震撼的话,那和4年后的选举结果相比无疑是小巫见大巫。历史上出现了第八个选票超过5%的政党,它就是瑞典民主党(简称SD)。带着一片质疑声、唏嘘声和谩骂声,民主党走进了议会大厦。

事实上,在2006年的大选中,这个新兴政党便已经出现在大众的视野中。瑞典民主党属于极右翼政党,其初期宣传口号相当尖锐:"把瑞典还给我们",一为标新立异,二为与其全欧洲的姐妹政党看齐。这句宣传语让在全球化浪潮中迷失自我的瑞典人似抓到一根救命稻草。在2006年的的选举中,瑞典民主党就已经得到了2.9%的选票率,四年后的大选,它的支持率出乎意料却又情理之中地超过了5%,成功跻身议会,与原先的七党分享349个议会席位。② 与瑞典大多数其他政党流派迥异的不仅是它独特的意识形态,还有其支持者中社会各阶层的比例。是什么使瑞典民主党(5.7%)在四年后的支持率赶超在议会中长期驻扎的基督民主党及左翼党(5.6%)③? 支持极右翼势力的拥趸又是些什么群众?根据瑞典统计局数据

---

① Jonas Tallberg, mfl, *Demokratirådets rapport* 2010, Stockholm: SNS Förlag, 2010, ss. 22 – 26.

② Jan Sundberg, *Parties as Organized Actors: The Transformation of the Scandinavian Three - front Parties*, Helsinki: Finnish Society of Sciences and Letters, 2003, pp. 148 – 152.

③ http://www.svd.se/nyheter/inrikes/politik/valet2010/sverigedemokraterna - valets - stora - vinnare_5360769.svd, 访问时间:2018年3月28日。

显示,民主党的选民群体以中青年男性占多,教育水平整体偏低。其中27%的支持者仅拥有初中教育水平,而低学历人群占整体选民的17%;具有高等教育学历的支持者只占15%,而整体选民中高学历人群占比38%。[1]除此之外,在观察支持者的职业后不难发现,瑞典民主党的支持者中,较大部分是失业、提前退休、接受国家就业帮助的人群。除排斥外来移民、拒绝与欧盟为伍的言论外,瑞典民主党所标榜的其他政治宣传方针无不向极右的纳粹思想靠拢。为证明自己的洁身自好,左右两派不约而同地与瑞典民主党划清界限,2010年的内阁仍旧只有右派的四大政党。

瑞典民主党为何能立足?这要从瑞典近十几年来大量的移民迁徙现象说起,瑞典没有美国这样海纳百川的历史传统,在移民泛滥的同时,不只是经济,还有人的思想,文化等层面也经历了一次大的变革。更致命的是,这些移民的组成中有一大半是因大国政治或战乱四起而丧失家园的难民们。

可能在起初,有着良好素养以及不可动摇的优越感的瑞典本土人民对于离乡背井衣衫褴褛的难民们有着深深的同情,但工作岗位的竞争,外部经济形势的低迷以及宗教文化的迥异引起的误解渐渐擦出了本族人民与外来移民之间对抗的火花。正是这样一种局面给了以反移民为标签的瑞典民主党滋生的土壤。根据瑞典民主党选民的地理分布来看,瑞典南部的斯科纳省的支持率是最高的。这种地理上的奇特现象也反映出该政党与社会人口地理分布的高度相关性。这些地区无疑都是瑞典移民的重负荷地区。2010年发生在该地区的枪杀事件就足以反映瑞典社会现在愈发明显的不和谐性。

从这些数据可以得出一般性的推论:往往学历层次低,掌握的社会资源较少而又生活不如意的人会将自己的不顺与难民的迁徙联系在一块儿,进而萌生对难民的恨意。这些人迫切地想通过政策来限制甚至禁止更多难民的入境。这种排外的心理是很多社会学家探讨的课题,我们这里旨在说明瑞典民主党基于社会因素而产生的一个背景信息,并由于这种复杂的社会心理因素催生了一个新政党登上了历史政治舞台。

一般情况下,瑞典议会中的执政党派与反对党派,通常一方是左派,另一方则是右派,构成了瑞典议会中较量的两大主角,但有时候两方也有交叉

---

[1] 瑞典统计局官方网站:http://www.scb.se,访问时间2019年2月22日。

站队的情况。在政党结盟方面，瑞典民主党又是选择偏向右派的政治理念的。按常理说，这无疑加大了右派联盟在议会中的影响和地位，如在选举议会发言人的时候瑞典民主党十分正常地投给了政府的推选人，也即右派联盟推选的候选人，在瑞典民主党的 20 票全力支持下，右派联盟以 41 票的优势赢得胜利。然而这并不是所有的情况，在许多实际操作中它往往不按常理出牌：在接下来选举第二发言人的时候，瑞典民主党推选自己党的成员为自己博得眼球，结果除了瑞典民主党的 20 个议会席位投给了自己党推出的这位候选人外，所有其他在场的议员无一例外地投给了绿党推选的候选人。在为自己的候选人进行论辩时，瑞典民主党将自己宣称为瑞典的第三大政治联盟——瑞典联盟（Sverigeblocket）①。

这种第三阵营的出现具有双重意义：第一，在部分问题上，瑞典的极右翼势力与左派有相似的观点，主要体现在加入北约和福利政策的问题上，反对移民和加入任何国际组织的瑞典极右翼势力与左派有一致的观点。第二，在无形中，极右翼势力的出现促成了左右两派的靠近，加强了议会中原来两大阵营中的元老政党的合作与默契。

一个明显的例子就是在阿富汗驻军问题上，左派中的社会民主党以及绿党已经与右派政府达成一致，这种两派合作的思想在一些重大决策问题上尤为突出，目的就是扼杀瑞典民主党对政策形成决定性影响的可能。这可谓是瑞典民主党对瑞典政治形成的侧面影响。

不只是行为上的一致，连两派公开被采访时也异口同声表示绝不与瑞典民主党同流合污。2013 年 6 月 11 日弗雷德里克向记者表达了自己的立场，记者提问的大致意思是：根据现行的政体，首相是要被议会选举出来的，如果你一直与瑞典民主党划清界限，您难道不害怕丢了您的乌纱帽吗？弗雷德里克郑重地表示，不管结果如何都不会与瑞典民主党联手，并希望红绿党派的意志也同样坚定。② 社民党的主席莫娜·萨琳也在大选后立马发表了类似

---

① http：//www.ne.se/rep/sverigedemokraterna－en－ny－färg－i－riksdagen，访问时间 2018 年 11 月 10 日。

② http：//www.interasistmen.se/opinionsiffror/reinfeldt－vagrar－samarbeta－med－sd－vi－isolerar－sd－fran－inflytande/，访问时间，2018 年 12 月 12 日。

的言论。2014年，红绿阵营赢得大选，重归执政舞台，而瑞典民主党的支持率飙升至12%，这结果令其余政党为之震惊。社民党由于在预算案上与左翼党未能形成统一意见，遂与环境党组成少数党政府。同年，瑞典《基本法》出台一项新法律条文，即在大选结束后，全体议员将对首相候选人进行表决，如反对人数过半则无法组阁。①

三、2018年大选后左与右的对抗与妥协

2018年大选，八大政党来势汹汹，在难民潮刚平息不足一年后，瑞典民主党的支持率再获新高，以17.77%的高票率跃至仅次于左右两派最大党（社民党和温和党）的第三大党。根据支持率，社民党率领的左派阵营获得了144个议会席位，右派联盟获得143个议会席位，瑞典民主党包揽剩下的62个议会席位，左派以微弱优势胜出。2014年瑞典修宪，规定新议会产生后须对首相人选进行投票，超过半数否决将罢免首相人选。2018年9月25日一早，这项基本法在第一次实施后，第一位不受议会信任的首相便诞生了。瑞典政府群龙无首，悬浮议会就此产生。

勒文上台失败来源于三点：第一，左派阵营的议会席位累加后却未如往常一般超过半数；第二，右派阵营中的温和党和基民盟并不甘心就此俯首称臣；第三，左派与第三阵营的瑞典民主党的执政理念相去甚远，不可能得到其支持。瑞典民主党党首吉米·奥克松在投票结束后立马阐明立场，瑞典民主党将竭尽所能地争取进入内阁的机会，若拟组阁的政府无法给予它与其支持率相当的政治话语权，它将毫无疑问地投出反对票。

传统意义而言，勒文上台，其组阁首选必然是左派三大政党，这必定难让支持率仅落后1%的右派阵营心悦诚服。面临这看似荒谬但却直击瑞典政局现实的情景，勒文提出了另一种大胆的组阁设想：社民党与右派的中间党

---

① Nickolas Aylott, EU och Sverige – ett sammanlänkat statsskick, *De politiska partierna*, Sweden: Liber AB, 2005, ss. 128 – 134.

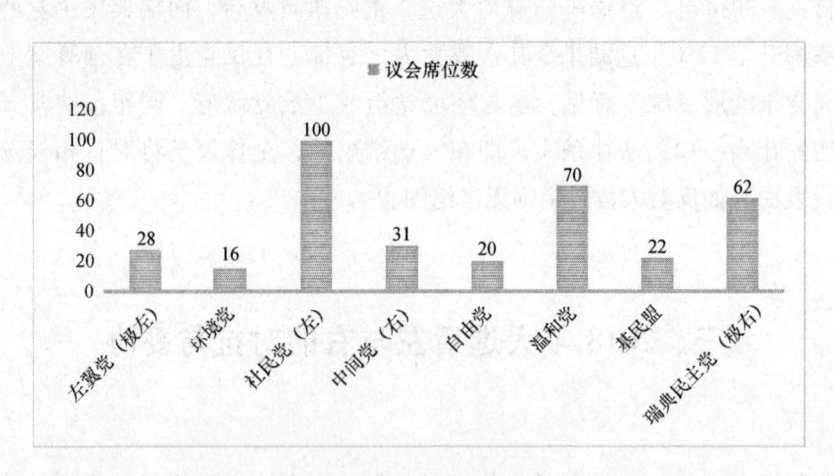

图1 2018年大选结果

及自由党组阁。这三支分属两大阵营却又与对立阵营相对较为靠近的政党，开始了解彼此，这跨越左与右的突破性组阁方案，被瑞典媒体称为"黄金桥梁"。作为社民党忠实的后盾，左翼党和环境党必定会投上信任票，问题的关键在于中间党与自由党的意愿。在与温和党及基民盟相处这么多年后，中间党与自由党在非必要情况下，首先还是支持右派四个政党同时进入瑞典政府，这便给了温和党一次重要的机会。果不其然，在勒文被不信任投票否定首相一职后，支持率次高的温和党发起了迅猛攻势。现任温和党党首乌尔夫·克里斯特松（Ulf Kristersson）在大选前就同基民盟一起发出信号，不排斥与瑞典民主党为伍，组成右派与极右翼的联合政府。党如其名，中间党与自由党的党首在大选前中后期始终强调，不考虑有任何瑞典民主党参与的组阁形式。为稳定右派阵营的团结一致，同时为避免左派的强烈反对，克里斯特松拟抛开瑞典民主党，仅对右派政党进行组阁，11日上午这一设想遭到了左派和瑞典民主党的联合抵制，失败的原因与勒文雷同，其余两支队伍都无法在这一组阁形式内获得与其支持率相当的存在感。除此之外，一旦形成右派政府，为获得议会多数通过从而成功推行今后出台的政策，克里斯特松所领导的政府势必将游说对象选择为瑞典民主党，这无异于变相向瑞典民主党妥协低头，其实质同与其组阁并无二致。克里斯特松明白现在自己的处境十分为难，既不愿意放低姿态同社民党联合执政，也无法招揽瑞典民主党以成就温和党稳固的执政地位,他抛出了最后的橄榄枝——温和党单独组阁或与除中间党以外的其余两个右派政党联合执政,一年期满后将视情况邀请中间党加入,慢慢扩大成多数党政府。

克里斯特松将自己的方案用"3-2-1"形容,意指如果目前中间党无法与其达成一致,他对团队组成持开放态度,接受任何与其合作的右派政党数量,最终的结果可能只有温和党进入政府,也可能会有温和党—基民盟—自由党的三党政府。这一方案的诱惑性在于,即便中间党不在政府中,在日后的议会游说过程中,政府势必会寻求中间党的信任,充分保证了中间党的话语权,也适度消除了中间党不愿议会多数票的决定权落入瑞典民主党手中的顾虑。

在试图说服社民党与温和党打破传统思维组成跨线政府(右派与社民党联合执政)失败后,现在摆在中间党党首安妮·略芙(Annie Lööf)面前有两种选择,朝左走是以社民党党首勒文为首的"黄金内阁"政府,朝右走则是以温和党党首克里斯特松任首相组成的"3-2-1"内阁。克里斯特松是否能如其所愿,担任瑞典2018年政府首相一职,掌握在略芙的手中。而做出这一选择的关键在于,对"3-2-1"组阁方案的妥协在多大程度上会被其选民视作是对当初防止瑞典民主党抢夺话语权这一承诺的背叛。[①]

表1　2018年大选后,各党派提出的组阁方案一览

提议方	方案	结果	原因
社民党(左翼党无条件支持)	社民党、绿党与右派的中间党、自由党组阁	中间党同意,且席位数过半	能代表右派利益,同时防止瑞典民主党染指
中间党	社民党与右派四个政党组阁	温和党、瑞典民主党反对	温和党和瑞典民主党不满社民党的统治
温和党	温和党单独组阁/和基民盟组阁	中间党反对	中间党认为政府在未来的实践中会更倚重瑞典民主党

---

① 《瑞典日报》,http://www.svd.se/nyheter/inrikes/politik/valet2018/sverigedemokraterna-valets-stora-vinnare_5360769.svd,访问时间2018年9月25日。

三天后，中间党党首最终决定加入社民党的邀约，与社民党、绿党和自由党一起组成了超越左与右的创新型政府。中间党对右派的"背叛"恰恰是顾忌瑞典极右翼势力的膨胀，极右翼势力对原其他政党选民团体的稀释最后却未能帮助它走向终点。① 但 2018 年大选，瑞典民主党俨然成为了全国第三大党。

四、结语

瑞典民主党的未来何去何从，暂时我们可以做以下假设：瑞典民主党的待遇若长期不被改善，下次选举时即 2022 年的大选，其与温和党、基民盟的支持率总和很可能超过剩余五党的支持率总和。届时右派即使上台执政又将面临更换首相的处境。这些因素将导致瑞典民主党的支持与否变得极其关键。新组阁的政府必将吸取此届政府的教训，为防止瑞典民主党的影响扩散渗透、为摆脱因执政党在议会中占相对少数席位而导致政府所提交的各类议案难以顺利通过、为改变反对党处处设置政府的执政障碍，而不得不做出将其纳入政府的体系中的决定，瑞典民主党将有可能进入瑞典政府，成为执政党。

多党制国家中的各党派行为体在面对新党派的出现时，往往是表面恶言相向，排斥攻击，实则根据彼此的支持率的变化而暗通款曲。而秉持着对效益最大化的考量，多党制国家内的党派并不谋求政策的真正实施与否，而只考虑如何能获得最大的支持率。因此大多数多党制国家的政党联盟是多变的。瑞典作为一个典型的多党制国家却能长久地保持相对稳定的政党结盟形式，归结于其中两大党派：社民党与温和党的长期霸主地位。此次瑞典民主党的出现将对瑞典这一传统模式进行挑战。老党派的激烈反应使瑞典民主党的政策主张在刚踏上议会之路的阶段举步维艰。但在不久的将来，如此激烈的对抗却恰恰能推动新党派的急速成长，改变瑞典整个的政治格局。

---

① Arvid Lagerkrantz, *Över blockgränsen. Samarbetet mellan centerpartiet och socialdemokraterna*, Stockholm: Gidlunds, 2005, ss. 96 – 102.

欧盟外交

欧盟外交与安全政策的全球战略及其实施情况评析[*]

杨海峰[**]

欧盟于 2016 年发布了"共同愿景、共同行动——欧盟外交与安全政策的全球战略"的新安全战略。[①] 这与 2003 年出台的意义重大、影响广泛的"更好世界中的安全欧洲——欧洲安全战略"相隔已有 13 年之久。[②] 欧盟虽然在 2008 年发布了"欧洲安全战略的执行报告——在变化世界中提供安全",[③]

---

[*] 本文系作者在发表于《欧洲研究》2016 年第 5 期的"有原则的务实主义——欧盟外交与安全政策的全球战略"文章基础上,结合欧盟全球战略发布后两年多的推行情况,所作的修改更新稿。

[**] 杨海峰,上海欧洲学会秘书长。

① European Union, *Shared Vision, Common Action*:*A Stronger Europe – A Global Strategy for the European Union's Foreign and Security Policy*, June 2016, http://www.europa.eu/globalstrategy/en/shared – vision – common – action – stronger – europe, 文中简称为"全球战略"。

② European Union, *A Secure Europe in A Better World – European Security Strategy*, December 2003, http://www.europa.eu/globalstrategy/en/european – security – strategy – secure – europe – better – world, 文中简称为"安全战略"。

③ European Union, *Report on the Implementation of the European Security Strategy*:*Providing Security in A Changing World*, December, 2008, http://www.europa.eu/globalstrategy/en/report – implementation – european – security – strategy – providing – security – changing – world, 中文简称安全战略执行报告。

但始终没有推出新的正式战略。应该说,这种滞后状况既与欧盟内部结构的发展变化不相匹配,更与欧盟外部世界的巨大变化严重脱节。在 2014 年上任的欧盟领导层尤其是欧盟委员会副主席、外交与安全政策高级代表费代丽卡·莫盖里尼的积极推动下,欧盟终于在 2016 年 6 月出台了这项外交与安全政策的全球战略。①

该战略以有原则的务实主义为指导思想,确定了联盟的安全、在东部和南部国家与社会的复原力②、对冲突的综合管理、合作性地区秩序以及 21 世纪的全球治理五大对外行动优先目标,力图以一个更加可信、灵敏、整体的联盟来应对一个更加联动、对抗与复杂的世界。虽然近年来欧洲一体化遭遇波折,欧盟在全球力量格局中的位置有所起伏,但欧盟至今仍是世界上重要一极。③ 全球战略反映了欧盟对自身及世界形势发展的最新判断,表达了其凝聚共识、整合力量、有效维护核心利益与价值观的愿景,对欧盟及包括中国在内的外部世界都将产生重要影响。基于此,本文对该战略的出台背景与过程、基本构架、指导思想与具体内容以及实施情况进行了评析。

---

① "全球战略"于 2016 年 6 月由欧盟外交与安全政策高级代表正式提出,并相继得到了欧洲理事会、欧盟理事会的认可。欧洲理事会于 2016 年 6 月 28 日作出决定,欢迎欧盟外交与安全政策高级代表提出的全球战略,并请高级代表、欧盟委员会及欧盟理事会就此进一步开展工作。European Council, European Council Meeting (28 June 2016) – Conclusions, *EUCO* 26/16, Brussels, 28 June 2016. 欧盟理事会于 2016 年 10 月 17 日作出决定,对全球战略的后续工作进行了一系列说明与安排。Council of the European Union, Council Conclusions on the Global Strategy on the European Union's Foreign and Security Policy – Council Conclusions (17 October 2016), 13202/16, Luxembourg, 17 October 2016.

② 英语原文为 "resilience"。不少学者将其翻译为"韧性",如严骁骁:"韧性研究:对安全治理的批判性反思及其超越",《欧洲研究》2017 年第 2 期,第 18—37 页;李峰:"欧盟的'韧性'与东盟的'抗御力'——一项区域核心概念的比较研究",《欧洲研究》2018 年第 4 期,第 84—102 页。

③ 参见"打开欧洲之门 携手共创繁荣——习近平在荷兰《新鹿特丹商业报》发表署名文章",《人民日报》2014 年 3 月 25 日第二版;汪晓东、杜尚泽:"习近平会见法国总统奥朗德",《人民日报》2016 年 9 月 6 日第一版。

一、战略出台背景与过程

在欧洲安全战略出台后的十余年内，欧盟所处的战略环境急剧变化，出现了一个"联系更紧密、更具对抗性，更加错综复杂的世界"。① 欧盟自身的一体化也发生了深刻的变化，形成了多极、多层和多速的特点。可以说，欧洲安全战略的指向目标和实施主体今非昔比。一方面，2003年的安全战略所认定的恐怖主义威胁、大规模杀伤性武器扩散、地区冲突和一些国家的失败治理以及有组织犯罪等对欧盟构成了威胁，十多年后，上述威胁非但没有得到有效控制和缓和，反而由于欧盟所处的国际社会、周边环境和内部形势的变化呈现出愈演愈烈的趋势。与此同时，气候变化、网络安全等非传统安全因素，新兴国家的快速崛起以及外部区域的一些国际争端，都在不同程度地成为欧盟新的挑战，并对其利益产生不利影响。另一方面，面对新旧威胁与挑战，欧盟试图在东扩、制定宪法条约（后改为《里斯本条约》）等推动一体化的进程中予以应对。但未曾想，欧盟不仅没有通过自身的发展调整与解决问题，反而带来了一些新问题，陷入了应对失据、矛盾激化的困境。在主权债务、恐怖主义、难民潮及疑欧势力带来的危机冲击下，未能"以危促机"的欧盟的实力与影响力都受到了削弱。②

---

① European Union, *The European Union in A Changing Global Environment – A More Connected, Contested and Complex World*, June 2015, https：//www.eeas.europa.eu/headquarters/headquarters – homepage/2422/global – strategy – to – steer – eu – external – action – in – an – increasingly – connected – contested – and – complex – world_en，文中简称全球环境评估报告。

② Nathalie Tocci, "Towards an EU Global Strategy", in Antonio Missiroli ed., *Towards An EU Global Strategy: Background, Process, References*, European Union Institute for Security Studies, EUISS, October 2015, p. 116.

在此情况下，欧盟自安全战略出台以来所确立的外交与安全政策总体框架，已不能适应其内外形势的连续变化。有鉴于此，欧盟决策层不得不考虑制定一项既符合实际又能有所指引的新战略。除此以外，对于欧盟来说，更重要的是，通过制定新战略进一步凝聚和巩固共识、减少内部分歧。自欧债危机爆发以来，欧盟内部"离心离德"的情况更为明显，欧盟的权威不断受到成员国的挑战。外交和安全领域则由于成员国之间的利益分歧、决策程序中"政府间主义"色彩浓厚，一直属于欧盟的"软肋"，而且这一缺陷在近年来欧盟应对乌克兰危机、叙利亚内战等多重危机中更为凸显。欧盟迫切希望通过制定新战略来凝聚成员国共识，弥合成员国在外交和安全领域中的分歧，提升欧盟对内权威性，增强欧盟在国际社会上"以一个声音说话"和行动的能力。

经过较长时间的酝酿策划，欧盟于 2016 年 6 月正式出台外交与安全政策的全球战略。该战略的出台过程，从时间上看大致可分为三个阶段，即 2004—2012 年的酝酿阶段、2012—2014 年的倡议阶段以及 2014—2016 年的制定阶段。该战略的顺利出台在一定程度上是欧盟外交与安全政策高级代表莫盖里尼着力推动的结果，可以说欧盟全球战略深深打上了莫盖里尼的烙印。[①]

二、战略基本构架

欧盟全球战略从智库学界的呼吁到官方正式纳入议程，历时多年，最终出台的版本可以说是汇集了欧盟内外深谙欧洲事务与外交安全政策专家官员

[①] 莫盖里尼对欧盟全球战略的积极投入与影响还体现在与其前任阿什顿对新安全战略不以为然的强烈反差之上。参见 Margriet Drent and Lennart Landman, Why Europe "Needs a New European Security Strategy", p. 1; Nathalie Tocci, "Towards an EU global strategy", pp. 115-120。

们的思想精髓。与欧洲安全战略相比，①全球战略不仅在结构上进行了不少调整，而且在内容上进行了很大的充实扩展，尤其是提出了许多新的指导概念。

从结构上看，全球战略主要包括了欧盟外交与安全政策促进欧盟及其民众利益的最终目的、指导对外行动的原则、对外行动的优先目标，以及如何从愿景落实到行动的手段方法四大部分。它与安全战略结构上的最大不同在于，前者少了对安全环境的分析，而增加了对目的与原则的论述。这主要是因为全球战略的形成基础是2015年的全球环境评估报告，②对欧盟的安全环境进行了十分翔实的分析，所以全球战略有意没有单列安全环境这一部分，而只在正文开头进行了概述。全球战略与全球环境是两份紧密相连的报告，甚至在很大程度上可以看作一个总报告中两个分量不相等的分报告。同

---

① 国内外学者对欧洲安全战略已有十分详尽的分析与评论，如 Jan Joel Andersson, *The European Union Security Strategy: Coherence and Capabilities*, The Swedish Institute of International Affairs, 20 October 2003; Asle Toje ed., "A Security Strategy for Europe: The Solana Strategy in the Wake of Madrid", *Oxford Journal On Good Governance*, Vol. 1, No. 1, July 2004; Sven Biscop, "The European Security Strategy: Implementing a Distinctive Approach to Security", *Sécurité & Stratégie*, Paper No. 82, March 2004; Alvaro de Vasconcelos ed., "The European Security Strategy 2003–2008: Building on Common Interests", *ISS Report*, No. 5, EUISS, February 2009. 冯仲平："欧洲安全观与欧美关系"，《欧洲研究》2003年第5期，第1—10页；喻锋："欧洲安全战略的政策史透析"，《国际观察》2006年第1期，第47—54页；喻锋："欧洲安全战略实施绩效评估"，《江南社会学院学报》2006年第3期，第16—20页；【英】埃米尔·J·科什纳："欧洲安全战略与国家的优先选择"，《南开学报（哲学社会科学版）》2008年第1期，第10—20页。从这些分析文章的时间跨度看，欧洲安全战略确实产生了比较长远和广泛的影响。

② European Union, *The European Union in A Changing Global Environment – A More Connected, Contested and Complex World*, June 2015, https://www.eeas.europa.eu/headquarters/headquarters-homepage/2422/global-strategy-to-steer-eu-external-action-in-an-increasingly-connected-contested-and-complex-world_en，文中简称全球环境评估报告。

时，由于安全环境发生了巨大变化，所以欧盟不仅要对其对外行动的目标和方法进行调整，而且有必要明确其对外行动的目的和原则。

从内容上看，全球战略对每一部分都进行了具体深入的阐释。其中着墨最多的是欧盟对外行动的优先目标，涵盖了从欧盟本土到周边再到全球的三环，[①] 而在全球层面又从冲突与危机管理、地区秩序和全球秩序三个维度进行了分析。因此，全球战略在篇幅上不仅大大超过安全战略，甚至比安全战略执行报告还要长许多。这主要存在三方面原因：首先，全球战略在变化了的环境背景下提出了不少新的指导概念，需要对这些概念及其运用展开说明；其次，在过去十多年内，欧盟外交与安全领域内的一些功能性战略政策已经进一步发展成型，涉及的议题比较多；再次，全球战略旨在形成一个更加明确的联盟政策，以此更有效地指导欧盟部门与成员国的执行落实。

从概念上看，全球战略既坚持了原有一些概念，又修正与放弃了部分概念，还提出了新的指导性概念。全球战略中的重要概念包括：基于规则的全球秩序与多边主义、核心伙伴与战略自主性、整体方式[②]、有原则的务实主义和复原力等。首先，全球战略认为，多边主义和基于规则的秩序仍然重要，但传统多边主义因为全球权力的转移与流散受到挑战，传统国际秩序正在转变为全球秩序，所以欧盟现在希望推进以多边主义为关键原则、联合国为核心的基于规则的全球秩序；其次，全球战略认为，在外交与安全政策领域中，欧盟在战略伙伴上已经失去了方向与动力，所以现在主要依赖美国和北约、联合国作为其核心伙伴，同时既要取得志同道合的伙伴、战略伙伴等支持，又要发展战略自主性；再次，全球战略认为冲突与危机管理中的综合方式等制度创新与政策创新不仅正确有效，而且有必要将其推广至整个外交与安全政策领域以形成一种整体方式。欧盟对外行动的整体方式是对所有相

[①] 对欧盟全球战略三环结构与主要抓手背后逻辑的更多分析可参见杨海峰："欧盟全球战略与亚欧会议"，"金融危机后的欧盟与中欧关系——中国欧洲学会欧盟研究分会年会"论文，西安，2010年。

[②] 英语原文为"joined-up approach"。欧盟政策文件中有不少类似表述，如"comprehensive approach"，译为"综合方式"或"全面方式"；"integrated approach"译为"一体方式"。

关的制度机构、内外政策、交叉议题的协调融合，以期发挥最佳合力；最后，全球战略推出了两个引人关注的新概念：有原则的务实主义和复原力。如果说有效多边主义是安全战略的核心概念，那么有原则的务实主义则是整个全球战略的核心概念，而复原力是该概念的代表性体现。

三、战略指导思想与主要内容

有原则的务实主义是欧盟全球战略的总指导思想。全球战略指出："为了实现目标，我们需要清晰的原则作为指导。这些原则来自对当前战略环境的现实评估，同时也来自对推进一个更加美好世界的理想愿望。为了走出孤立主义和鲁莽干涉主义的困境，欧盟将会加强与外部世界的接触，并展现出对他者的责任感以及对突发事件的敏感性。有原则的务实主义将在未来岁月里指导我们的对外行动。"[①]

有原则的务实主义作为欧盟全球行动的"北极星"，指引欧盟根据统一、接触、责任与伙伴这些原则实现全球战略的目标。[②] 全球战略认为，面对一个更加复杂的世界，欧盟必须统一。统一，指成员国与欧盟利益间的协调一致。为了维护共同利益，欧盟及其成员国必须齐心协力。面对一个更加联动的世界，欧盟必须要与他者加强接触。接触，指欧盟不能为了逃避外部威胁而采取闭关锁国政策，这样只会使自己失去外部世界提供的机会。欧盟要与其他国际行为体共塑全球规则、管理相互依赖。面对一个更加对抗的世界，欧盟必须要有高度责任感。欧盟将首先在欧洲及其周边承担责任，进而在更远的地方寻求有针对性的接触。欧盟将在全球开展行动以根除冲突与贫穷的根源，捍卫人权的不可分割性与普世性。伙伴，指分担责任。欧盟有志成为一个负责任的全球相关者，但责任必须分担，伙伴关系需要加强。

[①] A Global Strategy, p. 8, 16.

[②] Giovanni Grevi, "A Global Strategy for a Soul–searching European Union", EPC, 13 July 2016.

有原则的务实主义是欧盟对以往历史经验反思和当前战略环境评估的结果。欧盟认识到仅凭欧盟模式的吸引力无法解决内外问题,所以要降低期望值,缩小愿望—现实之间的鸿沟,制定更加谦逊、现实的全球战略,并且提出了"有原则的务实主义"这个口号。① 有原则的务实主义极大体现了欧洲特色的现实政治。回归现实政治,就是在孤立主义和干预主义间取得平衡、在理想主义与务实主义间取得平衡,既要拒绝自由乌托邦主义,又要接受以现实方式实现理想的指引。真正的现实主义是有责任的接触并产生积极变化。②

全球战略中有原则的务实主义是原则性与务实性的有机结合,虽然欧盟仍然在坚持其理想主义、价值观或者原则性,但同时十分强调现实主义、利益或者务实性,并且两相比较,务实性一面显得格外突出。欧盟全球战略的务实性既囊括在总的指导思想里面,还贯穿于目的、原则、目标与方法等各个部分之中。具体来说,务实性体现在三个层次,即欧盟层次:强调利益导向,提升战略自主性与硬权力;欧盟周边层次:重视欧盟周边地区,构建国家与社会的复原力;全球层次:改革全球治理体系,发展灵活多样的伙伴关系。③

全球战略不仅指出欧盟的"利益与价值观齐头并进。我们有在全世界推广价值观的利益。同时,我们的基本价值观内嵌于我们的利益之中",④而且更进一步用利益总括其政策目的,将和平与安全、繁荣、民主和基于规则的全球秩序归为四大利益。全球战略承认地缘政治在全球化时代仍然重要,还承认一些外部力量在认定为地缘政治竞争时会毫不犹豫地进行勒索和

---

① Justine Doody, "EU Global Strategy under Threat from Division at Home", ECFR, 8 August 2016.

② Sven Biscop, "The EU Global Strategy: Realpolitik with European Characteristics", Security Policy Brief No. 75, Egmont, June 2016.

③ 比斯考普认为,全球战略前三个优先目标的实现方法尤其体现了现实主义的特点:强调自身安全、强调周边与硬权力,不再强调民主。参见 Sven Biscop, "The EU Global Strategy: Realpolitik with European Characteristics", Security Policy Brief No. 75, Egmont, June 2016.

④ A Global Strategy, p. 13.

使用武力。欧盟为了实现相互援助与团结，为了在周边保护人的安全、消除战火，为了对亚洲安全做出贡献，为了向联合国维和提供支持，将加强其战略自主性和硬权力。[①] 全球战略强调利益导向、提升战略自主性与硬权力，体现了欧盟外交与安全政策务实性的根本特征，并且成为这种务实倾向进一步发展的动力基础。

全球战略指出，欧盟将首先在欧洲及其周边承担责任，进而在更远的地方寻求有针对性的接触。[②] 全球战略的起点是欧盟，而其集中着力点则是欧盟周边。欧盟将以实际的与有原则的方式在东部和南部周边地区建立和平。欧盟在周边的目标涵盖了扩大政策、睦邻政策、移民政策以及周边地区的复原力政策。[③] 全球战略将东至中亚、南至中非的广大区域确定为欧盟周边地区，并给予高度重视，试图以牺牲民主化议程的代价，构建国家与社会的复原力、使人权与市民社会取得发展动力，在民主化与复原力之间找到合适的平衡点，这是欧盟外交与安全政策务实性的最突出特征，亦可能成为务实倾向进一步发展的突破口。

全球战略致力于建立基于规则的全球秩序，但实现21世纪全球治理的一项前提即是对现有体系的改革而非简单维护。[④] 对全球治理的承诺必须转化为对包括安理会与国际金融机构在内的联合国改革的决心。拒绝改变将会带来危险，使上述机构受到侵蚀，还会出现对所有欧盟成员国不利的替代性集团。欧盟将坚持问责、代表性、责任、有效与透明原则，但这些原则的实际含义将通过具体问题的具体分析加以明晰。[⑤] 全球战略指出，欧盟将成为一个负责任的全球参与者，但责任必须要共同承担，还需要加强对伙伴关系的投入。全球战略指出，欧盟将在全球治理上发挥榜样的领导作用，但无法独立完成此项任务。欧盟将在一个行为体网络中扮演议程塑造者、连接者、

[①] Sven Biscop, "The EU Global Strategy: Realpolitik with European Characteristics", *Security Policy Brief No.75*, Egmont, June 2016.

[②] A Global Strategy, p. 18.

[③] A Global Strategy, p. 28.

[④] A Global Strategy, p. 10.

[⑤] A Global Strategy, p. 39.

协调者和推动者的角色,不仅将与国家与组织建立伙伴关系,而且还将与私人领域与市民社会建立伙伴关系。全球战略还指出,欧盟一直将合作作为开展对外行动的基本原则,但在当前的时代背景下,合作的对象以及合作的深度和广度都发生了相应改变。欧盟独自或仅仅依靠西方盟友来解决地区和全球各种问题的可能性进一步降低。全球战略主动提出改革全球治理体系,更新有效多边主义概念,进一步发展灵活多样的伙伴关系,在西方盟友外加强与新兴国家、地区组织、多边机制以及市民社会和私人领域行为体的合作,充分反映了欧盟外交与安全政策的务实性特征,这也是务实倾向进一步发展的外部支撑点。

全球战略除了务实性的一面外,还有其原则性的一面,也就是对一些传统原则的坚守,比如捍卫民主、人权与法治价值观,维护基于规则的全球秩序,巩固跨大西洋伙伴关系等。所谓传统原则,就是这些原则都具有鲜明的西方起源或西方中心的共同点。这些原则围绕这个共同点紧密结合在一起。民主人权与法治价值观是基于规则的全球秩序、跨大西洋伙伴关系的基础,后者又是前者的体现与保障。同时,基于规则的全球秩序是跨大西洋伙伴关系的延展,跨大西洋伙伴关系则是基于规则的全球秩序的基轴。全球战略对务实性的强调,并不代表对原则性的放弃。只不过随着形势的发展变化,欧盟需要基于有原则的务实主义,更好地平衡价值观与利益、原则性与务实性之间的关系,对两者进行调整与补充。欧盟需要在捍卫民主人权与法治时更加明确自身的利益、发展硬权力与复原力,需要在维护基于规则的全球秩序时更加重视本土与周边、发挥改革全球秩序的主动性,需要在巩固跨大西洋伙伴关系时发展更加灵活多样的伙伴关系。对于欧盟来说,这些传统原则一直以来就是其外交与安全政策的基石。全球战略明确指出,联合国、北约与美国是其核心伙伴,跨大西洋伙伴关系是其安全、经贸与全球治理各个方面的重要支撑。[1]

---

[1] 在全球战略中,美国是唯一一个被定义为核心伙伴的国家,同时联合国及北约这两个国际组织也被定义为核心伙伴。对于欧洲安全与全球治理来说,跨大西洋伙伴关系都是十分重要的。参见 Giovanni Grevi, "A Global Strategy for a Soul–searching European Union", EPC, 13 July 2016.

全球战略认为,价值观与利益需要齐头并进,其价值观内嵌于利益之中,欧盟对外行动中至关重要的利益包括了民主等基本价值观。[1] 尊重与推动人权、基本自由与法治也是实现欧盟创造与发展的基本价值观,它包含了正义、团结、平等、非歧视、多元和尊重差异等更多的具体价值。[2]

全球战略提出需要维护基于规则的全球秩序,该秩序以多边主义为关键原则、以联合国为核心。[3] 欧盟认为,基于规则的全球秩序是欧盟的至关重要利益之一,21世纪的全球治理是欧盟对外行动的优先目标之一。没有全球规范以及执行它们的相应手段,和平与安全、繁荣、民主等其它至关重要的利益都将处于危险。欧盟在基本价值观指引下,致力于维护以国际法为基础的全球秩序,确保和平、人权、可持续发展以及对全球公共产品的持续享用。欧盟力求将一个强大的联合国作为多边规则秩序的基石,与国际地区组织、国家和非国家行为体一起形成全球的协调反应体系。[4]

全球战略将美国作为欧盟的核心伙伴。欧盟认为,美国将在广大范围的安全议程上成为其核心伙伴,双方将在危机管理、反恐、网络、移民、能源与气候行动上深化合作。[5] 美国是欧盟在绝大部分全球治理议题上的核心伙伴。[6] 欧盟将力求与美国建立跨大西洋贸易投资伙伴关系(TTIP)。TTIP显示了跨大西洋两岸对共同价值观的承诺,标志着寻求建立雄心勃勃的基于规则的贸易议程的共同意愿。[7] 全球战略还将北约作为欧盟的核心伙伴。北约在过去近70年时间里成为欧洲—大西洋安全的基石。它现在仍然是世界上最强大和最有效的军事联盟。就集体防御而言,北约仍然是大部分欧盟成员国的首要组织。欧盟将通过协调的防务能力发展、平行与同步的训练、相互强化的行动,深化与北约的伙伴关系,建立伙伴能力,反击混合威胁与网络

---

[1] A Global Strategy, p. 13.
[2] A Global Strategy, p. 15.
[3] A Global Strategy, p. 15.
[4] A Global Strategy, p. 39.
[5] A Global Strategy, p. 37.
[6] A Global Strategy, p. 43.
[7] A Global Strategy, p. 37.

威胁，促进海洋安全。①

四、战略实施情况

在全球战略出台后，欧盟于2017年10月和2018年6月发布了《从共同愿景到共同行动：执行欧盟全球战略第1年》《从共同愿景到共同行动：欧盟外交与安全政策的全球战略执行报告第2年》两份报告，重点围绕全球战略的对外行动优先目标以及行动落实的手段方法，对相关执行推进情况进行了梳理评估。② 2017年的执行报告总结了欧盟在东部与南部地区国家与社会的复原力、应对冲突与危机的一体方式、安全与防务三个对外行动优先目标以及内外联结、公共外交两大工作方式的推进落实情况。2018年的执行报告不仅对上述领域，而且还对建立合作的地区秩序和多边的全球秩序以及新的欧盟对外预算这些方面的进展进行了总结。

两份报告都对全球战略的推进情况作出了高度肯定。尽管全球体系变得越来越不确定、不稳定，但在全球战略的指引下，欧盟的外交与安全政策度过了艰难时刻，欧盟继续成为外交、合作与和解的领导力量，并将成为一个可信的力量与可靠的伙伴。

第一，安全与防务成为全球战略进展最突出的领域。2016年11月，欧盟委员会提出"欧洲防务行动计划"（European Defence Action Plan），设立每年50多亿欧元的欧洲防务基金（EDF），促进防务领域的研发及产业发展。欧洲防务基金用于协调、补充和扩大成员国的防务研发投资以及国防设备与技术的采购，帮助成员国减少防务领域的重复投入。2017年6月，欧

---

① A Global Strategy, pp. 20 – 21, 36 – 37.

② European Union, *From Shared Vision to Common Action: Implementing the EU Global Strategy Year 1*, October 2017, europa. eu/globalstrategy; European Union, *From Shared Vision to Common Action: A Global Strategy for the European Union's Foreign and Security Policy Implementation Report Year 2*, June 2018, europa. eu/globalstrateg.

盟成立"军事计划与实施能力"(MPCC)的联合防务指挥中心,负责协调军事与民事行动。12月14日,欧盟正式启动由25个成员国参与的防务领域"永久结构性合作"(PESCO)机制。该机制为由自愿参加的欧盟成员国共同发展防务能力、投资防务项目及提高军事实力,定期增加国防预算,将全部防务支出的20%进行防务投资、约2%的防务支出用于共同防务研究与技术,并联合对外派遣军队。该机制获得欧洲防务基金的资金支持,相关资金被用于采购防务装备和引进技术、支持研究项目。2018年3月6日,欧盟理事会通过了首批17个合作项目及其负责国家和行动路线图,并于11月19日通过了第二批合作项目。其中,3月28日,高级代表与欧盟委员会公布了关于军事机动性的行动计划(Military Mobility),该计划涵盖了军事需求、交通基础设施建设、监管和程序问题等方面的内容。

第二,全球战略在复原力、一体方式以及地区秩序等领域全面推进并在相关重点目标上取得成效。欧委会与高级代表于2017年6月发布了欧盟对外行动的复原力战略方式联合文件,以更好地将复原力概念落实到实际行动,在已有的人道主义和发展经验基础上提供一个有效协调各项工作的政策框架。欧盟的东部和南部邻国成为了欧盟复原力战略的突出着力点。欧盟复原力战略通过多元方式,在乌克兰、利比亚、约旦和黎巴嫩、伊朗、突尼斯、萨赫勒地区、北尼日利亚以及拉美加勒比等地区都取得了进展,帮助这些国家和社会更好地维护各类权利、建立政治参与、推进可持续发展与安全,承受、适应和应对可能出现的震荡和危机。欧盟通过调停与调解等应对冲突与危机的一体化方式,在阿富汗、叙利亚、也门、利比亚、中非及哥伦比亚等地区开展了大量工作,推动了叙利亚冲突的政治解决和伊拉克的稳定。欧盟还在马里中部开展了首次预防性稳定行动。西巴尔干地区作为欧盟合作地区秩序的优先目标,欧盟于2018年2月发布了西巴尔干战略,从所有层面加强了与该地区的关系,支持该地区的政治经济和社会转型,强力支持希腊与马其顿就国名问题达成协议,继续推进相关国家入盟进程。

第三,欧盟在全球秩序上坚持维护多边主义和基于规则的全球治理。欧盟在推进与维护巴黎气候变化协议、联合国2030年可持续发展议程及其目标等全球协议上扮演了领导角色。欧盟坚决主张在伊朗核问题上执行国际社会与伊朗达成的联合全面行动计划协议。欧盟进一步加强了对国际刑事法院的支持。欧盟还通过对世界贸易组织规则及其必要改革的支持加强国际贸易架构。

第四，欧盟加强了内外政策的联结、公共外交等工作方式，并提出大幅增加对外行动领域的预算，打造更加整体、可信的联盟。欧盟加强内外政策联结的主要进展体现在了移民、网络与反恐领域。反恐与预防打击暴力极端主义成为了其中最为优先的工作之一。欧盟推进公共外交与战略沟通的工作主要集中在打击假消息，以及成立针对东部、南部与西巴尔干地区的任务组。东部地区任务组帮助东部伙伴国家的公民提升了对欧盟扩大带来的可见收益的认知。南部地区任务组通过分享关于伊拉克、叙利亚的积极成果加强了与全球反"伊斯兰国"联盟的合作。西巴尔干地区任务组设计并启动了"欧盟—西巴尔干文化遗产路线"的网络旅程，重点介绍欧盟驻当地使团组织的文化活动，以及欧盟与该地区的共同文化。欧委会还提议在下一个7年财政预算中将对外行动领域的经费在现有基础上增加30%，以满足建设一个强大、可靠、可预期与积极的欧盟的日益增长的需求。

最后，欧盟在处理与俄罗斯、美国、中国这些大国的战略关系时能够坚守自己的价值观与利益，采取有原则的务实主义，争取有所主动。在对俄关系中，欧盟将完全尊重国际法和基于规则的地区与全球秩序作为最重要的准则，将俄罗斯完全遵守明斯克协议作为改善关系的前提条件，同时在伊朗、叙利亚等符合欧盟利益的问题上与俄罗斯开展选择性的合作，继续支持俄罗斯的公民社会及双方民众交流。在跨大西洋关系中，欧盟继续视美国为战略伙伴，与此同时在双方共同建立的价值观、原则和利益，尤其是基于规则的国际秩序受到挑战时加以捍卫。在对华关系中，欧盟接连发布了2016年的对华战略、2018年的欧亚互联互通战略等一系列涉华战略与政策文件，[1]一方面在全球议题上与中国开展符合国际规则规范的合作，另一方面在经济方面建立各种协议与机制以实现进一步对等。

---

[1] 欧委会于2019年发布了中欧战略展望的政策文件。

五、结语

在内外危机持续不断的非常时刻，欧盟出台了面向世界与未来的全球战略，展现了欧洲政治与知识精英的勇气与智慧。全球战略反映了欧盟对自身及世界形势发展的最新判断，表达了其凝聚共识、整合力量，有效维护其核心利益与价值观的愿景。全球战略包括了欧盟外交与安全政策促进欧盟及其民众利益的最终目的、指导对外行动的原则、对外行动的优先目标，以及如何从愿景落实到行动的手段方法。全球战略中提出了有原则的务实主义，并将原则性与务实性有机结合，一方面仍然坚持其理想主义、价值观或者原则性，但另一方面十分强调现实主义、利益或者务实性。全球战略坚持捍卫民主、人权与法治价值观，基于规则的全球秩序，巩固西方团结这些传统原则，并将三者紧密融合在一起。战略强调利益导向、提升战略自主性与硬权力，重视欧盟周边地区、构建国家与社会的复原力，改革全球治理体系、发展灵活多样的伙伴关系，将务实性贯穿于目的、原则、目标与方法等各个部分之中。

全球战略提出为了促进和平、实现安全，需要在安全领域加强欧盟的战略自主性。加强欧盟战略自主性的重要方面就是提升硬权力。欧盟需要处理好与北约的关系，在美国进一步减少对各动荡地区干预的可能情景下提升自己对全球事务的参与度，对欧洲以外的区域施加影响乃至进行干预，真正成为一个更加强大的全球行为体。欧盟要组建自己能够直接调遣的军事力量，以加强对国际冲突的管理、有效应对危机。

然而，不管战略愿景多么美好、构思多么巧妙、概念多么新颖，最终仍然需要落实到具体行动上来，需要通过实践加以检验。2003年，欧盟成员国围绕伊拉克战争出现了内部大分裂，安全战略的出台在一定程度上稳定了乱局，推动了一体化在安全领域的发展。近年来，欧盟危机重重，欧盟及其一体化面临着复杂艰难的局面。这种情况下，全球战略能否发挥欧盟期待的作用，其实施前景与具体效果究竟如何，不免让人生疑。不过，至少从欧盟自己已经推出的两份全球战略执行报告来看,欧盟对战略及其实施效果作出了高度肯定。欧盟将自身与周边安全作为优先目标中的优先,其自身的恐袭、难民等危机得到有效缓解,周边也没有再出现类似乌克兰、叙利亚这样严重的危机,尤其是安全与防务领域的快速推进成为一大亮点。这种情况也使与安全与防务密切相关的战略自主性得到了前所未有的关注和期待。[①]

在全球战略出台的近3年后,面对中美博弈为主线的新时局,尤其是面临内部势头上升的民粹主义、外部强调"美国优先"的特朗普政府这些新的挑战,欧盟能否在全球战略指引下,有足够的意愿与能力进一步实现其战略设想,包括达到理想状态或者合理程度的战略自主性,继续存在新的疑问。在此过程中,欧盟需要不断应对民粹主义对一体化的冲击,不断面临在何种领导力量带领下发展何种一体化与战略自主性的抉择,甚至全球战略及其实施本身也存在着因重要推手莫盖里尼卸任高级代表等多种变化因素而做出调整的可能性。[②] 对于欧盟来说,如果能够继续发挥战略凝聚共识的作用,推进自身发展、维护周边稳定,同时加强与不同战略伙伴的协调合作,建立一种和平合理的共生性地区和全球秩序,应该是明智与有利的选择。

---

① Daniel Fiott, "Strategic autonomy: towards 'European sovereignty' in defence?", *Brief Issue* 12/2018, EUISS, November 2018; Corentin Brustlein, "*European Strategic Autonomy: Balancing Ambition and Responsibility*", Ifri, 16 November 2018; Barbara Lippert, Nicolai von Ondarza and Volker Perthes (eds.), "European Strategic Autonomy: Actors, Issues, Conflicts of Interests", *SWP Research Paper* 4, SWP, March 2019; Jo Coelmont, "European Strategic Autonomy: Which Military Level of Ambition?", *Security Policy Brief No.* 109, Egmont, March 2019; Jolyon Howorth, "Autonomy and Strategy: What Should Europe Want?", *Security Policy Brief No.* 110, Egmont, April 2019.

② Sven Biscop, "The EU Global Strategy 2020", *Security Policy Brief No.* 108, Egmont, March 2019. 此外,欧盟理事会已在2019年的欧盟国际文化关系战略及其行动框架的决定草案中提出要在全球战略框架下将国际文化关系方面的内容纳入到对外政策行动与计划中去,参见 Council of the European Union, Draft Council conclusions on an EU strategic approach to international cultural relations and a framework for action, 7749/19, Brussels, 21 March 2019.

欧盟的 WTO 改革主张及对我国的启示[*]

姜云飞[**]

进入 2018 年以来，随着美国贸易保护主义政策的实施，以及多边组织框架的式微，国际社会对于 WTO 改革的讨论日渐增多。欧盟在推动 WTO 改革方面较为积极，不仅充当多方沟通的桥梁，而且于 9 月 18 日提出自己的改革主张。随后，美国、加拿大及中国相继提出自己的改革主张。虽然，目前各方并未就 WTO 改革方案达成一致，但欧盟的主张仍代表着 WTO 改革的重要方向，理解该方案的主旨及演进有利于我国在未来 WTO 新一轮规则制定中处于主动地位。

一、WTO 改革议题的由来

世界贸易组织（World Trade Organization，WTO）改革并不是一个新话

---

[*] 部分内容曾刊于 2018 年 10 月 18 日的澎湃新闻。
[**] 姜云飞，上海社会科学院世界经济研究所助理研究员。

题，在本世纪初多哈回合无果而终以后，各界就一直在讨论 WTO 的改革，但一直没有实质性进展。直到 2018 年，随着美国单边主义实际上对 WTO 架空，以及 WTO 争端解决机制的上诉机构在美国的阻挠下陷入困境，各国对 WTO 的改革才开始提上议事日程。

（一）经济现实改变是 WTO 改革的根本原因

二战后，美国主导于 1947 年建立了旨在推动各国进行自由贸易的规则体系——关税与贸易总协定（GATT），该协定只适用于商品货物贸易。后来随着国际贸易的深化发展，欧共体和加拿大于 1990 年分别正式提出成立世界贸易组织的议案，1994 年的关贸总协定部长级会议正式决定成立世贸组织。世界贸易组织成立于 1995 年 1 月，与关贸总协定相比，世贸组织除了涵盖货物贸易外，还包括服务贸易以及知识产权贸易等方面的内容。

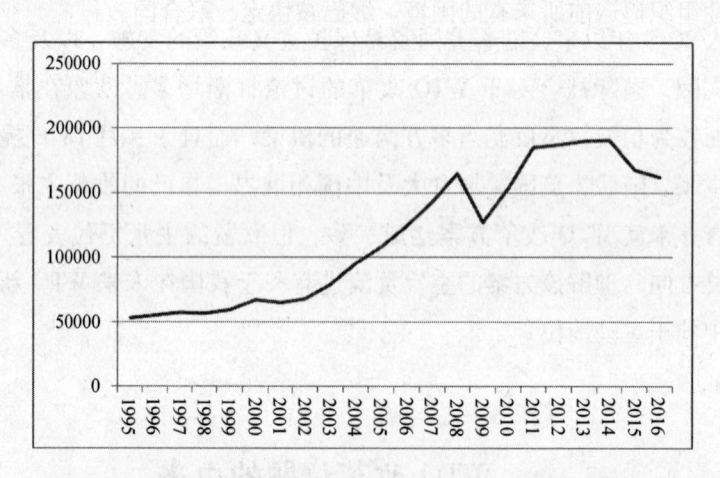

图 1　世界贸易组织成立以来货物进口额（单位：亿美元）
数据来源：世界贸易组织数据库。

自 WTO 成立以来，世界经济运行的现实发生了巨大的变化。最直观的变化是参与 WTO 的成员国数量基本翻了一番，至 2018 年拥有 164 个成员国，中国于 2001 年 12 月 11 日正式加入 WTO。随着成员国数量的增加，WTO 所覆盖的贸易额也大幅增长，如图 1 示，世界货物贸易总进口额从

1995年的52830亿美元高速增长至2016年的162250亿美元，增幅超过200%。此外，世界经济运行的结构也发生重大变化，国际投资大幅发展甚至超越贸易成为当今世界经济体系之重要载体，货物贸易本身也出现了许多新领域、新现象。从国家结构来看，比起世贸组织成立初期成员以发达国家为主的结构，现在将近一半以上的成员是发展中国家。世界贸易体系当前的情况与世贸组织成立初期相比已经大相径庭。而WTO不论在谈判效率上，还是领域覆盖上都日益凸显出不适应性。

（二）逆全球化冲击是WTO改革的现实原因

2016年以来，逆全球化思潮对世界经济的运行产生日益严重的影响。反对全球化的力量不仅使得区域经济一体化进程受阻，英国退欧事件至今仍然拖累英国和欧盟的经济增长，并时刻牵动着国际金融市场的神经，而且使得全球性组织遭遇前所未有的困境。继巴黎协定、联合国教科文组织、伊核协议之后，特朗普政府多次威胁要退出WTO。

同时，美国贸易政策转向保护主义使得以WTO框架为基础的多边贸易体系受到侵蚀。2018年伊始，美国运用国内贸易调查法案威胁对所有进口钢铝产品加征关税，虽然欧盟、中国等成员在应对时本着WTO原则实施反制，甚至诉至WTO争端解决机制，但美国坚持单方面加征关税的做法使得WTO框架实质上被架空。作为最大的发达国家和主要的出口目的地，美国的做法一方面对WTO的效力造成严重挑战，另一方面也显示出WTO在解决当前贸易纠纷时的不足和缺陷。

从图2可以看出，2018年诉至WTO争端解决机制的案件数量大幅增加，从2016年和2017年各17起案件上升至2018年的38起案件，数量上翻了一番。从国家结构来看，针对美国的案件数量大幅上升，从2017年的4起案件上升至2018年的18起之多，原告国家则分布在越南、韩国、中国、欧盟、加拿大、墨西哥、挪威、俄罗斯、瑞士等多个国家。而WTO在解决大范围争端方面显得力不从心。实际上，2017年针对美国的4起案件中，有3件来自加拿大，而美加之间的争端最终是以签订USMCA协定来解决，而非在WTO层面解决。

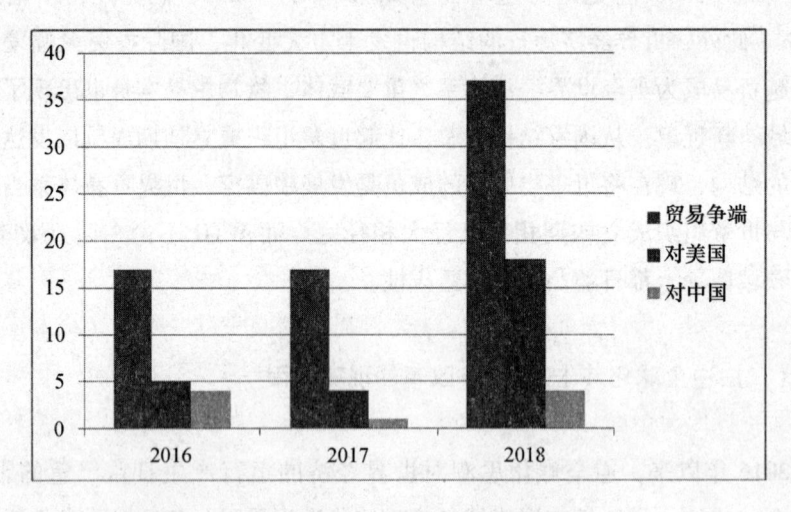

图2 保护主义导致贸易争端激增

数据来源：世界贸易组织网站。

（三）争端解决机制困境是 WTO 改革的直接原因

争端解决机制被誉为 WTO 皇冠上的宝石，是 WTO 最具有创造性的规则设计。根据相关规定，成员国间若发生贸易争端，可诉至争端解决机制，由该机制成立专家组对争端进行裁决。若成员方对专家组的裁决不满，则可上诉至上诉机构。上诉机构会在现任的大法官中挑选至少三位大法官对案件进行审理，并形成最终裁决，经争端解决机构通过后，双方需要无条件执行。这套机制是保障 WTO 效力的重要机制，但近年来在美国的阻挠下即将处于停摆困境。

根据争端解决机构协商一致的原则，美国在 2016 年一票否决任命新的上诉机构大法官，随后连续 12 个月阻挠现任大法官的合理连任，并且拒绝卸任大法官继续完成手头案件的审理，使得争端解决机制的上诉机构目前仅剩 3 名大法官。2019 年 12 月会有另外 2 名法官到任，届时如果美国的阻挠继续，那么上诉机构将无法继续，而作为世贸组织核心的争端解决机制也将失去效力。

二、欧盟的 WTO 现代化主张

欧盟通过发布文件和提出提案两个渠道积极推动 WTO 改革,并提出自己的 WTO 现代化主张。欧盟视 WTO 规则制定现代化为实施世贸组织现代化进程的核心支柱。在规则制定方面,也的确没有哪个经济体比欧盟更有经验,欧洲一体化的过程就是一个规则制定的过程,欧盟在成员国间平衡并寻求规则的统一方面经验独到,使得 20 多个成员国形成货物、劳务、资金和劳动力自由流动的统一大市场就足以证明欧盟的规则制定能力。

(一) 就 WTO 现代化公布概念性文件

在 2018 年 6 月欧盟峰会讨论的基础上,欧盟委员会于 9 月 18 日公布了关于 WTO 改革提案的概念性文件,对于未来 WTO 在几个重要问题上的规则制定进行了详细的阐述。欧盟提案主要包括三方面的内容,即关于规则制定、常规工作和透明度,以及争端解决机制的建议。

欧盟强调的规则制定旨在更新 WTO 相关规则,并为规则的更新创造条件。文件指出,未来世贸组织的规则制定应该注重平衡系统和公平竞争、解决服务和投资方面的障碍以及实现全球社会的可持续发展。欧盟建议更新规则以约束产业补贴和国企活动,包括提高透明度,加强补贴通报执行、更准确地识别公共机构、以及更有效地识别对贸易扭曲程度最高的补贴类型。

关于常规工作和透明度,欧盟的目标是提高世贸组织的适应性和有效性,主张各国严格遵守产业补贴的通报 (notification) 要求,以增强各国贸易政策的透明度,通过提高对刺激贸易方法的识别和监督来解决市场准入问题,同时逐步调整 WTO 规则手册,并使无效的委员会逐步瘦身。

欧盟关于争端解决机制的建议受到各界广泛关注。在对美国的关切进行详细梳理后,欧盟本着解决问题的原则提出了两阶段建议。第一阶段的建议基本是对于美国关切的逐条回应,旨在解锁美国对上诉机构成员任命的阻挠，包括加强 90 天诉讼期限的规定、在争端解决机制中纳入上诉机构成员的交接规则、改善上诉机构调查报告对于解决争端的针对性，为上诉机构和成员国间就相关调查报告提供沟通渠道、改革上诉机构成员任期规定以提高机构成员的独立性。第二阶段的建议也与美国对上诉机构的指责有关，涉及就上诉机构的解释权对世贸组织相关规则进行修改或解释的实质性讨论。

（二）联合多个成员国就 WTO 改革形成提案

事实上，欧盟并不是第一次积极推动世界贸易组织体系改革。早在 20 世纪 90 年代，当时的欧共体和加拿大就曾积极推动关税与贸易总协定（GATT）演变为 WTO。在此轮 WTO 改革的讨论中，欧盟和加拿大同样在积极地发出自己的声音。除了提出自己的改革主张外，欧盟还联合多个国家就 WTO 改革提出具体提案。

欧盟同发达国家联合提出提案。自 2017 年底以来，美欧日三方贸易代表发表了四次联合声明，就世界贸易领域的重大问题表达看法。9 月 28 日的声明中明确表示三方就 WTO 改革形成一致；11 月 12 日，欧盟、美国和日本等国向世界贸易组织提交改革方案，建议成员国在未通报 WTO 的情况下持续对本国产业采取优惠措施应受到处罚。若未报告的国家在两年之内不改正，则该国无法担任 WTO 理事会的重要职务。如果 1 年之后仍不改正，则将被认定为"停止活动国"，限制该国的发言机会。实际上，这一建议在欧盟的改革文件中就有所提及。

同时，欧盟也同发展中国家联合提出提案。2018 年 7 月第 20 次中欧领导人会晤发表了联合声明，决定中欧就 WTO 改革开展合作，并为此建立一个 WTO 改革副部级的联合工作组。截至 11 月底，双方举行了两次非正式会议和一次正式会议。11 月 22 日，欧盟、中国、加拿大、印度、挪威、新西兰、瑞士、澳大利亚、韩国、冰岛、新加坡、墨西哥等 WTO 成员向 WTO 提交了关于争端解决上诉程序改革的联合提案，主张替换即将离任的上诉机构成员的甄选程序，应不迟于（例如他们任期届满前 6 个月）时自动展开。在解锁争端解决机制困局方面，欧盟在 9 月的概念性文件中曾进行专门阐述。

三、对欧盟主张的评价

作为经济全球化的受益者,欧盟积极推动WTO改革旨在维系WTO,这一点与中国立场相同,而且就全球化的长远发展而言值得肯定。但是欧盟的主张中出现的新提法和新动向,可能会在未来形成新的提案甚至形成WTO的改革方向,值得我们注意。

(一)"规则现代化"与"公平竞争"的新措辞

现有的WTO规则基本都是乌拉圭回合的结果,在乌拉圭回合结束后,世界贸易组织也于1994年成立,所以欧盟在概念性文件中以"WTO现代化"为标题也是合理的。然而"规则现代化"的表述在欧盟虽属新措辞,但在美国却已并不陌生。早在2016年的竞选宣言中,特朗普就多次表示美国签署的多个贸易协定已经过时,需要现代化。11月底签署的"美国—墨西哥—加拿大协定"就是特朗普自2017年推动的"规则现代化"的标志性成果。

还有"公平竞争"的表述,与美国提出的"公平贸易"如出一辙。事实上,美欧日三方的确在贸易政策上多有沟通,自2017年12月以来共召开四次贸易部长三方会议并在会后发布联合声明,文件建议的内容与2018年5月底声明的内容相似,与9月底声明的内容也基本一致。

(二)发展目标下实行灵活性的新方法

欧盟认为,WTO 2/3的成员要求特殊与差别待遇,反而使得迫切需要发展帮助的国家的呼声被掩盖,导致这些国家在谈判中更难以妥协并成为阻碍谈判进展的工具,是世贸组织紧张局势的主要根源。

为了缩减灵活性适用范围,欧盟建议在现有的规则中采用"毕业"程序，鼓励成员积极退出特殊与差别待遇；在未来的协定中，除了最不发达国家之外，其余国家享有的弹性条款将不再是集体豁免，而是基于具体需求和证据。当成员对于现有协定要求额外的特殊待遇时，需要明确时间段和适用范围。

（三）加强通报的新举措及反通报的新手段

欧盟指出，超过一半的成员没有充分履行通报义务，使得各国贸易政策缺乏透明度。欧盟建议，延迟通报者应做出解释并对相关意见做出回应，而秘书处应有权对相应通报和答复进行评价。对于故意且多次不遵守规定的成员需加以惩罚，可限制其参与世贸组织运作的权利，如担任各机构的主席等。

反通报（counter-notifications）在 WTO 的多个协议中都有所体现。例如，《补贴与反补贴措施协定》规定，各成员方必须就所有补贴向 WTO 做出通报，以便其他成员评估影响。若有关成员方未进行通报，甚至在得到提醒后也不打算通报，则其他成员可对该成员的补贴情况进行反通报。所以，反通报其实是一种成员间相互监督的手段，但因使用时需要准备大量的研究而很少被使用。欧盟建议与其他国家一起准备反通报措施，并增强成员受到反通报的后果。此外，欧盟强调要强化贸易政策审查机制，建议审查报告详细介绍成员遵守通报要求的表现。

（四）有限多边谈判的新方向

目前 WTO 一共有 164 个成员国，在很多问题上很难形成一致的决定。这也正是 WTO 的谈判职能已基本陷入瘫痪的重要原因。欧盟方案强调增强 WTO 的谈判职能，给出的建议除了加强规则制定和规则遵守外，还有关于谈判方式的建议。欧盟认为，未来的 WTO 谈判可以体现灵活的多边主义概念：在可能的范围内，支持全面的多边谈判及达成的协议；在无法达成一致的领域，可以探索有限多边谈判的方式，这些谈判继续向所有成员国开放。不过，后者涉及到《WTO 协定》的修改，甚至创建新的协议。欧盟的这一建议是从自身发展找到的灵感，欧盟 28 个成员国就在不同领域存在不同的协定，如申根协定、欧洲经济与货币联盟、银行业联盟、财政契约等等，都不是全部成员国签订的协定。

（五）争端解决机制改革的新趋势

与现行的体制相比，欧盟的改革方案会使上诉机构更为强大。欧盟建议将上诉机构的人员数量由 7 名提升至 9 名，进而形成三个独立的司，可同时听取上诉，人员由现在的兼职转为全职，任期由目前的四年一任且可连任两届改为 6—8 年一任，上诉机构的稳定性和独立性会有所增强。另一个趋势可能是争端解决机制的协商一致原则调整。虽然在关于争端解决机制的说明中未有提及，但当前的任命受阻一事已经暴露了协商一致对于争端解决机制的致命缺陷，而文件中也提到需要系统性的解决方案，以解决世贸组织成员反对上诉机构任命的问题。况且，文件在 WTO 规则制定程序的内容中就提到了有限多边谈判的建议，用于争端解决机制也顺理成章。

不过，在 9 月 26 日召开的 WTO 争端解决例会上，美国的再次拒绝导致大法官斯旺森无法连任而不得不于 9 月 30 日离职，理由是美国指出 WTO 存在的诸多系统性问题仍未得到解决。而欧盟在这一问题上非常关注，为了挽救濒临崩溃的争端解决机制，对于美方关切逐条回应。可见，双方在 WTO 争端解决机制上仍存分歧。事实上，欧盟对于争端解决机制的改革聚焦于上诉机构，形式上也是针对美国指责的小修小补，目的是保留现有体制甚至增强上诉机构的实力。而美国对争端解决机制的指责源于其近年屡遭败诉的案件，如 2018 年 5 月其针对欧盟空客公司的补贴指控就遭败诉。美国还抱怨上诉机构对美国国内法的越权问题，欧盟方案目前也没有明确的反馈。

四、对我国的启示

中国加入 WTO 以来经济取得了快速的增长，所以维护 WTO 多边贸易机制符合中国的利益。这一点同欧盟立场一致，欧盟也是多边体系的积极维护者。因此，从欧盟的主张和实践中，有一些做法我们可以借鉴。

（一）尽早提出全面的细化改革方案

针对日益密集的 WTO 改革讨论，中国于 2018 年 11 月 23 日也提出自己的方案，即三个基本原则和五点主张。三个基本原则包括：世贸组织改革应维护多边贸易体制的核心价值；世贸组织改革应保障发展中成员的发展利益；世贸组织改革应遵循协商一致的决策机制。五点主张分别是：第一，世贸组织改革应维护多边贸易体制的主渠道地位；第二，世贸组织改革应优先处理危及世贸组织生存的关键问题；第三，世贸组织改革应解决贸易规则的公平问题并回应时代需要；第四，世贸组织改革应保证发展中成员的特殊与差别待遇；第五，世贸组织改革应尊重成员各自的发展模式。

这一方案的提出表明了中国的 WTO 改革立场，同时也回应了中国的主要要求。但方案本身还是较为笼统，缺乏具体的细节性阐述。欧盟方案里对于通报、补贴及争端解决机制等问题进行了详细阐述，甚至对于通报做法要求及不满足通报要求的惩罚都有涉及，可以说为 11 月中旬的美欧日提案形成蓝本。中国方案还需要细化，需要同其他发展中国家甚至新兴经济体达成共识，提出具体方案。

（二）通过提案与方案两条路径推动改革

实际上，二战后建立的关税与贸易总协定之所以能够演化成为 WTO，当时的欧共体和加拿大的积极推动作用至关重要，而 WTO 的成立本质是一轮世界贸易规则的改革。因此，欧盟和加拿大在此轮 WTO 改革的过程中也表现积极。加拿大的做法略有不同，10 月份通过组织讨论平台进而形成联合公报的形式提出改革主张，该会议在 2019 年 1 月还会再次召开，很有可能形成此轮 WTO 改革的主要讨论平台。比起加拿大做法，欧盟的做法可能对我们更有借鉴性。

欧盟目前的做法是两条腿走路：一方面公布自己的改革方案，阐述自己的主张及关注的问题；另一方面，联合其他成员国共同形成不同提案提交WTO。这样做的好处是可以积极推动WTO朝着对自己有利的方向改革。中国目前也提出了自己的方案，但还缺少带有自身诉求的细化方案。在提案方面，中国也同欧盟等多个成员于11月22日提交了关于争端解决机制的提案。但在提出诉求方面，中国还没有具体的提案，而欧盟同美国和日本在11月12日也同样提交了关于不通报进行惩罚的提案，这同样是欧盟的具体关切。因此，中国需要尽快同其他发展中国家甚至新兴经济体形成共识，就某些议题提出具体提案。

（三）遵循积极引导和以退为进的方法

目前来看，中国参与WTO改革讨论基本处于被动应对的状态。在美国、欧盟、加拿大和日本都提出WTO改革方案后，中国提出主张更多是对于现有主张的回应，当然这是由我们所处的环境和自身的国情所决定的。

不过，在接下来的改革议程中，我国可以寻求更主动地推进WTO改革，一方面是为了引导WTO改革的方向，使其关注新兴经济体的关切，另一方面，对于发达国家对国内产业的过度保护、产业政策的不公平竞争等问题的提出，也可以成为我国在未来谈判中的筹码。有些国家强调知识产权保护，但连正常交易中的知识产权转让都要限制，未免有过度保护之嫌。对于发展中国家来说，外国直接投资带动本国技术溢出是正常的技术获得路径，发达国家过度强调技术保护只会将发展中国家牢牢地锁定在产业链的低端，不利于发展中国家的可持续发展。

欧盟提出方案时的原则是解决问题的原则，在提出争端解决机制改革方案的同时，提出规则制定和透明度方面的改革方案。方案看起来是对于美国诉求的逐条回应，而实际内容恰恰是自身的关切，这种以退为进的方法也值得我们借鉴。

总之，从历史发展的规律和世界经济现实的变化来看，WTO改革本身是有必要的，而维护WTO多边贸易机制对于中国这样的贸易大国来说符合长远利益。在这一轮WTO改革的浪潮中，中国已然无法静观其变，只能积极应对，而欧盟在这方面的经验和做法则可资借鉴。

欧盟建立"欧日经济伙伴关系"的战略机理探析*

忻 华**

当前在经济和战略两个领域,欧盟在逐渐靠近日本的同时,中欧关系遇到了严峻的问题。在经济领域,2017 年 12 月 7 日欧盟宣布已基本完成关于"欧日经济伙伴关系协议"(EU – Japan Economic Partnership Agreement, EPA)的谈判。[①] 欧盟委员会主席容克(Jean – Claude Juncker)称赞该协议

---

* 本文为教育部哲学社科规划项目(13YJCGJW013)、上海市哲社规划中青班专项课题(2012FGJ001)和上海市教委"阳光计划"项目(102YG06)的阶段性研究成果。曾发表于《国际展望》2018 年第 6 期,收入本书时进行了删减。

** 忻华,上海外国语大学欧盟研究中心常务副主任,副教授,上海欧洲学会学术研究部主任。

① 在 2017 年 7 月之前,欧盟与日本对这一拟议中的双边经济合作架构的提法并不一致,欧盟一直将这一架构称为"欧日自由贸易协定"(EU – Japan Free Trade Agreement, EU – Japan FTA),而日本方面一直将其称为"欧日经济合作伙伴关系协定"(EU – Japan Economic Partnership Agreement, EU – Japan EPA)。直至 2017 年 7 月 6 日欧日双方达成原则性协议时,欧盟方面才采纳日本方面的提法,此后欧盟官方文件也将这一协定称为"欧日经济伙伴关系协议"。本文谈及这一架构时,统一使用"经济伙伴关系协议"(EPA)的提法。

是"欧盟的最佳选择"[①]。2018年7月17日,欧盟与日本正式签署此协议。[②] 与此同时,2017年12月20日欧盟委员会发布了长达466页的《关于中国经济明显扭曲的情况》的报告,强烈地批评和否定中国的基本经济制度。[③] 2018年4月16日,经过一年多的立法审议,欧盟理事会确立了更为严苛的反倾销与反补贴的法规,矛头指向中国。[④] 在战略领域,从2016年至2018年的历次欧日首脑峰会都发表了联合声明,强调欧日"战略伙伴关系""掀开了新的一页""向前迈开了历史性的一步"。[⑤] 与此形成对照的

[①] Joint Statement by the President of the European Commission Jean – Claude Juncker and the Prime Minister of Japan Shinzo Abe, European Commission, Press Release, December 8, 2017.

[②] European Commission, Press Release, EU and Japan sign Economic Partnership Agreement, Tokyo, July 17, 2018. http://www.trade.ec.europa.eu/doclib/press/index.cfm?id=1891.

[③] European Commission, SWD (2017) 483 final/2, Commission Staff Working Document on Significant Distortions in the Economy of the People's Republic of China for the Purposes of Trade Defense Investigations, Brussels, December 20, 2017.

[④] Council of the European Union, 15303/17, Outcome of the Council Meeting, 3581st Council Meeting, Brussels, December 4 – 5, 2017; *Official Journal of the European Union*, December 12, 2017, L 338/1, Regulation (EU) 2017/2321 of the European Parliament and of the Council of December 12 2017 amending Regulation (EU) 2016/1036 on Protection against Dumped Imports from Countries not Members of the European Union and Regulation (EU) 2016/1037 on Protection against Subsidized Imports from Countries not Members of the European Union; Council of the European Union, Press Release, 198/18, "Council adopts its position on a new legal framework against unfair trade competition", April 16, 2018.

[⑤] Council of the European Union, Statement following the 24th EU – Japan Summit, Brussels, July 6 2017, 446/17; The Council of the European Union, Joint Statement of the 25th EU – Japan Summit, July 17, 2018, http://www.consilium.europa.eu/en/press/press-releases/2018/07/17/eu-japan-summit-joint-statement.

是，2016年和2017年的中欧首脑峰会没有形成联合公报，表明中欧之间出现较深的分歧。2018年的中欧首脑峰会发表了联合声明，列出了期待共同合作的领域与计划，但并未提出推进合作的具体措施。①

尤为值得关注的是，欧盟希望联合美国和日本以共同压制中国的战略考量也在增加。不仅布鲁塞尔的智库人士有这样的筹划，②欧盟决策层也有此设想。③ 从2017年12月上旬至2018年9月底，美国、日本和欧盟负责贸易事务的最高层官员三次举行会晤，发表三边联合声明，表示要为世贸组织确立新的规则体系，以抵制某些"第三方国家"的"非市场导向的政策"，实际上是在不点名地抨击中国。④ 因此，在欧日关系向前推进的同时，中欧关系蒙上了阴影。

现有文献对欧日EPA的关注度并不是很高。聚焦于这一架构的智库分

---

① The Council of the European Union, Joint Statement of the 20th EU – China Summit, http：//www.consilium.europa.eu/en/press/press – releases/2018/07/16/joint – statement – of – the – 20th – eu – china – summit/.

② Francois Godement, "Trump cannot Bring Europe and China together", Commentary of European Council on Foreign Relations, July 6, 2018; POLITICO, "EU Sees China Plan Emerging from Fog of Trump's Trade War", August 24, 2018. https：//www.politico.eu/article/donald – trump – china – eu – trade – sees – method – in – trumps – trade – madness – china/.

③ European Commission, Joint U.S. – EU Statement following President Juncker's Visit to the White House, Washington, July 25, 2018, http：//www.europa.eu/rapid/press – release_STATEMENT – 18 – 4687_en.htm.

④ 美国贸易代表莱特希泽（Robert E. Lighthizer）、日本经济与产业大臣世耕弘成和欧盟委员会贸易委员马尔姆斯特伦（Cecilia Malmström）2017年12月12日在布宜诺斯艾利斯、2018年5月31日在巴黎、2018年9月25日在纽约举行会晤，这三次会晤都发表了联合声明，其内容基本相同，即批评所谓"第三方国家"的"非市场导向政策"，包括国有企业运作、产业补贴、产能过剩、强制技术转让等方面，同时表示要联合采取措施，改革世贸组织，确立新的国际贸易规则体系，其矛头指向中国。三次会谈的三边联合声明的内容，可见于美国贸易代表办公室（USTR）的网站。

析材料数量有限,[①] 而关于欧日关系和欧日经济外交的基础研究的相关著述,则鲜见专门观察和阐述这一架构的成果。[②] 然而当前欧盟在对日本乃至整个东亚的决策中,"欧日经济伙伴关系"架构占据着重要位置,欧盟对这一架构的关注度最高,其相关的决策活动也最为密集。欧盟有关这一架构的战略考量与决策意向,深刻影响着欧盟与东亚地区、特别是与中国和日本这

[①] 智库研究报告多着眼于分析欧日战略关系的走向,及其对大国关系的影响,聚焦于"欧日经济伙伴关系"架构的智库分析材料仅有数份: Gabriel Felbermayr et al, "On the Economics of an EU – Japan Free Trade Agreement", Final Report of the Ifo Institute on Behalf of the Bertelsmann Foundation, March 3, 2017; Junichi Sugawara, "Significance of the Japan – EU EPA – the Agreement in Principle: Restart of Japan's Trade Strategy", Mizuho Economic Outlook & Analysis, July 12, 2017; Hanns Gunter Hilpert, "The Japan – EU Economic Partnership Agreement: Economic Potentials and Policy Perspectives", SWP Comments, November 2017; Michael Frenkel and Benedikt Walter, "The EU – Japan Economic Partnership Agreement: Relevance, Content and Policy Implications", ZBW – Leibniz Information Center for Economics, December 2017; Soko Tanaka, "Japan – EU EPA Moving towards Ratification: Its Significance and Prospects", JIIA Commentary, July 11, 2018; Bruegel, A Study on the EU – Japan Economic Partnership Agreement, Report Requested by the INTA Committee, Policy Department of DG EXPO, European Parliament, PE 603.880, September 28, 2018.

[②] 聚焦于欧日关系和欧日经济外交的学术著述主要有:有 OlivieroFrattolillo, *Diplomacy in Japan – EU Relations: From the Cold War to the Post Bipolar Era*, London and New York: Routledge, 2013; Jorn Keck, Dimitri Vanoverbeke and Franz Waldenberger eds., *EU – Japan Relations* 1970 – 2012, London and New York: Routledge, 2013; Maaike Okano-Heijmans, *Economic Diplomacy: Japan and the Balance of National Interests*, Leiden and Boston: MartinusNijohff, 2013 等。但这些著述并没有谈到"欧日经济伙伴关系"架构,目前所见的基础研究文献中仅有两篇论文对这一架构展开了专门的论述: Frederik Ponjaert, "The Political and Institutional Significance of an EU – Japan Trade and Partnership Agreement", in Paul Bacon et al eds., *The European Union and Japan: A New Chapter in Civilian Power Cooperation*? London: Ashgate, 2015; Hitoshi Suzuki, "The New Politics of Trade: EU – Japan", Nov. 2017, Journal of European Integration, 39 (7), pp. 875 – 889.

两个大国的关系。本文着眼于分析欧盟逐渐确立欧日 EPA 架构的战略机理，希望为厘清欧盟在中国与日本之间开展博弈的特点、规律与根源，提供一幅具有一定数据精度和分析深度的学术图景。

一、欧盟建立"欧日经济伙伴关系"架构的利益格局

现有文献多使用"双层博弈"的视角来构建关于对外经济谈判的分析框架。[1] 鉴于欧盟是带有超国家特征的国际组织，具有特殊性，研究欧盟贸易政策的文献将"委托—代理"模型（Principle - Agent Perspective）与"双层博弈"（Two - Level Game）框架相结合，提出了"复合双层博弈"（Synthesized Two Sets of Two - Level Game）的视角，用以分析影响欧盟贸易决策的宏观结构。[2] 本文借助这一视角，归纳了欧盟从 2013 年 3 月 25 日启动对日"经济伙伴关系"谈判以来的博弈态势，分析这一谈判所形成的利益格局，发现了两项特征。

（一）欧盟与日本之间的利益分配的不平衡

从 2013 年 3 月谈判启动以来，欧盟将其处理对日关系的主要资源和精力都投入此项谈判之中。由于在技术标准协调和日本公共采购市场开放的问

---

[1] 关于"双层博弈"的基础文献，可见于：Robert D. Putnam, "Diplomacy and Domestic Politics: the Logic of Two - Level Games", *International Organization*, Vol. 42, No. 3, Summer 1988, pp. 427 - 488; Leonard J. Schoppa, "Two - Level Games and Bargaining Outcomes: Why Gaiatsu Succeeds in Japan in Some Cases but Not Others", *International Organization*, Vol. 47, Number 3, Summer 1993, pp. 353 - 386.

[2] Alasdair R. Young and John Peterson, *Parochial Global Europe: 21st Century Trade Politics*, Oxford of UK: Oxford University Press, 2014, pp. 36 - 40.

题上，日本政府一直不肯松动其立场，直至 2015 年谈判进展缓慢，此后又两度陷入僵局。2017 年初特朗普就任美国总统之后，欧日之间的谈判速度明显加快，至 2018 年 4 月 18 日，欧盟委员会贸易总司公布了最新定稿的"欧日经济伙伴关系协议"的文本，其政策架构已经成型。本文将协议文本里关于谈判中的争议焦点的各项安排，与欧盟和日本双方在谈判之初的立场与诉求进行对比，形成表 1，从中可以看出欧盟与日本之间的利益分配的具体格局。

表 1　欧盟与日本在 EPA 协定谈判上的博弈和最后确定的利益格局

立场调整＼争议焦点	欧盟的初始立场①	日本的初始立场②	当前已达成的 EPA 协定所确立的安排③
欧盟针对进口汽车与电器的关税与非关税壁垒	同意取消汽车市场的部分关税，但不同意与日本协调技术标准	要求欧盟免除对进口汽车的关税，并实施与日本相协调的产品技术标准	欧盟针对从日本进口的汽车和电器的进口关税在 7 年内全部降为零，在汽车产品的技术标准上与日本协调一致，并放松对"原产地规则"的使用

---

① 关于欧盟对 EPA 谈判的初始立场，参见欧盟理事会 2012 年向欧盟委员会发布的启动 EPA 谈判的指令文件：Council of the European Union, Brussels, November 29, 2012, 15864/12, ADD 1 REV 2, Directive for the Negotiation of a Free Trade Agreement with Japan.

② 关于日本对 EPA 谈判的初始态度，欧洲议会的两份分析材料做了系统的说明：European Parliament, Policy Briefing, "Japan and Prospects for Closer EU Ties", October 5 2017; European Parliament, At a Glance, "EU – Japan Trade Deal Finalized", December 14, 2017.

③ 目前最新公布的欧日 EPA 协议的文本，是欧盟委员会贸易总司于 2018 年 4 月 18 日在其官网上公布的文本。详见："EU – Japan Economic Partnership Agreement: texts of the agreement", August 2018, http://trade.ec.europa.eu/doclib/press/index.cfm? id = 1684。

续表

立场调整 争议焦点	欧盟的初始立场	日本的初始立场	当前已达成的EPA协定所确立的安排
日本对食品和农产品的关税与非关税壁垒	要求日本免除所有关税，并将非关税壁垒减到最少	日本希望保护小型家庭农场，并保持对酒类、奶制品等产品的关税壁垒	日本对从欧盟进口的一部分种类的农产品征收的关税在15年左右降为零，一部分则降至12.5%至9%左右，一部分保留原有关税，但提供免税配额
日本公共采购市场的开放问题	要求日本完全开放公共采购市场，重点消除铁路部门对国外厂家的市场准入限制	日本不愿开放公共采购市场，不打算作出明确承诺。	日本同意对欧盟开放48个人口规模在5万至30万之间的所谓"核心城市"的政府采购市场，并同意欧盟企业参与日本中央政府所辖铁路部门的采购招标
投资争端解决机制	要求日本同意采用有主权国家司法当局参与的"多边投资法庭体系"	日本希望采用美国推崇的由国际商业仲裁机构主导的"投资者—国家争议解决机制"（ISDS）	仍未谈拢，需要进一步磋商

资料来源：笔者自行制作此表。

从表1可见，EPA谈判启动之初，欧盟与日本各自都有明确的利益诉求，但在2018年4月谈判基本完成、协议文本公布之时，欧盟对日本核心利益诉求的照顾与满足，要多于日本对欧盟核心利益诉求的照顾与满足。对于日本在谈判中最关切的利益焦点，即欧盟汽车市场的开放问题，欧盟几乎完全满足了日本的要求，承诺在一定期限内将针对日本汽车产品的关税降为零，并在技术标准上与日本逐渐协调一致，这意味着在欧洲汽车市场上，欧盟将全部撤除面向日本的关税和非关税壁垒。但同时，日本并未完全满足欧盟的核心利益诉求。欧盟对日本的食品和农产品市场寄予厚望，亟盼开放，但日本对于从欧盟进口的食品和农产品的所有种类中的25%左右，仍保留

12.5%—9%的关税,或保留原有关税但提供免税配额。欧盟期待日本全面开放公共采购市场,①而日本仅允许欧盟供应商进入48个人口规模在30万左右的日本中小城市的公共采购市场,并参与中央政府采购铁路产品的竞标活动。实际上,这48个城市只占日本城市总数的5.9%,其人口只占日本总人口的15%。②因此,日本的公共采购市场的大门只是对欧盟"开了一条缝"。欧盟与日本在"经济伙伴关系协议"中的利益分配的不平衡性,说明欧盟向日本靠近的心态较为急切。

(二) 欧盟内部利益博弈的三对矛盾

欧盟内部的不同社会群体对"欧日经济伙伴关系协议"存在相互对立的利益诉求,形成了几对矛盾。

首先,在欧洲公民社会层面,欧洲工商界与工会社团和社会公益组织之间存在对立。欧洲工商界总体上支持该协议,希望能借此消除日本对欧贸易壁垒。工会社团则担心该协议会引发"产业空心化",致使制造业工作岗位流失。而社会公益组织认为该协议会过度增强欧日双方大公司的力量,损害欧洲的民主体系,导致环境恶化和劳工生活水准降低等问题。

欧洲不同社会群体对欧盟决策施加影响的路径与方式亦存在较大差异。一般而言,向欧盟委员会贸易总司的执政团队成员开展政治游说,进行面对面的会谈,是影响欧盟贸易决策的最直接方式。本届欧盟委员会贸易委员马尔姆斯特伦(Cecilia Malmström)及其团队自上任以来,对此类会谈留有明确的记录。本文对其中涉及欧盟对华与对日贸易决策的会谈进行了统计,制成表2。鉴于本届欧盟委员会对日贸易决策的中心议题就是"欧日经济伙伴关系协议"谈判,因而表2能够反映出欧盟内部不同社会群体对于该协议

---

① Euractiv, "EU – Japan FTA Would Boost Growth More Than TTIP", June 17, 2016, https://www.euractiv.com/section/trade – society/news/eu – japan – fta – would – boost – growth – more – than – ttip/.

② EU – Japan EPA: The Agreement in Principle, July 6, 2017, http://www.trade.ec.europa.eu/doclib/docs/2017/july/tradoc_155693.doc.pdf.

的利益博弈的态势,及其对中欧和欧日贸易关系的关注度和利益相关性差异。

如表2所示,为影响欧盟对华与对日贸易决策,工商界较多地使用直接会谈的形式,借助政治游说的方式,向欧盟决策层、主要是欧盟委员会施加影响。而工会社团与社会公益组织则很少使用政治游说的方式,而是更多地诉诸街头运动,借助动员大众、制造舆论声势的方式,间接地影响欧盟决策。在欧洲工商界内部,综合性利益集团、制造业和农业利益集团,以及一些大公司,开展政治游说的次数非常多,具有较高的组织化程度和较显著的决策影响力。具体而言,在对日贸易决策议题上,农业利益集团具有比制造业利益集团更为强大的组织能力和影响力,与综合性利益集团和大公司相比也略胜一筹;而在围绕对华贸易决策的游说中,大公司的运作能力和影响力明显超过工商界的各种利益集团。此外,工商界尤其是制造业利益集团和大公司,围绕对华贸易政策进行的会谈与游说明显多于关于对日贸易政策的相关活动,这表明在欧洲工商界看来,中欧经济关系的重要性超过欧日经济关系。

表2 欧盟委员会贸易总司为处理针对中国和日本的贸易决策而举行的带有听取政治游说性质的对外会谈的类型统计(2014年4季度—2018年2季度)

参加会谈的欧洲的社会利益群体	会谈涉及的决策议题	涉及欧盟对华贸易决策 会谈次数	在涉及此类议题的会谈总数里的比例	涉及欧盟对日贸易决策 会谈次数	在涉及此类议题的会谈总数里的比例
与工商界利益集团的会谈	与综合性利益集团(覆盖多个行业和领域的商会、产业协会、双边工商理事会等机构)代表的会谈	36	19.6%	28	21.5%
	与制造业利益集团代表的会谈	33	17.9%	15	11.5%
	与金融业利益集团代表的会谈	2	1.1%	2	1.5%
	与交通运输业利益集团代表的会谈	3	1.6%	1	0.8%
	与农业利益集团代表的会谈	28	15.2	29	22.3%

续表

参加会谈的欧洲的社会利益群体 \ 会谈涉及的决策议题	涉及欧盟对华贸易决策 会谈次数	涉及欧盟对华贸易决策 在涉及此类议题的会谈总数里的比例	涉及欧盟对日贸易决策 会谈次数	涉及欧盟对日贸易决策 在涉及此类议题的会谈总数里的比例
与工会社团代表的会谈	3	1.6%	2	1.5%
与非政府组织、公益组织和政见社团的代表的会谈	8	4.3%	7	5.4%
与从事政治游说业务的公关咨询公司、律师事务所的代表的会谈	17	9.2%	12	9.2%
与大公司的代表的会谈	43	23.4%	25	19.2%
与智库和大学的代表的会谈	11	6%	9	6.9%
总计	184	100%	130	100%
涉及该双边经济关系的会谈数占贸易总司对外会谈总数（共计780次会谈）的比例	780	23.6%	780	16.7%

资料来源：作者自行统计。

其次，在欧洲工商界内部，不同行业对欧日 EPA 的态度也存在显著差别。制造业人士对该协议持一定的保留意见，特别是汽车制造商颇有微词，认为欧盟向日本零关税开放汽车市场显得欠考虑。全欧洲最大的汽车制造业利益集团"欧洲汽车生产商协会"（ACEA）的秘书长约奈特（Erik Jonnaert）在 2017 年 7 月发表声明，认为该协议对日本汽车产品的进口放松了关于"原产地规则"的要求，是一大倒退，对此表示不满，并认为该协议难以消除日本的非关税壁垒。[①] 但农产品生产商大多支持欧盟推进对日"经济伙伴关系协议"谈判。会员数量最为庞大的欧洲农业利益集团"柯帕—科杰卡联盟"（Copa & Cogeca）在 2013 年谈判启动之后几次发表声明，呼

[①] European Automobile Manufacturers Association（ACEA），"Message from the Secretary General – July 2017", July 26, 2017. http：//www. acea. be/news/article/message – from – the – secretary – general – july – 2017.

吁加速谈判，在 2017 年 7 月谈判接近尾声之时，将该协议的前景描述为"天上掉下的最大的馅饼"（Biggest Windfall）。① 本文对聚焦于欧盟对日与对华贸易决策的游说团体进行了行业分布统计，得出表 3。

表 3　欧洲工商界对欧盟委员会贸易总司举行带有政治游说性质的会议的数量的行业分布统计（2014 年 4 季度—2018 年 2 季度）

开展游说的社团分布	会谈涉及的双边经济关系	中欧经济关系	欧日经济关系
欧洲综合性利益集团（涵盖多个产业和领域的商会、产业协会、双边工商理事会等机构）		● 9 家全欧洲层面的利益集团 ◆ 11 家成员国层面的利益集团	● 7 家全欧洲层面的利益集团 ◆ 6 家成员国层面的利益集团
欧洲制造业	汽车制造业	◇ 4 家公司	● 3 家全欧洲层面的利益集团 ◇ 6 家公司
	飞机制造业	◇ 1 家公司	◇ 1 家公司
	化工业	● 1 家全欧洲层面的利益集团 ◇ 2 家公司	无
	制药业	◇ 1 家公司	无
	电信与通讯设备制造业	◇ 5 家公司	◇ 3 家公司
	能源设备业	◇ 2 家公司	无
	钢铁与有色金属业	● 4 家全欧洲层面的利益集团 ◆ 2 家成员国利益集团 ◇ 4 家公司	● 2 家全欧洲层面的利益集团
	纺织服装业	● 1 家全欧洲层面的利益集团	无

---

① Reuters, "European Farmers Cheer Market Access in EU – Japan Trade Deal", July 6, 2017. https：//www.dailymail.co.uk/wires/reuters/article – 4671382/European – farmers – cheer – market – access – EU – Japan – trade – deal.html.

续表

开展游说的社团分布	会谈涉及的双边经济关系	中欧经济关系	欧日经济关系
欧洲农业		● 9家全欧洲层面利益集团 ◆ 4家成员国层面利益集团 ◇ 2家公司	● 10家全欧洲层面的利益集团 ◆ 5家成员国层面的利益集团
欧洲交通运输业	铁路运输	● 1家全欧洲层面的利益集团	
	港口与海运	● 1家全欧洲层面的利益集团	
	快递服务	◇ 1家公司	◇ 1家公司

资料来源：作者自行统计。

表3显示，力求影响欧盟对日EPA谈判的欧洲工商社团，主要集中于汽车制造和农业这两大行业；而对欧盟对华贸易议题开展游说的工商社团数量更多，且行业分布更为广泛，其中农业的游说团体最多，接下来依次为钢铁业、电讯与通信设备制造业、汽车制造业等。这既反映出目前中欧经济关系比欧日经济关系密切，也反映出农业、钢铁业、汽车制造业等行业组织化程度高，行动力强，因而对欧盟对华与对日贸易决策具有显著影响力。

第三，处于欧洲政治谱系不同位置的政党对"欧日经济伙伴关系"架构的态度也存在差别。在欧盟层面，较多地代表工商界利益的中右翼党团"欧洲人民党"（EPP）支持该架构，[①] 而致力于维护环保和劳工权利等社会公益的绿党等左翼政党组成的党团"绿党—欧洲自由联盟"（Greens – EFA）

---

① The EPP Group in the European Parliament, "EU – Japan Trade Deals: We Choose Free Trade over Protectionism", Press Release, Strasbourg, July 5, 2017, http://www.eppgroup.eu/press – release/EU – Japan – trade – deal: – we – chose – free – trade – over – protectionism.

则明确表示反对,^① 2014 年以来两者在欧洲议会展开了持久的争论。前者的影响力更大一些,因而欧洲议会和欧盟成员国政府总体上都支持提升欧盟对日贸易与投资关系。

二、欧盟加速建立"欧日经济伙伴关系"架构的战略动因

在当前,欧盟之所以通过加速推进对日战略性双轨谈判,借助基本达成的 EPA 和即将达成的"战略伙伴关系协定"(SPA),摆出向日本靠拢的战略姿态,是因为欧盟对外决策遇到了双边、地区间和全球三个层面的决策困境,不得不重新审视并深刻调整其对外政策的基本架构。

(一)双边层面:欧盟面对"新日本悖论"的决策困境

在 20 世纪 80 年代,欧美战略研究界曾提出过"日本悖论"(The Japan Paradox),认为当时的日本在国际社会是"经济的巨人,政治的侏儒",虽掌握了巨额财富,却无法转化为强大的国际政治影响力。[②] 自 2008 年以来,欧盟决策层和智库的部分人士感到,欧盟与日本虽然拥有共同的价值观,相互认同程度很高,盟友关系牢固,但双边关系却一直没有发展,因而提出了"新日本悖论",或称"日本的全球化悖论",以概括欧盟与日本的双边关系

---

① The Greens/European Free Alliance in the European Parliament, "JEFTA: An Agreement that Perpetuates Mistakes", Press Release, July 16, 2018, https://www.greens-efa.eu/en/article/press/an-agreement-that-perpetuates-mistakes/.

② Funabashi, Y., "Japan and the World Order", *Foreign Affairs*, 70 (5), 1991/92, pp. 58–74.

欧盟建立"欧日经济伙伴关系"的战略机理探析

在冷战结束以来长期停滞和衰退的状态。①

实际上，进入 21 世纪后，随着经济全球化的扩展和加速，欧盟与日本的经济关系在冷战结束后反而趋冷。特别是 2001 年中国加入世贸组织之后，中国市场的巨大潜力和经济的庞大体量吸引了越来越多的欧洲企业，在欧盟对外经济关系中，中欧经济关系的重要性不断提升，已远远超越欧日经济关系。在贸易和投资领域，中国与日本在欧盟对外经济关系中所占份额的差距在不断拉大（见图 1 和图 2）。

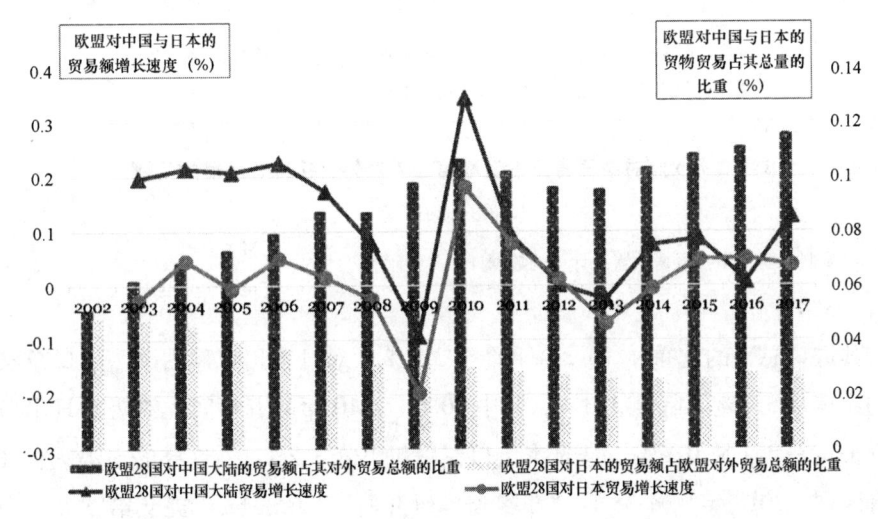

图 1　欧盟对中日货物贸易额在其货物贸易总量中的地位变化（2002—2017 年）

资料来源：作者根据欧盟统计局的数据计算并绘制。

欧盟委员会的综合统计也显示，1999—2016 年间，欧盟从日本进口额

---

① EU Trade Commissioner Peter Mandelson, "Unfinished Globalization: Investment and the EU – Japan Relationship", SPEECH/08/210, Tokyo, April 21, 2008. Mathieu Duchatel, Commentary, "Europe and Japan", December 2, 2015, Commentary, "The New Japan Paradox", December 7, 2015, the European Council on Foreign Relations. Pascal Lamy, "How Can Japan – EU Trade Relations be Improved? What Has Prevented Closer Ties in the Past", the European Council of Foreign Relations, December 14, 2017.

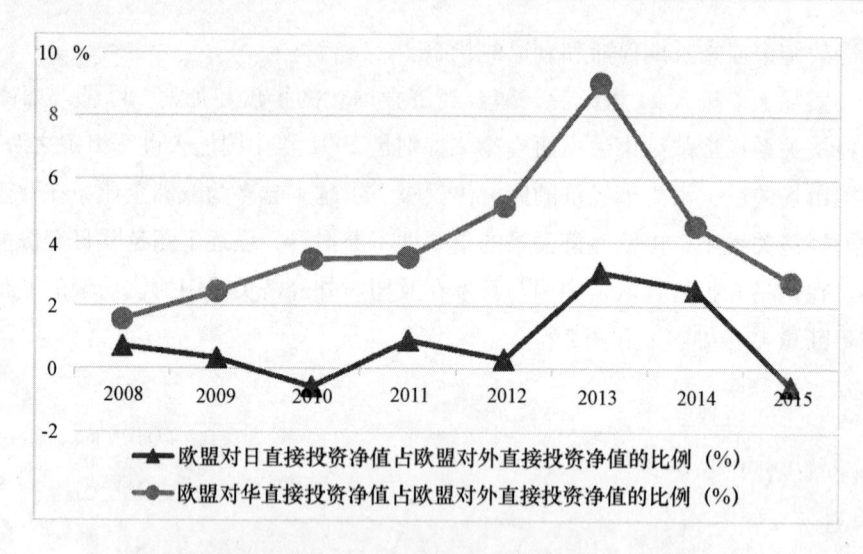

图2 欧盟对中日直接投资净值占其对外直接投资净值的比例
(2008—2015年)

资料来源：作者根据欧盟统计局的数据计算并绘制。

占其进口总额的比重从10.2%下降至3.9%，对日本出口额占欧盟出口总额的比重从5.3%下降至3.3%，其中2006—2010年的五年间，欧盟对日出口额平均每年下降0.6%，从日本进口额每年下降3.2%。[①] 这样的态势一直没有改观。2018年9月28日"布鲁盖尔研究所"（Bruegel）提交给欧洲议会的研究报告指出，2013年以后，欧盟对日本的直接投资额每年仅有0.5%的增长，2016年只占欧盟对外直接投资总额的1.1%。[②] 可见当前欧日经济关系的发展依然相当缓慢。

2014年新一届欧洲议会和欧盟委员会建立后，欧盟决策层为了避免欧

---

① European Commission, Brussels, Commission Staff Working Document "Impact Assessment Report on EU – Japan Trade Relations", July 18, 2012, p. 9; European Parliament, Briefing, "EU – Japan Free Trade Agreement within Reach", July 2017, p. 2.

② Bruegel, A Study on the EU – Japan Economic Partnership Agreement, Report Requested by the INTA Committee, Policy Department of DG EXPO, European Parliament, PE 603.880, p. 13.

盟在世界经济和全球治理的新一轮变局中趋于边缘化,对自身在国际社会的角色定位作出了重大调整,致力于在全球事务和欧盟以外的地区事务中发挥更加突出的影响。[①] 为此目的,欧盟希望进一步提升与自己的两大传统盟友美国和日本的双边关系,却发现欧盟与日本之间虽然一直是战略盟友,却尚未建立实质性和制度化的双边合作架构。换言之,"新日本悖论"成为欧盟对外战略的一块短板。有鉴于此,2015年以来欧盟加速推进欧日EPA谈判的一项意图,就是要藉此解决"新日本悖论",扭转欧日双边关系长期以来较为冷淡的态势。

(二)地区间层面:欧盟"重返亚洲"的宏伟计划不见成效的决策困境

2011年11月以后,美国提出了"重返亚洲"(Pivot to Asia)和"亚太再平衡"(Rebalancing toward Asia)的战略,将其全球战略的重心逐渐转移至亚太地区,欧洲在美国全球战略中的地位迅速下降。[②] 在经济领域,2013—2015年美国主导的"跨太平洋伙伴关系协定"(TPP)谈判的也在逐次推进,更凸显出亚太地区的战略重要性。欧盟感受到很大压力,又不甘心被美国边缘化,希望能作为一个"全球性行为体"对亚太事务发挥影响,因而以2012年11月在老挝举行的"亚欧峰会"(ASEM)为契机,[③] 陆续提

---

① Jean-Claude Juncker, "A New Start for Europe: My Agenda for Jobs, Growth, Fairness and Democratic Change", Political Guidelines for the Next European Commission, Opening Statement in the European Parliament Plenary Session, Strasbourg, July 15, 2014.

② The White House Office of the Press Secretary, Remarks by President Obama to the Australian Parliament, Canberra, Australia, November 17, 2011. Kenneth G. Lieberthal, "The American Pivot to Asia: Why President Obama's Turn to the East is Easier Said than Done," *Foreign Policy*, December 21, 2011; U. S. Congressional Research Service, "Pivot to the Pacific? The Obama Administration's 'Rebalancing' toward Asia".

③ Jonas Parello-Plesner, "Europe's Pivot to Asia", East Asia Forum, November 12, 2012. http://www.eastasiaforum.org/2012/11/12/europes-pivot-to-asia/.

出了对亚太地区的新的政策主张，形成了欧盟自己的"重返亚洲"计划。然而，欧盟未能实现其"重返亚洲"的雄心，至今在亚太的地区事务中仍处在相当边缘的位置。这一尴尬的局面是欧盟面临的第二层决策困境，也是欧盟积极推进对日"经济伙伴关系协议"谈判的另一项战略动因。

（三）全球层面：欧盟在推进全球化的事务中难以在中美之间选边的决策困境

以 2016 年 6 月英国的脱欧公投为标志，反对全球化和地区一体化的民粹主义力量在欧洲兴起，前所未有地撼动了欧盟固有的观念体系和制度大厦。面对危机，欧盟希望在外部力量的支持下，继续推进经济全球化和地区一体化，改善全球治理的制度架构，巩固世贸组织主导的国际多边贸易体系，以稳定欧盟的根基。中美作为世界上规模最大的两个国家经济体，最有能力帮助欧盟继续推进全球化和欧洲一体化，然而新形势下，欧盟在致力于推进全球化的事务中既无法再依靠美国，也不愿去信任中国，在中美之间难以做出抉择，这成为欧盟面临的第三层决策困境。欧盟感到，必须在中美之外寻找的可以信赖的第三方力量，因而将注意力转向了日本。

欧盟对继续支持全球化的日本安倍政府寄予厚望，将其视为中美之外能够塑造全球化进程的第三方力量。2017 年 1 月特朗普上任后，欧盟与日本迅速接近，一拍即合，[①] 双方迅速加快了战略性双轨谈判的进程，在 2017 年 7 月 6 日初步达成关于建立 EPA 和"战略伙伴关系"的原则性协议，在 2017 年 12 月 8 日完成关于欧日 EPA 的大部分谈判。欧盟对这个协议赋予深远的含义和宏大的定位，借以向世界宣示欧盟与日本矢志不渝地共同推进全球化的决心。2018 年 4 月 18 日，欧盟委员会主席容克在将协

[①] Euractiv, "Tokyo targets EU Trade Deal by End f 2017", January 5, 2017. https://www.euractiv.com/section/trade-society/news/tokyo-targets-eu-trade-deal-by-end-of-2017/. POLITICO, "EU Reaches for the Rising Sun", March 20, 2017. https://www.politico.eu/article/eu-japan-trade-trump-agriculture-news-brussels-shinzo-abe/.

议文本提交欧盟理事会审议时指出，该协议"向世界发出了清晰明确的信号"，即欧盟与日本"将站在一起共同保卫多边主义和反对保护主义"。[①] 由此可见，在美欧之间的裂痕不断加深、中欧关系持续趋冷的背景下，欧盟向日本靠拢，是其为继续支撑固有的价值观体系、推进全球化进程而做出的战略抉择。

三、欧盟建立"欧日经济伙伴关系"对中欧关系的影响

中国和日本是亚太地区经济规模最大、战略意义最重要的两个国家，且存在一定程度的矛盾与对立。欧盟对其中一方的战略认知或决策意向出现变化，必然会影响到对另一方的政策与态度，两者互相牵涉，不可能截然分开。目前欧盟向日本靠近的态势，必然对欧盟处理对华关系带来微妙而深刻的影响。具体而言，这种影响表现在两方面。

（一）导致欧盟处理对日和对华经济关系的决策意向出现变化

2013—2014年，欧盟分别启动对中国和日本的经济合作谈判之后，中欧投资协定谈判趋于停滞，而欧日双轨谈判，尤其是欧盟对日"经济伙伴关系协议"的谈判逐渐加速，随着两者推进速度的差异越来越显著，欧盟处理对日和对华经济关系的决策意向也出现了变化。从欧盟贸易战略文件、欧盟与中日分别举行的历届首脑峰会和年度工商峰会的公开谈话中，都可以看出这种变化。总之，欧盟意图将欧日EPA架构作为抓手，大幅度推进对日关系。与此同时，欧盟对中欧经济关系的负面态度却在逐渐增强，并逐步制定越来越严苛的政策，以抵制中国产品和投资流向欧洲。

---

① European Commission, Press Release, "European Commission Proposes Signature and Conclusion of Japan and Singapore Agreements", Strasburg, April 18, 2018.

（二）促使欧盟对欧日和中欧战略伙伴关系的总体态度出现差异

2013年以来，欧盟对中国与日本的态度出现了这样几点差异。第一，欧盟对欧日战略伙伴关系的总体定位没有变化，并希望"掀开新的篇章"，但对中欧战略伙伴关系的定位与预期却逐渐变得比较模糊。2014年以后的这一届欧盟领导层不再阐述对中欧关系的战略定位，反而坦言存在分歧。2016年和2017年中欧首脑峰会都未能发表联合公报。第二，在经济合作的层面，欧盟对中国的总体态度显示出一定程度的负面色彩，而对日本的期待则不断提升。第三，在战略安全层面，欧盟对安倍政府的"积极和平主义"战略构想明确表达了认同和理解的态度，而对中国的"新型大国关系"等外交战略基本理念却谈论得较少，由此可见，欧盟对中日的战略认知与定位存在着差异，并且这种差异在增强。

（三）中国的应对之策

在当前，特朗普政府执意推行经济民族主义和贸易保护主义的政策，对欧盟发起贸易制裁，美欧矛盾更加尖锐；另一方面，2017年12月以来的三次美日欧三边贸易官员会晤，显露出欧盟意欲联合美国和日本，在世界经济事务中压制中国的倾向。在此形势下，欧盟对"欧日经济伙伴关系"的期待将进一步增强。笔者认为，可从以下几方面着手，思考中国面对变局的应对之策：

第一，设法彰显中欧关于世界经济发展方向的共识，尽力避免出现美日欧针对中国开展三边协作的情形。中国可借助中欧之间的各项对话机制，强调中国致力于继续推进全球化的坚定立场，耐心地阐释中欧关于维护国际多边贸易体系和全球经济治理架构的共识，强调中欧共同面对的特朗普政府贸易战的压力，并尽量促使欧盟认可和接受关于世贸组织改革的"中国方案"。

第二，为保持中欧贸易与投资关系的健康发展，中国可考虑采取以下措施：（1）"欧日经济伙伴关系"架构会导致中欧双边贸易与投资格局出现一定的转移效应，特别是中国的汽车、电器和其他一些高端消费品的制造业可能会面临对欧出口的市场份额缩小和投资受阻的压力，中国应做好预案，消除此类转移效应的负面影响。（2）中国可以考虑释放一些积极信号，以吸引欧盟加快推进中欧投资协定谈判，如考虑向欧盟企业适度开放金融服务业和政府采购市场，优化欧洲企业在华的营商环境等。

第三，准确把握欧盟的价值观念、思维方式与话语体系，从观念层面入手，对欧盟持续开展"润物细无声"的公共外交活动。中国需要使用欧盟能够理解的话语和观念，强化对欧公共外交，阐释中欧之间的共识，展示中国提供"国际公共产品"的意愿，并将有关"一带一路"倡议和"16+1"机制的叙事纳入这样的架构，以争取欧盟的理解和认同。

总之，形势的变化对中欧关系的未来发展提出了新挑战和新要求，需要我们加以妥善应对。

冷战后欧日合作模式的特征与分歧刍议[*]

宋黎磊[**]　蔡　亮[***]

论及二战结束初期的欧日关系[①]，虽然双方均为美国的战略盟友，在国际政治中基本奉行对美亦步亦趋的方针。但因彼此相隔万里，加之二战中均遭受巨大创伤，遂均致力于经济复苏，热衷于低级政治的经贸往来，而在高级政治的安全保障领域缺乏交集。直至1957年，日本外务省首次以蓝皮书的形式发布该国的对外方针和外交政策。其中，日本明确指出其外交遵循"以联合国为中心""与自由主义各国协调"和"坚持作为亚洲一员的立场"这三大原则。[②] 在日本语境中，所谓的"自由主义各国"当然是以美欧各国为主，

---

[*] 本文是国家社科重点基金项目"战后日本价值观思潮的嬗变与中日关系研究"（项目编号：14AGJ008）；教育部社科青年课题"欧盟东部伙伴关系对中国'一带一路'战略的影响研究"（项目编号：17YJCGJW008）的阶段性成果。原发表于《欧洲研究》2017年第6期，此处进行了删减与更新。

[**] 宋黎磊，同济大学政治与国际关系学院副教授。

[***] 蔡亮，上海国际问题研究院亚太研究中心副研究员。

[①] 本文所指的欧日关系，在欧共体成立前主要指日本与西欧国家间的关系，欧共体成立后主要指日本与欧共体的关系，欧盟成立后主要指日本与欧盟的关系。

[②] 外务省『外交青書』、昭和三十二年版（第1号）、http://www.mofa.go.jp/mofaj/gaiko/bluebook/1957/s32-1-2.htm, last accessed on 15 Dec. 2018.

但作为协调的对象却主要指美国。这是因为日本所谓的对外交往均必须在以"美主日从"为特征的日美非对称型同盟框架内进行。① 欧洲虽然也被日本列入外交的三大原则范畴内,但日本对其的关注度无法同对美和对周边关系等量齐观。② 甚至可以说,冷战时期的欧日关系基本上可以与经贸往来画上等号。

冷战结束后,欧日的交流迅速从经济领域扩大到包括政治对话、文化交流在内的全方位合作。世界格局向多极化的转移促使日本追求对其安全和外交政策的多元化,希冀由美欧日共同主导冷战后的国际秩序。③ 如时任日本外务省事务次官的栗山尚一就明言,美欧日在自由、民主主义和市场经济这三大基本价值观上立场一致,因此三方应依据强大的政治能量和共同价值观实现冷战后三级共管的世界。④ 与此同时,欧洲也希望在美国之外寻求更多的合作伙伴,以巩固其作为国际主要行为体的角色。⑤

基于价值观合作的共识,欧日不但大幅提升了双边关系,东亚地区的和平与稳定也越来越成为双方对话的主题之一,欧盟强调自身更多的参与有利于实现该地区的稳定,而日本也对此表示欢迎。⑥ 2013 年 3 月 25 日,在欧

---

① 董礼胜、董彦:"战后日本与欧盟关系发展演变的概述及分析",《欧洲研究》2007 年第 4 期,第 110—124 页。

② 渡邊啓貴「多国間枠組みの中の日欧関係」、国分良成編『日本の外交・第 4 巻・地域編』、岩波書店 2013 年、201 頁。

③ James D. Morrow, "Alliance and Asymmetry: An Alternative to the Capability Aggression Model of Alliance," *American Journal of Political Science*, Vol. 35, November 1991, pp. 904 - 933.

④ 栗山尚一「激動の90年代と日本外交の新展開」、『外交フォーラム』1990 年 5 月号、16 頁。

⑤ L. Odgaard & S. Biscop, "The EU and China: Partners in Effective Multilateralism?" in D. Kerr & L. Fei eds., *The international politics of EU - China relations*, New York: Published for the British Academy by Oxford University Press, 2007, p. 61.

⑥ M. Reiterer, "Interregionalism as a new diplomatic tool: the EU and East Asia", *European Foreign Affairs Review*, Vol. 11, No. 2, April 2006, pp. 223 - 243; European External Action Service, "Speech by High Representative/Vice - President Federica Mogherini at the IISS Shangri - La Dialogue 2015", http://www.eeas.europa.eu/statements - eeas/2015/150531_02_en.htm. p. 1, last accessed on 15 December 2018.

日建立"战略伙伴关系"10周年之际，双方开启了加深战略合作的双轨谈判的架构，即"战略伙伴关系协定"（Strategic Partnership Agreement，SPA）谈判和"经济伙伴关系协定"（Economic Partnership Agreement，EPA）谈判。2017年12月8日欧日EPA协定已经正式签署并于2019年生效，与此同时双方也加快了关于SPA协定的谈判步伐。这表明欧日一方面正积极应对世界经济体系的总体形势的变化，特别是应对以中国为代表的新兴国家崛起；另一方面，欧日正在通过重新构造彼此之间的战略合作框架，协调双方在国际战略格局和东亚地区的政策走向。围绕这一背景，本文主要研讨的内容是：一是探讨欧日经贸与安全合作中的分歧因素；二是剖析日益紧密的欧日合作对中欧关系所带来的影响。

　　回顾冷战结束后欧日关系的发展可以发现三方面特征：一是随着欧日关系由冷战时期同属西方阵营的同盟关系向全球伙伴关系的转变，共同价值观和共同原则的提法已在双方官方话语中牢固确立。二是欧日战略伙伴关系持续趋近并建立了稳定和成熟的国际双边合作，双方关系未受国际局势和地区局势影响产生大幅波动。三是双方对话中涉及对东亚区域和平与安全问题的关注度也在持续增加。东亚地区潜在的冲突因素日益成为欧日关于东亚安全保障环境等战略性对话时的焦点问题。在这些特征基础上，欧日合作逐渐形成基于价值观合作为主体、安全及经济合作为两翼的"一体两翼"模式。

一、欧日深化合作中的"价值观因素"

　　欧日关系的基本定位是双方认可彼此是坚持所谓"普世价值"的战略性伙伴，而这一共识可以说奠定了欧日推进国际合作的最重要基础。日本将自己作为欧盟的"天然盟友"的形象推广已经得到欧盟精英层面广泛认同。欧日强调加强双方合作关系有利于双方为了地区乃至世界的安全承担更多责任，双方应该为了构筑世界的和平、安全及稳定而采取共同行动。① 正是基于双方达成的价值观的共识，欧日于2013年3月25日同时开启了战略性双轨谈判。

　　回顾2013年欧日开展战略性双轨谈判至今的几次欧日定期首脑峰会会谈内容，会发现共同价值观和共同原则的提法已在双方官方话语中牢固确立，双方对话中涉及对东亚区域和平与安全问题的对话内容也在持续增加。首先，欧日在2013年11月19日举行的第21次欧日定期首脑会谈中强调要将欧日双边关系提升至更具战略性的更高层面。欧盟表示欢迎日本为地区与全球和平与安全作出更积极的贡献。同时欧日双方表示对东亚海上形势、南海、东盟、缅甸和朝鲜问题表示明确关注。继而，欧日在2014年5月7日举行的第22次欧日定期首脑会谈中声明"在共同价值观原则的基础上"发展"更广泛的伙伴关系"，欧盟表示希望自身"能成为更有效的安全提供者"，愿意"更加紧密地介入东亚的地区架构之中"，欧盟认可安倍的"积极和平主义"（Proactive Contribution to Peace），愿意同日本探讨如何参与"共同安全与防卫政策"架构的合作。同时欧日双方表示对东亚海上形势、南海、东盟、缅甸和朝鲜问题表示明确关注并主张建立危机管控与沟通机制。而欧日在2017年7月6日举行的第24次欧日定期首脑会谈因为经济伙伴关系协定和战略伙伴关系原则协议的达成被视为欧盟与日本战略合作伙伴关系新篇章的开始。双方共同申明在基于规则的国际秩序面临越来越大的压力下，"经济伙伴关系协定"和"战略伙伴关系协定"是基于构成欧盟—日本伙伴关系基础的共同价值观和共同原则，其中包括人权、民主和法治。②

　　欧日在价值观层面上的一致是欧日战略伙伴关系推进的基础，而双方在强调价值观一致性的同时是将中国视为价值观上的"异质性"存在。欧日均公开强调不能因为彼此对华存在巨大的商贸利益而不坚持自己的价值观。

---

　　① "22nd EU – Japan Summit Joint Press Statement", http：//www.euinjapan.jp/en/resources/news – from – the – eu/news2014/20140507/210016/, last accessed on 15 December 2018.

　　② "24rd Japan – EU Summit Joint Press Statement", http：//www.consilium.europa.eu/en/press/press – releases/2017/07/06/eu – japan – summit – statement/#.

多重挑战下的欧盟及其对外关系

日本的意图显而易见,即会同相同价值观的盟友在亚太地区切实树立一种规范,而日本的重大职责就是要在此过程中积极引导各国,让它们朝遵守规范的方向发展。① 欧盟委员会在 2016 年发布的《欧盟对华新战略要素》的报告中也提到要促进普世价值,承认中国在国际体系中发挥更大作用的需要并帮助界定这种作用,即期望中国承担与其从以规则为基础的国际秩序中获得的好处相一致的责任。②

欧盟将欧日战略伙伴关系协定作为自身更多参与亚洲事务、巩固欧盟全球行为体的平台之一。对欧盟而言,中国崛起的冲击不如日本那样强烈。如何处理对华关系对欧盟而言是一个显著的双重挑战:一方面从欧盟的规范外交和欧洲价值观角度来看,中国是个"异质性"国家。另一方面,欧盟长期致力的多边主义国际愿景和以规则为基础的国际秩序的建构又需要中国配合。鉴于中国在联合国安理会的常任理事国资格,日益增长的国际声誉和在地缘政治经济方面的重要性,欧盟认为提升欧中关系的定位对巩固其作为国际主要行为体是有所助益的。③ 但是必须承认,中欧价值的根本差异导致理解的差异,并在很大程度上阻碍了欧盟与中国采取针对第三方的联合行动。④ 因此,值得注意的是,欧盟的亚洲外交的趋势是日益重视其他亚洲安全合作伙伴,与中国保持经贸合作的同时,通过与其他亚洲合作伙伴战略性合作来减轻对中国的倚重。

概言之,欧盟与日本强调的是通过外交对话的各种渠道,敦促以中国为

---

① 細谷雄一『安保論争』、ちくま新書 2016 年、85、155、160 頁。

② "Elements for a new EU strategy on China", 22 June, 2016, http://www.eeas.europa.eu/archives/docs/china/docs/joint_communication_to_the_european_parliament_and_the_council_-_elements_for_a_new_eu_strategy_on_china.pdf, last accessed on 15 December 2018.

③ L. Odgaard & S. Biscop, "The EU and China: Partners in Effective Multilateralism?" in D. Kerr & L. Fei eds., *The international politics of EU-China relations*, New York: Published for the British Academy by Oxford University Press, 2007, p.61.

④ 宋黎磊、陈志敏:"中欧对软实力概念的不同认知及对双边关系的影响",《欧洲研究》2011 年第 2 期,第 46 页。

代表的新兴国家恪守国际规范，落实自己的宪法保障和维护法治的明确承诺。通过经济伙伴关系在新的全球贸易秩序制定的博弈中共同掌握主导权和话语权奠定基础。双方期望尽快完成战略性双轨谈判，巩固价值观同盟，用国际法、贸易规则等规范性力量对国际秩序的挑战者形成安全和经济层面的多重制约。

二、欧日深化经济合作的分歧

欧日关系在冷战时期几乎可以跟经贸往来画上等号，欧日经贸摩擦的背后是双边经贸往来数量的增大。到1988年，日本已经成为欧洲第二大贸易伙伴，这个位次一直维持到2000年。但是目前已经降至第七位。其主要原因是伴随中国的崛起，将原本欧日双边外贸的很大部分，如机电产品等转变成日本向中国出口高附加值的零部件，再由中国组装后以成品出口欧盟的三边贸易形式。从全球贸易的角度而言，欧日十分担忧中国这样一个"异质性"国家会在未来世界贸易的建章立制方面居于主导地位。上述担忧导致欧日双方均有意愿在贸易规则制定的问题上形成制约中国的合力，同时欧日都积极在经济领域与中国深化合作。

欧日对于推动EPA谈判中也不乏对中国等新兴国家崛起因素的考虑。欧日积极联合美国在新的贸易规则制定中排斥以中国为代表的新兴经济体。对欧盟而言，第一，在贸易保护主义潮流抬头的现阶段，欧日EPA可以在很大程度上遏制这一潮流，向世界展现欧盟维护自由贸易秩序的积极形象。第二，欧日决定在2017年7月就EPA达成基本协议，是为了赶在英国脱欧谈判涉及到实质性问题前，欧盟认为这有利于欧盟在未来的英国脱欧谈判中取得有利地位。① 第三，欧盟希望不要继续过分倚重中欧贸易和投资关系，使得欧盟在亚洲的经济机会和增长来源多样化。第四，欧盟希望通过建立

---

① 「欧日EPA、来月大枠合意へ詰め　保護主義に対抗」、『日本経済新聞』、2017年6月9日。

EPA等新一代经贸合作网络，在经济规则的设置中掌控主导权，并迫使中国就范，成为新规则的被动接受者。

相比欧盟，日本推动EPA谈判的意愿主要基于经济因素之外的多重考虑。第一，在日本看来，欧债危机期间，中国积极援助欧洲，与欧洲走近，一旦欧债危机缓解，经济恢复，中国将首先获益，并有可能在军事合作上与欧盟取得新的进展。因此，安倍内阁希望藉此牵制中国在欧盟扩大影响，保持日本对欧盟的影响力。① 第二，在美国退出TPP的背景下，日本认为欧日在2017年7月达成基本协议，将成为推动CPTPP谈判取得积极进展的强有力筹码。第三，中日两国在中日韩FTA和RCEP谈判中围绕商品的自由化率问题争执不下，中国强调应根据各谈判国的具体国情，由易到难、循序渐进地实现高自由化率，主张可以先签署协议，日后再分阶段地进行升级版的谈判。但日本执意要毕其功于一役，主张立即打造综合性高水平的FTA。显然，欧日EPA可以被日本引为支援，以拉拢更多的谈判国支持日本的主张。②

与此同时，在欧日与中国双边贸易层面，中国日益成为双方最重要的贸易伙伴，而原有的日欧贸易的重要性被日中、中欧贸易所取代。中国也成为欧日最大的贸易逆差来源地。中国为欧盟第二大出口市场和第一大进口来源地。相比之下，日本是欧盟第六大出口市场和第五大进口来源地。虽然从绝对值来说，欧日EPA是世界上规模仅次于北美自由贸易区（NAFTA）的自由贸易协定，GDP占世界的27.8%，贸易总额占世界的35.8%，对推动欧盟经济的发展大有裨益。③ 同时不可否认，一旦欧日EPA建成而产生的贸易

---

① 张晓通、刘振宁、卢迅、张平："欧日自由贸易区谈判及其对中国的影响"，《欧洲研究》2013年第4期，第27页；Yusuke Anami, Bonji Ohara and Tomoki Kamo, "Handle China's maritime assertiveness through 'internationalization'", *DIPLOMACY*, Vol. 39, Sep. 2016, pp. 18–19.

② 「首相、欧日EPA『早期に大枠合意を』」、『日本経済新聞』、2017年6月20日。

③ 「欧日EPA　世界貿易額、3分の1カバー」、『日本経済新聞』、2017年6月14日。

转移效应会给中国经济带来不可避免的影响,其金额最低也将超过250亿美元,并迫使大量中国企业将生产基地转移至欧日自贸区内进行。① 但欧盟与日本在全球经济中的重要性都不断下降,日本自2010年被中国赶超后,不再是世界第二大经济体,并且与前两位的美国和中国差距逐渐拉大。而欧盟也是刚刚迈出2009年以来的欧债危机导致的经济低迷,因此双方经济联系的相对弱化能否通过EPA协定得以弥补还有待观察。

综上所述,欧日基于相同的价值理念和意识形态,希冀从规范的角度出发对华形成一种制约的合力。但这种意图在日欧经贸合作领域却呈现出一定分歧,一方面面对对华贸易中存在的巨大逆差,欧日均有意向在多边层面利用贸易规则在一定程度上平衡对华贸易的逆差,并构筑美欧日主导的未来世界经贸规则,意图迫使以中国为代表的就范,成为新规则的被动接受者。但另一方面,伴随中国经济的持续发展,欧日谁也不得不重视中国13.8亿人口的庞大市场诱惑和持续增长的消费能力,双方各自在双边层面强化与中国的经济合作。换言之,欧日多边层面意图用经贸新规制衡中国的同时,也在双边层面使尽浑身解数,想着如何能够从中国发展的过程中获取更多的经济红利。

三、欧日深化安全合作的分歧

近年来,欧日在全球安全领域的合作越来越为双方所关注,2011年欧日峰会确定的双方21世纪第二个十年合作计划中,东亚、中东等地区安全局势成了其重点关注的合作领域之一。② 日本除了密集地打出"共同意识形

---

① 张晓通、刘振宁、卢迅、张平:"欧日自由贸易区谈判及其对中国的影响",《欧洲研究》2013年第4期,第35页。

② European Commission, "Factsheet on the 20th EU – Japan Summit in Brussels", 28 May 2011, http://europa.eu/rapid/pressReleasesAction.do? reference = MEMO/11/356, last accessed on 15 December 2018.

态牌",以各种形式提醒欧盟要关注东亚地区的安全局势外,还不遗余力地推销安倍的"积极和平主义",并将这些安全议题与欧盟正在进行的 SPA 的谈判或明或暗地联系起来。欧日在东亚的安全合作专注点也逐渐集中到了双方建立危机管理合作机制上来,但是因为地缘因素和国际行为体角色定位的不同,欧日在东亚安全合作在不同问题上产生了立场与行动的差异,这导致双方在东亚安全合作具体诉求与欧日间价值观合作之间出现了分歧。

从欧盟角度而言,欧盟对自身的外交定位是希望作为"规范性"和"非军事"的力量对国际事务发挥更大作用,2016 年欧盟出台的《全球战略》文件中强调了亚洲地区的重要性,并指出欧洲繁荣与亚洲安全之间有直接的联系,认为"亚洲的和平与稳定是欧洲繁荣的先决条件。欧盟会深化与日本、印度和东盟的经济外交关系,对包括朝鲜半岛、海洋、反恐在内的安全事务做出贡献"。[①] 欧盟对东亚地区的局势,尤其是南海、东海及朝鲜半岛的突发性紧张局势,以及中国崛起和美国"亚太再平衡"战略所带来的东亚战略格局的演变愈加关切。在欧盟眼中,东亚地区的军事冲突和对抗正日益加剧,而多边主义和区域一体化应是化解冲突的重要机制。[②] 随着欧盟对东亚安全态度的逐渐重视,欧盟认为日本作为亚太地区举足轻重的大国,又与其拥有相同的价值观,主观上欧盟也有意联合日本来强化自身对国际安全格局和东亚地区事务的影响力。欧日安全合作近几年内也在继续加强。[③] 近年来欧日首脑峰会上,欧盟不止一次地明确表示希望自身"能成为

---

① The European External Action Service ", Shared Vision, Common Action: A Stronger Europe—A Global Strategy for the European Union's Foreign and Security Policy", http://www.eeas.europa.eu/top_stories/pdf/eugs_review_web.pdf, last accessed on 15 December 2018.

② M. Von Hein, "Opinion: Dangerous escalation over disputed islands", DW, 2013, http://www.dw.de/opinion - dangerous - escalation - over - disputed - islands/a - 17258366, last accessed on 15 December 2018.

③ Cassarini N, "The securitisation of EU - Asia relations in the post - cold war era", In: Christiansen T, Kirchner E, Murray P (eds), "The Palgrave handbook of EU - Asia relations", Palgrave: Basingstoke, 2013, pp. 181 - 197.

更有效的安全提供者"。① 欧盟的亚太战略或者说欧盟东向政策是其平衡大西洋伙伴关系和太平洋伙伴关系的客观需要，欧盟与亚洲新伙伴的关系建设问题也在欧盟2016年发布的《全球战略》文件中占有相当篇幅。

欧日基于相同的价值理念和意识形态，希冀从规范的角度出发对东亚安全形势形成一种制约的合力。且专注点也逐渐集中到了双方建立危机管理合作机制上来，但这种意图在安全合作领域却很难达成立场和行动的一致：一是在东海的领土争端与海洋争端中，欧盟的立场是尽量不选边站。二是在南海安全局势上，欧日虽然在认识上达成一致，通过国际舆论对华施压，相比日本强调的意识形态视角，欧盟更注重地区局势的变化对欧盟利益的影响，欧盟的立场是各方对分歧能够进行建设性管控，同时对中国怀有"建设性"期待，因此措辞并不像日本那样严厉和偏颇。三是在欧盟对东亚安全局势的整体考虑中，维持对华武器禁运有助于从欧盟立场出发对东亚安全局势进行管控，欧日在这一问题上的安全合作紧密。但是受地缘因素影响，欧日对东亚安全局势的态势感受不同，在不同问题上双方合作的行动有所差异。所以，欧日在东亚安全合作具体诉求与欧日间加强价值观合作的意愿之间存在分歧。

四、结语

冷战结束后，欧日关系的基本定位是双方认可彼此是坚持所谓"普世价值"的战略性伙伴，欧日认为双方在自由、民主主义、法制社会等方面拥有相同的价值观，尽管在地理上相隔万里，但却是"天然"的战略性伙伴。而这一共识可以说奠定了欧日推进国际合作的最重要基础。欧日合作逐渐形成基于价值观合作为主体，安全及经济合作为两翼的一体两翼新合作

---

① "22nd EU – Japan Summit Joint Press Statement", http：//www.euinjapan.jp/en/resources/news – from – the – eu/news2014/20140507/210016/, last accessed on 15 December 2018.

模式。

这一模式有三个特征值得关注，且之间亦存在紧密联系：一是随着欧日关系由冷战时期同属西方阵营的同盟关系向全球性伙伴关系的转变，共同价值观和共同原则的提法已在双方官方话语中牢固确立。二是欧日战略伙伴关系持续趋近并建立了稳定和成熟的国际双边合作，双方关系未受国际局势和地区局势影响产生大幅波动。三是双方对话中涉及对东亚区域和平与安全问题的关注度也在持续增加。欧日之间的交流中涉及价值观、安全等高级政治的对话日益显著，新兴国家崛起使得日欧整体实力相对衰弱，如何应对新兴国家崛起的议题也逐渐成为双方双边交流中重要议题之一。

从所谓"普世价值"的视角而言，欧盟与日本认为双方应携手应对与它们有别的"异质性"国家的挑战。在具体行动上双方又有所差异，在经济领域，鉴于中国同时是欧日最重要的经贸伙伴事实成为了双方在涉华问题上进行合作时不得不有所顾忌的因素。在安全领域，中国在南海及东海的种种维权举动被欧日视为是对现行国际秩序的一种挑战，但基于地缘政治等因素影响，相比日本是中国的近邻，远在亚欧大陆另一侧的欧盟显然对该议题的反应剧烈度不如日本。不言而喻，这也导致双方对该议题的合作彼此存在认知落差；但值得注意的是，现阶段欧日已经意图通过构筑战略伙伴关系协定和经济伙伴关系协定的双轨战略框架，在安全和经济两个领域用国际法、贸易规则等规范性力量对华实施对冲政策。

欧日这种针对中国的合作势必给中欧关系带来一定负面影响，但基于中国综合国力的日益增强和欧日彼此关系（尤其是经济关系）的日益紧密，现阶段欧日联手制约中国的合作更多地停留在"说"的层面，而在"做"的层面仍面临诸多限制，虽然欧日战略合作会日益紧密，但是双方以价值观合作为基础来制衡中国的的战略目的还难以实现。

三重身份视阈下的21世纪德国安全战略研究[*]

夏立平[**] 祝宇雷[***]

联邦德国国家利益、作为欧盟核心国的利益和作为北约成员国的利益是决定德国联邦安全战略的三个主要因素。这三种利益决定了德国的三重身份,即联邦德国国家身份、欧盟核心国身份和北约成员国身份,而利益的内容在很大程度上又是由观念,即这三重身份建构的。因此这三重身份对德国安全战略的制定和执行有很大影响。本文将从联邦德国国家身份、欧盟核心国身份和北约成员国身份等三重身份角度研究21世纪德国安全战略。

一、联邦德国国家身份及其对德国 安全战略的影响

冷战结束的进程,为德国创造了统一的机会。1990年10月3日德国统

---

[*] 本文是第一作者主持的国家社科基金重点项目"构建新型大国关系的理论建构与方略选择"(项目批准号:14AZD060)的中期成果。
[**] 夏立平,同济大学国际与公共事务研究院院长、教授。
[***] 祝宇雷,同济大学政治与国际关系学院国际关系专业2017年硕士研究生。

一时，原民主德国的5个州加入联邦德国，联邦德国扩大到由16个联邦州组成，是欧盟中人口最多的国家，也是欧洲第一大经济体。德国统一后，不仅恢复了完全主权，而且实力大增，地缘战略位置发生了巨大变化，从东西方两大集团长期的紧张对峙和战争恐怖中解脱出来，由原来的两大军事集团对抗的前沿变成了欧洲的中心。这是联邦德国国家身份的一次重大变化，对德国安全战略的影响包括：

（一）在安全战略目标上，由服务于西方阵营安全，寻求民族和国家统一，转变为维护德国和欧洲安全，争取成为世界大国

在冷战时期，德国一直追随美国，确保自身及西方阵营安全，同时"决心维护自己民族的和国家的统一"[①]。德国还推行"新东方政策"与"和解政策"，与东方国家重新建立关系，在东西方阵营之间扮演某种"平衡者"的角色。冷战结束后，联邦德国政府发表《白皮书》，出台了德国新安全战略的三层目标："保卫德国及其盟国"的安全，"预防、限制和结束可能危及德国或德国盟国的领土完整与稳定的危机与冲突"[②]；建立有利于德国的欧洲安全机制；"愿以联合欧洲中一平等分子之地位贡献世界和平"，[③]成为世界大国。与此相适应，德国的安全观念和安全手段也发生重要变化。

（二）在安全观念上，以新的视角看待国家主权，认识到世界多极化趋势，逐渐接受共同安全观念

冷战结束后，德国安全观念发生重大变化。1990年9月12日美、苏、

[①] "序言"，《德意志联邦共和国基本法》，译文引自世界知识出版社编：《德国统一纵横》，北京：世界知识出版社，1992年版，第308—362页。

[②] "Weissbuch 1994", Seite 44, 引自吴学永《德国安全战略的新发展》，《欧洲》1996年第2期，第43页。

[③] "序言"，《德意志联邦共和国基本法》（修改后），http://www.lawtime.cn/info/minfa/minfafagui/2010122857636.html。

英、法同当时的联邦德国、民主德国签订《最终解决德国问题的条约》，两个德意志国家实现统一，德国才在国际法上被确认为内政外交上享有完全主权的国家。在这种情况下，德国新的国家安全观贯穿着"享有完全主权"的宗旨。[①] 另一方面，德国也认识到它与其他欧洲国家的相互依存关系在发展，德国必须坚持多边主义，甚至将一些主权权利让渡给欧盟。

其次，德国接受了多极世界观。在冷战时期，德国深受两极格局之害，处于分裂状态。冷战结束后，德国逐渐认识到世界多极化的发展，不愿完全成为单极霸权的追随者，选择了以自主发展为主的道路，反对单边主义，主张推动世界向多极化方向发展。认为欧盟是当今世界的重要一极，德国是这一极中的核心力量，一个多极的世界有利于维护和平与稳定。

第三，德国的利益观发生重要变化。在冷战时期，德国最重要的利益是抵御苏联和华约集团的军事威胁，实现国家统一。冷战结束后，德国认识到，它面临的挑战和威胁已经发生了重大变化。科索沃战争、"9·11"事件、乌克兰危机、巴黎恐怖袭击事件、难民危机等，使德国进一步认识到，非传统安全威胁正在上升，传统安全威胁依然存在。德国应该不为极端民族主义所驱使，单方面追逐本国利益最大化而损害其他国家利益；应该以和平与共同安全为优先，发展与其他国家的平等、互利、互惠式合作。

（三）在安全手段上，完善国家安全决策机制，重视经济、联盟和联邦国防军的作用

冷战结束后，德国国家安全决策机制得到发展和完善。德国基本法规定："国防部长对武装部队有命令指挥之权"。[②] 德国的首脑是总理，总理拥有组阁权，挑选各部部长和政府主要官员；决定联邦政府的内外方针政策，并对联邦议院负责；战时直接取代国防部长，担任三军统帅，指挥联邦军

---

① 陈德兴：《德国新时期的国家安全观与安全战略》，《当代世界》2005 年第 12 期，第 39 页。

② "序言"，《德意志联邦共和国基本法》，译文引自世界知识出版社编：《德国统一纵横》，北京：世界知识出版社，1992 年版，第 308—362 页。

队。在三权分立的政治体制中形成了政府与议会之间的一种权力制衡，即联邦政府可以决定向国外派遣德军，但须经过联邦议院批准。

德国联邦安全理事会（英文 the Federal Security Council，德文 Bundessicherheitsrat，BSR）在新时期继续发挥作用。该理事会由联邦总理和8位部长组成，包括国防部长、外交部长、内政部长、经济部长、经济合作部长、司法部长和财政部长等，由联邦总理或副总理担任主席。在冷战时期，德国所有关于国家安全的重要决定都是由德国联邦安全理事会做出的。现在该理事会主要做出关于国家安全的重要决策。

经济是实现德国安全战略最重要的手段。历经两次世界大战，德国认识到军事扩张并不能带来国家安全，反而给国家和世界人民造成重大灾难。因此，德国以雄厚的经济实力、强大的科技实力、较高的生产率和丰富的管理经验为基础，与欧洲和世界各国保持和发展密切的经贸关系，不仅以此促进德国经济的发展，而且在欧盟发挥主导作用，从而保障德国的国家安全。

德国联邦国防军作用在上升。在冷战时期，德国无权单独使用其武装力量，其国防军归北约统一指挥。统一后的德国由于恢复了完全主权，因此拥有对其武装力量的完全支配权。联邦国防军成了德国安全战略一个非常重要和最终的手段。德国要求联邦国防军必须具备在北约的框架内进行国土防御与联盟防御的能力，在北约和西欧联盟消除危机的多国部队内进行协同的能力，以及根据《联合国宪章》和《德意志联邦共和国基本法》，在联合国、北约和欧安会的范围内适当地参加国际行动的能力。[1] 从20世纪90年代初起，德国开始参加联合国维和行动。1992年12月，德国应联合国秘书长请求，派出1500名士兵赴索马里执行联合国维和行动。同年，德国政府作出派兵执行联合国安理会在塞尔维亚上空建立"禁飞区"的决定。此后，德军还参加了北约框架下的两场在北约防区外的战争行动，即科索沃战争和阿富汗战争。

---

[1] "Weissbuch 1994"，Seite 91，引自吴学永：《德国安全战略的新发展》，《欧洲》1996年第2期，第45页。

二、欧盟核心国身份对21世纪德国安全战略的影响

德国参与欧盟建设和欧洲一体化的进程，使德国不仅极大地消除了欧洲其他国家对德国的疑虑和历史怨恨，而且德国作为欧盟的核心国家和主导国家，极大提升了德国在欧盟的领导力和在世界的影响力。欧盟已经成为德国安全战略的最重要的支柱之一。

（一）德国依托欧盟加强自身安全，扩大在欧洲和世界的影响力

《德意志联邦共和国基本法》规定"联邦得以立法将主权转让于国际组织。"[①] 这为德国参与欧盟和欧洲一体化进程提供了法律依据。德国参与欧盟和欧洲一体化进程经历了一个发展过程。

统一后的德国逐渐成为欧盟的领导者，依托欧盟提升德国在欧洲和世界的影响力。2005年11月30日，刚就任德国总理的默克尔（Angela Merkel）向联邦议院发表《施政声明》，明确阐述了德国政府的欧洲政策，提出了"德国利益优先"的原则，阐明了德国利益与欧盟利益的关系。默克尔在这一声明中将欧盟和跨大西洋伙伴关系视为德国外交政策的两个重要支柱，同时认为在欧盟的领导权需要与其他大国分享，尤其是法国。这有助于减轻欧盟其他成员国对德国主导欧洲的担心。

2010年以来，德国在应对和试图解决乌克兰危机、欧洲债务危机、欧洲难民危机等时，都依托欧盟发挥了领导作用或主导作用。虽然这些都是发生在欧洲的危机，但应对和解决这些危机具有世界影响。

1. 德国在达成解决乌克兰危机的"新明斯克协议"中发挥建设性重要

[①] 《德意志联邦共和国基本法》，译文引自世界知识出版社编：《德国统一纵横》，北京：世界知识出版社，1992年版，第308—362页。

作用，在确定欧盟对乌克兰危机的政策中发挥主导作用。

2015年3月4日，德国总理默克尔在与欧盟委员会主席容克（Jean-Claude Juncker）举行的联合新闻发布会上敦促落实"新明斯克协议"。她表示，如果"新明斯克协议"被"严重侵犯"，欧盟成员国和欧盟委员会准备对俄罗斯实施更严厉制裁。在这里，德国总理默克尔实际上已经在代表欧盟发言了。

2. 德国在解决欧洲债务危机中发挥领导作用。2009年12月，全球三大评级公司下调希腊主权债务评级，希腊债务危机开始并愈演愈烈，成为欧洲债务危机的导火线。2010年起欧洲其他一些国家如意大利、爱尔兰、葡萄牙和西班牙等国也开始陷入危机，整个欧盟都受到债务危机困扰。由于欧元大幅下跌，加上欧洲股市暴挫，整个欧元区面对严峻的考验。

德国作为欧元区内经济总量最大的主权国家，其对危机国家的救助意愿与救助能力成为左右欧债危机发展态势的重要因素。德国在欧盟批准对希腊援助计划和在解决欧洲债务危机中发挥了重要的领导作用，在欧盟国家中提供的援助资金最多。

3. 德国总理默克尔在应对欧洲难民危机中试图发挥领导作用。2015年上半年，就有30万难民涌入欧洲，超过2014年全年人数，已有数千名难民在偷渡途中丧生。这些难民主要来自受到战乱之苦的伊拉克、叙利亚和阿富汗，以及在"阿拉伯之春"中因卡扎菲政权被推翻而陷入内乱的利比亚。这些国家的乱局西方都要负很大的责任。面对难民潮的涌入，欧洲面临二战结束以来最大的难民危机。德国总理默克尔认为，这场难民危机对欧洲是"历史性的考验"。[①]

在这场难民危机中，德国总理默克尔发挥了令世人瞩目的作用，显示她是一个有信念并据此采取行动的领导人。但是庞大的难民数字——德国2015年有超过100万移民涌入——改变了局面。很多城镇和乡村都因移民涌入而不堪重负。特别是2016年除夕德国"科隆性侵事件"发生后，欧洲

---

① 《德国总理默克尔：难民危机对欧洲是"历史性的考验"》，中新网12月15日电，德国总理默克尔2015年12月14日在德国执政党之一基民盟举行党代会上的讲话，搜狐新闻，2015年12月15日，http://www.news.sohu.com/20151215/n431300051.shtml。

许多国家的民意发生逆转，迫使部分欧洲国家政府、政党和政治家对移民问题采取强硬措施。

（二）欧盟经济一体化和政治联盟进程对21世纪德国安全战略的影响

1. 欧盟经济一体化和政治联盟进程使欧洲国家相互依存强化，成为德国安全战略的依托。自从1967年欧共体正式成立，特别是欧盟深化和扩大以来，欧盟经济一体化进程已经取得很大的发展，成为世界上内部经济联系最为紧密的经济货币联盟。在此基础上，政治联盟进程也有很大进展。这些使得欧洲国家之间在经济上和安全上的相互依存达到较高的程度，它们之间在安全上的互信也达到较高的程度。这些有利于维护欧洲的和平、稳定与繁荣。欧盟国家之间发生战争已经成为不可想象的事情。德国在欧盟经济一体化和政治联盟进程中获得更大安全性。德国安全战略也有了更加牢靠有力的依托。

2. 欧盟经济一体化和政治联盟进程使欧盟成为世界一极，提升了德国在世界政治、安全事务中的地位。欧盟经济一体化和政治联盟进程大大加强了欧盟在世界上的经济实力，也大大提升欧盟在世界上的经济和政治影响力。欧盟已经成为世界最大的经济体之一，并且成为许多国家，包括中国最大的贸易伙伴或最大的贸易伙伴之一。欧元已经是世界主要货币之一。欧盟实行共同的外交政策和安全政策。这些使欧盟成为多极化世界中的重要一极，在世界政治中发挥重要影响。同时，德国作为欧盟的领导国家和核心国家，其安全战略依托欧盟大大提高了自身在世界政治、安全中的影响力。

（三）欧盟安全防务一体化进程对21世纪德国安全战略的影响

欧盟共同安全与防务政策是欧盟共同外交和安全政策的重要组成部分。欧盟安全防务一体化进程是欧洲一体化进程的重要组成部分，是欧盟国家通过建立超国家的安全防务机制、发展共同防务力量等措施，逐步实现防务领域一体化,并最终实现防务一体化的历史进程。

德国对欧盟安全防务一体化始终持支持态度,是重要的参与者和推动者。德国在欧盟安全防务一体化框架确立进程中起到重要推动作用和关键协调作用,是欧盟安全防务领域共同政策机制演进和完善的重要推动者。

三、北约成员国身份对21世纪德国安全战略的影响

1949年4月4日,北约组织宣布成立。该组织的宗旨是缔约国实行集体防御,任何缔约国同他国发生战争时,必须给予援助,包括使用武力。1955年5月5日,联邦德国加入北约,成为北约成员国。在冷战时期,北约的主要作用是"让美国进来、把俄罗斯排除在外、把德国压在下面"(to keep America in,Russia out,Germany down)。

冷战结束后,北约的作用发生重大变化。北约的职能由军事组织转变为军事政治组织。1991年12月,北约成立了由北约国家、前华约国家、独联体国家及波罗的海三国组成的北大西洋合作委员会。1994年1月在布鲁塞尔举行的首脑会议一致通过了同中欧、东欧国家和俄罗斯建立和平伙伴关系的方案。1997年5月,为把北约与伙伴国的政治军事合作提高到一个新水平,加强欧洲和大西洋地区的安全与稳定,北约国家与伙伴国家外长共同决定成立欧洲北大西洋伙伴关系委员会。

北约部队结构做了较大调整。2006年11月,北约里加首脑会议宣布北约快速反应部队已完成组建工作。北约快速反应部队由陆、海、空三大军种的精锐部队组成。根据北约计划,这支快速反应部队能在5天内部署到世界上任何地方,在单次补给情况下可连续30天执行各种使命。这些使命包括共同防御、人道主义援助、作为先锋为后续部队开辟通道等。

在这一背景下,德国安全战略继续受到其北约成员国身份很大的影响:

（一）德国依托北约维系跨大西洋伙伴关系

冷战结束后，维持跨大西洋伙伴关系继续是德国安全战略的核心支柱之一。德美之间的亲密互信是德国对外安全战略的核心一环。[①] 德国政府认为，发展跨大西洋伙伴关系不仅得益于德美两国共同的价值观和相似的历史，而且受惠于共同利益以及社会、政治及经济等联系，美国是德国在欧洲之外的亲密盟友。因此，德国继续依靠北约，加强跨大西洋同盟和大西洋两岸的伙伴关系，坚持"奉行集体安全与防卫政策"，认为这是有效地"预防、阻止和消除影响德国完整和稳定的各种威胁、保障德国安全的根本手段"。[②]

美国和德国对维持跨大西洋伙伴关系有相互需求。德国希望有一定的安全自主性，但也不得不依靠北约和美国，来保证自己的安全和利益。俄罗斯在乌克兰危机中拿回克里米亚，在叙利亚使用武力，它将来可能东山再起。如果这样，欧洲将再度笼罩在俄罗斯的阴影之下。因此，现实的道路是承认美国的主导地位，维持并加强北约。德国也可以通过北约巩固和扩大德国在欧洲的政治安全影响力，成为欧洲的领导者。

（二）德国作为北约成员国参加北约框架下的军事行动和战争行动

自1995年起，德国作为北约成员国多次参加了北约指挥下的军事行动和战争行动。

2001年"9·11"恐怖袭击事件发生后，10月4日，北约第一次援引北约宪章第五条，认为"9·11恐怖袭击应被视为对缔约国全体之攻击"。10月7日，美国以搜捕本·拉登为名出兵阿富汗，发动了"9·11"之后第一场反恐战争。12月20日，联合国安理会通过决议向阿富汗派遣"国际安

[①] 魏光启：《冷战后德国的北约战略及德美关系研究》，《德国研究》2014年第1期，第33页。

[②] 王昉：《北约新战略》，北京：当代世界出版社，1999年版，第205页。

全援助部队"(International Security Assistance Force, ISAF),以协助阿富汗临时政府维护治安并开展战后恢复与重建工作。12月22日,德国联邦议院投票批准了德国政府做出的最多派遣1200名联邦国防军参加阿富汗"国际安全援助部队"的决定。至2013年,在阿富汗的德国军队接近5000名。按照德国联邦议院同年2月通过的德国政府提交的申请增兵提案,德国联邦议院授权德国政府最多可以在阿富汗驻军5350名。由于德国国内民众对德国在阿富汗驻军的反对声越来越大,德国政府宣布2012年开始撤军,逐渐将防务移交给阿富汗军队。至2014年底德军已经撤出阿富汗。

（三）德国利用北约应对非传统安全威胁

近年来,德国依托北约应对德国和欧洲面临的一些非传统安全威胁。北约应德国等请求协助应对欧洲难民危机就是一个例子。

四、德国安全战略的发展趋势

联邦德国国家身份、欧盟核心国身份和北约成员国身份从不同角度共同对德国安全战略的制定和执行产生重要影响。这三个身份构建的利益认知相互作用,相互影响,相互转化,决定了德国安全战略未来的发展趋势。

（一）重视内外复合安全和欧洲一体化建设

近年来,德国国内的安全与国际安全正在越来越紧密地联系在一起。难民问题就是一个很好的例子。德国国内的难民问题不仅与欧洲难民问题紧密相连,而且与中东、北非、西亚的安全形势紧密相连。解决德国国内的难民问题不仅需要德国的努力,也需要依托欧盟和北约。因此德国将"保卫德国及其盟国"安全与建立有利于德国的欧洲安全机制作为其安全战略最优先的两个目标。

（二）推行工业创新政策和为国际社会做贡献，寻求成为世界大国

成为世界大国是德国统一和冷战结束以来德国安全战略的最高层次目标。德国新安全战略实际上是三个同心圆："保卫德国及其盟国"的安全是最内圈的目标，建立有利于德国的欧洲安全机制是第二圈的目标，成为世界大国是最外圈的目标。

为实现这一目标，德国在国内实行工业创新政策，特别是推行工业4.0（Industrie4.0），打牢世界大国的经济基础。工业4.0是以智能制造为主导的第四次工业革命。该战略旨在通过充分利用信息通讯技术和网络空间虚拟系统—信息物理系统相结合的手段，将制造业向智能化转型。它是德国政府《高技术战略2020》确定的十大未来项目之一，并已上升为国家战略，旨在支持工业领域新一代革命性技术的研发与创新。德国以工业4.0产生的新的先进生产力来保障其经济安全，作为其对外经贸和对外关系的基础，也作为其成为世界大国的经济实力。

同时，德国把为国际社会做贡献作为实现其世界大国地位的必由之路。

（三）实行全方位外交战略，发展与新兴大国关系

欧盟与跨大西洋伙伴关系仍然是德国安全战略的两大支柱。但近年来中国、印度等一批新兴大国正在崛起，亚洲正在整体崛起，世界经济和政治重心开始由大西洋两岸向亚太地区转移。为了适应这种新形势，德国推行全方位外交战略，发展与新兴大国关系。

2005年德国总理默克尔上台初期，曾一度对华推行"价值观外交"，使中德关系陷入冰点。但随着欧债危机的爆发，默克尔政府迅速改弦更张，重回务实外交轨道。因为应对欧债危机，离不开与中国的合作。同时，德国力图通过加强与中国等新兴大国之间的经贸关系，填补德国在欧盟内出口下降所造成的缺口。德国需要寻找新的经济增长点，而这与中国的诉求是一致的。中德在地缘政治上没有根本利益冲突，由于全球性问题的增加，德国外交变得更加务实。自此之后，中德关系取得了长足的发展。

政治上，中德领导人互访频繁，通过互访加深了相互了解，增进了互信，提升了两国关系。2010年7月默克尔总理访问中国期间双方发表了《中德关于全面推进战略伙伴关系的联合公报》，确立了建立战略伙伴关系的目标。2014年3月中国国家主席习近平访问德国期间，中德宣布建立全面战略伙伴关系。

经济上，中德经济合作发展快速。2012年中国超过美国成为德国第三大贸易伙伴。2014年双边贸易额为1777.5亿美元，同比增长10.1%。中国和德国贸易额超过中国与欧盟贸易总额的1/3。德国也是对华直接投资最多的国家之一，至2015年3月底，中国累计批准德国企业在华投资项目8675个，德方实际投入244.6亿美元。中国近年来也加大了对德国投资的力度，2014年中国成为在德国投资项目数量最多的国家，达到190个。至2015年3月底，经中国商务部核准的中国对德国非金融类投资已达50.5亿美元。而且，中德正在努力实现"中国制造2025"与德国"工业4.0"的对接。两国还在试图对接中国"一带一路"倡议与欧盟的"容克计划"。2014年欧盟推出了旨在拉动欧洲经济增长的投资计划——"容克计划"。但是"容克计划"的先天不足是投资资金不充裕。中国"一带一路"倡议将给所有沿线国家带来巨大商机。对于欧洲而言，可以实现欧亚大陆上的互利共赢，搭中国经济发展的快车。因此，对接中国的"一带一路"倡议正好能解决"容克计划"面临的资金短缺问题。因此，德国希望加大与中国在技术和资金领域更深层次的合作。

在科技文化领域，两国交流成果也颇丰，相继在对方国家举办"中国文化年""中德科教年""中德语言年""中德创新合作年"等活动。这都有效地加深了两国人民在科技文化领域的交流和相互了解。

开放的独立外交

——2017年法国总统大选与马克龙政府的外交政策[*]

张 骥[**]

2017年法国总统大选前所未有地引起了全球瞩目。人们普遍担忧欧洲一体化的前景和民粹主义的进一步泛滥。埃马纽埃尔·马克龙（Emmanuel Macron）的当选不仅暂时缓解了这些忧虑，还激发了某种乐观的情绪，仿佛带来了重振法国和欧洲一体化的希望。在悲观与乐观情绪迅速转换的背景下，如何把握法国对外部世界尤其是对欧洲一体化的复杂态度？法国是否存在走向封闭和民粹的可能性？新政府将做出怎样的外交政策选择？本文将基于大选对法国外交政策的影响，分析马克龙政府外交政策的走向及其面临的挑战。

一、走向封闭和民粹的法国？

尽管马克龙最终当选，但2017年的法国总统大选无疑展现了民粹主义

---

[*] 本文发表在《欧洲研究》2017年第5期，收入本书时根据篇幅要求大幅删减了部分内容。本文系2013年度国家社科基金青年项目"欧债危机背景下中法新型大国关系构建研究"（项目批准号：13CGJ006）的阶段性成果。

[**] 张骥，复旦大学国际关系与公共事务学院外交学系主任、副教授，复旦大学法国研究中心副主任。

和极端政治力量在欧洲的崛起,产生了广泛而深刻的国际影响。

第一,舆论将法国大选视为能否阻挡住民粹主义浪潮在欧洲和全球泛滥的关键。① 唐纳德·特朗普(Donald Trump)在美国的当选和英国通过公投开启"脱欧"进程,使得民粹主义在世界大国中进一步扩散,同时也为法国内部反对全球化的势力、民粹主义势力和"反体制"的势力提供了示范和鼓舞。法国大选及其结果成为影响国际政治走势中关键的一环。

第二,民粹主义和极端政治力量在大选中获得前所未有的民意支持。极右翼政党国民阵线(Front National)候选人玛琳娜·勒庞(Marine Le Pen)在竞选中支持率稳居前列,获得该党建立40多年来最高的支持率,并在第一轮投票中胜出。国际舆论普遍担心国际政治的"黑天鹅"再度从法国飞起。极左翼力量"不屈法国"(La France insoumise)候选人让-吕克·梅朗雄(Jean-Luc Mélenchon)的支持率也在第一轮投票中创历史新高,达到19.58%。极右(21.3%)和极左(19.58%)候选人在第一轮投票中获得超过40%的支持,② 具有了相当深厚的社会基础,已经成为一支不可忽视的政治力量。

第三,"脱欧"在法国大选中成为一个政策选项,引发了对欧盟前景的普遍忧虑。11位候选人中竟有8人提出了不同形式的脱离欧盟(或欧元区)的主张。在勒庞等持反欧、疑欧立场的候选人的推动下,大选议题被引向全球化与反全球化、欧洲一体化与反欧洲一体化、"祖国与欧洲"这样的非理性的二元对立,反欧、疑欧的主张得到了大张旗鼓的宣传,法国社会中存在的对欧盟的不满再也不能为当政者和欧洲领导人所忽视。

第四,传统政党的衰落和新兴政治力量的崛起带来不确定性。这种不确定性既是由法国国内政治力量演变带来的,也同样具有国际背景,表现为传统政党的出局、极端政治力量的上升、非传统新兴力量胜出和投票率创历史

---

① Philip Stephens, "France Could Turn the Populist Tide", *Financial Times* website, 2 February, 2017, https://www.ft.com/content/b0f45f12-e7c8-11e6-967b-c88452263daf, last accessed on 8 April, 2017.

② 法国内政部(Ministère de l'Intérieur)2017年总统大选官方网站:http://www.elections.interieur.gouv.fr/presidentielle-2017/FE.html,2017年5月19日访问。

新低①，总体上呈现出"反体制"的特征。大选打破了法国传统上中左、中右两翼角逐的局面，传统大党共和党和社会党在第一轮投票中就提前出局，这是第五共和国建立以来首次由两位均不属于传统左右翼政党的候选人进入第二轮投票。异军突起的马克龙及其"前进运动"（En Marche!）在选前名不见经传，更不为国际社会所知。他的当选是选民对现状普遍不满和传统政党分裂衰落共同作用的结果，是民心思变而又无可奈何的选择。选举进程、选举结果和当选总统都存在不确定性。

法国大选中出现的封闭、民粹和"脱欧"的倾向并非偶然和暂时性的现象，不能简单地归因为极端政党的煽动，是法国民众对当前经济社会状况、国际境遇和安全环境的结构性反应。社会党五年执政，未能使法国摆脱低迷的经济增长和长期持续的高失业率。法国经济增长率一直徘徊在1%左右，失业率则维持在10%，年轻人的失业率更高达24%。② 大量难民的涌入不仅加剧了社会内部的矛盾，还逐渐演变成一个安全问题。更为严重的是，接连不断的恐怖主义袭击使法国本土的安全状况严重恶化，国家紧急状态从2015年11月巴黎连环恐怖袭击后延续至今。法国人普遍对国家持悲观情绪，对全球化的负面效应高度忧虑。③

面对经济持续低迷、国际地位的下降和安全环境的恶化，民众对国家在全球化和欧洲一体化中的收益和代价更加敏感，对现状和"体制"普遍不

---

① 在第二轮投票中，有25.44%的选民没有投票，有11.52%的投票选民投了白票或废票，双双创1969年以来的历史新高。法国内政部（Ministère de l'Intérieur）2017年总统大选官方网站，http://www.elections.interieur.gouv.fr/presidentielle – 2017/FE.html, 2017年5月19日访问。

② 欧洲统计局（Eurostat）失业率统计数据，http://www.ec.europa.eu/eurostat/tgm/table.do?tab=table&init=1&language=en&pcode=tsdec450&plugin=1, 2017年7月20日访问。

③ Fabrice Nodé – Langlois, "Les Français sont les plus pessimistes face à la mondialisation", *Le Figaro* website, 6 February, 2017, http://www.lefigaro.fr/conjoncture/2017/02/06/20002 – 20170206ARTFIG00002 – les – francais – sont – les – plus – pessimistes – au – monde – face – a – la – mondialisation.php, last accessed on 27 June, 2017.

满。这构成了民粹主义和极端政党（极右和极左）兴起的社会基础。在大选中，法国传统的左右之争被演化为全球化与反全球化、支持欧洲一体化与反对欧洲一体化之争。民粹力量利用民众的不满转移焦点，将国内经济、社会危机的原因外部化，指向欧盟和全球化，试图将法国塑造成全球化和欧洲一体化的受害者。如果这样的经济、社会和安全状况得不到改善，民粹主义和极端政党的社会基础就将继续扩大，在未来的选举中不是没有可能最终走上执政的道路。

二、外交政策的继承与背离：开放的独立还是封闭的独立

对于法国面临的问题与危机，马克龙和勒庞显然给出了不同的药方。在大选中，由于国内经济、社会问题被外部化，针对欧盟和全球化的不同甚至相反的政策主张成为候选人政策辩论的焦点，尤其是马克龙和勒庞的政策之争。他们不同的对外政策主张，代表了在全球化竞争和内外危机中法国做出的不同回应。然而，他们的政策之争并未完全超越当代法国外交传统中维护法国独立主权与维持欧洲合作这一基本矛盾，而是这一基本矛盾在全球化危机和欧洲一体化危机中的再现与强化。马克龙最终胜出，尽管体现了开放对封闭、竞争对退却、挺欧对反欧取得了相对优势，但也预示着当选者将受到的政策选择上的制约。

（一）大选中的外交政策之争

在对外政策的论争中，马克龙和勒庞都求诸于法国外交传统的合法性，都声称要维护法国的独立和伟大。但对于如何实现"独立的大国外交"，他们主张采取完全不同的路径。马克龙与勒庞外交政策争论的实质，是"开放的独立外交"路线与"封闭的独立外交"路线之争。

马克龙主张，法国应该成为一个"独立的、人道主义的、欧洲的大国"。① 勒庞则强调"独立、法国认同和秩序"。② 马克龙外交政策的核心是在一个开放和相互联系的世界中，通过改革、合作、多边主义来捍卫法国的主权、独立和国际地位。勒庞则主张"法国人优先""法国利益至上"，采用民族主义的立场和国家的手段，主要依靠法国自己来捍卫法国的国家利益，只有当国际合作能直接促进法国利益并建立在严格的主权平等的基础上才是可接受的。③

马克龙认为全球化既带来挑战也带来机遇，要适应全球化，对贸易和投资持开放态度，通过改革提升法国在全球化中的竞争力，扭转法国的衰落态势。勒庞则认为法国是全球化的受害者，反对自由贸易和相互依赖。马克龙主张法国要积极参与多边国际组织，在联合国、世界贸易组织等多边组织中发挥应有作用，塑造国际进程。勒庞则认为法国面临的最大威胁是"法国

---

① 马克龙关于外交政策的竞选主张，参见"前进运动"官方网站：Emmanuel Macron, "International", En Marche！, https：//www. en－marche. fr/emmanuel－macron/le－programme/international, last accessed on 17 June, 2017。

② 勒庞关于外交政策的竞选主张见勒庞竞选官方网站：Marine Le Pen, "la politique internationale de la france dans un monde multipolaire", Marine Présidente, 24 février, 2017, https：//www. marine2017. fr/2017/02/24/conference－presidentielle－n2－politique－internationale－de－france－monde－multipolaire/, last accessed on 17 June, 2017。

③ Manuel Lafont Rapnouil et Jeremy Shapiro," La politique étrangère de Macron：invoquer la tradition", ECFR (European Council of Foreign Relations), 8 May, 2017, http：//www. ecfr. eu/paris/post/la_politique_etrangere_de_macron_invoquer_la_tradition, last accessed on 10 June, 2017; Manuel Lafont Rapnouil et Jeremy Shapiro, "Marine Le Pen's Bait－and－Switch Foreign Policy", *Foreign Policy* website, 19 April, 2017, http：//www. foreignpolicy. com/2017/04/19/marine－le－pens－bait－and－switch－foreign－policy/, last accessed on 10 June, 2017; Thomas Gomart et Marc Hecker dir., "L'agenda diplomatique du nouveau president", *Études de l'Ifri*, avril 2017, p. 7, Ifri (Institut français des relations internationals), http：//www. ifri. org/fr/publications/etudes－de－lifri/lagenda－diplomatique－nouveau－president, last accessed on 10 April, 2017。

认同"的丧失，移民、欧盟、自由贸易、恐怖主义都在威胁法国的认同。国际机制剥夺了法国人民决定内部事务的权力，主张法国退出北约一体化军事机构、申根协定、欧元、欧盟以及自由贸易协定，反对世界贸易组织和二十国集团（G20），反对为了联盟承诺而参加其他国家发动的战争和国际干预。[1]

关于欧盟，马克龙认为欧洲一体化是实现法国外交政策目标所不可或缺的，与欧洲伙伴的合作增进而不是损害了法国的利益，捍卫而不是削弱了法国的主权与独立。同时，欧盟的机构和政策都需要改革，要增强欧盟的民主基础。在英国"脱欧"的背景下，法德合作显得更加重要，将为带领欧盟走出危机提供领导力。欧盟要加强团结和提高效率，增强"核心欧洲"，采取"多速欧洲"的方式。面对奉行保护主义和单边色彩浓厚的美国特朗普政府，欧盟要加强团结，提升捍卫欧洲利益和欧洲安全的能力。面对不确定性增加的联盟（北约），欧盟要发展自己的防务能力。如果美国实施单边主义的贸易和税收政策影响到欧洲的企业、就业和税收，欧洲将调整贸易和税收政策予以反击。他主张开放边界，移民不仅仅是带来麻烦，也带来了"经济机遇"。[2] 勒庞的主张则主要包括将主权归还法国人民、组织"退欧"

---

[1] Manuel Lafont Rapnouil et Jeremy Shapiro," La politique étrangère de Macron: invoquer la tradition", ECFR (European Council of Foreign Relations), 8 May, 2017, http://www.ecfr.eu/paris/post/la_politique_etrangere_de_macron_invoquer_la_tradition, last accessed on 10 June, 2017; Manuel Lafont Rapnouil et Jeremy Shapiro, "Marine Le Pen's Bait – and – Switch Foreign Policy", *Foreign Policy* website, 19 April, 2017, http://www.foreignpolicy.com/2017/04/19/marine-le-pens-bait-and-switch-foreign-policy/, last accessed on 10 June, 2017; Thomas Gomart et Marc Hecker dir., "L'agenda diplomatique du nouveau president", *Études de l'Ifri*, avril 2017, p. 7, Ifri (Institut français des relations internationals), http://www.ifri.org/fr/publications/etudes-de-lifri/lagenda-diplomatique-nouveau-president, last accessed on 10 April, 2017.

[2] Emmanuel Macron, "Europe Holds Its Destiny in Its Own Hands", *Financial Times* website, 24 January, 2017, https://www.ft.com/content/3d0cc856-e187-11e6-9645-c9357a75844a, last accessed on 27 January, 2017; Manuel Lafont Rapnouil et Jeremy Shapiro," La politique étrangère de Macron: invoquer la tradition".

公投、退出欧元区恢复法郎、退出申根协定恢复国家边界、反对欧盟难民政策和限制移民。马克龙强调与德、美合作的重要性，勒庞则激烈批评德国，而强调与俄罗斯改善关系。①

（二）外交政策的继承与背离

无论是马克龙的"开放的独立外交"路线，还是勒庞的"封闭的独立外交"路线，都试图说服选民，他们将捍卫法国的独立和伟大。其政策之争正是法国外交传统中基本矛盾的再现和强化。对于那些在全球化和欧盟发展进程中利益受损的阶层和群体，对于在难民潮和恐怖主义袭击阴云中安全受到现实威胁的大众，勒庞的主张提供了简单的外化的原因解释，而通过封闭、排外和保护主义营造的只不过是一个过去的伟大和光荣的"海市蜃楼"。它给欧洲和国际社会带来的是对倒退的忧虑和恐惧。它不可能引领法国走出危机，不可能给法国带来真正的安全，也与法国世界大国的抱负南辕北辙，实质是对法国外交政策传统共识的背离。

马克龙的主张则在实质上继承了第五共和国的外交传统，核心在于独立、欧洲一体化和多边主义，对法国所处的国际环境和挑战也有更加理性和清醒的认识，因此不仅在国内，也在欧洲和国际上得到更多的支持，甚至被寄予厚望。

"开放的独立外交"，首先表现在其开放性。它再次表明，法国外交政策目标甚至国家目标的实现已经深深嵌入欧洲一体化的框架。放弃欧洲一体化、重回单纯依靠民族国家的路径不可能像极右翼描述的那样实现法国的国家利益。欧洲一体化已经成为法国实现国家目标不得不依赖的路径，法国的影响力和权力也必须依赖欧洲一体化这个框架才能发挥。尽管欧洲一体化面临重重危机，但它仍是欧洲国家实现和平、稳定与繁荣不可或缺的路径。尽管欧洲一体化需要国家让渡部分主权，但这些国家主权的实现必须依赖欧洲一体化，一体化本身已经成为实现国家主权的一种形式。

另一方面，法国从来没有在一体化中放弃主权，"开放"并非超国家主义的，"主权"和"独立"仍然是法国外交的基本诉求。当法国在欧洲一体

---

① Thomas Gomart et Marc Hecker dir., "L'agenda diplomatique du nouveau president".

化、全球化中的相对收益下降，甚至利益遭到损害时，强调保护的一面就会上升。马克龙的"开放的独立外交"同样强调了"主权"的概念以及"主权的欧洲"，回应了对法国国家安全构成威胁的恐袭、难民等问题，强调对国家安全的重视；强调欧盟的效率、"多速欧洲"，以及在东西欧关系中对国家利益和欧洲规范的捍卫。维护独立主权与维持欧洲合作的关系将在新的条件下寻求平衡。

三、开放的独立外交：马克龙政府的外交政策

在马克龙雄心勃勃的"重启欧洲"的倡议中，既有对欧洲一体化的坚定再承诺，也呈现出政府间主义和大国合作的色彩，安全关切和防务问题被置于议程的前列；在重申多边主义的原则和国际义务的同时，也呈现出某些战略收缩的成分和现实主义的色彩；而在大国关系中，法国外交的独立性更加凸显。这些构成了马克龙政府"开放的独立外交"的基本特点。

第一，居于对外政策核心的是欧洲政策。马克龙提出了要建设一个"主权的、团结的和民主的欧洲"，① 体现了在民粹主义和疑欧、反欧情绪上升的法国，对坚定推行欧洲一体化的再承诺，同时更加强调要建设一个"能够提供保护的欧洲"（Europe qui protège）和更有效率的欧洲，回应一体化带来的损害。

首先，重塑以法德合作为基础的欧洲领导权是马克龙政府对外政策的重

---

① 2017年9月26日，马克龙在法国索邦大学发表重要演讲，阐述"重启欧洲"的倡议。Emmanuel Macron, "Initiative pour l'Europe – Discours d'Emmanuel Macron pour une Europe souveraine, unie, démocratique", Présidence de la République française – Élysée.fr, 26 Septembre 2017, http://www.elysee.fr/declarations/article/initiative–pour–l–europe–discours–d–emmanuel–macron–pour–une–europe–souveraine–unie–democratique/, 2017年9月28日访问。

点。一是通过重振欧洲来重振法国，法国的发展只能在欧洲的框架中才能更好地实现，法国的影响力只有通过欧洲联合才能更好地发挥；二是在欧盟中重振法国的领导权，实现途径是通过法德合作，在法德合作中改变"德强法弱"的格局。英国的"脱欧"在加重欧盟面临的危机的同时，也对欧盟团结和法德领导提供了动力。

其次，欧洲建设要回应人民的需要，保障欧洲的安全、繁荣和可持续发展。重振欧洲的核心是建设一个"能够提供保护的欧洲"。一是要强化欧盟的外交和军事能力，要和德国一道，带领那些愿意参与的国家制定一个实实在在的共同安全和防务政策，在美国不愿介入的情况下保证欧洲有防卫能力；二是要提升欧盟应对大规模难民潮的效率，改革欧盟难民政策，在保护欧洲边界和保护难民庇护权之间寻求平衡；三是重振欧洲经济，深化欧元区的一体化，要提升欧洲经济治理的民主性，强化欧元区的风险分担功能，制定欧元区共同预算，加强共同的公共投资，保障民生，刺激经济增长和就业。[1]

实现上述欧洲建设目标的关键是法德合作，为欧洲提供领导力，带领那些愿意参与合作的国家加强团结、提高效率（多速的欧洲）。而要实现法德合作，有两个必要的条件。其一，法国必须进行彻底的经济和社会改革，以扭转法德核心内部的"德强法弱"的不平衡[2]。马克龙即将进行的劳动法改革等提振经济的改革措施，将面临国内强大的工会力量和议会内部极右极左等反对派的强大阻力。其二，德国也需要做出适当妥协，在欧元区内承担更多的风险和分担责任，以及同意增加共同的公共投资。这将有利于缓解法国民众的忧虑和反德情绪（极右翼候选人勒庞和极左翼候选人梅朗雄都在大

---

[1] Interview d'Emmanuel Macron: "L'Europe n'est pas un supermarché", Présidence de la République française – Élysée. fr, 22 Juin, 2017, http://www.elysee.fr/interviews/article/interview-d-emmanuel-macron-l-europe-n-est-pas-un-supermarche/, last accessed on 27 Juin, 2017.

[2] 张骥："欧债危机中法国的欧洲政策——在失衡的欧盟中追求领导"，《欧洲研究》2012年第5期，第32页。

选中激烈批评德国的自私和霸道)。① 安哥拉·默克尔（Angela Merkel）对马克龙新政府总体上持合作态度，但德国大选后新的政治格局对法德合作的前景也带来了一定的不确定性。

具有象征意义的是，7月13日，马克龙和默克尔在巴黎主持法德联合内阁会议，就加强法德在欧洲反恐、防务、气候变化、经济、文教等领域的合作达成多项共识。双方合作的亮点是在争议和分歧较小的防务和安全领域。特朗普对欧洲盟友在承担安全预算上的批评、对北约的"过时"论调、对欧洲安全的"推脱"态度，以及一直以来在欧盟安全与防务合作中强调"大西洋主义"的英国的"脱欧"，为强化欧盟自主的共同安全与防务合作带来了机遇和紧迫性。而在财政政策进一步一体化和共同投资等议题上，可能进入德国联合政府的自民党持消极和反对的立场，缩小法德分歧的困难加大。

在中东欧国家的问题上，马克龙持较为强硬的立场，体现出某种保护主义的色彩。他声称"欧盟不是一个超市"，② 不遵守规则的国家应该承担政治后果，批评波兰、匈牙利等国在难民问题上拒绝合作的立场。同时，他也指出欧盟劳工政策方面的缺陷，要解决所谓"东欧工人抢走西欧工人饭碗"的问题。在英国"脱欧"谈判的问题上，他在大选中主张强硬谈判立场，认为应该为那些试图"脱欧"的国家一个教训。

第二，将国家安全作为法国对外政策中的重中之重，这是对法国面临的安全形势和选民不安全感的直接回应：一是加强欧洲和法国的防务能力，逐步增加防务开支，到2025年实现军费占GDP 2%的目标。如前所述，在提升法国自身防务能力的同时主要依靠欧洲合作来保障安全；二是强化打击恐怖主义的努力，加强打击恐怖主义的国际合作，集中针对那些直接威胁法国的地区和来源，而不是宽泛地参与打击恐怖主义的行动；三

---

① Thorsten Benner and Thomas Gomart, "Meeting Macron in the Middle: How France and Germany Can Revive the EU", *Foreign Affairs* website, 8 May, 2017, https://www.foreignaffairs.com/articles/europe/2017-05-08/meeting-macron-middle, last accessed on 10 May, 2017.

② Interview d'Emmanuel Macron: "L'Europe n'est pas un supermarché".

是通过欧洲合作，加强欧盟外部边界管控和改革避难保护体系双管齐下以缓解难民危机。

但马克龙新政府加强国家安全的努力面临严峻的财政挑战。为了兑现减少财政赤字的承诺，马克龙政府计划削减45亿欧元的财政支出，其中包括削减8.5亿欧元的军费，这对法国已经十分紧张的军费来说无异于雪上加霜，引发军方不满并最终导致与马克龙争吵的总参谋长皮埃尔·德维里耶（Pierre de Villiers）辞职。为此，马克龙承诺，2018年在不增加其他部门预算的情况下将军费由2017年的327亿欧元增加到342亿欧元，并在2025年前实现军费增加到占GDP 2%的目标。但是，如果法国的经济和财政状况得不到有效改善，安全、福利、发展对资源需求的矛盾将长期困扰法国政府。

第三，在对外政策中放弃新保守主义。马克龙决定改变前两届政府对外武装干预的新保守主义路线，体现了某种程度的战略收缩。近年来，法国频频对外干预，消耗巨大，又未能有效维护法国的利益，反而使法国成为恐怖主义报复的主要对象。马克龙认为，民主不是从外部强加的，对利比亚的干预战争是一个错误，干预的结果催生了失败国家，使其成为恐怖主义的温床。[1] 马克龙政府对外反恐军事行动的政策框架是：一是打击恐怖主义势力，特别是对法国安全构成威胁的"伊斯兰国"等恐怖组织，而不是以政权更迭为导向；二是要加强反恐行动中的国际合作，不以意识形态画线，特别是需要得到俄罗斯、土耳其以及伊朗等国的合作；三是更加注重外交和政治手段的作用，不是一味使用武力；四是利用当地的力量（代理人）开展反恐军事行动，[2] 而不是法国直接出兵。

第四，更加平衡和灵活的大国关系。马克龙在上台不到两个月的时间里，先后邀请正受欧美制裁的俄罗斯和与欧洲盟友龃龉的美国的领导人访法，显示出在处理大国关系上的灵活手腕，在国际舞台上凸显法国"独立"

---

[1] Interview d'Emmanuel Macron："L'Europe n'est pas un supermarché".

[2] John Irish, "France's Macron Puts National Security at Heart of Foreign Policy", Reuters, 23 June, 2017, http://www.reuters.com/article/us-france-foreign-analysis-idUSKBN19D2OE, last accessed on 27 June, 2017.

外交的传统。此外，马克龙主张与"脱欧"后的英国保持务实和紧密的关系，在安全、防务、反恐、移民等领域加强合作。他还在打击恐怖主义和叙利亚问题上寻求与土耳其和伊朗的合作。可以看出，法国新政府试图在对美和对俄关系方面寻求某种新的平衡，并试图在存在严重意识形态和战略矛盾的大国中扮演对话者的角色。

四、结论

2017年法国总统大选中的民粹主义倾向和极端政党的崛起不是暂时性的现象，具有广泛的社会基础和国际环境。它是法国社会对经济持续低迷、国际地位下降和安全环境恶化的结构性反应，同样也受到民粹主义在欧美大国兴起的影响。法国民众对本国在全球化和欧洲一体化中的收益和代价更加敏感。民粹力量将其加以利用，将国内经济、社会危机的原因外部化，指向欧盟和全球化，法国传统的左右之争被演化为全球化与反全球化、支持欧洲一体化与反对欧洲一体化之争。这深刻地影响着大选中的外交政策辩论和新政府的外交政策选择。

大选中的外交政策争论实质上是以马克龙为代表的"开放的独立外交"路线和以勒庞为代表的"封闭的独立外交"的路线之争。"开放的独立外交"再次表明，尽管法国在欧洲一体化和全球化中的相对收益下降，但欧洲一体化仍是法国实现国家目标不得不依赖的路径，一体化本身已经成为实现国家主权的一种形式。同时，"开放"并非是超国家主义的，"主权"和"独立"仍然是法国外交的基本诉求，而且当在一体化和全球化中利益受损时，强调保护的一面就会上升。维护独立主权与维持欧洲合作的矛盾仍是法国外交中的基本矛盾。

马克龙新政府的外交政策既有对坚定推进欧洲一体化和多边主义的再承诺，又体现出政府间主义和大国合作的色彩，既有对国家安全和反恐的强调，又体现出某种程度的战略收缩和现实主义色彩，在大国关系中更是重现法国外交的独立特征，这些构成了马克龙新政府"开放的独立外交"

的基本特征。马克龙的当选暂时扭转了法国走向封闭、民粹和"脱欧"的危机。当前的危机也许能给欧洲一体化建设带来改革和前进的动力，但所有的努力既需要真正务实的推进，也需要回应法国民意的关切。能否在捍卫独立主权与维持欧洲合作之间寻求到新的平衡，仍然在考验着法国新政府。

中欧关系

改革开放以来中欧外交、经贸关系40年回顾[*]

丁　纯[**]　霍卓翔[***]

一、中欧双边关系发展历史

1975年5月，中国人民外交学会邀请共同体委员会副主席克里斯托弗·索姆斯爵士访华，当时的中国外交部长乔冠华与索姆斯在北京谈判，于5月8日达成中国与欧洲经济共同体建交协议。当天，索姆斯爵士在北京以欧共体全权代表的身份宣布承认中华人民共和国是中国唯一的合法政府，并尊重一个中国原则，断绝与台湾的官方联系。同年9月，中国在布鲁塞尔设立了使团，正式委派驻比利时大使兼任驻欧洲经济共同体使团团长。

冷战格局与中美关系缓和是这一时期中欧关系快速发展的推动力。中苏

---

[*] 本文部分在《海外投资与出口信贷》2018年第6期发表过。

[**] 丁纯，复旦大学欧洲问题研究中心主任，中国欧洲学会副会长，上海欧洲学会副会长，欧盟让·莫内讲席教授。

[***] 霍卓翔，美国威斯康星大学麦迪逊分校研究生。

关系交恶，欧洲也面临着苏联的军事威胁，中国和欧洲共同体在抵御外部威胁和维护国家安全的共同利益驱动之下于1975年正式建交，这为中国与欧共体各成员国之间的关系奠定了制度基础。70年代开始，中欧在外交方面的积极互动，促进了双边关系大踏步的前进。一方面，西欧一体化进程较为成功，欧洲共同体的快速发展使得其在经济和政治上有了与美苏抗衡的实力，在外交政策上有更大的独立性。以法国退出北大西洋公约组织为开端，欧共体的重要成员开始在外交等领域摆脱美国的控制。欧共体整体实力提升，获得了超过80个国家的承认。而英国等西欧大国的加入进一步加快了欧洲一体化的进程，促使一些西欧小国也逐步产生了亲欧脱美的倾向。另一方面，中国对于欧洲国家一体化表现出的支持态度也为双边关系的建立打下了基础。在毛泽东主席提出的"三个世界"的战略思想中，欧洲属于第二世界，是可以联合起来共同反抗美苏霸权的一股力量。早在70年代初期，中国就开始关注欧洲一体化进程，并且明确地表示支持西欧军事、政治一体化进程。为了争取这支"第二世界"的力量，我国多次表示，尽管西欧各国联合起来形成的组织是以资本主义制度为基础的，但是这种联合有利于他们摆脱美国的制约，形成对抗美苏霸权的一股力量。中国对于欧洲一体化是支持的。

以中欧建交为开端，中欧双边贸易逐渐成为双边关系的主要话题。1978年，中国改革开放政策更是加速了中欧双方的合作进程。在平等互利的原则下，经过谈判确定了"普遍优惠制待遇"以及减免部分关税的协议，就欧方关心的价格问题，双方也很快达成了一致。中欧双方展开了全面的经贸合作，并且最终使得双方的合作步向制度化与常态化：1985年，中国和欧洲经济共同体签署了《贸易与经济合作协定》，协定不但给予了中国最惠国待遇，还扩大了双边合作的范围。借着改革开放的大好机遇，技术转让、对华援助和贸易交流等双边合作全面展开，并且双边贸易展现出了很强的互补性。80年代，也是双边投资合作的尝试阶段。整体表现为欧洲诸国对华净投资，但是投资额较小，并且增速不快。中欧技术合作也开始起步，中国主要通过以市场换技术的模式引进先进技术设备提高国内生产力。20世纪七八十年代是中欧合作的萌芽期，为双边合作积累了一定的经验。然而，在外力驱使下开展的合作以及双边在意识形态上的巨大差异，使得双边关系的发展存在一定的仓促性，也为之后长达5年左右的"倒退期"埋下了隐患。

1989年起，中欧关系经历了一个起伏发展的阶段。80年代末，世界两极格局瓦解，中欧之间联合抗衡苏联的合作基础消失。在双方缺乏长期战略共识、经济发展水平不平等以及意识形态差异等因素的影响下，中欧关系出现了倒退。1989年6月，欧共体通过了制裁中国的《对华声明》，中欧关系陷入倒退，双边经贸合作、军事合作全面停摆。双边关系的起伏，主要原因之一是缺乏长期的共同目标。70年代到80年代中期，合作应对威胁是冷战时期的定势思维，中欧在发展双边关系时都将美苏关系放在了首要位置，而忽略了如何维护好中欧长期的发展。当危机解除，缺乏长期共同目标的双边关系自然受到冲击。庆幸的是，这一双边关系的倒退期没有持续太久。一年之后，1990年，欧共体取消了高级官员访华的禁令，第二年又取消了政府首脑级别的访华限制，而后又相继取消了对华援助、商业贷款和投资等限制禁令。至1994年12月，欧共体全面取消了对华制裁。当年中欧双边贸易额超过300亿美元，欧共体对华贷款超过60亿美元。

90年代末，欧洲积极谋求开拓海外市场，振兴国民经济；而中国在改革开放的浪潮中已经逐渐成为了区域乃至全球经济中的一支重要力量，在国际舞台上的政治影响力逐步提升。双边综合实力的提升使得中欧能够更多地从自身发展的角度考虑双边外交关系。经历了双边关系的起伏波动，中欧双方都充分认识到以发展和合作为目标的双边关系才具有长期稳定的基础。因此，双方搁置了在政治体制、意识形态以及社会文化等方面的争议，以合作与发展作为共同目标，用更加务实的合作精神对待双边关系。

1992年，《马斯特里赫特条约》生效，欧洲联盟在外交方面获得了更大的自主权，并开始着手制定对中国的政策文件。而中国最高领导人也多次表明"支持建立一个强大的团结的欧洲"。① 中国在欧洲一体化进程上的支持使得双边政治互信得到了加强。1994年欧盟出台了《新亚洲战略》，强调了从经贸合作角度发展与中国关系的战略。自1995年起，双边互相发表的多份长期政策文件为双边关系的平稳健康发展奠定了基础。1995年，欧盟委

---

① 《邓小平年谱1975—1997》（上），中央文献出版社，2004年版，第72~73、第123、第942页。

员会发表《中欧关系长期政策》。1996年，由中国倡议，中欧人权对话机制全面建立，结束了双方在人权方面的外交对抗。1998年3月25日，欧盟委员会通过了《与中国建立全面伙伴关系》的文件。政治层面的保障以及每年一度的亚洲领导人会晤为双边合作提供了制度性基础。这一阶段中国经济的强劲增长趋势使得自身的国际影响力大幅提升，同时旺盛的市场需求也使得中国成为了资本青睐的目标。而欧盟在扩大了成员国范围的同时，完成了统一市场，经济和货币联盟的建立，欧盟的经济地位和政治地位提升。双边政治外交领域的独立、健康发展为经贸合作创造了有利条件。90年代中后叶，中欧双边经贸迅速发展。1998年双边进出口贸易额是1975年建交时的20倍，1999年贸易额更是突破了500亿美元。在90年代，中欧双边贸易彰显出了各自的比较优势，有很强的互补性。

进入21世纪，中欧关系面临着新的机遇和新挑战。2001年，中欧"全面伙伴关系"建立；2003年10月30日，在第六次中欧领导人会晤上，双方宣布中欧建立"全面战略伙伴关系"。随着中国与欧盟建立战略伙伴关系，中国与法国、英国等欧盟多个成员国相继建立了国家层面的全面战略伙伴关系。在中欧全面战略伙伴关系建立后，中欧关系迎来了两年左右的"蜜月期"，双边贸易额增长迅速。伴随着欧盟成员国的扩充以及中国强劲的经济增长态势，2004年，欧盟成为中国第一大贸易伙伴，而中国成为了欧盟的第二大贸易伙伴。但是，中欧关系的"蜜月期"没有持续太久。随着欧盟内部经济结构调整以及中国日益增强的实力，欧盟越来越感受到来自中国的压力。2006年10月，欧盟发表了题为《欧盟—中国：更紧密的伙伴，扩大的责任》和《竞争与伙伴关系：欧盟—中国贸易与投资政策》的政策文件，首次将中欧贸易与投资问题作为独立文件发布。欧盟在出台的对华政策文件中明确提出，在经贸方面，中国与欧盟存在着"竞争和伙伴关系"。事实上，正如当时的欧盟理事会主席范龙佩所说，中欧之间虽然存在竞争关系，但是中欧双方有实力在社会和经济方面改变这种竞争的格局，实现共赢。为了解决双方在共同发展方面的分歧和担忧，双边已经建立了高层互访和对话机制，中欧之间的关系日益紧密。金融危机中，中欧贸易仍然保持了强劲的增长势头，中国市场成为了欧盟在全球范围内唯一增长的出口市场。

表1 中国与部分欧盟成员国建立全面战略伙伴关系时间表

时间	国家	时间	国家
2004年1月	法国	2005年11月	西班牙
2004年5月	英国	2005年12月	葡萄牙
2004年5月	意大利	2006年1月	希腊

2016年，时隔10年之后，欧盟再次发布对华政策文件，重新系统规划了欧盟对华新战略的基本原则、政策框架及未来行动方向。《欧盟对华新战略要素》指出：欧盟对华工作的重中之重就是鼓励支持中国改革创新，使中国经济朝着可持续和包容性增长的方向转变。文件中着重强调了希望与中国签订全面的投资协定，为双边投资建立一个开放、透明、稳定的投资环境。中国于2018年12月19日发表了最新的对欧政策文件，作为对欧盟合作愿望的积极回应。文件表明了中国愿意与欧盟在平等互利的原则上深入开展合作的愿望。中欧双方互为重要的战略伙伴，发展好中欧关系一直是中国外交政策中重要的部分。而习近平主席访欧时所提到的和平、增长、改革、文明是中欧战略伙伴关系长期稳定发展的基础，为中欧长期关系稳定健康发展指明了方面。具体合作方面，几份文件中多次提到，愿意与欧盟在政治、经贸、科教文卫、能源、文化、安全等领域展开深入合作。尤其是面对世界范围内的能源、反恐和经济增长等新的威胁和挑战时，中国和欧盟应当更加紧密合作，为双边乃至世界的和平繁荣做出努力和贡献。

二、中欧经贸合作概况

（一）双边贸易

中欧建交之后，双边经贸合作陆续展开。借助改革开放的大好契机，从1975年至2000年，双边贸易额飞速攀升。1981年，中欧的贸易总额为53

亿美元；1990年，这一数字增长到了137亿美元。到了2000年，中欧贸易额超过690亿美元。进出口结构方面，从1981年到1996年，中国在双边贸易中保持贸易逆差，但是从1997年开始转为顺差，且随后贸易顺差长期保持上升态势。在改革开放初期，中国对欧盟贸易保持逆差的主要原因是中国采用以市场换技术的方针，大量从欧洲引进先进技术和设备以提升国内生产力。从货物种类来看，中欧建交后的二十多年间，中欧贸易呈现出较强的互补性，一定程度上反映了经济、技术上的差异。中国从欧盟进口的产品主要包括机电产品、运输设备和化工产品等；而中国出口到欧盟的产品主要包括机电产品、纺织品和化工产品等。中欧建交后的贸易协定以及1985年签订的《贸易与经济合作协定》为中欧经贸合作的快速发展奠定了坚实的基础。双方在直接投资、技术转让、金融支持等领域开展了前所未有的深入合作与交流。另外，发达国家经济增长放缓以及石油危机等因素也促使中国与欧盟成为新的经济伙伴。

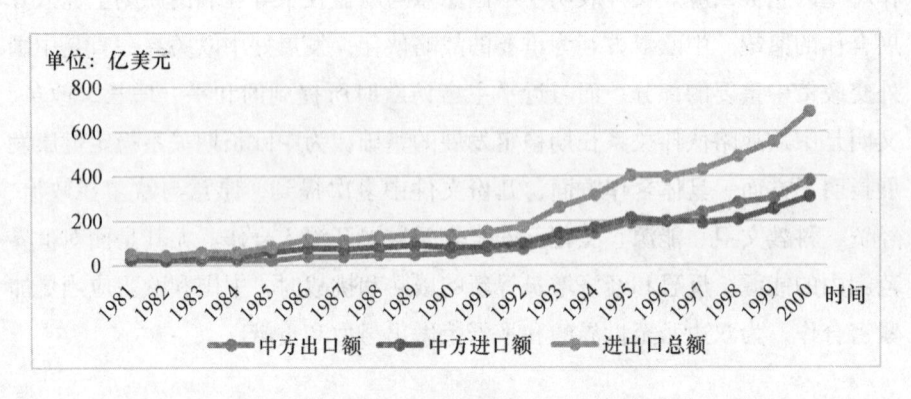

图1 中欧进出口贸易额（1981—2000）

资料来源：丁长清等：《中外经济关系史纲要》，科学出版社，2003年7月第1版，第258—259页。

进入21世纪，双边经贸关系翻开了崭新的一页。2003年，中欧全面战略伙伴关系建立，标志着双边合作关系进一步升级。双边贸易额飞速增长，2001年双边贸易额为766.3亿美元，经历了中欧"蜜月期"之后，2005年双边贸易额达到2173亿美元。随后5年，中欧贸易额再度翻倍，于2010年达到4797.1亿美元。而据商务部最新的统计结果显示，2018年中方统计的双边贸易额达到了6822亿美元，同比增长10.6%。其中对欧盟28国的出口额为4086亿美元，比2017年增长了9.8%；进口总额达到2735亿美元，比上一年增长11.7%。

中国从1997年开始在双边贸易中产生贸易顺差，随后顺差规模不断扩大，从当年的46.28亿美元增长到2018年的1351亿美元。进出口结构的变化反映了我国在科学技术、产品质量方面的提升。商品种类方面，机电产品和化工产品等仍然占据双边贸易的主要部分。双边贸易额不断扩大表明了中欧双方在经贸领域合作不断加深，经济依存度不断上升。

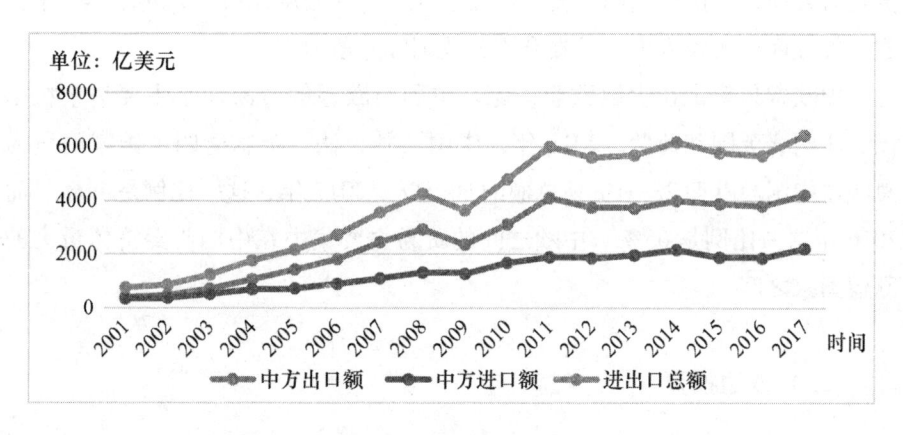

图2　中欧进出口贸易额（2001—2018）
资料来源：中华人民共和国商务部①；联合国商品贸易统计数据库②。

中欧双方互为重要的贸易伙伴。据欧盟统计，2018年欧盟同中国的贸易额达到6050亿欧元，占欧盟对外贸易总额的15.4%。中国已经连续多年成为欧盟的第二大贸易伙伴，并且中欧之间的贸易往来愈加紧密。美国虽然是欧盟的第一大贸易伙伴，但是双边贸易额占比有所下降。2000年美国与欧盟的贸易额占欧盟贸易总额的25%，而2018年这一比例下降到17%。中国和欧盟的贸易额占比却从2000年的5%提高到2018年的15%。欧盟与其

---

① http://www.mofcom.gov.cn/aarticle/tongjiziliao/fuwzn/feihuiyuan/201108/20110807690931.html

② https://www.comtrade.un.org/data/

第三、四大贸易伙伴的贸易额均不及中欧贸易额的一半。中欧双边贸易往来愈加紧密，已经成为双方经济中不可或缺的部分。

劳务贸易双边互补潜力大。中国和欧盟互为第三大劳务提供方，双边劳务派遣活动日益频繁。服务业在欧盟国家中的经济占比超过了70%，而在中国这一比例只有43%。欧盟在提升服务业比较优势方面拥有绝对的实力和经验。2000年，欧盟服务贸易顺差为150亿欧元，而2017年，欧盟服务业的贸易顺差达到了1880亿欧元。欧盟各国在劳务贸易方面有着明显的比较优势，在产权保护、待遇保障方面都有着丰富的经验与成熟的体制。在服务贸易方面，中国应当向欧盟学习先进经验，在制度建设、人才培养、平台建立等方面加大投入力度，提升服务业国际竞争力。

中欧贸易集中在少数欧盟国家。中国与欧盟的贸易往来主要集中在德国、法国、英国和荷兰。2018年，中国与德、法、英、荷四个国家的贸易总额占中国与欧盟28国贸易总额的60.5%。2017年，这一比例是49%，而2016年这一比例是65%。中欧之间的贸易主要集中在中国与经济体量大的欧盟国家之间。

（二）双边投资

欧盟对中国的投资。从新中国建立到中欧正式建交这段时期，双边投资额很小。1975年之前，除了双方在意识形态上的差异，缺乏根本性的制度与法律保障也使得双边投资合作发展缓慢。中欧建交前的双边投资主要以欧盟国家对华投资为主，资金主要来源于私人部门，投资模式也多采用机器设备出资的形式，投资金额多在每年几十至数百万美元。中欧正式建交标志着双边关系制度化与常态化，随着中欧双边多项协定的签署，中欧双边投资合作正式起步。1979年—1990年，欧盟15国实际在华投资项目总数为815个，我国实际利用外资累计金额达到了13.74亿美元。1991年，欧盟15国在华投资项目数量为163个，实际利用欧盟外资2.46亿美元，而到了2000年，投资项目总数为1130个，当年实际利用欧盟外资额达到了44.79亿美元。2000年之前，欧盟对华投资的单笔投资金额较大，并且资本更加青睐于技术含量较高的制造业等领域。在接下来的十年里，由于金融危机等因素，欧洲对华投资额经历了一定的波动，但近年来重拾升势。2006年欧盟对华投资达到57亿美元，随后三年受到国际经济形势的影响，投资额经历了一定幅度的下滑。但是随着危机阴云散去，2010年，欧洲对华直接投资达到了59亿美元，2012年更是首次突破60亿美元大关。2016年，欧洲对华投资额为94.24亿美元，增长幅度达到了36%。2017年，欧盟28国对华投资新设立企业数量为1873家，同比增长7.6%，但投资总额有所下降，为87.9亿美元。2018年，欧盟国家对华投资新设立企业数量达到2499家，同比增长33.4%。近年来，欧盟对华投资呈现出以跨国企业为主导，集中于制造业的特点，投资地点也集中于东南沿海地区。

中国对欧盟的投资。改革开放之前，中国由于自身国力等客观原因，没有进行对外投资的条件。而我国真正的对外投资历史是从1978年的改革开放国策实施开始的。改革开放之后，国家提出"走出去办企业"的指导方针，一些中国的企业家开始着眼于欧洲市场。改革开放初期，中国对外投资的总体规模不大，不少年份对外直接投资总额不到1亿美元，而其中对欧盟的投资规模就更小。80年代中期之前，中国对欧盟的投资涉及的领域较少，主要集中在建筑、服装等领域，也有涉及少量高技术制造业。80年代中期至90年代末，是中国对外投资的黄金发展时期。利用改革开放以来积累的经验，中国在对外投资管理方面已经形成了规范性的审批制度，对外投资步伐加快。20世纪之初，是中国对欧盟国家投资的飞速发展时期。2005年，中国对欧盟国家直接投资金额仅为1.9亿美元，仅占我国对外投资总额的1.5%。但是在随后的几年时间里，中国对欧盟成员国的投资额经历了爆发式的增长。2007年，中国对欧盟国家直接投资额超过10亿美元，2009年达到29.6亿美元，2010年达到了59.6亿美元。

自中欧开展双边投资合作开始，中国在双边投资中长期处于净投资流入的状态。但是金融危机之后，中国对欧盟的直接投资快速增长。从2014年开始，中国成为双边投资中的净投资方，且净投资额呈现高速上涨的趋势。2016年中国对欧盟直接投资额为359亿欧元，较2015年增长了77%，创下了单一年度对欧投资的新记录。2017年，欧盟从中国获得的直接投资额为297亿欧元，为历史第二高的年度。屡创新高的对欧直接投资金额显示了欧洲资产对中国资本的强大吸引力。参与对欧洲的投资能够有效地帮助我国的本土产业进行资源整合，开拓市场。我对欧盟的投资中，并购项目金额占了90%以上。对欧盟投资的参与者中，国有企业比重很高。2018年，中国国有企业在欧盟成员国的直接投资额占比超过40%，而在2017年，这一比例达到70%。值得注意的是，欧盟已经开始增加针对中国资本的监管力度。针对涉及到关键技术、基础设施等领域的投资，2019年2月欧洲议会通过了一项决议，鼓励成员国加强相关的审查力度。受此影响，2018年，中国在欧盟的直接投资金额是2014年以来最低的水平，为173亿欧元，相比于2016年的峰值下降了超过50%。中国对欧盟国家的直接投资仍然集中在英国、法国和德国，2018年投资金额分别为42亿欧元、21亿欧元和16亿欧元，三国合计占中国在欧盟当年总投资金额的45%。投资标的方面，中国资本涉及的领域更加均衡。2018年中国资本更多关注于汽车、金融和商业服务、信息和通信技术，而对交通、公用事业和基础设施领域投资与2017年比大幅减少。

三、双边关系中的问题

（一）经贸领域的竞争

中欧双边贸易中，中方长期保持大额贸易顺差，并且中国是欧盟所有贸易伙伴中贸易顺差最大的国家。这很可能使得欧洲整体资源外流加剧，外债增加，影响其经济稳定性。我国应当十分警惕由此引发的贸易摩擦。近年来，中国成为了欧盟"双反"调查的主要目标，并且诉讼和调查案件集中在工业制成品和金属制品中。在2018年对中国轮胎的反倾销调查中，欧盟委员会继续使用不公平的替代国方法，通过第三国的数据来计算生产成本，并夸大倾销水平。中国对欧盟钢材出口冲突也是中欧贸易摩擦的核心问题。2017年，欧盟提高中国不锈钢的关税达28.5%。基于替代国原则，欧盟指责中国钢铁生产商倾销，并多次征收高税率关税作为惩罚。在欧盟已对进口钢材实施53项反倾销措施中，涉及中国钢材的有27项，占比超过50%。

除了提高关税,欧盟对中国出口的七种最具竞争力和发展性的商品,如鞋和陶瓷器具等,实施了进口配额限制。值得注意的是,在直接加征关税和进口配额等手段外,绿色贸易等非关税壁垒正在逐渐成为贸易保护主义的一种新手段。欧盟制定了繁琐的环境保护法规和标准,征收高额的环境进口税以限制中国产品的出口,削弱中国出口贸易的竞争力。

表2 欧盟委员会发起的"双反"调查数量

	2012	2013	2014	2015	2016	2017
针对中国	7	6	6	6	6	5
总量	19	9	16	14	15	11
比例	37%	67%	38%	43%	40%	45%

数据来源:欧盟委员会。

在货物贸易之外,服务行业也会逐渐成为贸易摩擦的高发地。中欧在第三产业的发展中处于十分不平衡的状态,欧盟诸国的服务贸易十分发达,贸易额连年上升,每年为其带来巨额的贸易顺差;而中国的服务业处于萌芽期到快速发展期的过渡阶段,将会逐步开拓国际市场。"由于双方第三产业的不协调,贸易摩擦必然会转向第三产业。随着关税保护水平的不断下降,发达国家更加倾向于用知识产权、技术标准、环境保护、劳工标准、社会标准等手段进行贸易保护来保护自己的贸易利益。"[1]

并购行为引发欧盟国家担忧。虽然在欧债危机之后,欧洲各国普遍存在资金短缺等问题,但是面对来自中国的资本,欧盟成员国却开始变得越来越警惕。中国对欧盟并购投资的迅速增加已经导致欧盟各国开始担心可能在与中国的竞争中失去先进技术和核心竞争力,这使得我国企业技术型并购面临着越来越多的审查和干预。由于我国在欧盟各成员国的投资主要集中在英国、德国和法国等国家,这些国家的政策收紧必然会对中国向欧盟的直接投资产生负面影响。以德国为例,最近3年有多桩中资并购案被政府审查或者

---

[1] 潘晓莎:"'一带一路'背景下中欧贸易摩擦特征及对策分析",《商业经济研究》,2018年第3期,第164—166页。

撤销。逐步收紧的政策也表明欧洲各国针对外资尤其是来自中国的资本更加审慎。"国家安全""民众利益"等理由开始频频成为将中国资本拒之门外的理由。

时间	事件
2016	德国政府对美的集团收购德国机器人制造商库卡集团案进行多次审查； 撤销对中国福建宏芯基金收购德国芯片设备制造商爱思强（Aixtron）的批准。
2017	德国政府通过法令规定：对于股权收购超过25%的并购活动，政府可对该交易是否会威胁公共安全发起调查； 德、法、意三国的经济部长提议建立一个针对中国并购投资的"防火墙"机制。
2018	德国政府动用国有复兴信贷银行资金收购了电网运营商50赫兹（50 Hertz）的股份，以阻止中国国家电网集团的收购； 首次动用否决权，禁止了烟台台海集团对德国机械制造企业莱菲德（Leifeld）的收购； 德国内阁会议通过《对外贸易条例》，将股权收购触发政府审查和干预的门槛降低为10%。
2019	2019年2月，欧洲议会通过新的投资审查框架的立法，鼓励成员国单独审核包括关键技术、基础设施和国有企业或国家背景的敏感领域交易，目标直指中国资本。

中国市场经济地位之争也是中欧贸易关系的主要障碍之一。尽管按照加入世贸组织的协定，中国应当在2016年12月自动获得市场经济地位。但2017年，当李克强总理访问欧洲时，欧盟仍然没有对中国的市场经济地位给出正面的回答。目前，欧方仍然在使用防御机制抵制来自中国的商品，同时对出口到中国的高技术产品人为设置很多障碍。中国的经济崛起和产品竞争力提高使得欧洲各个国家忌惮与中国的竞争。为了保持欧洲传统的优越感，欧盟不得不采取一些不公平的手段企图制约中国。贸易保护主义和单边主义有所抬头，其中又以中国对欧洲出口的钢材等产品的冲突最为明显。

（二）国际责任之争

在2019年3月的欧盟峰会上，欧盟委员会提出了对华战略政策的"十点行动计划"，将中国描述为伙伴、经济竞争者和系统性对手。战略文件旨在与中国建立更加平衡的经济关系,敦促欧盟领导人支持其遏制中国国有企业、加强防范网络安全威胁的想法。"十点行动计划"除了讨论中国 5G 技术的信息安全问题,以及来自中国的资本在欧洲并购等事项外,更多聚焦在了欧盟希望中国履行的国际责任上。具体包括:希望中国在联合国三大支柱——人权、和平与安全、发展方面与欧盟积极合作;呼吁中国履行在气候保护方面的承诺;推动在华采购机会的对等和开放性;维护劳工与环境的高标准等条款。欧盟一直在与中国的关系上推广规制性外交,希望能够借由敦促中国"履行责任",在双边关系中获得主动,争取更多的话语权。国际责任已经不止一次成为欧盟敦促甚至是指责中国的工具,针对人权以及领土主权的不实报道和不当言论已经多次导致双边关系起伏。

在国际责任方面,中国已经承担起了一个大国应当履行的义务。中国按照联合国的决议和章程先后向刚果(金)和利比亚等地区派驻维和部队,目前中国已经成为五大常任理事国中派出维和部队最多的国家;中国海军在索马里亚丁湾等海域为国际商船提供护航服务,维护国际海域航行安全。在节能减排方面,中国已经大力推行了各项措施,包括淘汰落后的高污染产能以及建立清洁能源示范项目等等。中国不断地努力承担与自身发展水平相适应的国际责任,充分彰显出大国的风范。针对欧方频频提及劳动者保护等问题,中国现在已经建立了完整的劳动者保障体系,从各项保险到劳动仲裁机制,再到法律法规都已经相当完善。

四、未来展望

(一)国家元首出访揭开中欧外交关系新篇章

2019 年 3 月 21 日,中国国家主席习近平出访意大利、摩纳哥和法国三国。习近平主席年内的首次出访就选择了欧洲,可见中国对双边关系的重视。中欧双方互为重要的战略伙伴,发展好中欧关系一直是中国外交政策中重要的部分。中欧之间不存在战略性和地缘冲突,互不构成威胁。双方应当以和平发展为首要目标，发掘共同利益，妥善解决争端。习近平主席2014年访欧时所提到的和平、增长、改革、文明四大原则是中欧战略伙伴关系长期稳定发展的基础。在2018年中国发表的对欧盟政策文件中，对未来中欧关系给出了纲领性的指导：

  ——坚持相互尊重，平等相待，坚持一个中国原则，巩固中欧关系最重要的政治基础。

  ——坚持开放包容，合作共赢，加强发展理念的交流和发展规划的对接。

  ——坚持公平正义，同舟共济，共同推动完善全球治理体系。

  ——坚持文明对话，和而不同，促进中欧两大文明交流互鉴。

  意大利是习近平主席2019年欧洲之行的首站，也是中国国家元首时隔10年再次对意大利进行国事访问。2019年是中意建立全面战略伙伴关系15周年，2020年将迎来中意建交50周年。出访期间，中意双方不但签署了加强全面战略伙伴关系的联合公报，还签署了关于共同推进"一带一路"建设的谅解备忘录，意大利也成为七国集团（G7）成员国中第一个正式加入"一带一路"倡议的西方国家。中意两国的合作具有一定的示范效应，为"一带一路"倡议在西欧推广创造了积极环境。在未来，"一带一路"倡议的推广还需要法国、德国等西欧大国的积极响应。我国的"一带一路"倡议与欧盟的"欧亚互联互通"战略相得益彰。以中欧班列为例，现在已经铺设线路达到68条，途径中国62个城市和欧洲15个国家的51个城市。截至到2019年4月22日，中欧班列已经累计开行超过1.4万列，源源不断地将电子设备、服装、食品以及汽车配件等产品运送到欧洲多国。结合海运与公路运输，欧亚之间的运输时间大幅缩短。

  习近平主席的此次对袖珍国家摩纳哥的出访体现了中国和欧洲国家在合作方面不论体量大小，一律平等的态度。中方始终欢迎更多的欧洲国家参与到双边经济的建设中，也积极肯定欧洲各国对中国的支持与帮助。摩纳哥国家元首阿尔贝二世亲王曾经先后10次访华，他积极支持和参与北京奥运会、南京青奥会。中国和摩纳哥虽然距离遥远、国情不同，但是两国坚持相互尊重、平等相待、合作共赢，为大小国家友好相处、共同发展树立了榜样。习近平主席此次出访法国增进了中法、中欧合作。中法友谊历史悠久，早已传为世界外交史上的一段佳话。早在 1964 年，法国成为第一个与中国建交的西方国家。中法建交是中国和欧洲国家打破霸权主义桎梏，实现外交独立与自由的一座里程碑。中法建交突破了社会制度、发展阶段和文化传统的差异带来的阻碍，为世界大国外交树立了榜样。2019 年是中法建交 55 周年，中国和法国作为联合国常任理事国，在重大国际和地区事务上应当更多发挥大国作用，为世界和平与发展做出贡献。中法两国可以在打击恐怖主义、解决全球气候变化、维护多边主义等重要问题上加强合作。

（二）经贸、投资领域如何更进一步

中国历来重视与欧盟国家的经贸往来。作为世界上两个重要经济体，中欧是促进共同发展的"两大市场"。中欧贸易已经成为双边经济中不可或缺的部分，在世界经济发展中也有着至关重要的作用。目前，双方已经建立了多层级的经贸对话协商机制，在未来应该更多地通过谈判解决贸易中出现的争议问题。在落实市场经济承诺方面，我国已经在全国范围内建立了十多个自贸区，目前正在规划海南等地的全岛自由贸易试验区。在外资准入方面，我国已经建立了外商投资准入负面清单制度，大幅放宽了保险、银行等行业的准入限制。针对证券、保险、资管以及期货等行业的外资持股比例已经放宽至 51%，允许外资控股，并且计划于 2020 年前后全面取消持股比例限制，允许外资独资设立相关公司。针对汽车行业的外资准入限制，我国已经于 2018 年取消了专用车和新能源车行业的外资持股比例。并且计划于 2020 年和 2022 年取消商用车和乘用车的外资持股比例限制。在欧方长期关注的知识产权和法律法规方面，我国已经建立并完善了知识产权相关制度与法律，在全国范围内建立起了知识产权法院，并且相关的人员培训体系也已经成熟。针对中国在对欧贸易中的贸易顺差问题，习近平主席在 2018 年博鳌论坛上提到，中国不以追求贸易顺差为目标。我们举办进口博览会、贸易洽谈会都是为了促进贸易平衡。而中国也希望欧盟方面减少人为设置的高技术产品贸易壁垒，双边合力促进贸易健康发展。

2019年4月9日，李克强总理与欧洲理事会主席图斯克和欧委会主席容克共同主持第21次中欧领导人会晤。会议中，双方同意继续深化经贸合作领域，将在开放、非歧视、公平竞争、透明和互利的基础上打造双方经贸关系，相互给予更加广泛、更加便利、非歧视的市场准入。会议中，双方还就中欧投资协定谈判达成了共识。双方一致同意，在2019年合力推动谈判取得决定性进展，以便于在2020年形成可执行的高水平协定。双方在联合声明中还约定，希望续签《中欧科技合作协定》；推动中国"一带一路"倡议和欧盟欧亚互联互通战略、泛欧交通运输网络对接；加快《政府采购协定》的谈判进展等等。一系列务实的会谈结果体现了双方在投资合作方面的积极态度。中欧投资协定谈判的推进有利于双边投资合作良性循环，使得双边资本更好地服务于经济发展。

中国新《外商投资法》的颁布，自贸实验区的拓展及投资准入负面清单的不断缩减均对外释放了强烈的我们坚持多边主义、自由贸易，助力全球化及深化改革开放的决心和意志，这无疑对中欧关系的进一步深化发展注入了新动力。

当下，经济全球化正在遭受民粹主义和保护主义的挑战。中国和欧洲都深刻体会到了加强相互合作，摒弃零和博弈思维的重要性。中欧双方都面临着来自单边主义的威胁：美国基于"232条款"对所有进口自外国的钢材进行调查，单方面违反世贸协定，对来自中欧的商品加征惩罚性关税等等。突如其来的贸易摩擦，危及全球自由贸易体系和世界经济发展前景，使得中欧双方都蒙受了巨大的损失。双边贸易是中欧关系中的重要支柱之一。经贸关系中虽然有竞争的成分，但是相互依存的关系更加紧密，在很多领域，中欧已经形成了产业内贸易的格局。我们应该清楚地认识到，中欧之间没有根本性的战略和地缘冲突。面对复杂多变的国际形势，不断发掘双边合作中的共同利益，尽速缔结双边投资协定，才是中欧关系未来的正确的方向。

（三）务实紧密合作，共促全球和平发展

作为最大的发展中国家和最大的发达国家联合体，中欧是维护世界和平的"两大力量"。在重大国际和地区事务上，中欧应当更加紧密合作。在全球局势的变化之下,中欧双方的相互依存度不断上升,在重大国际事务中的作用越来越明显,双方应当致力于构建独立平等的新型大国外交关系。从自身的需求出发制定各项政策,摆脱来自第三方的影响。中欧双方将继续维护以联合国为核心的国际秩序和国际体系,携手应对全球性挑战,支持国际社会共同制定和完善公平公正公道的国际规则和标准。用好中欧高级别战略对话的重要平台,深化战略沟通和协调,不断积累扩大战略共识与互信。继续开展中欧外交政策磋商和地区事务对话,推动政治解决国际和地区热点问题。在面对恐怖主义、跨国犯罪等新挑战时,中欧应当统一口径,充分发挥防务和警务部门的安全政策对话机制以加强沟通、促进交流合作。在各国都关切的核不扩散条约、防止外空武器化等方面,中欧双方都应当充分发挥自身在国际事务上的影响力,维护世界和平。

中欧合作前景广阔。在能源领域,中欧有很多的共同话题。中欧双方都是能源需求大户,保障能源安全、提高清洁能源使用率都是双方的共同目标。例如,欧盟计划在 2030 年将能源消费中的可再生能源比例提高到 30%,而中国已经着手开始了分布式光伏等清洁能源项目建设。在解决全球气候变化等多边的问题上,中欧也可以继续加强合作。在金融领域,2013年,中国人民银行与欧洲中央银行签订了人民币和欧元的双边本币互换协议。随后,中国与英国、法国、德国等欧洲国家签署了人民币结算协议,为双边跨国企业提供流动性支持,方便它们开展业务。在科技领域,1998 年,中欧签订《中欧科技合作协定》,并且于 2004 年、2009 年和 2014 年续签。2019 年,在第 21 次中欧领导人会议上,双方再次表达了希望续签的意愿。在科技协定的框架下,中国与欧盟已经在信息技术、医药等方面开展了合作。

对于中欧关系的未来,习近平主席这样说过:"中国和欧盟都在经历人类历史上前所未有的改革进程,都在走前人没有走过的路。"中欧关系是世界大国关系中的典范,中欧是和平、增长、改革和文明的伙伴。中欧双方已经成为世界和平发展的重要支柱,我们应该在探索发展的道路上互帮互助,加深理解,为双边民众乃至全人类的发展做出贡献。

参考文献

[1] 周弘:《中国与欧洲关系60年》,《欧洲研究》,2009年第5期,第34—51页。

[2] 丁长清等:《中外经济关系史纲要》,科学出版社,2003年版。

[3] 周弘:《中欧关系研究报告(2014)》,社会科学文献出版社,2014年版。

[4] 郭凌威、卢进勇、郭思文:《改革开放四十年中国对外直接投资回顾与展望》,《亚太经济》,2018年第4期,第111—121、第152页。

[5] 车文娇:《中国欧盟经贸关系发展研究》,东北财经大学出版社,2009年版。

[6] 吴志成、赵晶晶:《新中国六十年中欧关系的历史回顾与思考》,《南开学报(哲学社会科学版)》,2009年第4期,第142—147页。

[7] 中欧建交40周年专题网站,http://www.xinhuanet.com/world/chinaeurope40/index.htm

[8] "中国对欧盟政策文件(2018—12—19)",http://www.chinamission.be/chn/zozyzcwj/domzc/t1623407.htm

[9] "中国对欧盟政策文件:深化互利共赢的中欧全面战略伙伴关系(2014—04—02)",http://www.chinamission.be/chn/zozyzcwj/domzc/t1143397.htm

[10] "中国对欧盟政策文件(2003—10—13)",http://www.gov.cn/gongbao/content/2003/content_62478.htm

[11] 人民网,http://www.world.people.com.cn/n1/2019/0422/c1002-31043513.html

[12] 人民网,http://www.politics.people.com.cn/n1/2019/0320/c1001-30986354.html

[13] 中华人民共和国商务部网站:2018年1—12月中国与欧洲国家贸易统计表,http://www.mofcom.gov.cn/article/tongjiziliao/sjtj/xyfzsbjmsj/201903/20190302846188.shtml

[14] 中华人民共和国商务部网站:"2017年1—12月中国与欧洲国家贸易统计表",http://www.mofcom.gov.cn/article/tongjiziliao/sjtj/xyfzsbjmsj/201802/20180202714530.shtml

[15] 中华人民共和国商务部网站:"2018年美国和中国占欧盟货物贸易额三分之一",http://www.mofcom.gov.cn/article/i/jyjl/m/201903/20190302846415.shtml

[16] 中国国际贸易促进委员会:"欧盟峰会讨论对华'十点计划'",http://www.ccpit.org/Contents/Channel_3589/2019/0325/1143431/content_1143431.htm

[17] 新华丝路网站:"研究报告:中国对欧盟直接投资大幅下降,将面临更严格审查",http://www.silkroad.news.cn/2019/0307/132802.shtml

客观理性认识欧盟亚欧互联互通战略文件

高晓川[*]

2018年8月,欧盟委员会发布了题为《连接欧洲和亚洲——对欧盟战略的设想》政策文件①,这是欧盟迄今就亚欧互联互通提出的最为全面系统的愿景战略。文件提出,亚欧关系具有全球意义,未来几年关系可能会进一步加强。对于欧洲和亚洲而言,全球日益增长的相互依存关系是加强合作、开展全面的社会对话以及在国际和区域安全方面合作的机遇。亚欧合作可以成为全球稳定和区域经济繁荣的引擎。该文件提出的亚欧互联互通战略涵盖了交通、数字、能源、人文等领域。在实施过程中,欧盟将致力于打造基于规则的亚欧互联互通伙伴关系,同时在双边、地区以及国际组织层面上增进合作。

一、文件中透露的欧洲价值观

现代西方文明诞生于欧洲的古希腊,从19世纪欧洲列强大规模争夺海

---

[*] 高晓川,华东师范大学中东欧研究中心研究员。

① https://www.publications.europa.eu/en/publication-detail/-/publication/8e2cad86-e3d2-11e8-b690-01aa75ed71a1/language-en/format-PDF/source-80476134.

外殖民地到第二次世界大战期间，欧洲一直是世界权力的中心。二战后，欧洲逐步失去世界权力中心的地位。冷战后，欧洲地缘政治的变化虽为欧盟的东扩创造了条件，但受到2008年债务危机的影响，欧洲一体化进程严重受阻。近年随着亚洲经济体的不断增长和国际竞争力的提升，亚洲日益成为世界权力中心的重要组成部分。

在大国关系不断发生结构性变化的过程中，虽然欧盟的经济实力和国际影响力出现相对下降，但其仍希望在软实力方面发挥世界性的引领作用，这是其在国际关系构建中坚守的重要阵地之一。欧盟官员在解读文件时指出，在与亚洲国家的合作中欧盟有着自己的价值观和方式。[①] 欧盟希望在亚欧互联互通中发挥独特的建设性作用，并借此提振其全球影响力和推广其价值观。文件中指出，支撑欧盟亚欧互联互通政策的是欧盟的多元政策：可持续发展、低碳经济、数字化、投资创新和全球领导力。欧盟统一市场产生了不断增强的生产力和竞争力，并可激发全球的发展动力。在这里，文件明确点到了欧盟的全球领导力和发展动力。文中提到，欧盟将加强与国际组织的合作，强化在域外的参与、存在与协调。欧盟将出台创新性的对外投资框架，涉及包括亚洲在内的世界范围。此外，文中也透露着欧盟欲以一种较高姿态构建亚欧互联互通的构想，如文件提出，欧盟应考虑为亚洲开发区域互联互通合作项目的路径。泛欧交通运输网是发达和高效的交通基础设施网络[②]，欧盟可与亚洲国家进行建立在泛欧交通网延伸基础上的互联互通合作试点。此外，文件提到的亚欧数字互联互通与人权保护相挂钩也体现了欧盟所关注的价值观。

---

① https://www.eeas.europa.eu/delegations/china/50726/node/50726_en.

② 泛欧交通运输网（TEN-T）是欧盟于2013年出台的连通欧洲陆路、空路和水路的统一交通基础设施建设规划，计划于2030年完成。2014年9月，欧盟提出泛欧交通网的优先目标是建设9条铁路动脉"走廊"，计划在2014年至2020年间融资260亿欧元建设由9条主干铁路组成的欧洲核心交通网，其中之一是一条贯穿北海和希腊地中海的线路，它和中欧陆海快线具有一定的相似性。

二、通过推广规则和标准树立欧盟在亚欧互联互通中的地位

自中国政府在2012年和2013年分别提出"16+1合作"和"一带一路"倡议以来,亚欧大陆各国互联互通建设成为了促进区域经济和贸易增长的有力引擎。欧盟内部对此有乐观派和悲观派,尤其是后者时有微词。经过几年的发展,"16+1合作"和"一带一路"倡议不断结出硕果,并积累了许多互利共赢的合作经验与模式,这些对亚欧互联互通和一体化发展起到的积极作用日益彰显。

欧洲曾是近现代世界工业和技术发展的引领者。文件中反复强调的国际规则和欧洲标准表明欧盟希望再次以规则和标准为旗号,树立其在亚欧互联互通中地位和作用,显示欧盟不仅在欧洲,也需要在亚洲的互联互通规划与建设中发挥主动性。文件中多次表明,作为欧洲高效的基础设施,泛欧交通网在亚欧互联互通中具有示范作用,可以推广欧盟的技术参数和标准。仔细斟酌,文件中的标准背后隐含欧盟标准即亚欧大陆标准之意。文件反复强调亚欧互联互通建设项目应是公开和透明的,其有助于促进有效管理和公平竞争,并认为这是行之有效的方法,因此西巴尔干、欧盟东部伙伴关系国家(乌克兰、格鲁吉亚、摩尔多瓦、亚美尼亚、阿塞拜疆、白俄罗斯)和其它亚洲国家和地区也需要采取这种方式,其中首先是在欧盟、东部伙伴关系国家和其他周边国家实现技术参数和规则的统一。文件特别指出,要探讨把泛欧交通枢纽协调人[①]的授权扩大到东部伙伴关系国家的可能性等。文件指出,欧盟将与相关国际组织和行业机构探讨和磋商亚欧互联互通的标准,并希望在亚欧铁路货运中推广和采用欧盟的技术参数和安全管理体系。

---

① 欧委会任命九名交通枢纽协调人负责欧盟规划中的九条铁路枢纽建设,其主要职责是协调并向欧委会通报枢纽建设项目的进展情况。协调人每四年由欧委会任命一次,其中多是成员国前政要。

三、对文件的总体评估

文件总的基调较为积极，并具有建设性内容，其宗旨是强调亚欧互联互通中的欧盟途径与范式。在解读文件时，欧盟官员称之为是以欧盟的方式建立更强大的互联互通网络，在各行业部门间以及建立在遵守共同规则基础上加强旨在促进可持续性互联互通的亚欧国家间伙伴关系。在战略层面上，文件对亚欧互联互通进行了规划，其出发点仍在于通过多元、多层和跨区域的合作推动亚欧互联互通，并把推广欧盟的标准作为优先方向之一。在欧盟看来，亚欧互联互通的路径在于从西巴尔干和欧盟东部伙伴关系国家自西而东不断推广欧盟的技术和标准。文件列举了欧盟在巴尔干、中亚和东南亚地区的一些合作项目。

文件与"一带一路"倡议的战略构架对比。欧盟文件突出亚欧互联互通以可持续、全面和基于规则的互联互通为核心，背后透露着欧盟的价值观和市场观。首先，文件强调四通（交通、数字、能源、人文）与欧盟的价值观，提出在共商基础上推广欧洲标准（包括与欧亚经济联盟国家）。该文件的出台具有连贯性，在2014年提出的"容克投资计划"中，欧盟已提出其投资重点将集中在"能源、电信、数字以及交通"等领域，并将加快泛欧交通网建设。该文件反映了欧盟希望通过亚欧互联互通来进一步增强自身影响力和竞争力的政治抱负。其重点集中在交通和能源基础设施领域，仍较多富有战略性规划，实际操作性措施不多。在"可持续、全面和基于规则"的合作理念下，它重点强调基于推广欧盟标准基础上的合作模式，优先建设项目集中在欧洲东部和东南欧地区。"一带一路"倡议秉持共商共建共享的合作理念，强调"五通"建设，规划了覆盖亚欧大陆的六大经济走廊。倡议强调国际合作中的正确义利观和打造与沿线国家的利益和命运共同体。在政府与市场的双轮驱动下，"一带一路"倡议提出6年以来，已在基础设施互联互通与国际产能合作结合、经济社会发展与人文交流融合等方面积累了大量有益的经验，不断促进中国与沿线国家的合作共赢与协同发展。

文件与"一带一路"倡议在亚欧互联互通建设优先方向上具有一致性。对于亚欧基础设施互联互通的重点，该文件和"一带一路"倡议具有一定程度上的一致性，即两者都把西巴尔干、中东欧、中亚和东南亚定为互联互通的优先地区。从文件看，欧盟战略文件确定的优先方向聚焦于西巴尔干、东部伙伴关系国家。借助地缘优势，欧盟希望在这两个地区以延伸泛欧交通网的方式推广自己的标准，并树立其在亚欧互联互通建设中的地位。在亚洲地区基础设施互联互通中，文件指出，欧盟将深化与亚洲开发银行和亚投行的合作，同时确保欧盟在对其关系中的优先利益和事项得到充分尊重，意即欧盟将来在与亚洲金融机构的合作中将通过项目或利益关切来影响中亚、东南亚地区的基础设施规划与建设。"一带一路"国际合作倡议自东向西推进亚欧一体化建设，目前阶段，基础设施互联互通建设的重点集中在中亚、东南亚地区，同时借助"16+1合作"的次区域平台，中国与西巴尔干和其他中东欧国家的互联互通不断加强，匈塞铁路成为了中欧互联互通合作的旗舰项目。

四、中欧互联互通合作与战略规划的对接

虽然欧盟代表称该文件不是对"一带一路"倡议的回应，但同时也明确提到这是欧盟应对挑战和把握机遇的方式。① 2018年以来，国际范围内单边主义和贸易保护主义日渐抬头，在欧盟看来，通过加强与亚洲国家的区域合作与交流能更好地应对各种挑战。从把握机遇的角度看，"一带一路"倡议提出6年来，中国不断深化与亚欧大陆国家和次区域的务实合作，在欧洲和"一带一路"沿线其他国家的影响力逐步上升，这已引起欧盟的高度关切，如以德国为代表的西欧大国对"16+1合作"持消极立场，认为中国与中东欧国家的合作分割了德国在该地区的市场蛋糕。从这一意义上看，可以把欧盟提出的亚欧互联互通战略视为其把握亚欧一体化建设机遇的方式，一

---

① http://www.eeas.europa.eu/delegations/china/50726/node/50726_en.

方面巩固其在重点及周边地区互联互通建设的既有成果，同时又主动参与更多亚洲其他地区的规划建设。中欧分别是亚欧大陆东西两端最大的经济体，并互为重要的战略合作伙伴，从中国"一带一路"国际合作倡议和欧盟战略政策文件来看，未来要实现双方在亚欧互联互通建设中的协同与合作，中欧需要加强战略规划与政策的对接。

1. 欧盟政策与标准有时会成为双方合作的制约因素。2012 年，"16 + 1 合作"机制建立以来，以德国为主的西欧大国质疑合作机制的声音不断，尤以德国一些政界人士和智库（墨卡托中国研究中心）对中国—中东欧合作持消极立场。欧盟外交官在解读文件时也提出，文件应以"可能推动与中国的合作，在环保标准、招标程序等领域影响中国"的眼光来看。匈塞铁路项目被视为中欧互联互通建设的旗舰项目，其中匈段项目最初设想由中方融资和承建，后改为中方融资、中匈合资企业按照欧盟规则对项目承建进行公开招投标。2018 年初，欧盟以履行大型基础设施建设项目的程序标准为由对匈段项目进行调查，这不仅反映了中欧之间政策机制的错位，也说明"16 + 1 合作"关系客观上具有的外延型和复杂性。

在中欧关系层面上，匈塞铁路项目突破了欧盟中东欧成员国中大型基础设施项目的既有建设模式。中东欧国家入盟以来，其大型基础设施项目的融资主要依靠欧盟结构基金。欧盟把结构基金的分配和使用作为缩小东西欧经济社会发展差距的主要工具。中东欧国家基础设施建设市场是一块大蛋糕，长期以来其大多数市场份额由西欧国家的跨国公司占据。结构基金的流动具有循环回流的内在特点，即主要由西欧国家承担的结构基金拨付给中东欧国家后，通过项目建设又回流到西欧国家的跨国工程公司。这是欧盟国家基础设施建设市场具有的机制上的保护性和封闭性特征。主要由中国提供贷款的匈塞铁路是中国在欧洲的第一个铁路建设项目，对于欧盟来说，中国资本、技术的输出和中国公司承建项目实际上不仅仅只是分割其市场蛋糕，而且也打破了其现行的工程建设市场的模式，一定程度上对欧盟的政策机制及西欧跨国企业的整体利益构成挑战。

尽管欧盟表示欢迎中国的投资，但从经济利益看，其又对中国资本分享中东欧成员国基础设施建设市场的蛋糕心存疑虑，因为这不仅会打破西欧跨国公司对中东欧国家工程市场的垄断，同时该项目的新型融资方式对欧盟现行基础设施建设的融资模式也构成了挑战。对于中国来讲,按照欧盟的招标程序,理论上讲即使是中方融资项目也不能完全保证中资企业中标项目建设。这就会出现中国与欧盟间政策机制的错位。与此类似的问题是,在中国中东欧合作机制下的 100 亿美元专项贷款要求贷款接收国提供主权担保,一些欧盟中东欧成员国也担心此举会导致债务比例超过欧盟的财政标准。

塞尔维亚虽然还不是欧盟成员国,但在匈塞铁路项目上也已经开始参照欧盟的政策与标准。塞段铁路也主要由中方融资,但合同附加条款中规定,至少 46% 的投资额要由非中国的分包企业承建,即中方提供 85% 的融资,但最多只能承建 54% 的工程。① 在基础设施项目建设中,欧盟有高标准、严要求的环保评估。这方面的突出例子是,2011 年中国海外工程公司(中海外)中标承建波兰 A2 高速公路曾是中国企业在欧盟国家的第一个大型基础设施项目,后因多种原因项目建设失败,其中之一就是中方企业未按照欧盟环保标准迁移冬眠青蛙而造成工程长时间停工和拖延。

2. 中欧之间在互联互通项目规划上需要对接。自 2016 年 4 月中远集团正式收购希腊比雷埃夫斯港后,打通地中海至欧洲腹地的中欧陆海快线建设规划也已提上日程。中方把匈塞铁路作为中欧陆海快线的一部分进行规划设计(匈塞铁路经马其顿向南延伸至希腊),认为该项目不仅将有力推动该地区基础设施建设和互联互通,也有利于深化中欧在国际产能与投资等重点领域的合作。匈牙利政府对匈塞铁路项目建设持积极态度,其重要考虑之一是借此进一步强化其在中东欧次区域的交通战略地位,并促进与中国的经贸合作关系。中欧对匈塞铁路的规划存在差异性。在欧盟的规划中,该项目也不是欧盟的优先建设项目。目前,欧盟规划的九条铁路网枢纽线路中有两条是南北线,其中一条为北海—地中海枢纽线路,它北起汉堡,经匈牙利、罗马尼亚和保加利亚到希腊(帕特雷/伊古迈尼察)。和中欧陆海快线相比,虽然欧盟的北海—地中海枢纽线路的距离更长,但贯穿的欧盟国家更多,沿线经济体的发达程度更高(较中欧陆海快线经过的塞尔维亚和马其顿而言)。

---

① http://www.iir.cz/article/stavba-trate-budapset-belehrad-priklad-rustu-vlivu-ciny-na-evropske-periferii-na-ukor-zapadu.

3. 中欧需要加强互联互通战略政策的沟通与对接。2018年初，中国国家主席习近平在会见北欧和波罗的海国家议会领导人时指出，要对接各自发展战略，拓展务实合作领域和渠道，特别是加强在"一带一路"倡议框架下的合作，共享亚欧大陆互联互通带来的发展红利。就亚欧关系双边层次而言，欧盟认为其是亚洲最重要的投资合作伙伴，未来欧亚可以开展第三方的投资与可持续联通对话，欧盟的优势体现在通过技术援助的方式向亚洲各国提供支持，提升亚洲的规划能力，并实施相关可持续性的互联互通项目。文件反复强调与亚洲国家间在市场准入、公共采购、知识产权保护和市场公平竞争环境等方面的对话与合作，多年来这也是中欧关系中的重要议题。文件共有五次提到了中国（包括注释在内），其中有两点值得关注：一是中欧班列，文件认为中欧班列增长迅速，但需要指出其长期的经济可行性和竞争中立性。二是中欧互联互通平台，文件提出，与中国的合作中，欧盟应加强在基础设施建设中的现有合作项目，制定合作规划，加强在已有基建及发展合作倡议框架内的合作，并利用平台创造协同效应和消除双方分歧。

自2011年首条中欧班列开通以来，迄今已形成东中西三条线路，班列累计开行数量达到10000列，班列国内开行城市达到45个。中欧班列成为欧亚大陆上滚滚长鸣的"铁流驼队"。国内各省市对于国际物流通道资源的争夺日趋激烈，各地以补贴争抢跑道的现象突出。从长期看，"赔钱赚吆喝"不应是中欧班列的常态，有关主管部门应从长远规划、合理发展的角度出发，消除地方利益、合理组织与协调中欧班列，积极推动班列可持续性的市场化运行。从加强"一带一路"国际合作角度看，中欧班列的高效运营还需要与沿线国家政府主管部门进行密切的政策沟通，推动和建立国际铁路联运合作机制，减少影响铁路运输效率的技术或政策障碍，完善各种服务保障措施。

欧盟的基础设施建设中招标程序、技术参数和环保要求等使其市场准入门槛高，这也是迄今中国企业难以进入欧盟市场的客观原因之一。中国企业在亚非国家使用的投融资和承建一体模式与欧盟政策和机制不匹配。在现有合作规划中，中欧可积极磋商中欧陆海快线与泛欧交通网、"16+1合作"

与中东欧三海倡议①建设对接的可能性，并试点合作项目。此外，欧盟文件专门提出在亚欧海洋治理中采用 ppp 模式，中欧双方可积极磋商在路上交通基础设施中采用该模式的可能性。

五、结语

作为"世界岛"的亚欧大陆是全球政治、经济、人口、自然资源分布的重心。其拥有世界人口的约75%，国民生产总值占世界总额约60%。世界已知能源、资源的3/4左右也在亚欧大陆。② 亚欧大陆在世界经济中的份额决定了其在世界经济一体化的重要性。亚欧经济带覆盖了从大西洋到太平洋、从北冰洋到印度洋的各经济体，经济带内部区域经济发展不平衡，东部沿海地区（日本、韩国）以及西部的欧盟都很发达，中间腹地的经济发展和基础设施相对落后。在历史上，多个世纪以来以人口流动和经济融合为主的亚欧大陆的整合曾一度活跃，古丝绸之路就是亚欧经济融合和文化交流的证明。自20世纪90年代初后，随着世界政治经济格局的变化，中国加速对外开放以及苏东集团解体后向市场经济过渡，积极推动了亚欧经济带中区域经济体新一轮的融合与发展：中东欧国家融入西欧的市场经济体制，俄罗斯及独联体国家形成紧密联合的经济体，经济快速增长的中国与其它东亚国家的一体化不断加深。亚欧经济发展的内在优势在于基于经济地缘基础上的市场、资金、资源和技术等的自然融合。这一融合有助于优化域内生产要素的合理配置和增强亚欧大陆竞争力。共享经济稳定和繁荣的必要性成为各经济体之间合作与对话的原动力，通过强化互联互通获取经贸合作的潜在收益也

---

① 中东欧12国在2016年提出三海倡议合作，规划投资额超过500亿欧元，优先发展地区能源、电信和基础设施建设，其中交通基础设施的规划是建设跨喀尔巴阡的南北高速公路，它从立陶宛克莱伊佩达港到希腊塞萨洛尼基。

② ［美］兹比格纽·布热津斯基：《大棋局：美国的首要地位及其地缘战略》，中国国际问题研究所译，上海人民出版社，1998年版，第41—42页。

有助于其解决未来可能出现的问题。[1]

　　合作与竞争并存一直是中欧关系的重要特点。当前,大国关系正进入起伏动荡的关键时期,受到逆全球化思潮的影响,不断抬头的单边主义和保护主义对国际秩序构成严峻的挑战。在这种不利的国际大环境下,中欧都已经发出了"携手维护多边主义与自由贸易"的共同声音。在通过亚欧互联互通建设提升双方务实合作的重要性上,中欧具有高度共识。中国的"一带一路"倡议与欧盟亚欧互联互通战略文件之间既有总体规划与目标上的一致性,也有实施路径和价值观中的差异性,中欧间需要加强对话与沟通,以有利于促进双方战略规划与政策的对接,这样才能不断扩大双方关系的内生动力,并使两大力量更好地形成合力。

　　亚欧大陆国家在经济社会发展上的差异明显,产业布局不一,人口地理分布密度各异,现阶段各国发展的优先方向不同,各国对互联互通合作的评估与期冀存在差异,这需要以促进普遍性原则和利益为指导,在尊重差异性与不平衡性的基础上确定中欧与不同次区域集团和国家的合作重点和优先方向。很多情况下,会出现跨境项目面临与不同国家的利益博弈、政策对接、技术统一和多方利益集团的协调等问题,有时会出现"市场失灵",甚至"政治失灵"的风险。经过五年的发展,中国在"一带一路"国际合作中积累了很多有益和值得推广的经验,如互联互通和产能合作的双轮驱动,经贸合作与人文交流并重等。在合作理念中,中欧可结合实际情况寻找并扩大欧盟强调的规则与"一带一路"倡议积累的有益经验之间的交汇点,以创造中欧在亚欧互联互通建设中的协同效应,为共同推动亚欧经济一体化发展做出积极的贡献。

---

[1] Johannes F. Linn and David Tiomkin, "Economic Integration of Eurasia: Opportunities and Challenges of Global Significance", *Europe After Enlargement*, Edited by Anders Aslund and Marek Dabrowski, Cambridge University Press, 2007, p. 226.

中国与德国机电产品贸易的
竞争性和互补性研究

杨逢珉[*]　吴梦怡[**]

  根据2017年欧委会统计数据,欧盟是中国第一大贸易伙伴。其中,中欧机电产品贸易比重超过50%[①]。结合中国商务部发布的国别贸易报告,本文在欧盟27个成员国中选取了与中国机电产品贸易量最大的德国作为研究对象,重点研究中国机电产品出口德国市场的现状及其影响因素。虽然相比于欧盟其他国家,德国对中国机电产品进口量一直很大,但欧债危机之后,德国经济疲软、市场需求萎靡,导致德国对中国机电产品进口大幅波动,贸易量甚至出现连续几年的下降。因此,有必要对中德机电产品贸易的发展趋势进行研究,以期促进中德经贸合作的长期共同发展。

  2013年底我国提出的"一带一路"倡议,以及有关规划的逐步落实更为中德双边贸易带来了很大便利。例如,亚欧铁路网的建设将极大缩短货运距离,有效节省贸易成本。因此,分析中国与德国机电产品贸易的现状、特点,以及中国与德国机电产品贸易的竞争性和互补性,可以更准确地了解中

---

  [*] 杨逢珉,华东理工大学商学院博导、教授。
  [**] 吴梦怡,华东理工大学商学院硕士。
  ① 数据来源欧委会官网,https://www.ec.europa.eu/commission/index_en,2017/4/30。

国对德出口机电产品存在的问题,并在完善策略、调整战略的基础上,积极扩大机电产品出口。

一、文献综述

(一) 关于中国机电产品出口贸易的研究

马源(2013)研究中国出口欧盟的机电产品结构时指出,劳动密集型机电产品比重和竞争力下降,而资本技术密集型机电产品比重和竞争力提升,并且中国机电产品的出口结构及其对应的产品竞争力具有正相关性。黄洁(2015)等利用引力模型分析了中国机电产品出口德国的影响因素,他们认为,对机电产品出口影响最大的是进口国的国内生产总值,且与出口成正相关关系,而中德两国居民收入水平的影响次之,且与出口额呈负相关关系。张静中和曾勇(2017)利用扩展引力模型研究了中国对丝绸之路经济带沿线国家机电产品出口潜力,研究发现中国对丝绸之路国家机电产品出口贸易仍有很大潜力可以挖掘。

(二) 关于竞争性与互补性的研究方法

王广宇等(2016)基于"丝绸之路经济带"的背景,通过竞争性和互补性分析了中国与中亚五国的贸易,研究指出中国与中亚五国的商品贸易存在很大的互补性,且双方贸易联系非常紧密。沈子傲、韩景华(2016)利用贸易互补性和竞争性分析了中国与中东欧的贸易合作,研究发现从出口占比来看,中东欧向德国市场出口占本国出口比重最高,俄罗斯次之,而中国和美国占比均较低。刘志中(2017)通过竞争性、互补性及贸易潜力研究了"一带一路"倡议下中俄双边贸易,研究发现中俄劳动密集型产品的竞争性和互补性都很强,而中国在资本密集型产品上缺乏竞争优势。

综上所述,在已有文献中,竞争性和互补性的方法主要用于分析双边贸易或农产品贸易,而鲜少用于研究机电产品贸易。因此,本文在已有文献的研究基础上,基于 HS 六位编码将机电产品细分为劳动密集型和资本密集型两类进行研究,旨在分析中国与德国机电产品贸易现状,进一步为推进中国与德国机电产品贸易发展提供理论支撑和政策依据。

二、中国机电产品出口德国市场的现状

（一）出口总额波动上升

2001 年中国加入世贸组织后对外贸易成本有所降低、贸易机会不断增加。与此同时,德国从中国进口的机电产品数量也迅速增加。由表 1 可以看到,中国出口德国的机电产品总额总体呈上升趋势。2001 年至 2003 年期间,中国出口德国的机电产品出口额迅速增长,其环比增长率在 2003 年达到峰值 89.28%。从 2004 年至 2008 年,中国出口德国的机电产品出口额仍呈明显的增长趋势,但增长速度放缓,出口额在 2008 年达到 28.53 亿美元。2008 年遭遇欧债危机后,德国市场机电产品需求萎靡,这点可以从 2009 年中国出口德国的机电产品出口额下降至 23.12 亿美元得到验证。2009 年以后,世界经济逐渐恢复,中国对德出口的机电产品出口额呈波动上升的趋势,并在 2017 年达到 31.72 亿美元,相当于 2001 年出口额的 9.22 倍。

表1 2001—2017 年中国对德国出口的机电产品　　单位：亿美元

年份	出口额	占比①	环比增长率②
2001	3.44	35.33%	/
2002	4.30	37.83%	24.89%
2003	8.14	46.69%	89.28%

---

① 该占比是指中国对德出口的机电产品占中国对德出口总额的比重。
② 该增长率是指中国对德出口的机电产品的环比增长率。

续表

年份	出口额	占比	环比增长率
2004	10.88	45.81%	33.65%
2005	14.40	44.26%	32.29%
2006	18.07	44.82%	25.52%
2007	22.44	46.04%	24.20%
2008	28.53	48.19%	27.13%
2009	23.12	46.31%	-18.98%
2010	32.99	48.48%	42.69%
2011	32.93	43.10%	-0.17%
2012	30.81	44.51%	-6.44%
2013	27.55	40.91%	-10.57%
2014	29.57	40.68%	7.34%
2015	28.60	41.36%	-3.28%
2016	27.22	41.75%	-4.82%
2017	31.72	44.59%	16.50%

数据来源：根据 UNCOMTRADE 数据库中 2001 年—2017 年数据整理得到。

另外，从表1中国对德出口的机电产品占中国对德出口总额的比重可以看出，中国与德国的机电产品贸易是中国与德国贸易量最大的贸易，至2017年，中国出口德国机电产品的出口额的占比达到44.59%。

（二）以劳动密集型机电产品为主

从图1可以明显看出，中国出口到德国的机电产品主要以劳动密集型产品为主，并且劳动密集型产品的占比远高于资本技术密集型产品。由此可见，中国对德出口的机电产品仍然存在附加值较低、缺乏高技术产品的问题。此外，资本技术密集型产品的比重是波动变化的，并在2010年达到峰值，但2010年后资本技术密集型产品的比重有所下降。

总体来看，中国对德国出口的机电产品出口结构严重失衡，因此提高中国资本技术密集型机电产品出口德国具有重要意义。但是，2015年欧盟实施新贸易政策以来，更加严格的贸易救济措施规定对中国资本技术密集型和劳动密集型机电产品出口德国市场产生了明显影响。因此，扩大资本技术密集型机电产品出口德国市场仍然面临严峻挑战。

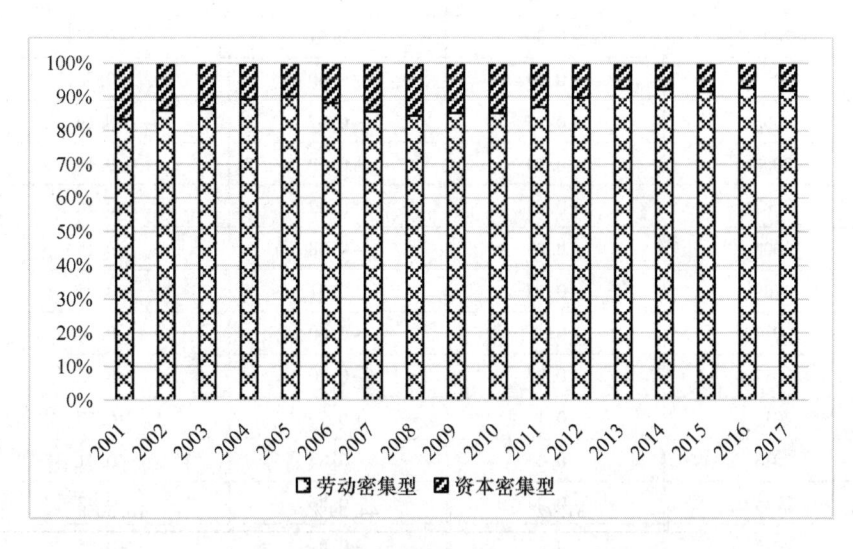

图1 2001—2017年中国对德国出口的机电产品类型占比情况
数据来源：根据UNCOMTRADE数据库中2001年—2017年数据整理得到。

三、中国对德国机电产品出口的竞争性分析

（一）TC指数低于世界平均水平

贸易竞争力指数是通过中国机电产品进出口差额和进出口贸易总额的比重来衡量中国机电产品出口的竞争力。其用公式可以表示为

$$TC_{ij} = \frac{x_{ij} - m_{ij}}{x_{ij} + m_{ij}}$$

其中，x_{ij}表示中国机电产品出口德国的出口额，m_{ij}表示中国机电产品从德国进口的进口额。

表2 2001—2017年中国机电产品出口德国的TC指数

年份	劳动密集型	资本密集型	总出口
2001	-0.41	-0.56	-0.44
2002	-0.42	-0.59	-0.45
2003	-0.30	-0.61	-0.37
2004	-0.27	-0.59	-0.33
2005	-0.13	-0.47	-0.19
2006	-0.09	-0.52	-0.18
2007	-0.09	-0.42	-0.16
2008	-0.09	-0.38	-0.15
2009	-0.18	-0.51	-0.25
2010	-0.11	-0.60	-0.24
2011	-0.22	-0.70	-0.35
2012	-0.17	-0.79	-0.37
2013	-0.23	-0.84	-0.41
2014	-0.24	-0.86	-0.43
2015	-0.17	-0.81	-0.35
2016	-0.15	-0.84	-0.36
2017	-0.14	-0.81	-0.33

数据来源：根据UNCOMTRADE数据库中2001年—2017年数据整理得到。

根据表2可以看出，TC指数始终为负，这说明在与德国的贸易中，中国机电产品为净进口，表明中国机电产品的竞争力低于国际水平，即中国机电产品的国际竞争力较弱，同时也说明了中国缺乏高附加值、竞争力强的机电产品。虽然TC指数始终为负，但是可以明显看出2008年以前，TC指数的数值在上升，而2008年以后，TC指数逐渐下降。原因在于，2008年金融危机以前，得益于中国进入世贸组织，贸易成本下降，中国越来越多的机电产品进入德国市场，中国机电产品的竞争力不断提高；2008年金融危机后，德国市场需求萎靡，且德国市场对机电产品的需求主要集中在资本密集型和技术密集型产品，而中国出口到德国市场的机电产品大多是劳动密集型产品，因此中国机电产品出口德国的竞争力有所下降。从表2还可以看出，中国出口德国的劳动密集型机电产品的TC指数在2008年以后有一个先下降后回升的趋势,这一趋势与中国出口德国机电产品的变化趋势相同,说明相比于资本密集型机电产品,中国出口德国的劳动密集型机电产品的竞争力变化对中国出口德国机电产品的影响更大。

(二) 输德机电产品相似度指数较低

出口产品相似度指数用于衡量两国出口到第三方市场或是世界市场的产品相似程度的指数。公式如下:

$$ESI_{ij} = \left\{ \sum_{k=0}^{n} \left[\left(\frac{x_{ac}^k/x_{ac} + x_{bc}^k/x_{bc}}{2} \right) \times \left(1 - \frac{x_{ac}^k/x_{ac} - x_{bc}^k/x_{bc}}{x_{ac}^k/x_{ac} + x_{bc}^k/x_{bc}} \right) \right] \right\} \times 100$$

其中式中的 a 表示中国,b 表示德国市场,c 表示世界市场,x_{ac}^k/x_{ac} 代表了中国出口到世界市场的 k 种机电产品占中国出口机电产品总额的比重,x_{bc}^k/x_{bc} 代表了德国出口到世界市场的 k 种机电产品占德国出口机电产品总额的比重。

表3　2001—2017 年中国出口德国机电产品的出口产品相似度指数

年份	劳动密集型	资本密集型	总出口
2001	37.47	13.50	28.29
2002	35.43	14.89	26.97
2003	32.97	14.99	25.69
2004	33.91	17.47	27.20
2005	35.42	21.66	28.68
2006	37.07	24.91	30.39
2007	37.73	27.51	31.65
2008	39.52	28.93	33.64
2009	39.31	23.34	32.85
2010	40.30	23.22	33.01
2011	40.65	24.97	33.91
2012	40.71	27.04	34.20
2013	41.32	29.74	34.94
2014	43.23	31.12	36.59

续表

年份	劳动密集型	资本密集型	总出口
2015	44.95	29.00	37.25
2016	46.01	30.43	38.54
2017	46.71	32.99	39.67

数据来源：根据 UNCOMTRADE 数据库中 2001 年—2017 年数据整理得到。

从表3可以看出，中国和德国机电产品贸易的出口产品相似度指数说明了中德机电产品出口贸易的三个明显的特点：第一，从机电产品的总出口来看，中国与德国的机电产品出口结构相似度较低，说明中国与德国机电产品出口的互补性较强，从数值上看，指数总体呈上升趋势，这表明中国与德国机电产品出口的竞争性在逐渐增强；第二，分别从中国和德国劳动密集型和资本密集型机电产品的出口产品相似度指数来看，中国和德国劳动密集型机电产品的出口结构相似度比资本密集型机电产品的出口结构相似度高，表明中国和德国在劳动密集型机电产品出口的竞争性比资本密集型机电产品出口的竞争性强；第三，从中国和德国劳动密集型机电产品和资本密集型机电产品的出口产品相似度指数的数值来看，两者都呈明显的上升趋势，这说明中国和德国在两类机电产品的出口上竞争性不断加强，但目前仍表现为互补性强于竞争性。

四、中国对德国机电产品出口的贸易结合度分析

贸易结合度指数指的是一国对其贸易伙伴国的出口额占该国出口总额的比重与该贸易伙伴国进口总额占世界进口总额比重的比值，该指标常用于衡量两国间贸易联系紧密程度，数值越大表明两国间贸易联系越紧密。该指标公式如下：

$$TII_{ij}^{k} = \frac{x_{ij}^{k}/X_{i}^{k}}{m_{j}^{k}/M_{w}^{k}}$$

其中 x_{ij}^n 表示中国对德国 k 类机电产品的出口额，X_i^n 表示中国 k 类机电产品的出口总额，m_j^n 表示德国 k 类机电产品的进口额，M_w^n 表示世界的 k 类机电产品的进口额。

表4　2001—2017年中国出口德国机电产品的贸易结合度指数

年份	劳动密集型	资本密集型	总出口
2001	0.51	0.84	0.54
2002	0.47	0.82	0.50
2003	0.62	0.93	0.63
2004	0.65	0.74	0.64
2005	0.66	0.67	0.64
2006	0.62	0.68	0.60
2007	0.67	0.83	0.68
2008	0.71	0.83	0.71
2009	0.67	0.64	0.64
2010	0.75	0.68	0.72
2011	0.64	0.50	0.61
2012	0.62	0.41	0.58
2013	0.56	0.30	0.51
2014	0.55	0.31	0.51
2015	0.58	0.32	0.53
2016	0.58	0.30	0.53
2017	0.55	0.28	0.49

数据来源：根据 UNCOMTRADE 数据库中 2001 年—2017 年数据整理得到。

从表4可以看出，无论从中国对德国出口的劳动密集型、资本密集型机电产品，还是从中国对德国的机电产品总出口来看，中国对德国出口机电产品的出口水平要低于同期在世界进口市场所占的份额，说明两国贸易联系并不紧密，表明两国在机电产品上的竞争性强于互补性。并且，从贸易结合度指数的数值来看，中国对德国劳动密集型机电产品及机电产品总出口的贸易紧密程度有先上升后下降的趋势，而资本密集型机电产品基本呈现下降趋势。由此可见，影响中国对德国的机电产品出口贸易紧密程度的因素主要是劳动密集型机电产品的出口。

五、中国对德国机电产品出口的互补性分析

(一) 不同种类的机电产品产业内贸易程度不同

产业内贸易指数和边际产业内贸易指数是目前被广泛使用来测度产业内贸易程度的两种指标。前者主要是传统静态角度分析的产业内贸易指标，其取值范围为 [0，1]，越接近0，说明双边贸易越表现为产业间贸易，越接近1，表明双边贸易越表现为产业内贸易；后者则是从动态角度分析的产业内贸易指标，其中，边际产业内贸易指数具体还可以分解为水平方向产业内贸易指数（HIIT）和垂直方向产业内贸易指数（VIIT）。这四个产业内贸易指数的公式如下：

$$GL = 1 - \frac{|x_i - m_i|}{x_i + m_i}$$

$$BI = 1 - \frac{|\Delta x_i - \Delta m_i|}{|\Delta x_i| + |\Delta m_i|}$$

$$HIIT = \sum_{i=1}^{n} A_i w_i, \text{ 其中 } w_i = \frac{|\Delta x_i| + |\Delta m_i|}{\sum_{i=1}^{n}(|\Delta x_i| + |\Delta m_i|)}, A_i \text{ 为边际产业内贸易}$$

指数

$$VIIT = A_j - HIIT, \text{ 其中 } A_j = 1 - \frac{|\Delta x_j| + |\Delta m_j|}{\sum_{i=1}^{n}(|\Delta x_i| + |\Delta m_i|)}, \Delta x_j = \sum x_i,$$

$$\Delta m_j = \sum m_i$$

其中，x_i表示i年中国机电产品出口德国的出口额，m_i表示i年中国机电产品从德国进口的进口额，Δx_i表示i年中国机电产品出口德国的出口变化额，Δm_i表示i年中国机电产品从德国进口的进口变化额。

表5　2001—2017年中国机电产品出口德国的GL指数

年份	劳动密集型	资本密集型	总出口
2001	0.59	0.44	0.56
2002	0.58	0.41	0.55
2003	0.70	0.39	0.63
2004	0.73	0.41	0.67
2005	0.87	0.53	0.81
2006	0.91	0.48	0.82
2007	0.91	0.58	0.84
2008	0.91	0.62	0.85
2009	0.82	0.49	0.75
2010	0.89	0.40	0.76
2011	0.78	0.30	0.65
2012	0.83	0.21	0.63
2013	0.77	0.16	0.59
2014	0.76	0.14	0.57
2015	0.83	0.19	0.65
2016	0.85	0.16	0.64
2017	0.86	0.19	0.67

数据来源：根据UNCOMTRADE数据库中2001年—2017年数据整理得到。

根据表5看出，从中国对德国机电产品总出口来看，GL指数均高于0.5，说明中德机电产品产业内贸易程度较高。在2008年以前，GL指数呈上升趋势，最高达到0.85，说明中国与德国机电产品的产业内贸易由产业间贸易与产业内贸易相结合的状态逐渐转变为以产业内贸易为主的状态，但2008年以后，GL指数有所下滑，又变回产业间贸易与产业内贸易相结合的状态，直至2015年才有所回升。2001—2008年期间，中国加入WTO后，中国对外开放程度大大提高，中国机电产品成本优势逐渐扩大，技术水平提高带来差异产品种类丰富，使得产业内贸易水平提升。2008年以后，欧债危机对中德机电产品产业内贸易造成了巨大影响，一方面欧债危机中德国经济受创导致德国市场需求疲软，另一方面全球经济低迷使得中国出口的劳动密集型机电产品大量减少。因此，从产业内贸易的角度来说，加强中国机电产品科技创新力度有重要意义。

根据表5的数据还可以看出，中国对德国劳动密集型机电产品出口的产业内贸易程度非常高，总体处于产业内贸易的状态，而资本密集型机电产品的出口的产业内贸易程度则很低，基本处于产业间贸易的状态。

表6　2001—2017年中国机电产品出口德国的 BI 指数及其分解

年份	劳动密集型 BI	HIIT	VIIT	资本密集型 BI	HIIT	VIIT	总出口 BI	HIIT	VIIT
2001—2002	0.57	0.52	0.06	0.20	0.02	0.18	0.54	0.40	0.14
2002—2003	0.91	0.66	0.25	0.36	0.10	0.26	0.76	0.55	0.21
2003—2004	0.81	0.79	0.02	0.78	0.02	0.77	0.83	0.44	0.39
2004—2005	0.04	0.04	0.01	0.68	0.13	0.55	0.22	0.10	0.13
2005—2006	0.87	0.52	0.36	0.39	0.16	0.23	0.83	0.49	0.34
2006—2007	0.92	0.71	0.21	0.98	0.23	0.76	0.95	0.55	0.40
2007—2008	0.91	0.70	0.22	0.74	0.18	0.57	0.87	0.58	0.29
2008—2009	0.27	0.20	0.06	0.70	0.17	0.54	0.04	0.03	0.02
2009—2010	0.89	0.53	0.36	0.29	0.12	0.17	0.78	0.54	0.24
2010—2011	0.10	0.07	0.04	0.20	0.07	0.12	0.01	0.00	0.00
2011—2012	0.30	0.18	0.12	0.55	0.22	0.33	0.91	0.53	0.38
2012—2013	0.87	0.45	0.42	0.59	0.28	0.30	0.42	0.42	0.00
2013—2014	0.68	0.32	0.36	0.07	0.03	0.03	0.36	0.25	0.11
2014—2015	0.25	0.13	0.12	0.02	0.01	0.01	0.12	0.09	0.03
2015—2016	0.52	0.40	0.12	0.72	0.16	0.56	0.80	0.51	0.29
2016—2017	0.91	0.73	0.19	0.54	0.11	0.43	0.84	0.54	0.30

数据来源：根据 UNCOMTRADE 数据库中 2001 年—2017 年数据整理得到。

从表6可以看出，在动态的角度上，中国出口德国的机电产品的产业内贸易程度在不断变化，但总体表现出以产业内贸易为主的状态。中国出口德国的劳动密集型机电产品的产业内贸易主要表现为产业内贸易的状态，从其分解可以看出，水平型产业内贸易是影响劳动密集型机电产品出口的产业内贸易程度变化的主要因素，但垂直型产业内贸易的影响也不容忽视，这说明影响中德劳动密集型机电产品产业内贸易发展的主要是中德两国消费者对于不同品种的劳动密集型机电产品的相互需求。而中国出口德国的劳动密集型机电产品的产业内贸易则主要表现为产业内贸易和产业间贸易相结合的状态，从其分解可以发现，资本密集型机电产品出口的产业内贸易程度主要受垂直型产业内贸易的影响，这说明影响中德资本密集型机电产品产业内贸易发展的主要是两国消费者对于不同档次资本密集型机电产品的需求。

（二）不同种类的机电产品 RCA 指数差异明显

RCA 指数又称显示性比较优势指数，是指中国机电产品的出口值占中国对世界出口机电产品总值的份额，在世界机电产品的出口值占世界所有产品出口总值的份额中所占的比例。其用公式可以表示为：

$$RCA_{mk} = \frac{X_{mk}/X_m}{Y_{mk}/Y_m}$$

其中，X_{mk} 代表 k 类中国机电产品出口德国的总额，X_m 代表中国出口德国的机电产品总出口额，Y_{mk} 代表 k 类世界市场机电产品的出口额，Y_m 则代表世界市场的机电产品总出口额。根据表7，首先，从中国出口德国劳动密集型机电产品的 RCA 指数数值上看，虽然数值有增有减，但是总体上看其上升的趋势比较明显，说明中国出口德国市场的劳动密集型机电产品竞争力在不断增强；而相比之下，中国出口德国资本密集型的机电产品则表现出缺乏竞争力，且从 RCA 指数波动的情况来看，中国出口德国资本密集型的机电产品总体呈波动下降的趋势，但下降的幅度比较小。其次，根据日本贸易振兴会（JERTO）提出的标准①，从 RCA 指数的竞争力评价来看，从 2001 年到 2005 年，中国出口德国的劳动密集型机电产品竞争力由中等逐渐上升为次强，2006 年之后落回到中等程度，至 2012 年其竞争力回升到次强程度，而中国出口德国的资本密集型机电产品的竞争力则始终表现为劣势。

---

① 当 RCA 数值大于 2.50 时该产业具有极强比较优势；当 RCA 在 0.80—1.25 之间该产业具有中等比较优势。0.8 以下则处于比较劣势。

表7 2001—2017年中国出口德国的两类机电产品RCA指数及评价

年份	劳动密集型	竞争力评价	资本密集型	竞争力评价
2001	1.16	中等	0.59	劣势
2002	1.25	中等	0.45	劣势
2003	1.24	中等	0.45	劣势
2004	1.27	次强	0.36	劣势
2005	1.27	次强	0.34	劣势
2006	1.25	中等	0.41	劣势
2007	1.23	中等	0.47	劣势
2008	1.20	中等	0.52	劣势
2009	1.17	中等	0.54	劣势
2010	1.18	中等	0.53	劣势
2011	1.21	中等	0.46	劣势
2012	1.26	次强	0.36	劣势
2013	1.31	次强	0.26	劣势
2014	1.31	次强	0.26	劣势
2015	1.31	次强	0.28	劣势
2016	1.34	次强	0.24	劣势
2017	1.27	次强	0.30	劣势

数据来源：根据UNCOMTRADE数据库中2001年—2017年数据整理得到。

2001年中国加入世贸组织后，中国对德出口的劳动密集型机电产品竞争力不断提升，即使在遭遇欧债危机导致的欧洲经济低迷时其竞争力仍稳定地保持在次强水平，这从2001年到2016年之间RCA指数波动上升的事实中可以得到验证。但是，中国出口德国的资本密集型机电产品RCA指数一直处于较低水平。一方面说明中国机电产品在世界机电产品贸易趋向资本密集、技术密集的大环境时暴露出的不足，另一方面表明了中国的机电产品仍需积极践行再工业化战略，提升自身产品附加值以提高产品竞争力。

六、扩大中国机电产品出口德国市场的建议

（一）增强经济实力提高机电产品在德国市场的竞争力水平

出口竞争力增强的根本是经济实力的增强。中国经济实力的提高对机电产业的助力主要体现在两方面，一方面是制造业工业平均生产率和工业增加值的提高，另一方面是经济自由度的提高使得贸易成本的下降。并且，经济实力的增强会使得国内需求增大，国内需求的增大则会促进机电产品产量扩大，从而使得超过国内需求部分的机电产品数量增加，进而企业能出口更多的机电产品。

因此，增强中国经济实力能够从机电产品工业产值的增加和国内市场产品过剩两方面促进机电产品出口的扩大，同时经济实力的增强也意味着与其他国家贸易合作机会的增加，因此，增强中国经济实力将始终成为扩大机电产品出口的最大助力。

（二）提高机电产品的附加值，积极应对技术性贸易壁垒

根据中国 WTO/TBT（技术性贸易壁垒）通报咨询网的数据显示，2017年中国收到的 TBT 通报案例为 58 例，截至 2018 年 10 月，2018 年中国收到 TBT 新增通报的案例为 40 例[①]。其中，一部分 TBT 通报针对的是中国的医疗设备、交通运输工具及其零部件等产业，说明这些产业由于技术水平达不到国际标准而受到了技术性贸易壁垒的限制。造成这一结果的原因有很多，一方面是因为国内机电企业对出口国的技术性贸易壁垒缺乏全面的认识、质检机构相对落后，另一方面是因为中国机电产品本身的技术水平低，无法达

---

① 数据来源中国 WTO/TBT 通报咨询网，http://www.tbt-sps.gov.cn/page/cwtoz/Indexquery.action，2018/10/30。

到国际标准。这也体现在中国机电产品出口德国的产品结构中劳动密集型产品占较大比重，而资本技术密集型的比重则很低。

对此，中国须鼓励机电企业积极了解技术性贸易壁垒以及国外对机电产品进口的要求，在此基础上对出口产品进行技术创新，提高机电产品出口的附加值，提高出口机电产品的竞争力。

（三）提高出口机电产品质量

虽然我国机电产品对德出口额在不断上升，但是中国机电产品的质量问题仍然是我们必须高度重视并不断提高的一大难题。中国机电产品进入德国市场的流程相当复杂，其中需要许多的认证标志和检验程序，例如，结构形式监测、安全检测、电磁相容性、半导体工业标准、通讯终端设备的许可标志、ECO 圆环标志 2000 和人体工程检验标志等。由此可以看出，德国对进口的机电产品质量要求非常严格。而中国的机电产品现在仍处于"以量取胜"的阶段，如果产品质量长期得不到提升，就会对出口造成很大影响。

因此，我们有必要对出口的机电产品质量进行严格把关，将机电产品出口从"以量取胜"转变为"以质取胜"。有关部门应强化对机电产品的质量安全检查，对出口的机电产品以德国市场对机电产品品质的要求出发严把质量关，从源头上提高机电产品的竞争力。

（四）借力"一带一路"，加大机电产品出口

"一带一路"倡议从 2013 年提出，到今天已经取得了丰厚成果。2017年"一带一路"北京峰会上，习近平主席在讲话中提到，中国的"一带一路"倡议已经颇有成效。首先从贸易总额上看，"一带一路"创造的贸易总额已超过 3 万亿美元；其次，从中国的投资总额来看，中国已将超过 500 亿美元投资到"一带一路"沿线国家；最后，从企业角度来说，中国企业目前共建设了 56 个经贸合作区，并且为这些国家创造了近 11 亿美元税收以及

18万个就业岗位[①]。其中,"一带一路"倡议的背景下开行的中欧班列已超过1000列,而"渝新欧"班列作为"一带一路"最早开行的班列之一,已为中德贸易作出了巨大贡献。从前文中国机电产品出口德国的出口数据来看,也能发现在2014年以后,两国机电产品贸易量呈明显的上升趋势。

因此,我国机电企业应该积极响应"一带一路"战略,配合"一带一路"战略开行的中欧班列,在保证自身机电产品质量的前提下,积极拓宽机电产品的贸易范围,扩大机电产品的出口。

参考文献

[1] 丁剑平、刘敏:《中欧双边贸易的规模效应研究——一个引力模型的扩展应用》,《世界经济》,2016年第6期,第100—123页。

[2] 马源:《中国对欧盟机电产品出口贸易结构变化的研究分析》,《金融经济》,2013年第16期,第125—127页。

[3] 黄洁、尹雄艳、金丽:《中国机电产品出口德国市场的影响因素分析——基于引力模型的实证分析》,《经济问题探索》,2015年第4期,第152—159页。

[4] 张静中、曾勇:《中国对丝绸之路经济带沿线国家机电产品出口潜力研究——基于扩展引力模型的实证分析》,《国际商务(对外经济贸易大学学报)》,2017年第4期,第5—15页。

[5] 王广宇、张倩肖、董瀛飞:《中国与中亚五国贸易的竞争性和互补性研究——以"丝绸之路经济带"为背景》,《经济问题探索》,2016年第3期,第136—143页。

[6] 沈子傲、韩景华:《中国与中东欧贸易合作研究——基于贸易互补性和竞争性的视角》,《国际经济合作》,2016年第8期,第55—63页。

[7] 刘志中:《"一带一路"战略下中俄双边贸易的竞争性、互补性及发展潜力》,《经济问题探索》,2017年第7期,第95—102页、第115页。

[8] 郑直:《技术性贸易壁垒与机电产品出口研究》,对外经济贸易大学出版社,2006年版。

[9] 张晓通:《欧盟新贸易战略分析及对策》,《国际贸易》,2016年第4期,第45—47页。

---

① 资料来源 http://www.finance.sina.com.cn/roll/2017-05-14/doc-ifyfecvz1274627.shtml,2017/5/15。

法国与"一带一路"

肖云上[*]

马克龙于 2018 年 1 月在中国的三天访问之行中,定下了"中法之间未来 5 年的路线图"[①]。这一定位,是其外交部长勒德里昂在国民议会回答问题时所提出的。其原因在于自第五共和国成立以来,受戴高乐影响,法国的外交,一直是作为国家元首(le chef de l'État)的总统的保留权力。而作为政府首脑(le chef du gouvernement)的总理在面对外交事务时,其实仅仅是对于总统的代言,而不会发出自己的声音。这也就是法国总理出访少、谈论外交事务少的原因。而在 2018 年菲利普总理访华时,明确地说:"我的访问旨在初步落实在总统访问期间就航空、食品加工以及核能领域所作出的决定"。因此,法国对于"一带一路"倡议的态度,从某种意义上来说,就是马克龙对于"一带一路"倡议的态度。而马克龙于 2018 年首次作为总统来华访问,尤其是他在西安大明宫长达 73 分钟的长篇讲话中,我们可以看出他对于中法两国之间的关系定位以及未来发展方向。

---

[*] 肖云上,上海外国语大学法语系教授。

[①] https://www.cn.ambafrance.org/CHINE-Relations-bilaterales-Reponse-de-M-Jean-Yves-Le-Drian.

一、战略伙伴

早在希拉克的总统任期（1995—2007）中，就确定了中法之间的全面战略合作伙伴关系，中国在经济上的不断腾飞，使得中法之间在世界格局上有许许多多可以合作的地方，中法之间的全面战略合作伙伴关系是一种相互需要的战略伙伴关系。而马克龙的来访，不论是从行程的安排，还是从来之前在法国媒体的造势，以及随行陪同人员来看，都体现了马克龙在外交战略上的考量。在特朗普当选美国总统，提出美国优先之后，美国退出联合国教科文组织以及《巴黎气候协定》等行为，对于法国在国际上的立场和利益都相当不利。而美国承认耶路撒冷是以色列首都的做法，更是让法国在中东的利益受到了损害，因此，马克龙势必希望法国以及欧盟能够寻求到一个稳定的盟友。

而从战略上的考量来看，法国将中国放在其外交策略的重要位置也并非偶然。首先在于马克龙本身对于中国并不排斥，同时，对于中国自改革开放以来所取得的成就也有一定的认识。在马克龙的讲话中，也会时常引用到一些中国的理论，其中最为著名的无疑是邓小平同志的"黑猫白猫论"。并且，马克龙也并不是一个意识形态论至上的人。从他当选总统之后所推行的改革立场来看，他也不是一个为舆论所左右，且立场坚定的人，因此，马克龙较为亲华的战略将带来中法关系的提升。

从马克龙对中国的态度来看，马克龙对中国的定位是在战略上相互需要的关系。中法之间没有大的矛盾，更多的是在各种国际问题上需要相互支持的关系。在"疑欧"主义和民粹主义一起抬头的情况下，马克龙要想实现他的"欧洲梦"，需要中国参与到其中，稳定的中欧、中法关系以及同中国建立进一步的合作关系对欧洲的发展不可缺少，对推动欧洲的发展有着极大的好处。而在其中，良好的中法关系将成为马克龙的欧洲雄心的关键支撑点。

与此同时，在国内问题上，马克龙也在坚定地践行着自己在选举纲领中所做出的承诺。自其上台以来的一系列改革措施，不仅仅是简单地为了民调的数据，而是想要真正改变法国当前的状况。正如他在2016年所发表的著作书名一样，他是在"为法国而战"。在国内，从税务改革到劳动法改革，再到学徒制培训与失业保险相配套，都是为了鼓励企业投资，创造更多的就业岗位。在政治上，他也在进行大规模的改革，其中就包括了他在凡尔赛宫讲话中提出的减少1/3国民议会人数，并将原有的单记名两轮多数制投票部分引入比例选举制。而这一切改革背后，他也希望通过与中国的接近，得到中国的支持，吸引中国投资以增加法国人就业机会的同时，使法国国内的改革有更好推进的余地。

而从行程来看，首站选择西安也体现了马克龙在外交战略中，将"一带一路"倡议放在中法关系的核心之中。在他当选之后的几次讲话中，反复提到了"一带一路"倡议，并声称要参与到这一规划中来。在法国看来，这是一项重大的地缘政治规划，法国的参与，不仅会为其本身带来重大的利益，也能够使其在欧盟中的地位得以提升的同时，这一规划本身也能为欧盟带来利益，因此，马克龙对于"一带一路"的规划是相当重视的。作为一个务实的总统，他不会为一些舆论上关于"中国威胁论"的论调所左右，也不会为法国报刊中提及的"中国双赢"的说法却步。

从新华网的报道来看，两国之间的关系基调已经被定为"两国元首一致同意推动紧密持久的中法全面战略伙伴关系行稳致远[①]"。从中我们可以看到，"一致同意"是两国达成了共识，"推动"是在开创之后的加力，也就意味着两国关系总体良好，但并不尽如人意，运作上有些不畅，而希望的中法关系是紧密持久行稳致远的全面战略伙伴关系。

与其前任奥朗德访华的目的有所不同，马克龙来访不仅有经贸需求，战略层面才是他的重点。而马克龙对于中法关系的战略思考，是对于中法关系长远的规划，也是他在外交层面远大目标的一部分。马克龙所提出的"让地球再次伟大"，针对的是特朗普"让美国再次伟大"的口号，其目标是捍卫应对全球气候变化的《巴黎协定》，捍卫法国在国际上的地位。而这一口号没有中国的支持参与是做不到的。在国际问题上，两国之间有许许多多的

---

① http://www.xinhuanet.com/politics/leaders/2018-01/09/c_1122234857.htm.

共同观点，在2018年马克龙访华之后，在发表的《中法联合声明》中提到："在联合国内共同推动解决地区和国际热点问题"。而《中法联合声明》所包含的27条重心就是两国所共同关心的战略问题。

而中法之间所定位的"紧密持久的战略伙伴关系"也就意味着中法两国虽然在有些问题上持有不同观点，但是总体上依然保持了伙伴而非敌人的关系。然而，随着伙伴之间相对的力量变化，即使是伙伴关系，也需要重新定位。在马克龙的讲话中，既没有提到中国是一个发达国家，但是也没有认可中国发展中国家的地位，在大明宫的讲话中，他为中国赋予了一个远远超出了发展中国家的地位。这也就将中国排除在发展中国家的队列之外。而言下之意就是中国不应该再享受发展中国家的待遇，法国应该以发达国家来对待中国。

而这一定位，就意味着中法两国之间的关系将处于另一种状态。在法国眼里，中国是一个发达国家。两国之间定位的差异，意味着马克龙要建立的是一个不同于他历任前任的中法关系，他要建立的是一个中法之间平衡的大国关系，而这与中国对于自己的发展中国家的定位相互矛盾，因为李克强总理在布鲁塞尔第十二届亚欧首脑会议上对中国的定位原因做了解释："中国还是一个发展中国家，虽然经济总量不小，但人均水平不高、排在世界第70多位。[①]"

二、相互信任

从习近平主席在奥朗德担任总统期间访法时共同发表的《中法关系中长期规划》中，我们可以看到中国不希望中法两国之间因法国总统的更替而导致合作的变化，希望通过这一中长期规划来确定两国合作的内容。面对国家利益，国与国之间的相互信任并不容易，而从马克龙的大明宫讲话中，我们也看到了这点。在这次讲话中，他五次提到了信任，这也体现了对于中

[①] http://www.xinhuanet.com//politics/2018-10/20/c_1123587390.htm.

法之间的战略伙伴关系中，需要相互支持，相互信任这一点，他一方面是绝对肯定的，同时也是有所期待的：

"我知道在 2008 年欧洲有时候对中国，对中国投资者是很不公平的，有些投资者信任欧盟，却在多个欧盟国家作出了牺牲。"

"要建立一个友谊关系，人们寻求的是种平衡的合作。互相信任要通过摸索确立。也就是说，当人们决定跨出一步再一步的时候，决定是共同作出的，是以负责任的、透明的、平衡的方式决定的，只有以这种方式做决定，友谊才能持久。我们要坚定的一步一步往前走，因为我坚信，只有这样我们才能前进。"

"透明、协同、开放政府采购、遵守市场竞争规则、保护知识产权、共同防范风险将是我们在 G20 讨论的主题。遵守这些原则当然是基本点，因为这些原则能让合作伙伴相互得益，持续增长投入，因而能成功实现已经投入的项目。这些原则应该丰富哲学思考，这将是我们对话的中心点。这是我和习近平主席交流的目的，共同确定、能够落实的信任备忘录。我知道，有人会说：信任备忘录源于一种平衡，是一个发达国家与一个发展中国家的平衡。但是，中国已不再是一个发展中国家，是个远远超出发展中国家的国家。在此，我们必须重新审视，建立一种新关系，丝绸之路是中国与世界间新关系的表现。我希望，在我们的对话中，我们都能从中得益。"

"我知道，信任是逐渐取得的。我也知道，中文智慧中，有倾听。因而，我决定采取此方式：直截了当，就像今天我说的，和习近平主席一起，互相信任地试着明确我们共同要面临的困境。有的放矢去听，提建议，前行，建立信任。共同建设一条互相可信忠诚的通道。"

"我们需要两国之间的友谊，世界需要我们之间的友谊。不久，我将会见习近平主席，我们将花很长时间交流探讨我们共同的项目，建立我们信任的关系。"

而从这一讲话中，我们看到了马克龙希望中法两国之间的相互信任，这也同时意味着两国之间存在着不信任的问题。而中法之间要建立相互信任的关系并非易事。信任需要时间，需要相互理解，接受差异，容忍不同。法国出尔反尔的作法，造成了中国对她的信任度降低，中法关系也出现了时好时坏的现象。从萨科齐（2007—2012）任总统后，中法关系出现了裂痕。奥朗德（2012—2017）2013年4月访华，法国媒体《世界报》称，奥朗德此次访问的主要内容将是贸易而非地缘政治，其中国行的三个目的可以用这三个动词清晰地表现出来：实现正常化（normaliser）、消除顾虑（rassurer）、重整旗鼓（relancer）[1][2]。2014年习近平主席访法，发表了中华人民共和国和法兰西共和国联合声明："开创紧密持久的中法全面战略伙伴关系新时代"。开创意味着昨天不存在。

法国对中国同样有其不信任。以"一带一路"问题为例。在马克龙讲话中，他用了大量的篇幅提到"一带一路"。对"一带一路"他有着诸多的疑虑。

三、"一带一路"倡议

从马克龙的行程来看，他之所以访问西安，就是因为中国的丝绸之路起源于西安。在西安的访问行程中，参观大雁塔重于参观兵马俑，表明了他对于"一带一路"倡议的期望和要求，以及他的想法。

马克龙对于"一带一路""丝绸之路"的用词表述上也很有意思，他用了复数的形式，他指的也就是我们所提出的既有陆上的也有海上的。而海上，他认为是倒过来大量往中国走的，所以这是双向的丝绸之路。双向，在其讲话中用的是"平衡"。在讲话中，原来想要用的是"平等"或者"对等"，"平等"或者"对等"对于法国来说明显做不到。体量上来说，从人

---

[1] http://www.lepoint.fr/monde/hollande-et-la-chine-une-histoire-qui-commence-09-05-2012-1459501_24.php.

[2] http://www.lejdd.fr/Politique/Actualite/Raffarin-Nous-avons-besoin-de-la-Chine-pour-stimuler-la-croissance-interview-603099.

口、国民生产总值来看,两者差异很大,不在一个层面之上。"对等"是无法达到的,所以他的高参、前总理拉法兰就给他建议用"平衡"来替代"对等"。在此问题上,也体现出马克龙对于中法贸易的不平衡是耿耿于怀的,他希望中法之间贸易能够出现平衡,那么中国也希望能有这样一个平衡,问题是法国有哪些产品能够来平衡我们之间的贸易。马克龙来访之后,中法都没有发布马克龙来中国拿到了多少订单,只说了有了不少的合同签署,其中的原因之一,就是马克龙的有些做法让中国有所保留。这一"有所保留"是多方面的。

在整个讲话中,丝绸之路占的篇幅很大,由于他的讲话从"智慧、公正、平衡"三个大点展开,丝绸之路的问题,穿插在这三点之中。

1. 丝绸之路不完全是中国人的,海上丝绸之路为葡萄牙人所开辟。欧洲人对丝绸之路有她的贡献。他之所以这么说:"不是要将中国的新丝绸之路说成是欧洲的,而是说丝绸之路一直是共同开创的。"

2. 丝绸之路是有益于世界发展的。"沿线的公路、铁路、机场、海运以及技术的基础建设项目规划能给当地基础建设不足带来改观,尤其是在亚洲,创造出一个新的愿景,如在运输、废水、垃圾处理、可持续发展城市、绿色经济。将国家和私人的财力共同投入能改变现状的项目中,能加强中欧之间的联系……"。

3. 丝绸之路有益于文化交流。"新丝绸之路会促进文化、教育交流,给沿线国家带来深刻的变化。"

4. "21世纪的新丝绸之路应该是正义(justice)之路、环保之路。"

5. 新丝绸之路重新激活了过去的经济文化的交流,开启美好未来的远景。所以,法国和欧洲有意参加。"但是,丝绸之路要取得完全成功,面向美好的未来,它需要能够形成均衡合作,财富分享,它能让人有投入到丝绸之路项目中的欲望。"

6. 丝绸之路应该是智慧之路。丝绸之路所经之国,应该能够带来社会发展,创新涌现。"而不是新的霸权,将沿线国家,从某种程度上讲,变成附庸国家。丝绸之路应该为21世纪的智慧之光做出贡献。"

从这样的表述来看,对于马克龙来说,丝绸之路的核心点就是一种双向的需要,是一个互相尊重、互相得益的规划。丝绸之路不是单行道,丝绸之路既有出去的，也有进来的。从法国这一方面来说，丝绸之路需要有共享，需要双方都得益。所以，在丝绸之路的问题上，马克龙只表明了原则，并没有涉及到丝绸之路法国怎么参与，原因在于他们还处于一种犹豫阶段，担心丝绸之路只对中国有益。法国对丝绸之路抱有怀疑的态度，在他们眼中，中国有扩张的野心。马克龙是有条件地欢迎"一带一路"倡议。法国总理菲利普在接受第一财经专访时的回答，明确了法国的要求："我们愿意大力发展这一合作，不过这需要符合三个合理的条件。第一条很显然：必须遵守公平竞争的要求。相关的公开招标必须具有最大的透明度，法国企业应有投标可能并有中标的机会。第二，我们很重视所确定的项目对其要帮助的国家的公共财政来说是可持续的。近年来我们成功帮助多个国家减少了过度的债务。这一倡议不应中止这一积极的态势。第三，在我们作为21世纪的合作伙伴关系的内容就环境和创新扩大合作之时，法中推出的项目必须是优质的基础设施项目，必须符合最佳的社会和环境标准以及互操作性的技术标准。"[①] 同时，我们也看到了法国对于"一带一路"倡议中与中国合作的意愿，因为对于法国来说，袖手旁观，坐视中国"一带一路"倡议的发展将会对法国在非洲的势力范围带来巨大的冲击。

四、非洲合作

对于法国来说，非洲是一片被视为其后花园的土地，在大量的旧殖民地国家中，法国依然有着很大的影响力，而对于法国的发展来说，非洲也占有举足轻重的地位。法国近三届总统，每个都有过非洲之行：萨科齐在达喀尔发表过讲话，其继任者奥朗德也同样去过，而自马克龙上台之后，更是多次造访非洲。因为对于法国来说，非洲是昨天的势力范围，同时也是法国继续要保持住的势力范围。

在大明宫的演讲中，马克龙先从语言的角度说到了这个问题。"法语是

---

① 第一财经网，http://www.ex-rss.yicai.com/ex/ydzx/news/5433169.html。

赢得未来的语言，今天法语排名世界第五，互联网第四大语言，商务第三大语言，法语学习者人数排世界第二，到本世纪中叶，全球将有7亿人讲法语，其中85%在非洲。""我希望能在30—40年后将法语推广成世界第一语言"（马克龙既是一个现实主义者，同时又是一个有点狂傲的理想主义者，他的想法有时候超越了现实，因为我们大家都知道，语言的扩张不是一天两天能达到的，之所以不止一次说法语将成为世界第一语言，既是他对于法国的自信，对法语的自信，也是对现实的可行性的忽略。）在大明宫谈论法语的地位，不仅仅是在讨论法国的语言政策，同时也是在传递另一个重要的信息：法国在非洲有着深厚的影响力。这也是在告诉我们，中国在非洲的"一带一路"，需要法国的参与。"中国以欧洲国家没有的金融实力，已经在非洲基础设施、能源方面做了巨大的投资。然而，法国对非洲的历史、文化具有深邃的认识，这是法国对非洲未来发展强有力的力量。因而我们在非洲发展问题上也应该合作，投入真正有效的项目，有利于非洲大陆经济持续增长的项目，因为未来在那里，因为我们不能再犯过去犯过的错误，即在帮助发展的名义下，让其在政治上和金融上处于依赖的地位……法国在非洲有过帝国主义统治的经历，她曾给非洲带来恶果。而新丝绸之路正在通向非洲，我想法中合作可以避免重复昨天的错误，可以找到我所说的正义之路，可以消除非洲社会的不平等，你们在发展的，我们在发展的，都应该让社会、企业、非洲人民取得进步，改善教育水准，提高生活水平。""如果经济的发展没有教育作基础，那么经济的发展将是脆弱的。"

中国在非洲已经有了大量的基础设施建设投入。基础建设的成果是看得见摸得着的。中国在非洲的影响力快速增长。"一带一路"倡议触及到了法国的禁脔之地。中国现在注重的是看得见摸得着的物质建设。法国注重的是文化教育，是持续长远发展的基础。一个国家要有长远的发展，更需要的是一个教育的改变，教育才能唤醒一代人，才能引发长远的发展，才能带来更多深层次的变化，法国在非洲有着大量的实践经验，也许她昨天的所作所为有所失误，法国在非洲有那么多年的经历，这些经历都是非常丰富的东西。马克龙在大明宫讲话中多次用了"我们应该"一词。"我们应该"从某种程度上来说，又是体现出马克龙在给我们，不说是上课，至少是向我们提出建议。对于马克龙来说，这个"我们应该"应该怎么做呢？就是法国没有资本，没有经济上的实力去做经济基础工作，但是法国有很好的历史经验，有很好的办学经验，中法两国之间进行合作，共同开发非洲，这是马克龙在非洲和中国合作所提出的意向。这一块，我们可以看到，中法之间的合作，只要能够做好，应该是双赢的。但是法国人做得更厉害的是，非洲不少国家的官方语言是法语，多数的官员有法国留学的经历，对法国有一种特殊的情结。法国美好的设想是：中国做硬件，法国开发软件。最终软件的产出，远远大于硬件。在这一合作中，未来免不了要发生摩擦，我们在建设非洲时，中国怎么把教育这一块与文化联系起来，既接受法国的也增加中国的，真正做到参与者都有获得感。中国提倡的"一带一路"，在建设过程中，一定不能忽略当地的历史文化，不能忽视产生的社会效应。企业伦理要纳入项目策划之中。

五、未来前景

马克龙承诺每年来访一次，这是一个姿态。从某种意义上，他也希望我们国家的主席能够每年去法国访问一次，因为在国际交往中，大家越来越认识到，国与国之间的交往，需要一个制度的保障，需要有一个首脑之间互相的信任。所以在2014年签署的《中法关系中长期规划》第一条就是"延续两国元首年度会晤机制，利用多边场合就共同关心的重大双边和国际问题磋商交流。"

中法之间，现在某种意义上还缺乏互信，马克龙在讲话中，用了一句话："信任是需要时间来建立的"。中法之间昨天的矛盾，昨天不舒服的东西，中国人没忘记，法国人也没忘记。大家都希望有一个新的，好的出发点。那么怎么能做到好的，做到把昨天的不舒服给淡化？那就需要有一个新的，实实在在的动作。

2018年1月马克龙来访，接下来他的总理菲利普6月也来访了。我们再看一下中国有没有重量级的领导人出访法国呢？当然这是有多方面的因素的。目前还没有。从另一个角度来说，今天的法国在经济问题上更需要中国。中国更需要的是法国在政治上的支持。特别是在今天，在全球化和反全球化闭关自守的大格局下，两国都是秉持着继续全球化的态度，这是我们在战略上的共识。特别是马克龙提出"让地球再次伟大"，和习近平主席所提出的"建设人类命运共同体"这两者之间是一种不同的表述，但是是一个共同的心愿，那就是人类只有一个地球，都需要大家联合起来，都需要大家联系起来。在中法之间大的矛盾现在没有，小的问题继续存在，特别是当我们两个国家政治体制是完全不一样的状态之下，对中国制度的诟病在法国是不会消失的。马克龙对此，哪怕是为了满足媒体的需求，他也不会不对中国提出批评。尽管马克龙在讲话中没有直接点名，但是在字里行间也透露出这样一种信息。中法都认可世界文化多样性，世界文化是多样的，生物是多样的，那为什么政治体制不可以多样呢？当他接受一个多样的政治体制，能够认识到不同的国度，需要用不同的管理体制和制度，那么中法之间未来的矛盾可以大大减少，法国对中国意识形态的指责将会大大减少。

中法之间在马克龙时期会是平和的，因为马克龙是一个不屈不挠、有坚定理想的人，而法国外交是总统的领地，总理和政府都无法插手，法国的外交政策将是由马克龙自己制定。在他 5 年的执政期间，应该说，不发生特别的事件，中法之间的关系应该是平稳的发展。在国际上，会有更多的联合的声音，中法将是一个犹如我们公告所称，中法全面战略合作伙伴关系将得到进一步提升。

"16+1"机制下中波关系发展内外动因及制约

姚 乐[*]

自"16+1"机制确立以来,中国与中东欧国家关系发展迅速,成为了中欧关系的新亮点,而维谢格拉德国家集团(包括波兰、匈牙利、捷克和斯洛伐克)在该框架下的对华合作中扮演着先锋角色。四国不仅积极推动"16+1"机制化,还在16个中东欧国家中最先积极响应"一带一路"倡议。其中,波兰的表现尤其值得关注。

中东欧国家中,波兰是中国在该区域最大的贸易伙伴。自2004年加入欧盟以来,波兰在欧盟中的地位不断提升,不仅拥有较为强劲的域内经济影响力,更拥有成为区域强国的雄心壮志和综合性国家战略。作为主办第一届中国中东欧领导人会议的东道国,波兰一直是"16+1"机制和"一带一路"倡议的积极响应者。然而,波兰作为欧盟成员国,在对外政策中需要把欧盟置于最高地位;与此同时,波兰自20世纪90年代初以来一直致力于政治、经济与社会转型,努力融入西方,且高度依赖地区大国德国以及跨大西洋伙伴关系。

因此,以波兰为例,梳理近年来中波关系在"16+1"框架下的进展情

---

[*] 姚乐,复旦大学国际政治系博士。

况，分析波兰参与合作的内外动因及制约因素，可以发现中国—中东欧合作乃至中欧"一带一路"合作中的结构性问题，有助于为日后中波、中欧关系发展对症下药。

一、中波"16+1"合作进展

（一）机制建设：区域间合作的基础

波兰在参与"16+1"机制建设过程中扮演了领导角色。继 2012 年华沙举办中国—中东欧领导人峰会后，2014 年波兰成立了两个多边商业促进机构，分别是波兰企业发展署建立的中国—中东欧国家联合商会协调机构以及波兰信息和外国投资局牵头的中国—中东欧国家投资促进机构联系机制。[①] 2015 年 4 月，中国—中东欧国家联合商会首次会议在波兰卡托维茨举行。同年 10 月，中国—中东欧国家合作第六次国家协调员会议在华沙举行。根据 2016 年通过的《里加纲要》，波兰将设立中国—中东欧国家海事秘书处，推动中国与波罗的海、亚得里亚海、黑海地区中东欧国家开展"三海港区合作"。[②]

（二）贸易畅通：双边贸易增长显著

近年来，波兰与中国之间的贸易量增长非常迅速，如图 1 所示：

[①] Jakub Jakóbowski, "China's Foreign Direct Investments within the "16+1" Cooperation Formula: Strategy, Institutions, Results", Ośrodek Studiów Wschodnich [Center for Eastern Studies], Commentary No. 191, Nov. 27, 2015, https://www.osw.waw.pl/en/publikacje/osw-commentary/2015-12-03/chinas-foreign-direct-investments-within-161-cooperation。

[②] 中国外交部：《中国—中东欧国家合作里加纲要》，2016 年 11 月 6 日，https://www.fmprc.gov.cn/web/ziliao_674904/1179_674909/t1413179.shtml。

"16+1"机制下中波关系发展内外动因及制约

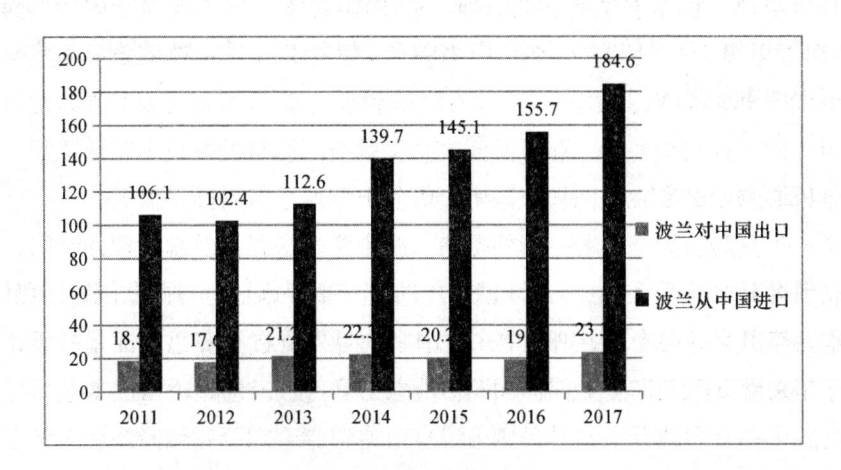

图1 2011—2017年波兰与中国进出口贸易　单位：亿美元

作者制图。数据来源：中国商务部。①

从图1可以看出，"16+1"机制极大地促进了波兰从中国的进口，但对其对华出口的促进作用并不显著。2011—2017年，波兰从中国进口份额从5.03%上涨到8%，而对华出口额则一直维持在1%左右。深入分析近年来的贸易数据可以发现，中国与波兰之间贸易逆差过大正在成为双方经贸关系中的严峻问题：波兰作为中国在中东欧地区最大的贸易伙伴，其对华贸易逆差从2011年的87.6亿美元扩大到了2017年的161.3亿美元。

尽管贸易失衡问题严峻，但两国在"16+1"框架下的食品、农产品贸易合作依旧值得关注。众所周知，由于严苛的法律法规和出于公共卫生考虑实施的禁售，对其他国家来说，获取中国食品、农产品市场准入非常不易。由此，波兰对"16+1"机制怀有很高期待，希望能够通过推动相关领域合作拓展对华食品出口，利用其产业优势缩小对华贸易逆差。2015年，中波签署了有关动物及动物源性产品输华检疫议定书②，为波兰肉制品进入中国市场奠定了基础。两国农业部还建立了机制化的合作关系，定期举行工作组

---

① http：//www.countryreport.mofcom.gov.cn/record/index110209.asp。
② 中国外交部：《中国—中东欧国家合作苏州纲要》，2015年11月24日，https：//www.fmprc.gov.cn/web/zyxw/t1317977.shtml。

级别的会议。经过多轮谈判,目前,已经有来自71家波兰公司的奶制品、14家公司的渔业产品、17家公司的肉制品和1家公司的奶基婴幼儿食品获得了中国市场准入。①

(三)投资便利化:吸引中国投资

促进双边投资是中国—中东欧合作的另一重要领域。与西欧国家、美国、日本、韩国等国相比,中国在中东欧国家的对外直接投资总量无足轻重,但近十年来增长速度非常快,波兰排在中国该地区投资目标国的第三位。

表1 2007—2017年中国对波兰FDI净流量及存量

(单位:百万美元)

	2007	2008	2009	2010	2011	2012	2013	2014	2015
净流量	11.75	10.70	10.37	16.74	48.66	7.50	18.34	44.17	25.10
存量	98.93	109.93	120.30	140.31	201.26	208.11	257.04	329.35	352.11

数据来源:中国商务部。②

表1数据说明,早在"16+1"机制建立前,中国对波兰投资就已经开始大幅增加,增幅最大的是2011年,从1674万美元增加到4866万美元。"16+1"机制对投资的拉动效应并不十分显著,但某些特定领域的典型案例依旧引人瞩目。

以中国在波兰新能源和环保领域的投资为例。2014年9月中国—中

---

① Jakub Jakóbowski, "A Partial Success of Trade Cooperation within the '16+1' Formula: the Case of Food Exports to China", Ośrodek Studiów Wschodnich [Center for Eastern Studies], Commentary No. 189, Oct. 28, 2015, https://www.osw.waw.pl/en/publikacje/osw-commentary/2015-10-29/a-partial-success-trade-cooperation-within-161-formula-case.

② http://www.stats.gov.cn/tjsj/tjcbw/201611/t20161128_1434603.html。

东欧投资合作基金向波兰两个新能源项目投资：一是投资 2.4 亿兹罗提购买波兰能源伙伴有限公司（PEP）16% 的股份；二是投资 1.8—2.3 亿兹罗提，同波兰"光线"可再生能源公司组成合资公司，共同投资收购波兰 2 个优质风场共 50.1% 的股权。① 2016 年 8 月，中国光大国际有限公司以 1.23 亿欧元收购波兰最大的固废处理公司 NOVAGO，其中包括 1.18 亿欧元的股权价值和 500 万欧元的土地储备资源。波兰发展部副部长多马嘎尔斯基出席收购交割仪式时表达了波兰政府对此类环保、创新产业投资的坚定支持。②

（四）互联互通："16+1"对接"一带一路"

加强交通基础设施互联互通建设，是 2012 年最初提出的十二项加强中国中东欧合作的重要举措之一。"一带一路"倡议提出之后，互联互通作为"16+1"对接"一带一路"的重要领域，被正式写入了《中国—中东欧合作布达佩斯纲要》。波兰已经与中国签订了关于共建"一带一路"的谅解备忘录。

该领域中波合作的典型案例是中欧班列。自 2013 年 4 月"罗兹—成都线"建成通车后，该线路中国境内的终点延伸至厦门自贸试验区，波兰境内终点也从罗兹向罗兹经济特区以及库特诺延伸，连接欧陆最重要的物流港之一。由于地理位置占优，从罗兹和库特罗将货物转运至欧洲各国首都最多只需 3 天。作为物流分销中心，罗兹吸引了众多外国投资，并促进了整个地区物流产业升级。③

---

① "波兰新获中国投资 1.5 亿美元"，《人民日报》，2014 年 9 月 3 日，http://www.world.people.com.cn/n/2014/0903/c1002-25591364.html。

② "中国在波兰最大投资：光大国际 1.23 亿欧元收购 NOVAGO"，《21 世纪经济报道》，2016 年 9 月 2 日，http://www.finance.sina.com.cn/roll/2016-09-02/doc-ifxvpxua7654753.shtml。

③ "蓉欧快铁：不仅仅是一趟货运班列"，凤凰资讯，2016 年 9 月 8 日，http://www.scswl.cn/index.php/cms/item-special3-sid-13-id-125595。

(五) 资金融通：加强金融合作

波兰与中国在金融领域的合作主要集中在以下几方面：首先，波兰欢迎中国商业银行在其国内开设分支机构，中国银行、中国工商银行相继在华沙开设了分行。第二，最大程度利用"16+1"机制提供的融资机会。中国——中东欧投资合作基金由中国进出口银行以及波兰和匈牙利的投资机构合作运营，基金总额5亿美元。目前，该基金已经投资了波兰风电场、通讯行业等多个项目。2014年12月中国进出口银行提出为该基金追加10亿美元注资。[1] 此外，波兰力求以创始会员国身份加入亚洲基础设施投资银行（AIIB），此举显示了其战略眼光。波兰财政部长Paweł Szałamacha在2016年5月金立群行长访问波兰时表示，波兰希望建立亚投行中东欧地区代表机构，并强调亚投行成员国身份以及与中国的更紧密合作关系对波兰实现自身经济战略非常重要。[2] 第三，加强金融法律法规方面合作。2015年《苏州纲要》提出，中国银监会将与波兰金融监管局重新签署银行监管合作谅解备忘录。第四，推动人民币国际化。中国银行为波兰政府成功发行30亿元人民币熊猫债。第五，中国对波兰开放金融市场。波兰国家银行以境外央行名义进入中国银行间债券市场。

---

[1] Jakub Jakóbowski, "China's Foreign Direct Investment within the '16+1' Cooperation Formula: Strategy, Institutions, Results", Ośrodek Studiów Wschodnich [Center for Eastern Studies], Commentary No. 191, Nov. 27, 2015, https://www.osw.waw.pl/en/publikacje/osw – commentary/2015 – 12 – 03/chinas – foreign – direct – investments – within – 161 – cooperation.

[2] Justyna Szczudlik – Tatar, "Poland on the Silk Road in Central Europe: to Become A Hub of Hubs?", in Frans Paul van der Putten et al, *Europe and China's New Silk Roads*, Institut français des relations internationales (IFRI), Dec. 22, 2016, p. 48.

二、波兰积极参与"16+1"的内外动因

(一) 外部动因:欧盟领导力的下降

1. 欧盟经济影响力的下降

苏联解体之后,加入欧盟是包括波兰在内的所有中东欧国家的政治经济转型目标,使国家经济发展和人民生活水平达到欧盟标准,是中东欧国家入盟的关键动力。自2004年加入欧盟以来,中东欧新入盟国家从统一大市场、欧盟地区政策和各类趋同政策中获益良多。然而,2009年欧债危机是中东欧新入盟国家与欧盟经济关系的转折点。

波兰于2004年加入欧盟,此后欧盟成员国的身份为其带来了全方位利益。入盟最显著的益处就是极大地促进了其经济增长。

表2 2005—2017年波兰与欧盟28国GDP增长率对比

年份	2005	2006	2007	2008	2009	2010	2011
波兰	3.5	6.2	7.0	4.2	2.8	3.6	5.0
欧盟28国	2.1	3.3	3.0	0.4	-4.3	2.1	1.7
年份	2012	2013	2014	2015	2016	2017	
波兰	1.6	1.4	3.3	3.8	3.0	4.6	
欧盟28国	-0.4	0.3	1.8	2.3	2.0	2.4	

数据来源:欧洲统计局,http://ec.europa.eu/eurostat/tgm/table.do?tab=table&init=1&plugin=1&language=en&pcode=tec00115, accessed on January 10, 2017.

表2显示,加入欧盟至今,波兰GDP增长率一直保持在欧盟平均水平之上。2009年欧债危机时,波兰是整个欧盟内唯一保持经济增长的成员国。

此外,加入欧盟极大地促进了中东欧国家在经济发展水平方面与老成员国的趋同。入盟以来,波兰人均GDP占老成员国比重显著增长,从2003年

的43%上涨到了2013年的63%。①

旨在缩小区域内新老成员国发展差距的欧盟凝聚政策（European Cohesion Policy）令中东欧新入盟成员国直接受益，波兰是最大受益国。占欧盟预算1/3的凝聚基金（Cohesion Fund, CF）由欧盟直接提供给人均GDP不到欧盟平均水平90%的成员国，② 2007—2013财年，10个新入盟国家共获得该笔资金1780亿欧元，波兰所获金额占比67.8%。③ 2014—2020财年，凝聚基金被并入了欧盟结构和投资基金（EU Structural and Investment Fund, ESIF）④，波兰将从欧盟获得ESIF基金86.11亿欧元，其中最主要部分为区域发展基金（ERDF）和凝聚基金（CF），分别占比46.7%和27%，如图2所示。

然而，追踪上述资金实际发放、使用情况可以发现，2015年以来，欧盟实际兑现的基金支付额度远小于计划。

由图3可知，2017年，决定支出的ESIF基金总额只占计划支出的57%，而最终实际支出的额度只占计划的13%。而如图4所示，波兰所获ESIF基金中的最主要组成部分，区域发展基金（ERDF）和凝聚基金（CF），决定支出所占比重均为计划支出的60%，而最终实际支出只分别占计划的10%和20%。上述数据说明，尽管按照计划方案波兰将从欧盟凝聚政策中获益颇丰，但受欧债危机、欧盟整体预算锐减等因素影响，波兰实际

---

① 孔田平：《维谢格拉德集团的地位与中欧的未来》，载《俄罗斯东欧中亚研究》2015年第4期，第75页。

② European Union Regional Policy: Cohesion Policy 2007 – 13 Guide, January 2007, http://www.ec.europa.eu/regional _ policy/sources/docoffic/official/regulation/pdf/2007/publications/guide2007_en.pdf.

③ 孔田平：《试论欧盟扩大对中东欧新成员国的影响》，载《欧洲研究》2014年第4期，第42页。

④ 欧洲结构和投资基金（ESIF）包括：欧洲区域发展基金（ERDF）、欧洲社会基金（ESF）、凝聚基金（CF）、欧洲农村发展农业基金（EAFRD）和欧洲海洋渔业基金（EMFF），参见 https://www.ec.europa.eu/info/funding – tenders/european – structural – and – investment – funds_en。

所获收益与其得到的承诺相比严重缩水。

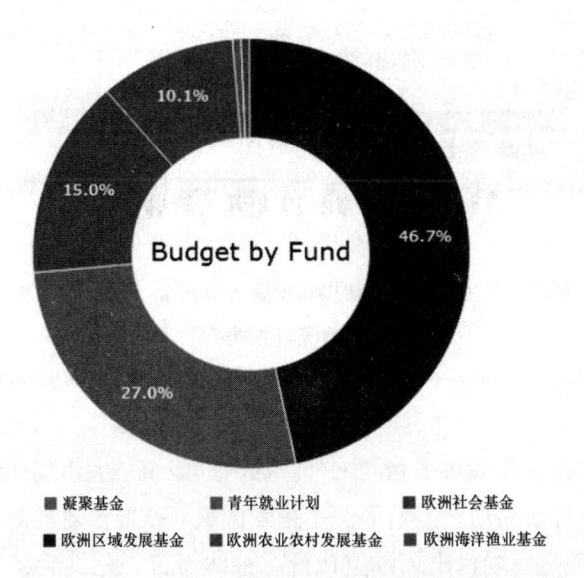

图2 2014—2020财年波兰所获欧盟结构和投资基金资金（ESIF）分配情况

数据来源：https://www.cohesiondata.ec.europa.eu/countries/PL, accessed on September 6, 2018.

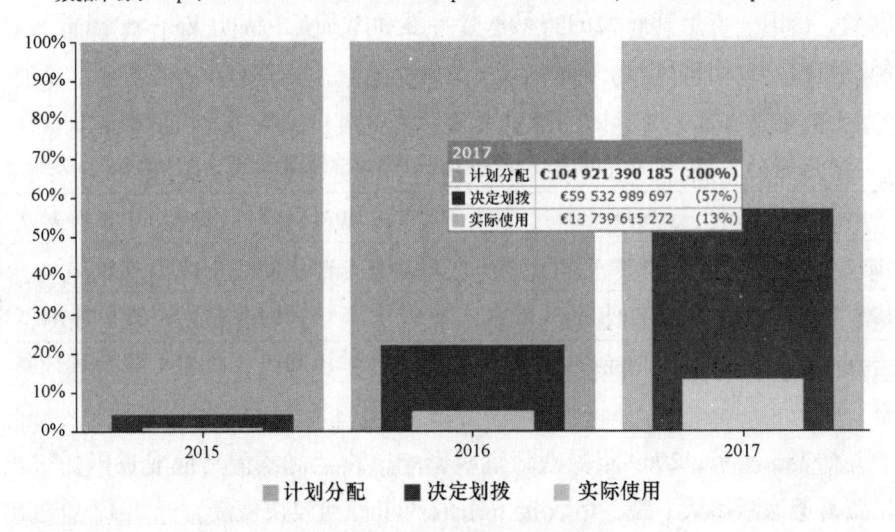

图3 波兰所获欧盟结构和投资基金资金（ESIF）实际使用情况（按年份）

数据来源：https://www.cohesiondata.ec.europa.eu/countries/PL, accessed on September 6, 2018.

图4 波兰所获欧盟结构和投资基金资金（ESIF）实际
使用情况（按类别）

数据来源：https：//www.cohesiondata.ec.europa.eu/countries/PL, accessed on September 6, 2018.

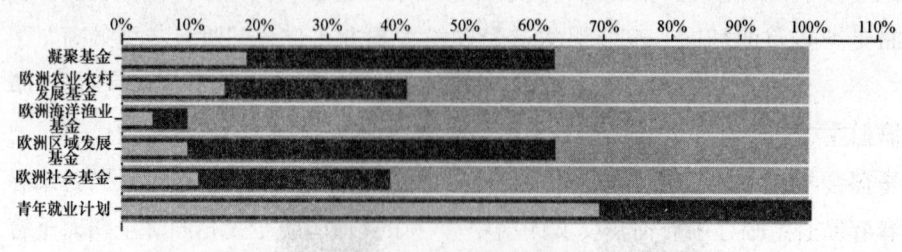

除经济增长、发展水平趋同之外，加入欧盟统一大市场还极大地促进了中东欧国家对外贸易增长。然而，中东欧国家对欧盟市场的高度依赖导致其在2009年欧债危机中付出了惨重代价。整体而言，危机后新入盟成员国与欧盟贸易量回升速度明显减慢，市场结构的改变也显示了新入盟成员国有意使自身对外贸易市场多样化。例如，自从维谢格拉德集团四国（V4）入盟以来，德国一直是其最大的贸易伙伴。然而欧债危机后，V4－德国贸易总额占四国外贸比重显著下降。

表3　2007—2017年波兰与欧盟贸易增长率　　单位：百分比

	2007	2008	2009	2010	2011	2012	2013	2014	2015	2016	2017
进口	27.7	20.1	-29.7	12.1	14.4	-10.6	4.3	6.0	-12.3	2.4	15.5
出口	24.9	18.1	-19.8	12.5	15.3	-5.5	6.8	8.6	-7.8	2	14.2

数据来源：中国商务部。①

如表3所示，2009年受欧债危机影响，波兰对欧盟其他成员国的进出口贸易遭遇断崖式下跌，尽管接下来的两年得到较快恢复，但2012年进出

---

① http://www.countryreport.mofcom.gov.cn/record/index110209.asp, accessed on Mar. 1, 2017.

口再次遭遇负增长。直到2016年,波兰在欧盟统一大市场内部的进出口贸易增长始终未恢复到危机前水平,2015年遭遇第三波负增长。近几年,波兰对欧盟进出口均恢复双位数增长,情况比前几年有所好转。

2. 欧盟政治影响力的下降

欧盟对中东欧新入盟国家的影响力不仅体现在经济方面。事实上,以"首要性"(Primacy)为核心特征的欧盟法(EU Law)是欧盟规范性权力的根基。然而,欧债危机发生以来,欧洲接二连三发生欧元危机、难民危机、恐袭频发、英国脱欧等一系列问题,民粹主义和疑欧主义思潮甚嚣尘上,并且向越来越多欧洲国家蔓延。这些危机对欧盟政治影响力造成了极大冲击,波兰近期国内政治环境变化一定程度上反映了这一点。

2015年5月,安杰伊·杜达(Andrzej Duda)成为波兰新一任总统,其所在的右翼民粹政党法律与公正党(Prawo i Sprawiedliwość, PiS)赢得了议会多数,获得了460席位中的236席。该党领导人贝娅塔·希德沃(Beata Szydło)出任总理并组建新一任政府。此次大选标志着波兰对外政策的重大调整,其独立性和疑欧主义特征显著增强。新政府上任后新任命了5位宪法法院法官,并授权行政分支确认或拒绝承认及执行宪法法院的判决。该措施遭到波兰宪法法院反对,由此引发了波兰宪法危机。此波危机尚未平息,新政府又改革了媒体法,增加了政府对媒体的人事任命权和监管力度。[①] 宪法危机和国内改革引发了欧盟对波兰发起了正式的法治调查,这是有史以来欧盟首次对成员国进行此类调查。[②]

此外,在涉及自身核心利益的问题上,包括波兰在内的V4国家集团坚定地反对欧盟政策,2015年9月22日欧盟就难民分配协议发起的投票就是典型案例。匈牙利、斯洛伐克和捷克坚决反对欧洲接收12万难民的方案,因此该方案被迫通过"特定多数决"(Qualified Majority Voting, QMV)而非协商一致的方式进行表决。尽管最后一刻波兰放弃了之前的立场,支持了欧

---

① Richard J. Hunter, "Europe's Poster Child to Europe's Problem Child", *International Economics and Business*, Vol. 2, No. 1, 2016, p. 20.

② 刘作奎、[波兰]卡塔里娜·高里克:《2015年波兰宪法危机根源、前景及对中波关系影响分析》,载《欧洲研究》2016年第2期,第115页。

盟的方案①，但新任波兰政府拒绝执行。

由此可见，身陷多重危机的欧盟，经济影响力和规范性权力显著下降，波兰意识到仅仅依靠欧盟无法实现自身发展的战略目标；另外，日益上升的民粹主义和疑欧主义思潮以及由国内改革问题引发的与欧盟之间的冲突对波欧关系产生了较严重的消极影响，加强对华合作有利于提升波兰在欧盟内部的议价能力。

（二）内部动因：中国倡议与其自身发展战略高度匹配

波兰对华政策在其2015年总统大选前后保持了较高程度的一致性。现任波兰政府不仅延续了唐纳德·图斯克（Donald Tusk）总理的对华政策，重视中国在全球经济领域的引领角色，甚至更进一步提升与中国合作的层次。安杰伊·杜达总统（Andrzej Duda）就任仅仅三个月后，就对中国进行了国事访问，与习近平主席和李克强总理分别举行了会见。

近年来，中波关系的升温不仅停留在双方政治宣示的层面，加强与中国的合作符合波兰自身战略意图。中波两国在"16+1"机制下的合作，将两国各自的发展规划充分对接，并且从顶层设计、机制合作到地方合作逐层推进。波兰积极加强与中国合作，重要原因之一是其自身发展战略与"16+1"重点合作领域匹配程度很高，二者可以实现高效对接。

现任波兰总理马特乌什·莫拉维茨基（Mateusz Morawiecki）曾于2016年2月为波兰未来25年的经济发展做出了路线图规划，该计划被称为波兰的"可持续发展计划"（又称"莫拉维茨基计划"），聚焦再工业化、创新、增强国际影响、可持续社会发展和提升储蓄率。波兰政府表示，将于2040年之前投资共计1万亿兹罗提，用于20个大型基础设施和工业项目，着重

---

① Jacopo Barigazzi & Maia de la Baume, "EU Forces through Refugee Deal", Sep. 23, 2015, http://www.politico.eu/article/eu-tries-to-unblock-refugee-migrants-relocation-deal-crisis/, accessed on February 5, 2017.

扶持创新产业发展，帮助波兰更积极地参与到全球当前"数字革命"中。[1] 该计划的许多重点，与中国"一带一路"倡议不谋而合。在中波两国《关于建立全面战略伙伴关系的联合声明》中特意指出，双方将以"一带一路"建设谅解备忘录为基础，加强"一带一路"与"可持续发展计划"对接，共同组织编制中波合作规划纲要，开展和深化互利合作，实现和平、可持续发展和共同繁荣。

波兰将"16+1"视为能够使"一带一路"倡议具体落实到行动的机制化途径，认为通过加强基础设施互联互通能够扩大对华出口，通过建立经济特区、工业园等能进一步吸引中国投资，进而促进波兰国内乃至中东欧区域内公路、高铁、国际港口等交通基础设施建设。[2] 由此可见，波兰在"16+1"框架下积极推进经贸合作平台机制化建设、中欧班列运营和金融合作等行为，与其再工业化和扩张国际影响力、竞争力的政策目标高度吻合。

作为地区大国，波兰有自己的战略抱负。《波兰对外政策白皮书（2012—2016）》（*Poland Foreign Policy Priority 2012 – 2016*）清楚地展现了波兰在欧洲和全球层面的战略雄心。文件最开头清晰地指出了当前欧盟面临的挑战及其对联盟本身和成员国战略方向的影响，表达了对新兴经济体快速增长势头的关注，强调了2008年经济危机所暴露出的全球治理体系存在的严重问题以及改革的必要性。基于这些认识，波兰将实现国家现代化作为最优先实现的政策目标。波兰认为，接近乃至达到欧洲发达国家发展水平有助于增强其国际地位，能够使其在欧盟内部扮演更重要的角色。波兰不仅将自己视为能够对欧盟的战略决策施加影响的重要成员国，而且认为自己具有全球层面的竞争力和影响力。因此，波兰提出了"强大欧盟中的强大波兰"（Strong Poland in a Strong Union）口号，积极推动与非欧盟国家的合作。这份外交政策指导文件至少两次专门提到中国，强调中国全球第二大经济体的

---

[1] Jo Harper, "Polish Government Unveils 5 – pillar Economic Roadmap to 2040", Feb. 19, 2016, https://www.financialobserver.eu/poland/polish – government – unveils – 5 – pillar – economic – roadmap – to – 2040/.

[2] Justyna Szczudlik – Tatar, "Poland on the Silk Road in Central Europe: to Become A Hub of Hubs?", p. 47.

地位以及快速增长的对外投资和创新能力。在波兰看来，与中国建立良好的双边关系有助于塑造其"重要欧盟成员国"的形象，继而有利于增加其对欧盟亚洲政策的影响力。①

"16+1"为波兰提供了一个除欧盟之外的补充性区域合作平台，使其得以将自身利益诉求和政策偏好投射到区域层面，通过达成有共同目标的合作机制将自身利益最大化。

三、当前影响中波合作的制约因素

（一）合作成效不及预期，失望情绪抑制内生动力

当前，波兰对华贸易逆差不断扩大，中波相互投资规模仍然太小。"16+1"虽然极大地促进了双边经贸、投资关系的发展，但带动效应并不显著，与合作机制建立之初双方的预期有明显差距，尤其是波兰方面，失望情绪近年来日益增加，对"16+1"机制的作用及影响力也产生了更多质疑。

中波两国经济体量差距过大，且中国与波兰等中东欧国家经济互补性较弱，互不为主要贸易伙伴。波兰前五大出口对象国中并没有中国；中国在其前五大进口对象国中名列第二。中国进出口贸易十大伙伴国，均无中东欧国家位列其中；而中国在欧洲的贸易伙伴中，波兰是第九大出口国，出口额是德国的约1/5；进口伙伴中波兰更是排在十名开外，进口额仅为德国的1/32。②

投资方面，虽然2009年欧债危机期间欧盟对波兰FDI流入显著减少，

---

① Foreign Ministry of Poland: Polish Foreign Policy Priorities 2012 – 2016, March 2012, http://www.msz.gov.pl/resource/d31571cf – d24f – 4479 – af09 – c9a46cc85cf6: JCR.

② 孔寒冰、韦冲霄：《中国与中东欧国家"16+1"合作机制的若干问题探讨》，载《社会科学》2017年11期，第19—21页。

但经济危机对波兰与欧盟投资关系的冲击远不及对贸易关系的影响,危机之后欧盟 FDI 稳步回升,所占比重甚至超过了危机前的水平。

此外,作为唯一在经济危机期间保持经济正增长的欧洲国家,波兰资本充裕,吸引中国投资的目的主要是获取先进技术以推动本国再工业化进程,因此,波兰更希望中国进行绿地投资而非收购并购,尤其注意避免过度依赖中国资本。

2017 年以来,随着"16+1"机制进入成熟期,新增经济合作成果数量不及前些年显著,合作重点更多放在了推动落实之前承诺上。这本是机制发展的自然规律,也有利于合作趋于务实、成熟,但由于一开始波兰对"16+1"期待过高,合作亮点的减少一定程度上影响了其参与热情,同时增加了对中国政治、战略意图的猜疑。

(二)欧盟对"16+1"机制的战略疑虑构成外部制约

至今,欧盟对"16+1"机制整体而言的怀疑态度尚未消除。欧盟担心中东欧成员国与中国达成的贸易和投资协议违反欧盟相关法律法规,更担心与中国的亲密关系将削弱欧盟对中东欧国家的影响力,破坏欧盟团结,使之难以形成统一的对华政策立场。近几年欧盟对外关系委员会发布的年度报告,清楚地显示了欧盟对"16+1"犹疑不定、不断调整的微妙态度。[1]

---

[1] European Council on Foreign Relations: European Foreign Policy Scorecard 2012, January 2012, http://www.ecfr.eu/page/-/ECFR_SCORECARD_2012_WEB.pdf, accessed on March 16, 2017; European Council on Foreign Relations: EuropeanForeign Policy Scorecard 2013, January 2013, http://www.ecfr.eu/page/-/ECFR73_SCORECARD_2013_AW.pdf, accessed on March 16, 2017; European Council on Foreign Relations: European Foreign Policy Scorecard 2014, January 2014, http://www.ecfr.eu/page/-/ECFR94_SCORECARD_2014.pdf, accessed on March 16, 2017; European Council on Foreign Relations: European Foreign Policy Scorecard 2015, January 2015, http://www.ecfr.eu/page/-/ECFR125_SCORECARD_2015.pdf, accessed on March 16, 2017.

多重挑战下的欧盟及其对外关系

欧盟对外关系委员会的一项研究对比了2008年危机前后欧盟成员国对中国的态度：

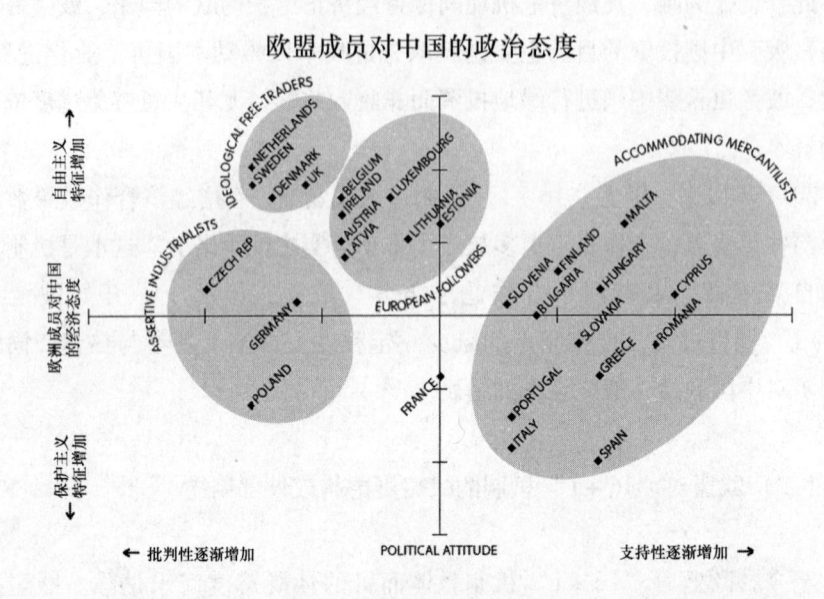

欧盟成员对中国的政治态度

欧盟成员对中国的政治态度

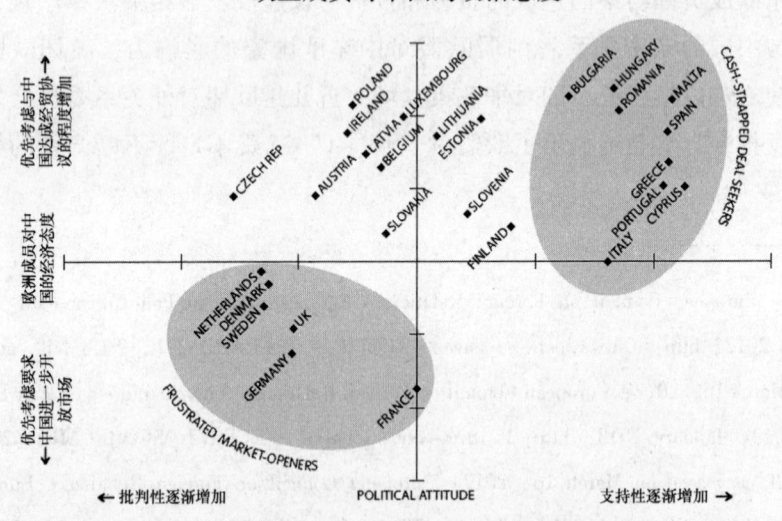

图5　欧盟成员国欧债危机前后对中国态度对比

资料来源：http://www.ecfr.eu/page/-/ECFR37_Scramble_For_Europe_AW_v4.pdf, accessed on January 10, 2017.

危机前,波兰是"坚定的实业家"(assertive industrialists),在政治和经济上都"敢于抵抗中国的压力"。然而,危机过后,欧盟被新出现的断层线分成了"失意的市场开放者"(frustrated market – openers)和"缺乏资金的交易寻求者"(cash – strapped deal – seekers),波兰处于两类之间。[1]

对比这两张图片可以发现,波兰在经济方面对中国的态度在正向移动,且幅度非常大,说明波兰希望与中国达成更多交易,而非在市场经济地位等议题上与中国对抗。政治议题方面,波兰对中国态度明显转变为更加积极。这份对比研究体现了欧盟相当程度的焦虑,欧盟认为,"处于欧盟边缘地位的成员国以往总是担心中国将其低成本产品低价倾销到欧洲市场;但现在,他们将中国视为欧盟或 IMF 资金的补充甚至替代者,某些国家甚至更愿意寻求与中国的经济合作"。[2]

---

[1] François Godement, Jonas Parello – Plesner & Alice Richard, "The Scramble for Europe", European Council on Foreign Affairs Policy Brief, p. 7, http://www.ecfr.eu/page/-/ECFR37_Scramble_For_Europe_AW_v4.pdf, accessed on January 10, 2017.

[2] François Godement, Jonas Parello – Plesner & Alice Richard, "The Scramble for Europe", European Council on Foreign Affairs Policy Brief, p. 7, http://www.ecfr.eu/page/-/ECFR37_Scramble_For_Europe_AW_v4.pdf, accessed on January 10, 2017.

"16+1合作"背景下投资中东欧国家的环保法律风险及应对策略
——从多层治理视角分析

彭丹丹* 杨烨**

一、问题的提出：中国对外投资已进入风险多发期？

据联合国贸易和发展会议发布的《世界投资报告2018》显示，中国目前已成为转型经济国家对外直接投资流入的一个重要来源。[①] 借助中国与转型经济国家重要合作平台的"16+1合作"机制，在全球贸易下滑背景下，中国与中东欧16国贸易额从2010年的440亿美元逆势增长至2017年的679.8亿美元。[②] 中国对中东欧投资也从2011年底的10亿美元增至2017年的90多

---

* 彭丹丹，同济大学政治与国际关系学院2013级博士生，副教授。
** 杨烨，同济大学政治与国际关系学院教授、博士生导师。
① UNCTAD: *Word Investment Report* 2018: *Investment and New Industrial Policies*, p.59.
② 郑青亭：《专访立陶宛经济部长辛克维丘斯：立陶宛愿意扮演中国—中东欧金融合作门户》，《21世纪经济报道（数字报）》2018年9月19日，http://www.epaper.21jingji.com/html/2018-09/19/content_93730.htm，访问日期，2018年9月21日。

亿美元。① 目前,中国企业在中东欧国家的投资已经进入快速增长期。

在国际政治、经济发生重大变化的背景下,国际投资政策进入调整期,东道国进行投资保护的趋势加强,中国企业在"走出去"的过程中也不可避免地受到影响。中国对外投资已进入风险多发期,② 不但东道国政局不稳、政治审查、投资环境及经营管理等海外投资的传统风险增加,而且环保法律、社会责任、合规反腐等新的风险也开始出现。其中,环保法律风险不但使投资者遭受巨额经济损失,而且使中国的对外投资被"环境新殖民主义""环境威胁论"等国外负面评论困扰,对中国投资者的影响逐渐加大。环保法律风险是指投资者在东道国投资经营过程中,因环境保护问题,遭遇东道国政府因立法、行政、司法等手段而衍生的环境规制或环境诉讼风险,给企业经营造成严重损失的可能性。虽然中国在中东欧国家的投资也会面临着环保法律风险的影响,但是中东欧 16 国因为与欧盟之间的特殊联系,在对投资者进行环境规制方面存在许多不同于一般东道国的特征。同时,许多在中东欧国家投资的中国企业对东道国环保法律风险特点和重要性的认识仍然存在一定的局限性,因此,本文以中国企业对中东欧国家的直接投资作为分析对象,以欧盟多层治理理论为视角,分析投资中东欧国家面临的特殊环保法律风险,为中国投资者在该地区规避风险提供参考。

二、中国投资中东欧国家面临的特殊环保法律风险

从实践中发生涉及对外直接投资风险的案例来看,依据引发环保法律

---

① 中华人民共和国驻立陶宛共和国大使馆:《驻立陶宛大使申知非在立主流媒体发表署名文章＜风好正扬帆 合作恰逢时＞》,https://www.mfa.gov.cn/ce/celt/chn/sgxw/t1581759.htm,访问日期:2018 年 8 月 15 日。

② 《中国海外投资风险警报频发 已步入风险高发期》,联合早报网,http://www.zaobao.com/finance/invest/story20120223 - 52394,访问日期:2018 年 8 月 5 日。

风险的行为，可以将环保法律风险分为两类：一类是单纯因投资者的经营活动对东道国环境构成了损害而引发的环保法律风险，如违规排放废水废气、滥采滥伐破坏生态环境等导致东道国对投资企业采取环境规制措施。另一类并非单纯因环境损害行为引发，更多是与东道国的政治行为、法律环境、经济状况、民众意愿等因素搅杂在一起，环保法律风险可能只是政治、法律和经济等单个或多个风险综合作用下的最终表现形式。比如，开发利用东道国矿产项目本身就是通过破坏自然环境的方式来获取资源的，而东道国政府对此类项目所产生环境影响的容忍度则会随着国内政治压力的变化而变化。

"16+1合作"的16国在地理位置上位于欧洲中部和东部，在发展程度上既有发达或比较发达国家，又有发展中国家，在与欧盟关系的紧密度方面，其中11国为欧盟成员国，其余5国（塞尔维亚、阿尔巴尼亚、波黑、马其顿和黑山）虽并非欧盟成员国，但在积极准备加入欧盟。欧盟作为区域一体化的典范，在环境治理方面的成就是有目共睹的。不管是已经入盟的11国，还是准备入盟的5国，其环境法律制度都会与欧盟有着千丝万缕的联系。对于已经入盟的11国而言，有关环境保护和治理的标准是与欧盟接轨的，甚至比欧盟的标准更高一些；对于准备入盟的5国而言，按照欧盟基础条约的要求，这些国家的环境保护法律正在逐渐朝着符合欧盟标准发展。因此，本部分对于环保法律风险的分析是从欧盟层面、非中东欧国家的欧盟成员国以及次国家主体角度入手的。

（一）欧盟层次对于投资者进行环境规制的风险

对中国与中东欧国家的合作，欧盟的顾虑在于担心中国介入中东欧地区会弱化欧盟在该地区的政治威信。一方面是深陷多重危机的欧盟无法满足中东欧国家对基础设施升级的要求，另一方面中东欧有很强的同中国合作的动力。匈牙利、波兰等国对于中国在国际事务以及地区事务上的支持，被欧盟看作"因经济联系而导致的政治化"（politicization），从而对中国政府推行的政策采取政治顺从（political compilance）。① 2016年5月26日，欧盟委员会启动对匈塞铁路项目的预备调查；2017年2月2日，欧盟委员会对匈塞铁路的财务可行性以及招标过程继续进行调查。② 因为涉及到欧盟层面的程序，该调查预计会持续较长时间，对匈塞铁路项目建设可能造成一定的阻碍或影响。虽然该项目的风险来自于贪腐领域，但是更多的是通过欧盟层面对中国在中东欧国家的投资项目施加压力。伴随着中国与中东欧在高速铁路、高速公路等基础设施领域合作项目的运营，欧盟层面直接通过欧盟委员会对合作项目进行环境规制以满足其政治目的的风险依然存在。

（二）非中东欧国家欧盟成员国对投资间接规制的风险

"16+1合作"在投资方面主要是中国对中东欧国家的投资，而中东欧国家对华投资相对较少，这容易引发中东欧国家对中国市场准入和市场开放度的质疑。此外，中国加大对中东欧国家的投资，也引发了包括德国等欧洲国家的关注，担心会挤占其传统贸易和投资市场，从产业链上侵蚀德国等产业在中东欧的发展基础。2017年8月30日，德国副总理兼外长锡格默·加布里埃尔在巴黎表示，"中国的影响力已经扩展到欧洲的日常政治生活中，如果欧洲不能制定出共同的对华战略，中国将成功地分化欧洲"。③ 就匈牙利来说，与欧盟关系不佳问题，同样会影响双边合作。④ 因此，在欧盟多层治理结构下，德国、中东欧国家等可以借助于欧盟多层决策和执行结构，在必要的时候对欧盟施加压力，通过合法程序对投资者在中东欧的投资项目采

---

① 刘作奎等：《中国和匈牙利的全面战略伙伴关系：历史、现状、前景及政策建议》，中国社会科学出版社，2018年3月版，第23页。
② 赵思远：《欧盟调查中方出资的匈塞铁路》，环球网，http://www.world.huanqiu.com/exclusive/2017-02/10169505.html，访问日期：2018年6月23日。
③ 《中国试图分化欧洲？中方这样回应》，参考消息网，http://www.mini.eastday.com/mobile/170901221106782.html#，访问日期：2018年7月14日。
④ 刘作奎等：《中国和匈牙利的全面战略伙伴关系：历史、现状、前景及政策建议》，中国社会科学出版社，2018年3月版，第105页。

取环境措施,从而阻挠其认为对其不利的项目运营,达到压缩中国投资者市场份额的目的。

(三)次国家主体对投资采取环保抗议行动的风险

欧盟治理结构中,作为参与治理的次国家行为体如环保组织、社会公众、利益集团等对于投资项目环境标准甚至经济利益的不同态度,也将会给投资者带来风险。次国家行为体往往通过公众参与的方式或者组织抗议行动的方式在投资项目开始运行后进行阻挠,促使成员国叫停或搁置投资项目。虽然目前对于这类项目给中国企业将会带来的损失情况并没有确切统计数据,但可以确定的是,在已经深受欧盟环保理念影响的中东欧国家,公众会越来越多地参与到环境治理中来,投资者面临的环保风险有增无减。

三、中国投资中东欧国家特殊环保法律风险形成的原因

(一)欧盟特殊的多层治理结构

就欧盟多层治理概念本身而言,西方学者们在欧盟概念的理解上日益达成了一项共识,即"欧盟是一种多层治理结构,其间私人、政府、跨国家和超国家角色在密度、广度和深度不断变化的复杂网络中相互交往"。[1] 作为欧盟治理重要内容的环境治理必然是一个多层治理的结构,主要体现在决策主体、决策程序和政策执行方面。

---

[1] Thomas Risse - Keppen. Exploring the Nature of the Beast: International Relations Theory and Compar - ative Policy Analysis Meet the European Union [J]. Journal of Common Market Studies, Vol. 34, March 1996, (1). 转引自刘文秀、汪曙申:《欧洲联盟多层治理的理论与实践》,载《中国人民大学学报》2005 年第 4 期。

欧盟多层治理的决策权由不同层级的决策主体共同享有。具体而言，包括欧盟层面的超国家行为体，如欧盟委员会；国家层面的行为体如成员国政府；地方层面的次国家行为体，如普通公众、各类组织、利益集团等。具体到多层环境治理领域，由设在欧盟委员会内的环境总司承担环境保护管理的职能，行使监督成员国实施环保法及调查处理有关环保方面的投诉等职能。

在决策程序上，欧盟条约将"共决程序"和"有效多数"表决机制确定为环保问题投票表决原则（在有关环境税收、城镇规划、能源供应等领域仍需一致同意）。① 因此，欧盟多层环境治理结构中，各行为体的政策选择是在对其他行为体可能做出的选择进行评估后通过持续互动、调整达成的。这种多层互动决策模式兼顾了各方各层级的利益，使得每个层级和成员的利益在集体行动中均能得到保障。②

在一体化政策执行过程中，欧盟在环境政策执行权方面逐渐形成了欧盟层面、国家层面和次国家层面共享的模式。欧盟层次的政策执行主要通过欧盟委员会制定具体的执行细则或行政立法以及对欧盟政策实施监督来实现的；成员国及其地方政府分别代表国家层面和次国家层面，根据欧盟的条约和二级立法规定承担具体的政策执行任务。在实践中，受成员国对欧盟政策把握的准确程度、欧盟与成员国利益的协调程度、欧盟与国内利益集团及地方政府利益的冲突程度等因素影响，成员国政府和地方政府执行欧盟政策的能力和效果也会受到制约。

因此，欧盟多层次的环境治理结构增加了投资者理解东道国环境治理体系的难度，以及对东道国环境政策法律制定和执行方面的疏漏或者困惑。

（二）欧盟环境法律体系的复杂性

1. 多层级的环境法律框架

从纵向来看，欧盟环境法律框架的内部区分为不同层级，不同级别的环

---

① 中华人民共和国驻欧盟使团经济商务参赞处：《欧盟环境政策》，http://www.eu.mofcom.gov.cn/article/ddfg/k/201601/20160101230187.sht，访问日期：2018 年 6 月 13 日。

② 王再文、李刚：《区域合作的协调机制：多层治理理论与欧盟经验》，载《当代经济管理》2009 年第 9 期。

境法律规范的效力和侧重点也不同。(1)欧盟基础条约及其议定书:侧重于对环境、资源保护的权利义务做出一般规定。例如《欧洲联盟条约》第130R条中的"环境条款"。外国直接投资正式纳入欧盟共同政策是在《里斯本条约》生效之后。(2)欧盟签署或参加的国际条约:欧盟在全球关注的环境议题上表现积极,主导了《巴塞尔公约》(1989年)、《生物多样性公约》(1992年)、《京都议定书》(1997年)等国际条约的制定和践行。(3)欧盟环境法规:尽管欧共体环境行动规划和欧盟国家或政府首脑通过的宣言构成了欧盟环境管理的政治框架,[1]但是欧盟环境治理的法律框架的核心部分则是日益增多的条例(Regulations)、指令(Directives)和决定(Decisions)等法律规范。(4)其他具有法律规范性的文件:欧盟环境标准具有与环境法规相同的立法程序和效力;欧盟环境行动规划是明确了环境发展的目标,具有特别的法律地位甚至造法功能;另外,建议(Recommendations)、决议(Resolutions)、司法判例及与环境保护有关的基本人权也是欧盟环境法律框架的组成部分。

2. 全面覆盖的环境法律制度

从横向来看,欧盟环境法律规范不仅涵盖环境治理的不同方面,主要包括:废弃物管理制度,噪声、化学品、空气和水污染治理制度,自然和生态环境保护制度,预防和治理环境灾害制度等。欧盟环境法律规范还对环境治理的不同方面设定了具体的政策目标以及目标指引下的条例、指令和国际条约。为了执行欧盟层面的法律规范,并保证与欧盟要求的最低标准一致,成员国政府需要配套制定不低于欧盟标准的国内环境法律规范,这就意味着投资者在东道国不仅要遵守欧盟环境法律规范,而且要遵守东道国国内的环境法律规范。

对于投资者来说,欧盟本身的环境法律体系就已经是错综复杂,到了东道国层面需要面临更加高标准的环境法律,容易发生投资者因不熟悉环境法律体系而出现环境违法的情况,最终导致投资者承担环境违法责任的情况。

---

[1] 蔡守秋、常纪文:《国际环境法学》,法律出版社,2004年11月版,第147页。

（三）欧盟法律在成员国适用的直接效力和优先效力

欧盟法律对成员国的直接效力，是指一定的欧盟法律所具有的、可为任何成员国的自然人或法人针对国家、其他自然人或法人创设权利与义务的效力。[①] 也就是说，欧盟法律中的有效条款在成员国适用时，既不需要经过再立法程序，也不需要成员国制定补充措施，而是可以当然地为成员国政府、个人和法院所直接援引。

由于欧盟法律在其成员国直接适用，欧盟法律就成为成员国国内法律体系的组成部分。但是由于欧盟法律和成员国法律的立法目的、立法主体、立法程序等方面的差异，二者之间的法律冲突问题就不可避免。在实践中，当欧盟法与其成员国法律之间产生冲突时，欧盟法律具有优先于成员国法律的效力，这就是欧盟法律对其成员国的优先适用原则。据此，当成员国法律与欧盟法律发生冲突时，成员国必须接受欧盟法律的规范，欧盟法律在成员国具有优先适用效力。

（四）投资争端解决协定的不完善

目前，欧盟成员国中有 27 个已经与中国签订了双边投资条约，由于欧盟成员国中的爱尔兰未与中国签订双边投资条约，而比利时和卢森堡联合与中国签订了一个双边投资条约，因此中国与欧盟成员国签订的双边投资条约数量是 26 个。[②] 在这些条约中，对于争端解决机制的规定也不尽相同，有些条约规定，仅征收赔偿金额争议可提交国际仲裁庭，例如爱沙尼亚、匈牙利、斯洛文尼亚、波兰、克罗地亚等国；有些条约规定，仅限征收赔偿金额及其他需要经过双方同意的争议可以提交国际仲裁庭，例如立陶宛等国；有

[①] 刘兆兴：《论欧盟法律与其成员国法律之间的关系》，载《环球法律评论》2006年第3期。

[②] 黄世席：《欧盟投资协定中的投资者—国家争端解决机制——兼论中欧双边投资协定中的相关问题》，载《环球法律评论》2015年第5期。

些条约规定,完全接受国际投资仲裁庭管辖,例如捷克、拉脱维亚、比利时、卢森堡等国。由此可以看出,当前中国与欧盟以及中东欧国家关于投资争端解决方面的协定并不完善,具体到环境规制方面引起的投资争端解决更是缺乏,这使得中国投资者在中东欧国家进行投资时,面临的风险进一步加大。

四、应对投资中东欧国家环保法律风险的几点对策建议

近期内,欧盟在处理投资与环境关系上,出现了一些新动向。

目前为止,国际投资协定对环境保护的关注主要局限于缔约方采取环境措施的权利和不得放松环境标准的义务,对投资和投资者的环境义务根本没有提及,更谈不上体现这方面内容的环境规则模式,这与投资和投资者是投资活动中对环境产生影响的真正责任者的事实不相符合,遭到来自民间的广泛批评。欧盟委员会贸易总司向欧盟133条款委员会提交的为欧盟与非洲、加勒比、太平洋地区国家集团之间谈判经济伙伴协定而准备的"投资"专章谈判稿中,[①] 不但规定了缔约方的一般环境权利义务以及最低环境标准,而且对投资者以及投资项目在设立前和设立后都规定了环境义务。该"投资"专章谈判稿,与其他投资协定不同之处首先在于:投资设立前投资者的环境义务强调,在环境影响评价标准和程序中,以东道国法律和母国法律要求中更严格者为准,向社会公众公布环境和社会影响评价结果,适用风险预防原则对投资进行评价;其次,投资设立后投资者的环境义务强调,投资应具备环境管理体系,应履行作为缔约方的东道国或投资者母国负担的国际环境义务;第三,该谈判稿还为缔约方设立了最低的环境标准。这些内容都属于处理投资与环境关系的开创性条约规则,虽然目前这只是谈判文稿,但

---

① 柳栋亮:《论利用外国投资以促进环境保护的国际法律规则及对中国的启示》,苏州大学2015年硕士论文。

是却代表了欧盟在这一方面的新动向。

针对上述新现象，投资者和母国有必要引起重视。在"16+1合作"框架下推进的对外投资合作中，中国对中东欧国家投资尤其需要关注欧盟这个新的现象。笔者看来，中国投资者可以采取的对策如下：

第一，熟悉欧盟与成员国之间的环境治理权限划分

如前所述，中东欧16国与欧盟存在着密切的关系，在环境治理结构与环境政策法律体系方面已经或正在与欧盟达成一致。欧盟显然是一个环境法律和监管体系都比较成熟的区域性组织，在环境治理方面有自身的特点。对于投资者而言，首先要熟悉欧盟类型多样的环境法律框架，包括欧盟基础条约、涉及不同环境领域的实体法以及与环境诉讼相关的程序法；其次，应熟悉欧盟多层级的环境保护监管体系。对于欧盟环境治理的不同决策主体以及主要负责执行环境法律规范的欧盟委员会、成员国政府和地方政府环境主管部门的各项职能进行熟悉，增加沟通，以防出现因为沟通不畅引起的不必要的环保风险。第三，应关注东道国的环境监管制度实施形式。政府法令、命令、行政法规、部门规章、有关环保议题的会议决议，以及适用的国际公约和双边投资协定等等都影响着东道国的环境监管行为，这些不同形式的环境监管行为都可以对企业经营活动产生约束力。

第二，事先获得东道国关于投资争议解决的承诺

一般情况下，在国际直接投资项目中，虽然投资者与东道国政府直接签订投资协议的情况也是存在的，但是更多情况下，投资者主要是与东道国的自然人或法人签订投资协议。因此，在国际投资协议中有关东道国法律变动是否属于东道国补偿的事项就处于不确定中，投资者在东道国的权利就会受到减损。因此，笔者建议，中国投资者在签订投资中东欧国家的协议时，应就东道国甚至欧盟法律变动事项进行磋商，事先取得东道国政府关于该事项的书面承诺，为可能发生的投资争议做好预防。例如，在《北美自由贸易协定》展示的"Metalclad公司诉墨西哥案"[①]中，仲裁庭认为，东道国政府向投资方明确承诺过城市规划法规不具有溯及力，申请人在投资选址的合法性问题上没有任何过失，东道国构成"间接征收"，

---

① Metalclad v. Mexico, ICSID, ARB (AF) /97/1, Final Award, August30, 2000.

应当补偿投资者。

第三，依东道国法律完善企业环保管理体制

投资者若要避免因污染环境而遭受环保制裁的风险，必须首先在发展理念上重视环保，将环保意识纳入投资项目的发展战略，落实到生产经营管理活动的每一个环节。其次，在制度层面，健全环境保护管理体制，包括制定完善的环境保护措施、环境风险评估体制和科学的应急处理措施，并保证各项措施执行到位。现实风险案例中，美国联合碳化物公司印度博帕尔农药厂毒气泄漏事故，就是企业环保意识淡薄和环境保护管理机制缺失导致重大环境危害的典型案例。[①] 因此，中国企业应该吸取相关风险案例的经验教训，真正认识到环保意识和管理体制对预防环境危机的重要性。

综上所述，在中东欧国家投资项目时，中国投资者应该根据投资领域，尽快熟悉东道国相关环保法律法规，捋顺与环保监管机构的沟通机制，及时了解环保政策的调整方向，并做好东道国环保组织和民众的协调工作，将投资项目的环保法律风险降到最低。

中国政府可以考虑采取的相关对策建议包含以下几点。

第一，加快与欧盟投资协定的谈判进度

欧盟 2012 年以立法形式确认，欧盟成员国虽然仍有权与第三国缔结 BIT，但签署的 BIT 不得对欧盟投资政策造成严重障碍，欧盟对外订立的投资条约可取代成员国与有关第三国的 BIT。[②] 于 2013 年 11 月启动的中国—欧盟投资协定是中国政府协助投资者在中东欧防范环保法律风险的重要契机。通过政府层面与欧盟做好投资协定谈判工作，在投资协定中对东道国的环境规制权做出约定，防止东道国滥用环境规制权。

第二，加强与欧盟成员国的互信建设

"16+1 合作"的初衷就是促进中东欧国家发展，同时助力欧盟实现均

[①] 中债资信评估有限责任公司、中国社会科学院世界经济与政治研究所：《中国对外直接投资与国家风险报告（2017）——"一带一路"：海外建设新版图》，社会科学文献出版社，2017 年 4 月版，第 278 页。

[②] 王琪：《海外直接投资中环境措施风险法律研究》，复旦大学 2013 年硕士论文。

衡发展，更好推进一体化进程。① 因此，加强与欧盟成员国的互信建设可以减少来自欧盟及非中东欧国家成员对于"16＋1合作"的阻碍和排斥。首先，在与欧盟及其成员交往过程中强调坚定支持欧洲一体化进程，减少来自于欧盟层面对中国在中东欧投资的顾虑；其次，在投资合作中强调遵守国际通行规则和欧盟法律法规，坚持与中东欧国家共商共建，坚持市场化运作原则，推进企业对外投资项目利益共享；最后，引导中国投资者在中东欧国家投资与欧盟国家优化能源结构、改善基础设施、实现互联互通的目标一致的能源建设、基础设施等项目。

第三，积极加入国际投资仲裁规则的制定

虽然东道国环境规制措施在国际投资仲裁案件中屡屡涉及，例如，Chemtura Corporation v. Government of Canada 案②、Vattenfall v. German 案③等。然而，由于种种原因，近年来，投资者—国家争端仲裁受到莫大非议，甚至被视为国际投资法制不公正的典型代表。④ 目前有一些国家放弃了这种机制，如厄瓜多尔、委内瑞拉等国；还有一些国家如印度和欧盟，在重新评估这一机制，其将来是否会把投资者—国家争端解决机制纳入国际投资协定以及以何种方式纳入都是未知数。因此，中国政府一方面应加快与欧盟之间投资协定谈判的进程，另一方面应密切关注欧盟对于投资者—国家争端解决机制的最新动向，推动公平合理地国际投资仲裁规则的制定。

---

① 中华人民共和国驻立陶宛共和国大使馆：《驻立陶宛大使申知非在立主流媒体发表署名文章＜风好正扬帆 合作恰逢时＞》，https：//www.mfa.gov.cn/ce/celt/chn/sgxw/t1581759.htm，访问日期：2018 年 8 月 15 日。

② Chemtura Corporation v. Government of Canada, NAFTA/UNCITRAL, Award, August 2, 2010.

③ Vattenfall AB, Vattenfall Europe AG, Vattenfall Europe Generation AG v. Federal Republic of Germany, ICSID Case No. ARB/09/6，网址 http：//www.icsid.wordbank.org/ICSID/FrontServlet/，访问日期：2018 年 4 月 26 日。

④ 韩秀丽：《中国海外投资中的环境保护问题》，载《国际问题研究》2013 年第 5 期。

学术动态

欧洲一体化的发展前景与挑战及欧盟的应对

邹 宏[*] 曹子衡[**] 整理

2015年12月26日下午,主题为"2015年的欧洲:危机与应对"的上海欧洲学会2015年学术年会在华东理工大学召开。近60位与会学者围绕欧盟政治、经济和社会发展遇到的挑战与前景展开了热烈的交流讨论。最后,学会会长徐明棋研究员作了总结。

关于欧盟经济和欧洲一体化

学者们指出,2015年欧盟经济发展的特点是,欧洲经济缓慢复苏,失业率逐渐减小但青年就业率居高不下,财政赤字明显减小但债务仍居高位,外贸差额相对年初逐渐回升,通货紧缩阴影仍强。欧央行采取的QE,有一定的刺激效果,然而现在通缩压力仍然较大,通胀率难以上升。展望2016

---

[*] 邹宏,同济大学马克思主义学院副教授。
[**] 曹子衡,上海欧洲学会监事。

年，欧盟经济增长和就业继续保持缓慢攀升态势，公共债务负担有望继续降低，通缩风险可控。

学者们认为，60多年的历史证明，危机是欧洲一体化的动力。没有危机，就不存在欧洲一体化的扩大与深化。化解第三次危机需要欧盟以及欧盟各成员国发挥政治勇气。布鲁塞尔必须在如下几个方面有所突破，才可能发挥政治意愿，与法德等国一道，携手解决难民危机：欧盟内部加强难民安排的协调问题；货币联盟与财政一体化不同步问题；统一大市场的要素自由流动和成员国移民政策不一致问题；不同生产方式和社会安全网"型号"不协调问题；伊斯兰难民的欧洲化与文明冲突问题。今天欧盟站在一个新的历史十字路口，欧洲是加快欧洲一体化，尽快消除难民的内部因素，还是任由极右翼势力坐大，加大排外的力度，最终冲击欧盟自由民主人权的核心价值观。这两股力量的竞争，决定了欧洲的未来。

有学者指出，欧盟正悄悄地发生着一些变化。欧盟由6国发展到现在的28国，历年来的扩张表明，由发达国家组成的一体化俱乐部逐渐转向了由处于不同发展阶段的国家组成的一体化组织。欧洲统一正在成为可望不可及的形象化目标。更多的国家追求的似乎只是具体的利益。欧洲一体化与其他地区的一体化的不同在于其目标。罗马条约表明是为了欧洲的统一。远大的目标只有一个入口，即经济合作。这个"入口"的背后反映的是成员国的利益。在国家利益与欧盟的目标之间，国家利益必定是在第一位的。因此，就有可能因为过于强调国家利益而导致集团行动迟缓，甚至于陷于停滞。但是，欧洲一体化不可能逆转。对于中国而言，可能是一个难得机会。中欧加强合作的契机是"一带一路"。在欧盟发展面临诸多困难之际，加强同中国的"一带一路"的合作，是欧盟发展的机遇。

关于难民危机及其影响

有学者指出，在难民问题上，欧盟作为主要的接纳和目的地，已经陷入一种两难境地：一方面，欧盟要坚持所奉行的价值观，必须向难民打开大门；另一方面，欧盟在接纳能力和内部协调方面困难重重，难以顺利安置如此数量的难民。100余万难民涌入欧洲，特别是德、瑞、意、法等欧盟主要成员国，给尚未走出欧债危机的欧盟造成巨大冲击。不仅社会稳定和治安受到严重影响，而且欧盟内部的分歧再次凸显出来。难民潮带来了全面的挑战和问题。在经济上，欧盟及成员国的经济负担明显加大，同时有可能对本国公民的就业和社会福利产生一定的影响。在社会方面，难民潮产生的影响更加复杂和深远。这次难民潮中的难民种族、民族、文化构成均与欧洲相异，势必对欧洲的社会形态和生活方式造成明显的冲击和改变。二战之后为应对非殖民化带来的巨大移民潮（含合法移民和非法移民），欧洲国家采取了同化和多元文化等政策手段，结果均收效甚微。在宗教因素介入的背景下，同化几无可能，多元文化也不起实质的作用。欧盟成员国面对国内频频发生的种族和族群冲突，已经显得手足无措。新的难民潮的到来，将会加重这个已经存在的冲突问题。欧盟引以为傲的价值观，在这里似乎难有作为，反而成为引发难民潮和非法移民潮的一个重要因素和媒介。在安全上，欧盟及成员国的安全压力明显加强。

但是，欧洲在应对难民方面已有十分丰富的经验，上百万难民和移民在欧洲5亿人口中所占比例有限。而且，欧洲一体化的发展已经经历了半个多世纪的时光，制度化建设已经达到了相当的高度，符合欧洲国家的总体利益，不会因难民潮发生重大逆转。大量难民选择欧洲作为避难目的地，本身也说明欧洲在经济、道义及人道救援方面的吸引力。

也有学者认为，欧洲难民危机尚未对欧盟政治格局与社会稳定构成全局性影响，不必过于恐慌。表现在：欧洲难民危机具有局部性特点，还没有席卷整个欧洲，真正遭到难民冲击的仅限于英、法、德、希腊、土耳其、匈牙利、奥地利和意大利等少数国家，德、法等大国希望通过"分摊"难民压力和"上交"难民责任以减轻自身负担转嫁难民风险，从而放大了危机的负面效果。同时要看到，难民问题虽然助推了右翼势力抬头，但还没有改变欧盟成员国的政治生态和政党执政结构，巴黎恐怖袭击事件后，各国右翼势力总体支持率仅上升20%左右。这部分学者认为，欧洲需要认真思考的是，是否应该只从悲观和"危机"角度看待欧洲难民危机，能不能从积极的建设性角度思考中西亚和北非移民对欧洲发展所作出的贡献，重新定位欧盟、欧盟成员国、各国民众与难民的关系，思考如何帮助这些流离失所者重返自己的家园，因为中西亚、北非的贫穷与动乱一天不结束，欧盟、欧盟各成员国及其民众就一天不得安宁。因此，尽管一劳永逸的方法还没有找到，但是以接纳的态度看待难民问题，以构建多元文化的认同来寻求和谐欧洲的未来仍不失为明智的选择。

关于恐怖主义问题

巴黎暴恐事件震惊全世界，是当今世界恐怖主义的典型反映，是国际恐怖主义联动的又一重要行动，也是反思当今国际秩序的一个重要契机和线索。但是，我们要寻求背后的根源，才能想办法根除，或者最大程度地减轻其伤害。

有学者认为，巴黎暴恐事件貌似与难民危机直接相关，实际上没有太直接的关联。因为实施者是法国公民，是更早时期移民到法国的阿拉伯裔青年。不可否认，此次难民危机，将增加以后恐怖袭击的潜在因素。但是，不能夸大难民危机与此次暴恐事件之间的关联，要理性、客观分析更为深层的原因。值得深思的是，巴黎暴恐事件实施者的特点是：受恐怖组织训练，年轻人，阿拉伯裔青年，社会边缘，心理因素，受过一定教育。从个人心理因素上讲，他们有一些共性，即脆弱，容易受鼓动，漠视人生价值。这些心理因素容易被恐怖主义组织者利用。要更加注重对边缘年轻人的关心、帮助，有完善的体制帮助其实现自我发展。目前法国更加保守，对阿拉伯裔更加防范，从长远看，并不利于社会和谐，有可能进一步推动少数族裔青少年的犯罪行为和暴恐行为。因此，此次巴黎暴恐事件发生的原因，是法国内部的社会管理、社会融入政策的综合反映。同时，也反映出欧盟治理的诸多弱点和漏洞。此次暴恐袭击是在比利时和法国联合操作完成的。欧盟内部的自由流动为犯罪分子的行动提供很多便利，而欧盟相应的联合治理能力又相对较弱，这就为暴恐事件的发生提供了很大的空间。

也有学者认为，巴黎恐怖袭击事件从表现来看与"9·11"事件以来的历次恐怖事件没有太多的区别，手段也沿袭了其他恐怖分子所采取的手段，其实质可能也有相似之处。他们认为，巴黎恐怖袭击的表现为资源的有限性与人类文明发展对资源的严重依赖之间的矛盾。二者之间的矛盾是不可调和的。矛盾的不可调和性将会以非正常的方式表现出来，恐怖袭击就是最通常的表现形式。国际资源的使用是以国际权力为前提的，国际权力是分配国际资源的最根本的工具。因此，强国在资源的使用上无疑就占据着优势。而这种资源分配格局必然会造成国际社会的不平衡现象。处于国际社会底层的成员最终会采取不正常的手段来进行反抗。虽然当今世界都在追求文明的交流与融合，但文明的冲突是客观存在的。不过，在巴黎恐怖袭击问题上，文明的冲突并不是表现为不同文明之间的冲突，更多的是表现为同一文明在不同发展水平上的冲突。恐怖分子虽然处在当今世界文明中，但并没有真正跨进现代文明的门槛。包括"伊斯兰国"也是一样，它实际上是处于现代文明之外的非正式政治组织，是非正式政治宗教组织对世俗社会的重大挑战。

学者们认为，要从根本上减弱恐怖主义，需要从三个方面努力：1. 经济均衡发展。既要发展，又要均衡，二者不可偏废。要解决好公平与效率的问题，处理好传统与现代的问题，以及发展模式问题和文化冲突的问题；2. 协调不同利益群体、宗教群体之间的关系。这是一个社会问题。既是阿拉伯国家内部的协调，法国等西方国家内部也需要协调。3. 文明冲突。主要就是西方文明为代表的现代性与以伊斯兰文化为代表的传统文化之间的冲突和应对。这三个方面是统一的，主要就集中在如何在新的国际形势下处理好传统与现代之间的关系。当然，不能把宗教就理解为一定是传统的，应该也可以有新时代的存在方式。这是需要我们继续探索的。但有一点可以肯定，即不能打着"普世主义"的旗号，挑起甚至培育矛盾，谋取自己国家和民族的私利。这正是当下许多西方大国正在做的。因此，他们也是恐怖主义盛行的重要推动者。若不反思、不调整，他们反恐的目标恐怕只会事与愿违，越反越恐。不过最根本的，还是恐怖主义策源地国家的自身的和谐发展，这才是消除和弱化恐怖主义的根本之道。

世界经济变局与欧盟对外经济谈判和对外经贸政策走向

忻 华 曹子衡 整理

2016年10月22日,由上海欧洲学会联合上海市世界经济学会、上海市国际关系学会和上海外国语大学欧盟研究中心四家单位共同举办的"世界经济变局与欧盟对外经济谈判和对外经贸政策走向"研讨会在上海市徐汇区统战部会议室举行。来自上海社会科学院、上海国际问题研究院、复旦大学、同济大学、华东师范大学、华东理工大学、上海外国语大学、上海对外经贸大学等智库与高校的近30位专家学者共聚一堂,分别从国际关系和世界经济两个学科的方法论出发,从欧洲区域研究的视角切入,展开了跨学科的交叉分析。

一、当前欧盟正在开展的对外经济谈判:节奏、进程与特点

上海外国语大学欧盟研究中心专职研究员忻华博士全面梳理了近年来欧盟运作的所有各项对外经济谈判,提出欧盟当前与韩国、新加坡、越南和加

拿大已经达成的四项自由贸易协定，对中国可能产生重要的影响；这些协定不论是否已经生效，都鲜明地反映出"新一代"自由贸易协定的模式与特点，即未来的自由贸易协定不再局限于规范传统的货物贸易，而是要在更广泛的领域建立游戏规则与衡量标准。这些领域包括：非关税壁垒、服务贸易市场、涉及贸易的技术、环保与劳工标准、外资的市场准入和投资争议解决机制等，从而对传统的国家主权形成更加广泛而细致入微的影响。

忻华进而指出，欧盟当前正在进行的三项最重要的谈判，即欧盟对美国、日本和中国分别开展的贸易与投资关系谈判，具有相似之处：首先，三项谈判都在2013年正式启动，启动时欧盟都寄予厚望，反映出欧盟意欲在当前重塑世界经济的游戏规则的新变局中争夺主导权的急切心态，但至今却都进展缓慢，收获甚少。其次，三项谈判共同的争议焦点有三点：投资争议解决机制、管制合作机制和服务业与政府采购市场的开放度，这三点都涉及"新一代"自由贸易协定对主权的限制和对社会内部的传统利益分配模式，反映出经济全球化进一步深化的趋势。第三，欧盟层面的利益集团政治深刻制约着欧盟在这三项谈判上的决策立场与运作节奏，代表草根阶层的左翼利益集团更多地诉诸街头政治，而代表工商界和律师界等精英阶层的右翼利益集团则更倾向于实施针对欧盟高层的政治游说。正是由于利益集团之间的激烈博弈，才使欧盟对美国主张的"投资者—国家争议解决"（ISDS）条款的态度发生了逆转。当前英国脱欧背景下，美欧"跨大西洋关系"出现失衡，欧日各自对谈判的关注点也出现差异，这些新变化将影响着欧盟对中国的谈判。

上海对外经贸大学的张永安教授指出：欧盟只有不断创造出更多的经济利益，并且让各成员分享这些利益，才能确保欧洲一体化的可持续性和生命力，而对外贸易，尤其是出口，是创造这些利益的重要手段。当前欧盟经济持续低迷，维护其出口体系就显得至关重要，因而欧盟的贸易保护主义倾向必然会不断增强。当前世界贸易组织的多边体系几乎已经停摆，美国和欧盟都在力图从世贸组织那里接棒，掌控关于世界经济的新的规则体系的制定权。因此，当前美欧 TTIP 进程遭遇阻碍，只不过是双方尽力为自身获取最大收益的博弈进入暂时的僵持状态。为了主导制定新规则的进程，美欧最终是一定会达成协定的。

张永安教授进而谈到，欧盟同加拿大的贸易协定值得仔细研究，因为这个协定是目前欧盟谈成的最具前瞻性的协定，其包含的很多制度设计，特别是对投资领域的界定与规范，能够反映未来一段时间里的趋势。现在国际双边经济谈判已在观念层面出现新变化，原有的一些概念和理念，如自由贸易协定应该包含的范围、"公平贸易"与公正待遇的含义，正在受到重新界定。他最后得出结论，未来欧盟会更多地拿起反倾销和反补贴等贸易摩擦诉讼的大棒，来制衡中国。

上海国际问题研究院的张海冰研究员指出，利益集团政治确实是制约对外经济谈判的一项重要因素，中国应该对欧洲和美国那些掌握了较强话语权的利益集团，如工商界和社会精英团体，开展更深更细的工作。她指出，贸易是全球经济治理中在金融和投资之外的另一个重要领域，G20杭州峰会提出了要推进贸易便利化协定，而美欧TTIP架构将比前者更加高端。她还认为，TTIP谈判的节奏和进度，影响着中国与欧盟和美国之间的关系，在TTIP协定达成之前，中国与欧盟和美国分别进行的投资协定谈判很难呈现出清晰的走向。

上述三位学者都谈到了中国市场经济地位问题，认为这一问题与欧盟当前对外经济谈判中出现的新的贸易保护主义意图有关，并且也都与欧盟和美国对中国国有企业的性质判断有关。他们指出，欧盟和美国对中国国有企业在国民经济体系中的主导性地位持有一以贯之的强烈否定态度，认为这与市场经济是不相容的，欧美的这一态度不太可能改变，因而很难承认中国的市场经济地位，也不太可能减少针对中国的贸易保护主义措施。

华东师范大学的范军教授、上海市国际关系学会的金应忠教授和上海社科院的伍贻康教授指出，经济全球化进程的持续深入发展，造成了两方面的不平衡，在国际关系层面，世界各主要大国和重要经济体之间的力量对比失衡，彼此的关系愈加动荡和混乱，因而恐怖袭击、难民潮和主权债务危机接连冲击了欧洲；在国内政治层面，经济全球化导致收入分配的不平等愈加严重，贸易的收益被少数精英集团独占，中产阶级的衰落和失败成为全球性的问题，民粹主义应运而生。

二、影响欧盟对外经贸政策走向的外部变局与因素

上海国际问题研究院的叶江教授提出，2016年6月27日出台的欧盟全球战略文件，反映出欧盟对当前国际体系的结构特征的总体认知及其关于安全战略的宏观意图，这些观念影响乃至塑造着欧盟的对外经贸决策。他用国际政治中的知觉与错误知觉的理论作为解释框架，详细比较了欧盟在2016年推出的全球战略文件和在2003年出台的安全战略文件，阐述了欧盟对国际环境和自身国际地位的认知的变化。他指出，欧盟在2003年推出安全战略文件时显得相当自信，认为自己处在前所未有的富裕和安全状态之中，因而当时主要关注外部世界，努力向外推行欧盟的价值。但近年来，欧盟接连遭遇主权债务危机、恐怖袭击、难民潮和英国脱欧公投的打击，内部持续动荡，因而态度趋于悲观，对内部和周边更为关注；欧盟原本不屑于谈论传统的现实主义理论和权力政治，现在却推出了"有原则的务实主义"的概念，强调要维护其周边的稳定，可见其态度和观念已发生转变。叶江教授最后指出，当前对欧盟而言，美欧TTIP谈判是最重要的，欧日自由贸易协定谈判位居其次，中欧投资协定谈判可能只是居于辅助性的位置，其走向受制于前两项谈判的节奏与进程。

上海社科院的徐明棋教授详细阐述了目前世界经济格局的调整进程对欧盟形成的挑战，指出：当前世界经济的总体特点就是增长乏力，贸易不振，投资下滑，资产泡沫不断膨胀。具体而言，不仅全球经济增长率不断下降，而且制造业的多数行业、尤其是基础商品制造业的产能严重过剩。中国一些行业的产能利用率只有60%，德国制造业的产能利用率也只有80%。而与此同时，在未来15至20年内，新科技革命尚无法形成足以改变经济运行节奏的强劲势头，经济的重振仍需依赖对常规生产要素的重新组合，需要借助常规的财政与货币政策的灵活应用。但金融资本的过度扩张，形成巨大的资产泡沫，不仅阻碍着常规刺激政策的实效的发挥，而且加剧了贫富差距。在

全球资本治理的架构建立之前，资本与劳动之间的收益剪刀差仍将不断扩大，民族国家约束资本的能力仍将不断降低，而欧洲高福利国家的社会民主主义政策会使其国内资本向外转移的情况更加突出，导致其投资率不断下降。

徐明棋教授进而提出，在当前世界经济格局调整的背景下，各国都提出"再工业化"以重振制造业，改造产业结构，但与美国、日本和新兴经济体相比，欧洲要实现"再工业化"，难度可能更大。美国能够创造高技术，并吸纳低成本的拉美移民，两者的结合能形成一定的竞争力。美国和日本在高端制造业方面拥有长期积累的技术基础。而新兴经济体尚有丰富的廉价劳动力可以利用。欧洲两方面的条件都不好，技术积累和高技术创新能力无法与美国相比，劳动力资源储备又远不如新兴经济体。而且新兴经济体，尤其是以中国为首的金砖国家，试图利用低成本制造业积累起来的财富向国际分工价值链的高端转移，尽管难度很大，但亦有一些成效。欧洲的产业结构调整，一方面与美国的差距在不断拉大，另一方面受到新兴经济体的追赶，将会承受两方面的巨大压力，而且目前看来，欧洲适应世界经济结构调整的能力相对较弱，反应较为迟钝。因而在中长期里，欧洲可能会持续衰落，在世界经济体系中面临被边缘化的危险。

徐明棋教授最后对欧洲对外经济谈判的未来走向进行了分析。他指出，欧盟是在政治动机的推动下形成的经济联盟，具有内在的矛盾性，其对外经济合作受意识形态的影响很大，具有强烈的机会主义倾向。他认为，尽管TTIP协定可能会使欧洲变为美国的市场，削弱欧洲的相对经济实力，但欧盟仍会将TTIP谈判置于最优先考虑的位置，可能要在美欧TTIP协定谈判和中美投资协定谈判尘埃落定之后，中欧投资协定谈判才会出现实质性的进展。

上海市世界经济学会秘书长权衡研究员指出，当前世界经济有几个悖论性的现象，无法用经济学理论解释：（1）货币量化宽松的刺激与全球经济放缓的悖论。从2008年以来，量化宽松仍无法使世界经济走出低迷，扩张性的货币政策似乎失效了。（2）全球高债务积累与低消费的悖论。高债务没有带来需求的增长。（3）智能制造与充分就业之间的矛盾。人们都在谈论新一轮科技革命，探讨自动化、智能化、自动制造的未来发展态势，但就业问题越来越严重，却尚未见到解决办法。（4）经济增长与收入分配不平衡的恶化。全球化的经济增长带来了恶化的不平等。（5）虚拟经济的热潮与实体经济的衰退。资本流动的全球化加剧了全球治理的难度。经济出现了金融化的强劲势头，虚拟经济可以离开实体经济自我循环，产生了严重的泡沫。欧美决策层提出再工业化的目标，就是要让经济增长回归到实体经济的轨道上，但这取决于技术创新，而技术创新在20年内难以产生强有力的效果。权衡研究员还指出，老龄化和科技创新能力相对较弱，是欧洲面临的严重问题。

伍贻康教授提出，应从欧洲、欧盟和欧洲国家这三个层面分析欧洲的变化，实际上欧洲一直处在变与不变的矛盾之中。二战结束之初，欧洲需要同时应付三种力量，既要抵制苏联的扩张，又要拉住美国以保障自身的战略安全，还要压住德国防止其极端势力的重新崛起。70多年过去了，现在欧洲与这三种力量的关系发生了变化。苏联虽已解体，但乌克兰危机表明俄罗斯仍然是对欧洲安全的现实威胁；而欧洲比过去更加离不开美国和北约；德国实现了统一，在经济上重新崛起了，但包括法国在内的欧洲各国仍然认为，德国可以主导欧洲，但不能领导欧洲。伍贻康教授认为，欧洲目前完全没有跟上世界形势的迅速变化，欧盟的区域治理解决不了欧洲国家的内部问题，也难以应对内外交织的多重危机；欧盟短期内难以提升其治理能力，但欧洲一体化从长期来看也不会倒退。

三、中欧经贸关系新动向及影响因素

华东理工大学的杨逢珉教授对近年来的中欧贸易关系进行了详实的分析和细致的归纳。她指出：（1）中欧双边贸易额一直在持续增长，但近年来增速在放缓。具体的增长速度是：1975—1989年，增长了近10倍；1990—1999年，年均增长16.76%；2000—2003年，年均增长24.7%；自2009年以来，受全球金融危机和欧洲主权债务危机的影响，双边贸易额虽然绝对值仍在增加，但增速逐渐趋缓；2016年1—7月，海关总署的数据显示，欧盟仍是中国第一大贸易伙伴,且中国对欧盟的贸易顺差仍略有增加。(2)从贸易结构上看,中国对欧盟出口的附加值相对较低,从欧盟进口附加值较高,中欧仍处在贸易垂直分工结构中。(3)欧盟对华投资的特点是:投资地集中,行业集中,单个项目投资额较大,项目系统化水平高,盈亏基本持平;而且欧盟在对华投资的过程中,成为中国引进技术的最主要的来源地,中国引进的技术,43.8%来源于欧盟,18.3%来源于美国,25.5%来源于日本;但欧盟对华投资只占欧盟对外投资总量的5%—7%,并不居于重要位置。(4)世界各主要区域按照吸纳中国对外直接投资的数量多少而形成的排名里,欧盟仅次于亚洲和拉美,排在北美之前,居于第三位。特别是过去两年里,中国对英国、法国、意大利、西班牙等国的投资出现了井喷现象。

杨逢珉教授进而对欧盟对华贸易摩擦的典型案例,即欧盟2014—2016年实施的针对中国冷轧不锈钢产品的反倾销调查,进行了详细的分析。

上海对外经贸大学的尚宇红教授用确切的数据分析了中国与中东欧国家的贸易关系现状。他指出,中国入世以来,中国对中东欧的出口速度是年均增长31%,但近五年大幅放缓。前几年增长最快的是斯洛伐克,近五年增长最快的是波兰,对克罗地亚出现负增长。在中东欧各国里,斯洛伐克是中东欧唯一能通过对华贸易获取顺差的国家,其他国家的对华贸易始终处于逆差地位。换言之,中国对中东欧11国的贸易总体上处于长期顺差地位,且顺差额远高于中国对全世界的贸易顺差的平均水平。这是由双方国民经济结构和贸易结构决定的,中短期内无法改变。他认为,不可能依靠货物贸易解决中东欧对华贸易逆差的问题,可考虑发展双边服务贸易,中东欧可向中国输出专利、技术和高技术服务。他进一步指出,中国对中东欧出口的中间产品和资本品都在不断增长,从中东欧进口的产品以中间品为主。

复旦大学的戴炳然教授提出了两个问题:(1)从2008年国际金融危机爆发以来的八年间,贸易似乎并未发挥其应有的推动经济恢复的作用,促使贸易增长的需求也未出现,这究竟是怎么回事。(2)世界贸易组织的能量似乎已经耗尽了,TPP架构似乎代表着未来全球自由贸易机制的发展方向,中国虽然目前尚被排除在TPP架构之外,但似乎仍应欢迎这一架构并对其进行密切观察,是否如此?对此,权衡研究员认为,(1)自从国际金融危机爆发以来,投资和贸易这两种国际经济合作的形式的相对地位在变,双边投资协议在增多。将来，贸易很可能不再那么重要，投资很可能会取代贸易成为国际经济合作的主要形式。（2）全球价值链在重构，从早期的产业全球化到后来的产品全球化，再到现在的中间品全球化，全球产业结构和价值链的各部分正在重新组合。因而中国的产业结构也要相应升级。（3）危机之后，贸易保护主义在抬头。在当前全球经济再平衡的过程中，贸易也会受到影响。（4）电商和网购的出现意味着现在贸易的形态和渠道都在变化，但统计体系却并未将这些变化反映出来，现在国内仍然采用1993年版的国民收入统计体系，漏掉了很多变量，导致一些统计数据自相矛盾。

伍贻康教授指出，今后对中欧贸易恐怕不能期望太高。中国经济已进入缓慢增长的时期，而欧洲现在社会失序，处在混乱状态，政治与社会尚需要实现整合，英国脱欧的前景使其形势更趋复杂。因此，在可预见未来，中欧贸易很难恢复过去那样的高速增长。"一带一路"倡议会给欧洲注入活力，但恐怕也不能期望过高。欧盟对华武器禁运和市场经济地位这两个问题受制于大势，如未来中美关系可能出现紧张状态，欧盟对华贸易摩擦可能也会增多。欧盟即使承认了中国的市场经济地位，也仍然会实施强烈的贸易保护措施，会增强对中国产品的反倾销与反补贴调查的力度。

金应忠、杨逢珉、张海冰、叶江和同济大学的杨烨教授等指出：（1）目前虚拟经济与实体经济的脱节，是世界经济发展的严重问题，但真正的产业是难以预测的，技术变革只有在特定的社会条件和历史背景下，才能转化为强劲的经济发展与社会演进的势头。（2）当前支持与反对全球化的力量正在进行激烈的博弈，《金融时报》的专栏作家马丁·沃尔夫（Martin Wolf）认为，全球化已处在拐点。这一拐点表现在：贸易水平趋于下降，贸易保护主义在抬头，英国举行了脱欧公投，而特朗普这样的人物进入了美国大选。在全球化浪潮的推动下，第一世界内部产生了第三世界，贫富分化的矛盾愈加严重，国家—社会—世界的三方关系都已出现深刻变化。（3）与美国人相比，欧盟在华投资的盈利水平较高，大约1/3的欧洲在华企业都在盈利。但中国对欧投资仍有待进一步发展。中东欧的政党轮替和选举换届很多，政局变化很快，必须落实具体的项目，才能使"16+1"机制和"一带一路"倡议得到贯彻。

总之，参会学者聚焦于当前欧盟决策层正在同时运作三项对外经济谈判，即对美国的 TTIP 谈判、对中国的"中欧双边投资协定"谈判和对日本的"欧盟—日本自由贸易协定"谈判，分析了欧盟借助这三项谈判，在当前塑造国际经济治理机制的新变局中争夺主导权、话语权与影响力的方式、手段和效果，并进而评估了当前和未来一段时间内欧盟对华经济决策的走向，和整个世界的贸易与金融秩序的变化方向。正如上海欧洲学会会长徐明棋教授在会议总结致辞中所说，这种跨学科多视角的深入探讨交流，对加深我们对欧盟和中欧关系的认识，提升我们的欧洲研究学术水平，提高我们的学术咨询服务的质量，都具有非常重要的意义。

英国脱欧与欧盟的未来

忻 华 曹子衡 整理

2016年11月20日,上海欧洲学会在上海国际问题研究院召开主题为"英国脱欧与欧盟未来"的学术年会。沪上知名高校和智库的约70位学者参加了会议。现将会议讨论的主要情况综述如下:

欧盟与世界主要大国的关系

华东师范大学国际问题研究院的刘军教授在题为"当前欧盟面临的多重危机及其对欧美和欧俄关系的影响"的发言中指出,现在欧洲面临着包括难民潮、恐怖袭击、英国脱欧、主权债务和乌克兰问题在内的一系列危机。在这些危机中,主权债务危机是欧洲自身的发展模式造成的,必将造成欧洲影响力的急剧下降;而如何应对乌克兰危机的问题导致欧盟与美国之间产生分歧,欧洲已经骑虎难下;难民危机是欧洲干预中东的产物,欧洲可谓自食其果,美国接受的叙利亚难民总数不到进入欧洲的总数的千分之一,难民的涌入扰乱了欧洲的秩序,同时也使欧洲的安全形势恶化,恐怖袭击的危险愈加严重;英国脱欧则使欧盟面临生存危机。刘军教授认为,特朗普上台后会进一步疏远欧洲,损害跨大西洋关系。

同济大学德国研究所主任郑春荣教授围绕"英国脱欧对欧盟共同外交与安全政策的影响"这一主题发言指出，在安全政策上，英国一直以跨大西洋关系为导向，法国一直强调欧洲安全与防务的独立性，而德国则介于两者之间。英国一直在阻挠欧洲共同防务的推进，英国脱欧后，欧洲防务合作反而可能会加强。当前特朗普上台在即，德国和欧盟不得不做好准备，应对美国收缩带来的变化，中东欧国家一直希望得到美国的保护，而现在德国希望将其拉进自己的怀抱。郑春荣教授认为，今后欧洲共同防务如何发展，尚难定论，但欧洲大陆主要国家，尤其是法、德两国，一定会向着这一方向迈进。

上海国际问题研究院的强晓云研究员从俄罗斯的视角出发，分析了英国脱欧对俄欧关系的影响。她指出，民意调查的数据显示，俄罗斯对欧洲的认同感过去曾经很强，但近年来不断下降，1999年有67%的俄罗斯人认为俄罗斯应该加入欧盟，直到2011—2012年仍有55%的俄罗斯人认为应该加入欧盟，但到了2008年只有22%左右的俄罗斯人认为自己是欧洲人；1998年60%多的俄罗斯人认为俄罗斯与美国和欧盟等西方世界的关系是友善的，但现在相当多的俄罗斯人则认为俄与西方的关系不好。俄罗斯的政治精英认为，英国脱欧会削弱欧盟对俄罗斯的制裁，但不会导致俄欧关系马上缓和。

上海外国语大学英国研究中心的李冠杰博士围绕"英国脱欧公投的民主危机与未来的英欧关系模式"这一主题发言认为，英国脱欧是由保守党推动的；在公投前，难民潮和债务危机等一系列因素已经急剧地撼动了英国的内部秩序，特别是难民潮的冲击尤其强烈。2016年6月的脱欧公投的投票率为70%多，表明英国国内的矛盾已经相当尖锐。苏格兰和爱尔兰主张留欧，而英格兰和威尔士主张脱欧，脱欧公投之后，苏格兰分裂势力在增强。他谈到，脱欧后英国与欧盟的关系，也许可以参考挪威、瑞士和加拿大与欧盟的关系。

华东师范大学国际问题研究院的杨成教授以"俄罗斯转向东方战略及其对俄欧关系的影响"为题，发言指出，乌克兰危机后俄罗斯开始采取转向东方的战略，但这并非什么新思想，俄罗斯在不同时期，通过不同的话语，早就提出过这个设想；俄罗斯所说的东方，包括中亚、伊朗、土耳其等地，与中国关于"东方"的概念是不同的；俄罗斯一直在东西方之间腾挪，但其作为西方文明的一部分的属性从未改变过,而其转向东方的内容则一直在变化。杨成教授认为,当前俄罗斯转向东方存在明显的局限性,是以政治短期理性取代了经济理性,俄罗斯在经济上其实无力东顾。他与挪威智库的合作量化研究显示,俄罗斯要到 2030 年才可能在东西方之间达到平衡。他进而提出:中俄关系从来都不是俄罗斯对外关系的重点,俄对外关系里排在第一位的是欧洲,第二位是苏联势力范围的国家,第三位是美国,第四位才是中国。

复旦大学欧洲研究中心主任丁纯教授提出,应该思考三点问题:1. 英国脱欧和特朗普当选是 2016 年最大的黑天鹅事件,其形成机制尚有待深入探讨。2. 英国脱欧实际上将欧盟面临的一系列危机串了起来,学者们应思考,欧洲未来中短期的形势发展的路径选择将会是怎样的。3. 特朗普当选后,世界范围内的反一体化、反全球化和反世界主义的力量会向什么方向发展,有待分析。上海社科院的伍贻康教授认为英国脱欧仍存在很大变数,英国议会与内阁在争夺主导权,直至 2017 年 3 月英国都未必能启动脱欧谈判。

欧洲一体化的发展趋势与中欧关系

复旦大学的陈玉刚教授以"乌克兰危机、难民危机、英国脱欧与欧盟的挑战"为题发言认为,"阿拉伯之春"爆发后,中东北非地缘政治带已经碎片化,而乌克兰危机则将俄罗斯推向地缘政治竞争者的位置,极大地影响了欧盟周边的地缘政治格局;难民危机是对欧洲推崇的社会价值的重大挑战,可谓史无前例;而英国脱欧则是对欧洲一体化的运行方向的挑战。

上海对外经贸大学的张永安教授认为,英国脱欧表明欧洲一体化正在务实前行。他提出,欧洲一体化的唯一入口是经济联盟,这句话直至今日都未过时;欧盟过去巨大的凝聚力,源于经济一体化产生的巨大利益,今后欧盟若要继续维持其一体化的势头,就必须不断创造出能为其成员国分享的经济利益。张永安教授进而指出,2003—2004 年以来,欧盟过度扩张,反而阻碍了欧洲一体化的深入,今后欧盟将会更专注于改善成员国的外部经济环境，深化和巩固一体化的制度基础，拓展一体化的经济潜力。欧盟可能会趋于保守。

复旦大学国际关系与公共事务学院院长陈志敏教授认为，今后欧盟将更加内向化，更加注重防守和务实，更加强调独立于美国的自立，也更难与外界合作。他进而提出了欧盟对华决策的三个心结和中国处理对欧关系的六个努力方向。三个心结是：1. 中欧相互开放市场的过程中，双方是否利益对等的心结。欧盟认为中国仍不愿向欧洲投资者充分打开大门。2. 中国与欧盟力量对比失衡的心结。欧盟对中国的崛起很不适应，其全球战略也含有应对中国力量的意图。3. 欧盟被迫实施的务实主义与其过去的规范主义与理想主义惯性相冲突的心结。六个努力方向是：1. 中国应制定更具战略性的对欧政策，欧盟仍是中国可借以制衡美国的重要力量。2. 中国应借助更加透明的统计数据，让欧盟知晓自己已从对华经济关系中获取了相当多的利益。3. 应推行更具引领性的双边或多边对等经济开放。4. 应实施更加协调的同级别对接，例如与欧盟内部次区域层面的行为体进行对接。5. 如果特朗普上台后美国实施收缩政策，则中欧之间应开展更紧密的全球合作。6. 应开展更具建构性的双边交流，特别是中国的智库和民间学者应发挥更大的作用。

上海外国语大学欧盟研究中心的忻华老师结合英国脱欧的大背景，分析了欧盟关于"中国市场经济地位"问题的决策动向。他指出，欧盟决策层和战略研究界对《中国入世议定书》第十五条一直存在与中国立场相反的解读，而当前有四项战略性因素制约着欧盟对此问题的决策，即：欧盟借助贸易实现全球治理的理想主义愿景，美欧跨大西洋关系的失衡，欧盟经济在国际金融危机和主权债务危机的双重打击下增长缓慢、低迷不振的形势，欧盟内部激进民粹主义力量和相关利益集团的制约。忻华老师认为，当前欧盟一方面通过欧洲议会和"欧洲经济与社会委员会"等机构明确拒绝承认中国的市场经济地位，另一方面则着手构建新一代贸易保护机制，大幅强化对具有国有经济背景的进口产品的抵制，至今已实施了两轮政策修订，形势对中国相当不利；要探究其决策根源，就必须详细分析欧盟及其成员国两个层面的利益集团政治的运作机制。

复旦大学国际问题研究院的简军波副教授从"非典型性国际关系建构"

的理论视角出发,阐述了对当前中欧关系的看法。他认为,与民族国家之间的典型性国际关系不同,中国与欧盟的关系实际上包括中国与欧盟及其成员国两个层面的双边关系;欧盟具有复合型的主权结构,构筑于条约基础之上,与其他现代国际组织没有本质的区别,是伪装的后现代结构;所以中欧关系存在着三项结构性矛盾:功能性差距、钟摆性原则和取代困境。他感到,欧盟的复合型主权结构,似乎没有超越现代性的逻辑。

上海外国语大学俄罗斯研究中心的那传林老师从波兰的视角对俄欧关系作了补充论述。上海社科院的伍贻康教授和上海外国语大学欧盟研究中心的戴启秀教授对欧盟的主权结构与现代性逻辑的关系进行了探讨,认为即使在欧洲这样一体化已经达到很高水准的地区,民族国家仍将长期存在并发挥重要作用。复旦大学的张骥博士谈到了"再国家化"的趋势和地缘政治的回归。

"中英关系回顾与展望——纪念中英建交45周年研讨会"综述

杨海峰 整理

2017年6月25日,由上海欧洲学会、复旦大学中欧关系研究中心(中英人文交流研究中心)主办,上海市国际关系学会、上海市世界历史学会协办的"中英关系回顾与展望——纪念中英建交45周年研讨会"在复旦大学举行。复旦大学校长助理陈志敏教授、上海欧洲学会会长徐明棋教授先后为会议致辞,复旦大学中欧关系研究中心副主任简军波副教授、上海市世界史学会副会长余建华研究员、复旦大学国际关系与公共事务学院潘忠岐教授、上海欧洲学会副会长兼秘书长曹子衡博士、上海市国际关系学会秘书长方晓博士先后主持发言讨论,十多位专家围绕中英"黄金时代"、经贸关系、人文交流、第三方合作等重要议题作主题发言,近30名学者及澎湃新闻等媒体记者与会交流讨论。

一、中英关系处于"黄金时代":现实还是迷思?

华东师范大学国际关系与地区发展研究院欧洲研究中心主任潘兴明教授

在题为"中英关系'黄金时代'的历史解读"的发言中指出,英国现正处于历史发展的岔路口。从卡梅伦到特蕾莎·梅一再出现政治判断错误。如果英国精英间分裂、精英和民众间断裂这个问题无法得到有效解决,那么这种状况势必会继续对英国政治产生负面影响。潘教授还指出,英国外交和对华政策有四个特点:一是实用主义精神。英国并不特别看重原则与规则,并没有一以贯之的做法,希望任何时候都保持行动的自由。比如,英国在马岛问题上选择了战争解决方式,但在香港问题上却选择了和平解决方式。二是英国的国家利益是制定对华政策的落脚点。英国是注重实际利益的国家,无论哪个政党当政,这一点都不会改变。英国为了自己国家利益也可以不考虑美国这个因素。比如,英国在1950年承认新中国时美国还没有承认新中国。三是英国是贸易帝国,做生意就不必在乎顾客的身份。四是英国基本上只会与强者平等相待。潘教授认为,所谓"黄金时代",是指一个无与伦比、绝佳的时代或极盛期,在政治、经济上都要有一些可以验证的标志,而中英关系之所以被称为处于"黄金时代",是因为该关系确有其独到之处。实力地位变化、共同利益、历史机遇、务实外交将成为中英关系继续发展的四大因素。

上海外国语大学英国研究中心李冠杰博士在题为"当代中英关系的机遇与挑战"的发言中指出,英国国内经济政治自2010年以来发生了重大变迁。目前来看,经济是英国最大的确定性,而政治则成为了英国最大的不确定性。英国脱欧使得英国从欧洲大国退居一隅,影响了英国的国际战略,也使中英21世纪全球全面战略伙伴关系面临巨大挑战。对中英关系造成挑战的还包括中英双方在力量上越来越大的不对等,双方政治观念的差异等。但是,英国在脱欧后使其与中国接触的必要性更加突出,加上中英双方都以经济发展为中心,双方发展战略契合度高、互补性强,双方建有人文交流等合作机制,这些都有助于中英关系进一步总体向好。

上海国际问题研究院全球治理研究所所长叶江研究员在题为"中英关系黄金时代——半为迷思半为现实"的发言中指出,一方面,特雷莎·梅等英国现今的政治人物看世界的视角和理念不同于十八九世纪时的那些英国政治家。他们对西方及其自由秩序理念具有比较根深蒂固的认同。现今,英美跨大西洋联盟可能会得到巩固和加强。另一方面,英国想成为全球性的国家，离不开中国。英国传统"贸易立国"的视角也离不开中国。当然与此同时，中国的"一带一路"倡议需要英国的支持。中国想加强欧洲关系也离不开英国，甚至可用英国牵制欧洲。

二、中英经贸关系：自由主义的盟友？

上海外国语大学欧盟研究中心忻华副教授在题为"美国和欧盟双重影响下的英国对华经贸政策透视"发言中对当前美英经贸关系和美国对英经贸政策进行了分析。与德国对美国贸易顺差占到欧盟对美国顺差1/3左右不同，英美货物贸易均衡度较高。当前美国对英经贸政策具有下述特点：一是美英经贸关系具有长期稳定结构特征；二是德国将欧盟带有"超国家"色彩的架构作为"挡箭牌"与美国周旋，加深了特朗普政府对欧洲一体化的负面态度，恶化了美欧关系，强化了特朗普政府支持英国脱欧和在欧盟内部制造离心倾向的态度。美英经贸关系会比美欧经贸关系密切。三是美欧经济关系的对抗性和不平衡性在增强，美国欲与英国提升双边经贸合作的水平。忻教授还指出了英国经贸政策中存在的三对矛盾：硬脱欧与软脱欧之争；英国全球主义与欧洲地区主义之争；制造业主导的实体经济优先与金融业主导的虚拟经济优先之争。忻教授认为当前英国对华经贸政策具有下述特点：经贸合作是英国对华关系的"压舱石"和"稳定器"；中英经济结构的巨大互补性是英国愿意推进对华经贸关系的主要原因；在欧洲主要大国中，英国对中国经济的期待最大，关注程度也最高。

三、中英人文交流：相互尊重的基石？

上海外国语大学英国研究中心陈琦副教授在题为"动机、立场和传统：中英人文对话机制下两国的潜在冲突点"的发言中指出，英国对外战略政策中既有功利主义又有理想主义。英国前首相帕麦斯顿曾在 1848 年说道："没有永远的朋友,也没有永远的敌人,只有永远的利益",但这段话其实还有后半段:"英国将永远坚守和维护国际的正义"。英国的文化交流有着很强的政治经济动机。英国对人权的关切是英国的立国之本。英国官方经常出版文件,并指出人文交流是进行人权交流的平台。英国文化协会早期分支在美国主要进行的是反德亲英的政治宣传。英国现在以文化协会为载体,积极进行去伊斯兰化的宣传。中英双方对高级别人文交流机制的理解存在一定不同。

复旦大学历史系朱联璧博士在题为"中英历史教育:比较与对话"发言中介绍了英格兰历史科目教育的情况和特点。朱博士指出,中英两国初等和中等历史教育中具有不少共同点:认识本国与全世界的历史;掌握历史研究的基本手段;以历史的方式看待问题;塑造国民认同;以史为鉴,应对挑战。与此同时,英国的历史课采取的是一种贯通的教学方式,不刻意强调学科边界,以激励学生的兴趣为主。英国强调融合性教育,英语语言学习和历史学习融为了一体。历史学在英国很热门。中国的历史教育是以唯物史观为指引,以识记和评论为主。历史学在中国相对来说还是冷门学科。

上海社科院国际问题研究所戴轶尘博士在题为"中英人文交流中的影视合作现状及问题"发言中指出,作为艺术的影视是一种文化软实力,作为技术和商品的影视是一种科技和经济实力。英国站在了全球电影产业链(英国创意—美国融资—加拿大后期制作—全球发行)的顶端,新近比较有代表性的电影有《007》《哈利波特》《指环王》等。中国的影院和观影人次增长非常快,2016 年一年观影人次约达 13 亿人次。中国巨大的电影市场拉动了全球电影票房的增长,但是中国电影市场也存在供远小于需的失衡问题。目前,中英已经签署了电影合拍协议与合作谅解备忘录等,BBC 和 SMG 已经开展了具体合作。今后,中英在影视领域有望进一步克服管理制度差异、产业链分工不对称性等因素,加快合作的步伐。

四、中英关系与第三方：合作还是冲突？

上海欧洲学会副秘书长杨海峰博士在题为"新时期的中英对欧政策"发言中认为，2008年国际金融危机至今、2010年后北非中东乌克兰乱局至今、2016年英国公投脱欧、特朗普当选美国总统至今组成了影响意义重大的三个层次的新时期。在此不确定性增多、领导力量缺少的新时期背景下，英欧更加强调基于规则的国际秩序，而中国提出了人类命运共同体。中国对欧政策自2013年《中欧合作2020战略规划》后，得到了相对稳定延续。中国在2014年对欧盟政策文件中提出的"进一步提升中欧关系的全球影响力"对于新时期及今后时期来说仍然具有重要意义。英欧现处脱欧谈判阶段，双方存在分手费等具体问题。英国今后对欧政策将以梅政府"脱欧"谈判目标为主要基础，既有很大延续性，也存在一些不确定性。自2015年习总书记访英后，中英关系在中欧关系中一直处于比较高的水平。不过，今后在中英对欧洲、中欧对英国、英欧对中国这三对关系中，可能还是中欧对英国这对关系会起主导作用。中英欧三边比较理想的状态是能够合作参与全球共治，开启一种"远大前程"。

复旦大学中欧关系研究中心副主任简军波副教授在题为"中英在非洲的冲突与合作"发言中分析了英非和中非贸易、投资的情况。简教授指出，英国对非贸易从2004年到2014年的年绝对量都在增长，但占英国总的贸易比重变化不大。中国对非贸易的增长速度大于中国对外贸易整体增长趋势，不过由于进口了大量原材料，贸易赤字很严重。中国对非投资自2004年以来处于上升趋势，其中租赁和商业服务业上升非常快。比较中非和英非投资情况，可以看出：一是英国是比中国更重要的对非直接投资来源。二是英国和中国在非投资结构和比重类似，但英国在自然资源和石油领域的投资绝对额更高。三是英国等西方国家依然控制着非洲的自然资源。英国公司在非洲势力非常强大，比中国大得多。英国在非洲依然是掠夺者和剥削者。简教授进而指出，中英在非洲没有直接性的大冲突，但竞争性越来越大，英方对中方有警惕心理。中英在非具有共同合作需求：共同的安全需求；消除商业上的恶性竞争；提升两国对外援助的效果；建立稳定、友好的中英关系的需求。中英在非开展合作具有不少可能性：在地区安全建设的理念在接近；在国家领导层面有实行三方合作的意愿；在安全领域都已提升在非维和能力；在经贸领域具有互补性。中英在非合作需要克服战略目标差异、观念差异、相互信任有待提高、缺乏合作经验等挑战。

五、相关点评

上海欧洲学会会长徐明棋研究员在致辞和点评中提出，中国和英国现都处在重大转折点、变革期。中国的综合国力继续上升，国际参与愿望表现得特别强烈。中国自近二百年来，从来没有像今天一样受到广泛关注。英国现在对自身定位有些迷茫，政治精英、商业精英对问题的判断出现了撕裂。最近英国大选反映出无论是保守党还是工党，在战后民主体制下越来越失去方向。脱欧问题充分显现了英国的一些政治家把自身政治前途放在了国家民族前途之上，以获取选票为目的，机会主义特征明显。徐研究员认为，中英关系在不断发展，未来会延续蜜月期，同时也会面临更多挑战。第一，英国大选后，保守党虽然保持了多数，但不能独立执政，同时存在失去政权的可能性。英国会在中英关系中变得更被动，而不是更主动。第二，英国综合实力与地位的下降对中英合作既会带来机会又会带来挑战。第三，英国更喜欢双边，不太喜欢多边。从这个意义上来说，英国未来与中国合作空间较大。比如，英国北部老工业基地需要更新、改造基础设施，这方面中国有能力参与其中。第四，英国比较支持自由贸易。英国制造业占GDP比重在欧洲大国最低，只占15%，这就决定了它对以WTO为框架的自由贸易持支持态度。由英国企业发起的反倾销案件很少。英国希望中国开放服务业、想进入中国市场，希望在脱欧之后和中国签订高水平的自贸协定。但如果英国不能获得它想要的中国服务业开放，英中想要谈成自贸协定会比较难。第五，由于脱欧，英国会跟美国构建更加紧密的联盟关系，英国的独立性会减少，美国因素会进一步加强。中美关系也会影响到中英关系。

复旦大学校长助理陈志敏教授在致辞中认为最近英国大选是英国一些政治家的误判,也许他们的经历使得他们辩论与演讲都很擅长,但在政治判断力上可能略显不足。陈志敏教授还指出对于英国脱欧后未来英国与欧洲大陆的关系值得研究。复旦大学欧洲问题研究中心主任丁纯教授认为当前英国内部特别是保守党内部局面有点乱,留欧派和脱欧派对特雷莎·梅的影响都很大。梅受党内牵制太厉害,处于比较弱势的地位。英国与欧盟这两者并不是对等的谈判关系。谈判以实力为后盾,而英国显然缺少谈判能力。对于中国来说,如果英国不在欧盟内部,其所起的杠杆作用将会明显降低。上海欧洲学会名誉会长戴炳然教授在点评中认为英国脱欧给中英关系提供了机遇。中英关系是中欧关系中最稳定的关系。英国外交的实用主义有利于中国。戴炳然教授还认为中英在欧洲的合作比想象的多,研究中英欧三边关系具有现实意义。上海市国际关系学会秘书长方晓博士认为,非洲很多资源掌握在英国手中,非洲很多国家的法律也受到了英国的极大影响。比如乌干达的法律体系就是英国建立的。中英在非合作具有潜力。

上海欧洲学会前会长伍贻康研究员在点评和总结中认为英国脱欧是英国当前最大的事情。脱欧会使得英国政治经济利益大大受损。如果脱欧谈判进展顺利,英国不会走向逆全球化、反全球化的道路,而会更加自由化和全球化。英国历史上就有"三环外交"的传统,历来就是面向世界的一个国家。美国、印度、中国等都是英国在经贸方面的重要伙伴。英国对华关系的基本面不太会变。不过受脱欧影响,英国现在经贸领域根本没有办法与中国签订新的协议。伍贻康研究员还认为,当前国际关系变化越来越大,问题和挑战越来越多。1987年召开第一次上海国际关系理论讨论会时刚刚提出全球化,30年后的现在已然出现了逆全球化的浪潮,令人难以想象。虽然有逆全球化的现象,但全球化仍为大势。今后欧洲问题的研究还是需要用更加全球的视野来加以看待与分析。

(文中交流观点根据会议发言整理,未经发言人本人确认。)

欧洲处在十字路口
——专题学术研讨会综述

邹　宏　曹子衡　整理

2018年3月10日，上海欧洲学会第六届会员大会在上海社科院小礼堂召开。会议以"十字路口的欧洲"为主题，围绕"英国脱欧与欧洲一体化""欧洲经济与政治生态"和"欧洲外交与中欧关系"等问题进行了热烈的研讨。来自上海各高校、研究机构的近90位专家学者参加了会议。

英国脱欧与欧洲一体化

上海国际问题研究院叶江教授在主旨发言中，首先提出了英国是否会脱欧的问题。他指出，英国确实有相当的一批力量反对脱欧。2018年2月19日，英国成立了一个叫Renew的新党，其宗旨就是反对脱欧。Renew成立以后，英国前首相托尼·布莱尔非常明确地说，现在英国脱欧和不脱欧，还有50%对50%的希望。但英国首相特蕾莎·梅明确表示现在再谈要不要脱欧没意义，肯定要脱。因此，英国90%会继续走脱欧的道路，留在欧洲的几率仅有10%。他认为，更值得关注的是英国怎么脱欧？脱离欧洲以后，英国是不是要继续留在关税同盟？爱尔兰、北爱尔兰是不是要有一个边界？即是软的还是硬的脱欧？还有过渡期的问题。从3月2日特蕾莎·梅的讲话看，英国政府已经非常明确要坚决退出关税同盟，但跟欧盟还要搞好关系。北爱尔兰和爱尔兰之间的边界是要软的而不是非常硬的。特蕾莎·梅也不会硬脱欧，在相当的程度上，她希望通过灵活和软化的方式解决双方之间的贸易问题。他认为，英国脱欧之后，中欧关系可能会比较严峻，因为德国在欧盟内的力量会越来越强大，德国的外交政策对欧盟的外交政策有影响力。当前中欧间的主要问题不再是市场经济地位、WTO问题等，而主要是中国力推的"一带一路"，中国在中欧关系中的机制问题。在2018年的慕尼黑安全会议上，时任德国外长加布里埃尔非常明确地说担心中国通过"一带一路"按中国的规则推进全球化，呼吁欧洲要对此保持高度警惕。欧盟的西部成员绝大部分对"16+1"持否定态度。这里，关键的问题是中国越来越走近国际舞台的中央，而西方尤其是相对没落的西方感到了挑战。因此，随着英国脱欧，中欧关系会面临更大挑战。好在默克尔将继续执政，中欧关系会有一定的希望，但她是一个坚强地强调以西欧主要国家为主导的欧洲派，中欧关系能否按照默克尔过去设计的方向走还是个问题。至于中英关系，中国作为第二大经济体对英国更为重要，我们应该抓住机会，推动中英关系更进一步。

　　复旦大学陈玉刚教授在"欧洲一体化向何处去？"的发言中，首先指出了欧洲一体化现在面临四大问题。第一即英国脱欧问题。英国脱欧第一次开始了一个逆一体化的方向。现在的一体化已经变得不是那么吸引人了，不是很多国家想要的一体化。更麻烦的是，英国是第一家，但可能不是唯一一家。它打开了一扇逆一体化的门，至于还有多少人会从这个门里面走出来？英国脱欧对欧洲一体化所带来的这种冲击，值得我们认真地思考。第二是一体化方向问题。一体化像骑自行车一样，只有不断地向前，它才不会倒下来。问题是怎么再往前？是不是大家的方向是一致的？从金融危机到债务危机，从一体化自身的逻辑要求来讲，这个线路是很明确的，即从货币联盟向财政联盟方向前进。但是，真要往这个方向前进，挑战、困难确实非常大。因为货币联盟的象征性较多，但财政联盟则涉及主权的核心。第三是欧盟对外关系方面碰到了很多的麻烦。除了中欧关系，更重要的是美欧关系出现问题，它对欧洲伤害会更大。实际上，无论欧盟怎么猜忌，中国的"一带一路"给它带来的是机会，是使欧洲走出困境的一个机会。而这些年来美国对欧洲（不仅仅对欧洲自身，而且对欧洲周边）的政策，无论是从金融危机变成债务危机，还是在中东、北非、乌克兰所做的这些事情，对欧洲的伤害是切切实实、非常大的。现在欧洲究竟有多少人心里面还相信美欧联盟？第四是难民危机。虽然难民危机停顿下来了，但是，它改变了欧洲自身和欧洲周边对欧洲的认识。欧洲自身对其价值优越产生了怀疑，其周边对它的认识同样也在发生变化。这些变化对欧洲一体化是一个非常大的打击。其背后实际上是对同盟国政策的反思。欧洲一体化一直是双面的，一方面是内部成员国之间怎样走向紧密的安排，同时它也在推行对外政策，很大的是盟国政策。如果我们现在往回看的话，它周边的政策或者是邻国的政策，实际上是不成功的。这个不成功造成了周边的地缘政治灾难，这个灾难既影响到周边的国家和地区，对欧洲自身也是很难化解的问题。再一个问题，欧盟整合的权威分歧。以前，欧盟和成员国之间是公共政策上的一些分歧，而现在出现了政治上的争吵，如波兰和欧盟之间的争吵。这里边实际上反映出欧盟权威下降。在涉及到制度、价值和政治安排等问题上的争吵，比对外政策上的意见不一致带来的问题更多。另一方面，各成员国内部的政治凝聚力和一致性大大下降。从德国的选举以及最近的意大利的选举，包括前面的一些主要国家内部民众的支持率，都可以看出来它的价值的主流性在大大地丧失，而更多地走向分散。

从上述这些问题来看，欧洲一体化现在面临多重挑战：一是制度的危机。欧洲一体化以往是作为一个典范，是考察、衡量别的区域一体化的一个标准。现在，人们对这个模式是否仍然是最佳的区域合作的模式提出了质疑。二是价值的危机。民粹主义在欧洲很多国家里出现，反映出原来所谓的主流价值、主导性价值碰到了很大的问题。而当这些价值共识在丧失的时候，它必然会转移到欧洲的一体化上。三是地缘政治的危机。它可分两个方面：一是某种程度上大国竞争的危机，这里更重要的是欧盟和俄罗斯之间的关系及欧美关系。二是周边地缘政治的问题。

关于欧洲一体化未来的发展，一种可能性是财政联盟往前推，第二种可能性是一体化和逆一体化双向并存，第三种是一体化发展，是原来谈得比较多的多速欧洲（现在是多域，多个区域的欧洲）。最后，也可以思考另外一种逆一体化，暂且可以称之为瘦身的一体化，有一些一体化的机构可以减肥减掉。

欧洲经济与政治生态

　　复旦大学欧洲问题研究中心主任丁纯教授在发言中对后危机时代的欧盟经济作了深入的分析。他认为，现在基本上可以说欧盟经济的危机已经过去了，严格来讲2012年就已经过去了。2017年，总体欧盟实际增长2.5%，接近近10年的最高点，很明显是总体的复苏。但整个增长率还是略低于危机以前的水平。劳动力市场的情况在不断好转，但其恢复明显落后于整体增长的情况。欧盟整体的失业率从将近10%降到7.4%。随着量宽，随着大背景的好转，现在通胀已经有显著的回升，基本上稳定在1.5%的水平。对外贸易占整个GDP的比重是2.4%，比2016年提高了0.2个百分点。财政赤字的增长不断下降，明显向好。当然还有个别国家，包括法国、西班牙在内，没有满足财政赤字3%的要求。从2015年开始的量宽，把欧元区的国债收益率明显压低了，同时把互相之间的差异也压低了。金融体系有了一定的恢复，企业和家庭信贷恢复增长的情况比较明显。通胀预期都有所回升。从这个意义上来讲，量宽达到了局部的指标。他指出，欧洲经济发展存在着诸多问题：一是劳动生产率增长慢，从90年代初到现在一直是这样的情况。二是技术研发投入不足，教育投资缺口比较大。三是财政货币政策分离问题，这是一个体制性、长期性的问题。尽管经过了欧债危机，欧洲央行实际上得到了它本身难以得到的一些权力，也做了好多东西，但还是一个问题。四是民主体制改革的梗阻问题。关于欧洲经济前景，他指出，欧盟成员国之间离散的情况在加剧。这对以后进一步往前走是个坏事，但很难讲德国越强就一定带来其他国家尤其是所谓的外围国家越糟。

　　同济大学政治与国际关系学院副院长、德国研究中心主任郑春荣教授分析了欧洲民粹主义政党崛起的影响。他认为，民粹主义可以是一种意识形态，也可以是话语方式，或者政治领导人的政治策略。民粹主义可分为包容性的民粹主义和排斥型的民粹主义。欧洲主要是排斥型的民粹主义。这种排斥可能是自下而上的排斥，人民反对精英，或者人民反对建制派，内部的人反对外面的人。欧洲的民粹主义总体的特征就是反建制的，疑欧主义是新风。民粹主义政党的崛起不是近年才有的。民粹主义的挑战和欧盟面临的其他的危机是紧密交织在一起的。从2008年金融危机开始，欧盟面临一系列的问题，造成了经济文化上的冲突。上一次的欧洲议会选举中，民粹主义政党得票率就已上升。目前，民粹主义政党已在许多国家政党体制中站稳脚跟，有的单独执政（波兰），有的参与执政（芬兰）。一个最新的例证是，在意大利3月4日的议会选举当中，"五星运动"成为最大的单一政党，导致了意大利很有可能出现悬浮议会的状态。他认为，民粹主义政党的崛起，对欧盟成员国国内政治带来的影响是多方面的。总的来讲，政党格局会变得更加多元、碎片，组建政府会有更多内耗，最终导致更为脆弱的政府的形成。这在很大程度上是主流政党政见趋同并轮流执政或组建政党卡特尔的结果，如德国、奥地利。民粹主义政党数量的增长，会使政府组阁形势变得复杂，组阁的时间会拉长，组成后的执政联盟也会变得脆弱。主流政党组成的联合政府会面临强大的、作为反对党的民粹主义政党的牵制或者勒索。第二，是对政府或主流政党政策内容及其话语方式的影响。即主流政党在话语方式方面会受到民粹主义政党的传染，主流政党制定的政策和措施会受到民粹主义政党的影响，一些不受欢迎的、长期才见效的计划比较难推出。尤其是为把民粹主义政党的选民拉回来，主流政党也会借用民粹主义政党的一些议题。主流政党不仅会受到民粹主义政党主张的"被动传染"，也有可能是他们的"主动模仿"所致。就是说，存在一种主流政党对民粹主义政党污名化、禁忌化或排除在政治活动与讨论之外，到包容乃至模仿的变化轨迹。第三，更为严峻的是西方民主政体可能因为民粹主义政党的崛起而面临挑战。政治精英想要忽视的问题，现在不能回避了。民粹主义政党虽然不同于极端主义政党，但实践中它们之间的界限很难划分。这有可能对西方民主的基本制度造成挑战。关键问题是，如果民粹主义政党只是保留作为反对党，以抗议性政党出现，还问题不大。但是如果它一旦执掌政权，就有可能对西方的民主政体造成冲击。在欧盟层面的影响是两个方面的：一是因为欧盟面临了许多问题和挑战，会诱发对欧盟机构以及政策的抵制，对欧洲一体化的原有模式提出挑战，导致再国家化的倾向，由此阻碍欧洲一体化的进程，与此同时增强对民族国家以外政治过程的重要性和潜力的意识。另一方面，欧洲民粹主义政党的崛起，分散了欧洲政府和主流政党的精力和资源，使之没有更多的精力投入到欧盟事务和全球事务当中，使得欧盟层面达成妥协的余地变小，限制了欧盟内部共识达成与集体行动能力。个别受右翼民粹主义政党裹胁或者控制的成员国，不执行欧洲多数表决的决定，破坏了欧盟内部的团结和行动能力。二是多速欧洲成为欧洲一体化的新路径。英国脱欧至少表明，逆一体化或者去一体化不再是不可能的。英国脱欧后，在民粹主义势力牵制下，欧盟27国在未来的行动领域上只能寻求"最小共识"，不能再要求所有的27个国家同步走。不求同步，但求同向。民粹主义虽然在2017年没有再制造黑天鹅事件，经过决定欧洲命运之年，民粹主义冲击波虽然有所减缓，但没有出现趋势转折。他们会在相当长的时间里，构成对主流政党的挑战。为应对这个挑战，欧盟提出要和民粹主义在政策内容方面进行论争，消除它的魅力，帮助普遍民众了解和理解举措的复杂性。另外，主流政党需要更多关注一些民生议题，让老百姓有获得感。按照我们的讲法，要讲好欧盟故事，让老百姓对欧洲一体化增加信任，增加对欧盟的认同。这样看来，民粹主义的崛起也有警醒的作用。

欧洲外交与中欧关系

上海外国语大学欧盟研究中心忻华副主任从欧盟对国际形势的总体认知的变化、欧盟对外政策的总体架构的变化、欧盟对美关系及欧盟对中国和日本的关系四个方面考察了近年来欧盟的对外关系。他认为，欧盟虽然高调表示支持全球化，但是认为在全球化的格局当中，欧盟是吃了大亏的，所以欧盟对于全球化的看法逐渐在改变，它考虑要约束全球化对于欧盟带来的效应。这一变化直接影响到欧盟对中欧经济关系的评价；欧盟一方面支持WTO主导的国际多边贸易体系，另一方面更加看重双边自由贸易体系的建设，致力于加速建设与加拿大、日本、越南、澳大利亚、新西兰等国的双边自由贸易架构；一年来，美国和欧洲之间的裂痕在不断加深，欧美关系出现了不断恶化的趋势，欧盟安全在战略上不能依赖美国。他指出，近年来，欧盟在积极打造新的防御性经济政策架构，建立起一系列的政策举措。其中很多政策方案，其实是与中国密切相关的。如2017年12月生效的关于新的两反一保的规定，对进入欧盟的产品的倾销认定的标准更加严格了。另外对中国也有一个关于投资审查的机制。值得注意的一个趋势是，欧盟对亚太的战略在不断变化。从2015年来的一系列举措来看，欧盟逐渐靠近日本，而疏远中国。在对外经济合作领域，欧盟对日本的期待不断上升，把日本看作其推进亚太经济的一个新的引擎。一定程度上来说，欧日经济伙伴关系架构，即EPA协定，欧盟向日本方面出让的利益多于日本向欧盟出让的利益。在对外安全领域，欧盟很大程度上受到日本强烈的影响，认同日本的对外战略安全的理念和架构。

复旦大学张骥副教授在题为"双层治理结构与欧洲对华政策的新变化"的发言中认为，中欧关系的基础和主题已发生了变化。过去我们讲中欧之间没有地缘政治的矛盾，这是中欧关系的政治基础。这样的政治基础在今天发生了一定的变化。由于"一带一路"倡议带来一定程度上的对外拓展，尤其是"一带一路"框架下中东欧的合作带来中欧间地缘政治上的接触，欧洲甚至把它作为一个矛盾的地方。中欧对自由贸易的态度也发生了很大的变化。过去欧洲是自由贸易的最大倡议者，但今天中国成为自由贸易最大的倡议者。欧盟在全球事务或者地区事务上，在对待多边主义的态度上也发生变化。WTO、市场经济地位这些问题在中欧关系中的重要性已经大大下降了，全球治理问题的重要性在上升。这跟欧洲整体实力的变化有关系。他指出，中国所面临的欧洲的权力结构有了三个方面的变化。第一是英国脱欧，英国脱欧以后，中国所面对的已经不是过去的欧洲和欧盟，至少出现了欧盟之外一个很大的行为体即脱欧的英国。第二是法德轴心的变化，法德两国的大选带来他们内部的权力结构的变化，由此带来在法德轴心中法国的力量可能会提升，而德国相对可能会变弱。同时在对华政策上，法德轴心也有一定变化。法国试图在中欧关系中重新发挥其引领性的作用。第三是欧盟出现一些集团的分化（南欧、北欧，西欧或者东欧），欧洲的政治生态也发生变化（最重要就是极端主义和民粹势力上升），它会对中欧关系的基础带来影响。中欧关系的外部因素也发生了变化。首先是美国对欧盟的政策及对全球治理的态度，都因为特朗普的上台发生了很大的变化。美欧关系的变化，会对中欧关系产生影响，在全球治理、反恐等问题上，欧盟对中国的需求可能会有一定程度的上升。其次是欧洲周边发生的变化。正是这样的变化，欧盟开始出现内向化的趋势。无论欧盟层面，还是欧洲主要大国，它们把解决内部事务作为非常重要的层面，这也是中欧关系的一个新的变化。张骥还具体分析了中欧在"一带一路"合作方面的问题。他指出，欧盟对"一带一路"的认知经历了这样的过程：一开始并不把"一带一路"倡议当回事，现在开始重视"一带一路"给欧洲和全球带来的影响。同时，欧盟及其成员国对"一带一路"的态度存在着分歧。中东欧和沿线国家最积极，但欧洲大国还是持谨慎的态度。由于成员国间存在分歧，欧盟还没有形成应对"一带一路"的统一政策。另外，欧洲国家的地方政府和企业对"一带一路"的态度比中央政府要积极、正面，因为它有很多实实在在的好处和实在的合作项目。欧洲对"一带一路"的经济影响，也有不同的认知。有的把它视作加强欧亚之间联系、对欧洲经济有正面意义的倡议。也有从反面看，把它视作对欧盟影响力的一个竞争，有的欧洲智库称"一带一路"是防御性的重商主义，是对开放的重商主义的挑战。随着中国"一带一路"经济影响力和早期成果的呈现，欧盟内部把"一带一路"作为一种地缘政治竞争和影响的看法在上升，已经有把它视为中国的地缘政治扩张的观点。对中国而言，现在很关键的是，如何用政策的变化，更多地考虑怎么样双赢或者多赢，让欧洲得到实实在在的好处，使它能够把"一带一路"作为一个机遇，而不是完全作为对它的地缘政治挑战，这样至少能够减少阻力。

上海学者要有自己独特的声音

在最后的总结发言中，上海欧洲学会会长徐明棋教授首先指出，今天讨论的主题都是当前欧洲研究领域的热点问题、核心问题。总的来看，讨论比较深入，取得了非常丰硕的学术成果。针对讨论的问题，他也谈了自己的看法。他指出，欧洲一体化到底往哪个方向走？以什么的方式往前走？在欧盟层面、欧盟成员国之间、成员国内部，不同的政治力量之间，都存在有分歧。这是导致欧洲一体化现在面临着前途相对比较迷茫的一个最重要原因，也是欧洲必须要面临的困境。但短期内在经济不可能出现高速增长的背景下，欧盟要解决这样的难题，还缺乏这方面的资源，难度是比较大的，可能会有一个一体化机制构建原地踏步的现象。这个时间会有多长？现在很难判断，因为欧盟面临的挑战是非常多的。但是欧洲一体化今天已经到了一个非常高的程度，现有的机制成果不会逆转，难以倒退，因为倒退逆转的代价是非常大的。如何用最少的成本维护现有的一体化机制，将是未来几年欧盟要做的最重要的工作。他认为，现在欧洲经济的周期性复苏已经开始，接下来两三年内，欧洲经济可能会维持在相对较乐观的状态。欧洲原有的矛盾会逐步减少，或者得到一定程度的化解。但因为这是周期性的复苏，后面没有新的革命推动，不是一个长期的经济增长的周期，估计过两三年仍然会面临新的冲击，再加上欧美如果在贸易上发生比较大的冲突、摩擦，对欧洲经济都会产生很多不利的冲击，欧洲经济要想成为世界经济中的一个亮点，还是有一定的难度。在这个大背景之下，欧洲民粹主义、保护主义的思潮也很难迅速退去，还是会在未来影响欧盟及其成员国的政治经济各方面的决策，而这也会影响到欧洲对外关系包括对华关系的调整和评估。

徐会长指出，我们上海学者有非常好的实事求是的传统，比较理性，比较重视学术性。在所有有关欧洲问题的研究领域，上海学者一直有着自己独特的声音。他强调，我们研究欧洲的经济、政治、社会、外交，包括中欧关系，一定要有更广泛的视野，更深入的学术积累，真正了解欧洲的思想、政策、理念，以及社会发展的全面深刻的内容，从中发现它的规律，提前作出准确的判断。一方面，提高欧洲研究的学术水平，另一方面也为中国拓展对外关系，制定更加有效、正确、完善的对欧战略，提供我们的学术智慧。

"16+1合作"与中东欧问题
研讨会会议综述

史永康[*] 整理

2018年6月14日,"16+1合作"与中东欧问题研讨会在华东师范大学国际关系与地区发展研究院成功举办。此次学术研讨会由华东师范大学中东欧研究中心、上海欧洲学会和上海市国际关系学会联合主办,华东师范大学国际关系与地区发展研究院承办。本次研讨会邀请到了20多位来自中国社会科学院欧洲所和欧亚所、北京大学国际关系学院、上海国际问题研究院、上海社会科学院国际问题研究所、同济大学等院校的专家和学者,展开交流与对话,共同推动国内中东欧问题的研究。来自《文汇报》和澎湃网的媒体工作人员也出席了会议。

研讨会开幕式由华东师范大学国际关系与地区发展研究院教授、中东欧研究中心主任潘兴明主持。华东师范大学俄罗斯研究中心主任冯绍雷教授和上海欧洲学会秘书长杨海峰在开幕式上先后致辞。冯绍雷教授在致辞中指出,当今世界发生重大变化,中东欧地区经历了长期的苏联模式和近30年来的社会经济转型,发展模式具有特殊性。当代中东欧领导人在深刻思考中

---

[*] 史永康,华东师范大学国际关系与地区发展研究院博士研究生。

俄的发展模式，不再单纯地追随西欧的发展道路。从历史视角看，曾经的奥匈帝国的历史也极为漫长，新老欧洲的划分实际上存在着争议。新的历史实践呼唤新的概念。华东师范大学的中东欧问题研究有着悠久的历史，此次会议是华师大继续开拓中东欧研究新的开始。杨海峰秘书长代表徐明棋会长对研讨会的召开表示祝贺，希望加强合作交流，同时感谢华东师范大学国际关系与地区发展研究院的支持。

研讨会第一阶段围绕维谢格拉德集团新变化与中国－V4 关系、德国对中国—中东欧合作：以维谢格拉德集团为例和从欧盟调查匈塞铁路看"16＋1"合作的外部制约性等议题展开。

中国社会科学院欧洲所研究员孔田平在"维谢格拉德集团新变化与中国－V4 关系"中指出，在转型的大背景下，中东欧国家的精英开始反思，首先，重新思考1989 年之后的转型范式，否定之前的政治共识。其次，在政治发展上偏离自由民主，探求自身的政治发展道路。第三，在经济政策上偏离新自由主义，加强国家干预，扩大社会福利。第四，社会情绪发生变化，民粹主义和民族主义上升，极右政治力量影响有所扩大。第五，文化上走向保守主义，更加强调民族特性，多元文化主义被摒弃。第六，在欧洲化上不再是欧盟规则的被动接受者，而是欧盟政策的质疑者和挑战者。

同济大学政治与国际关系学院副教授宋黎磊在"德国对中国—中东欧合作：以维谢格拉德集团为例"一文中指出，目前，双方经贸与投资关系紧密，合作核心在欧盟，军事安全在大西洋联盟内，但是，V4 国家反对"多速欧洲"，对俄罗斯的态度也不相同。德国反对中国与V4 加强合作，中德在该地区制造业领域存在竞争关系，担心V4 将中国作为一个"外部平衡者"来制衡欧盟和俄罗斯。

华东师大国际关系与地区发展研究院副研究员高晓川在"从欧盟调查匈塞铁路看'16＋1 合作'的外部制约性"一文中指出，欧盟调查是因为匈段铁路建设冲破了欧盟基础设施建设的市场保护与壁垒。欧盟对中国企业分享中东欧成员国基建市场的蛋糕心存疑虑，中国与欧盟机制存在错位，中方融资承建模式也对欧盟现行模式构成挑战，欧盟对承建项目的分包企业也有明确的规定。中欧在中东欧铁路建设规划上存在差异：中方把匈塞铁路作为中欧陆海快线的一部分进行规划设计。匈政府对此持积极态度，希望加强合作。但南北向的匈塞铁路建设不属于欧盟的优先规划项目。

第二阶段研讨会围绕着中欧互联互通关系演化背景下的"16+1合作"、民粹主义对"16+1合作"的影响以及"16+1合作"中的几个问题等议题展开。

上海社会科学院研究员崔宏伟在"中欧互联互通关系演化背景下的'16+1合作'"的发言中，强调需要加强在第三方市场的合作，比如中德在中东欧市场的合作。

北京大学国际关系学院项佐涛副教授，则从欧洲民粹主义崛起视角考察了"16+1合作"的影响，指出中东欧的民粹主义并不同于西欧的民粹主义，产生原因是代议制民主的阶级基础和政党意识形态危机。这些民粹政党调整更多是策略性，始终在欧盟限定的框架内行事。

中国社会科学院欧亚所研究员朱晓中在"'16+1合作'中几个问题"中指出，"16+1合作"实施以来取得了诸多成绩，但也存在一些问题，主要体现在实践层面上的具体合作项目仍未达到多方期望，我们应该更加注重发挥经济合作的杠杆作用，通过落实项目来奠定合作机制更坚实的基础。同时，中国—中东欧合作要双轮驱动，国家层面和地方层面合作并举，充分拓展地方合作的空间。"16+1合作"模式可根据形势变化不断更新和多样化，以更好地推动中国—中东欧多领域合作的深入发展。

第三阶段研讨会围绕着逆全球化下的中东欧国家再定位、欧盟的内部裂痕：谈新时期中东欧新成员国与欧盟之间的分歧以及欧盟对华政策中的中东欧国家等议题展开。

华东师范大学余南平教授在"逆全球化下的中东欧国家再定位"中指出，上一轮全球化所导致移民、产业转移等问题的后果在欧美社会经济领域日益明显。中东欧地区本土主义表现得十分活跃和强大，并获得了外部力量大国的支持。中东欧国家的领导人采取务实政策，在欧盟框架和本土化的双重趋势下实现自身利益的最大化，与欧盟的冲突也会更加明显，如移民。中东欧国家不会放弃已有的产业链，与中国建立强有力的产业链联系十分困难。中国尝试去捍卫全球化，如"16+1合作"和"一带一路"倡议，在法律政策允许的范围下，依靠市场力量，依靠华人华侨的力量来发展，从小的产业开始。

上海国际问题研究院助理研究员龙静在"欧盟内部的裂痕：新时期中东欧新成员与欧盟之间的分歧"中指出，这些分歧存在于内外改革领域，就内部而言，包括东欧否定西欧提出的"多速欧洲"，担心自身发言权的弱化；难民政策分歧，特别是抵制难民摊派；在人权价值观，波匈更注重国家干预的举措；关于宗教的地位，如宪法去宗教化存在分歧。在欧盟东扩问题上，中东欧国家与欧盟的优先方向存在差异；在安全防务方面，中东欧安全依赖美国，经济依赖欧盟的格局已经定型；在对俄关系上，法德两国出现松动，奥地利匈牙利放松对俄国的制裁，波兰的制裁立场则仍很坚定。

上海社会科学院国际问题研究所助理研究员戴轶尘在"欧盟对华政策中的中东欧因素"中指出，目前中东欧国家在欧盟对华政策中总体处于追随状态，与欧盟政策的趋同性大于差异性；而中东欧国家在中欧关系中既打中国牌，又打欧盟牌。

第四阶段会议主要就中东欧地区特殊性的历史解读、中国中东欧国家贸易新动向以及欧盟三十年来地区差距演变研究等三个议题展开讨论。

华东师范大学潘兴明教授在"中东欧地区特殊性的历史解读"中分析了关于中东欧地区的三种传统学说及其弊端，即中间地带说、心脏地带说和落后地区说，或缺乏对其主体性的重视，或忽略中东欧的长期历史发展。而世界体系理论的边缘地带说可以成立，与西欧相比，东欧的发展路径则更为复杂和不同。中东欧地区历史上遭外部入侵频繁，发展进程常被打乱，也屡次丧失包括地理大发现等在内的历史机遇，这造就了其强大的排外主义心态，缺乏必要的包容精神。中东欧国家对大国的依附性和警惕性并存，政治上既坚持己见又怀疑他者，经济发展落后对外依赖性强，社会民族认同排除异己。

上海对外经贸大学尚宇红教授在"中国与中东欧国家双边贸易的新动向：以农产品为例"一文中指出，中东欧国家对华农产品出口受到政府推动的强烈影响，缺乏市场驱动力。虽然中东欧国家的农产品质量很好，但却不能在华扩大市场份额。这既是中国市场缺乏对中东欧国家产品的了解所致，也是中东欧国家缺乏必要的品牌意识和国际市场开拓精神的结果。

华东师大臧术美老师在"欧盟三十年来地区差距演变研究"中用数据图表方式分析欧盟地区政策对促进中东欧地区趋同作用。在过去几十年中，欧盟成员国之间的差距、欧盟总体地区之间的差距都呈现出不断缩小的趋势。欧债危机打断了长期以来的地区间差距不断缩小的趋势，目前仍在恢复过程中。整体的走向仍然是积极的，地区差距总体还在朝着不断缩小的趋势发展。在整个危机过程中，欧盟地区政策及其各项基金，在缓解危机的冲击方面，尤其是公共投资严重缩水的形势面前，发挥了举足轻重的作用。中东欧地区的确在一定程度上逐渐实现与欧盟平均水平之间的趋同。

学术研讨会的闭幕式由华东师范大学副研究员高晓川主持，华东师范大学国际关系与地区发展研究院、上海俄罗斯东欧中亚学会会长范军教授和上海欧洲学会曹子衡监事分别作了总结发言。范军教授在总结致辞中指出，国际关系研究应该加强从社会学视角的研究，由于政治本身的特殊性，对国家社会的深入把握和研究更有利于提升政治分析和判断的准确性。同时，对事件的解释和理解应该构建分析框架。上海欧洲学会曹子衡监事提出，目前"16+1"合作虽然取得不少成绩，但依然存在一些问题，特别是欧盟与"16+1"合作的关系问题。中国企业需要加强对自身"16+1"合作和"一带一路"战略的目标的深刻分析以及对对方国家和地区的深入了解，以做到知己知彼，实现合作共赢。

"法德轴心与欧盟未来走向及中欧关系"国际研讨会综述

同济大学德国研究中心　整理

2018年9月21日至22日，上海欧洲学会与同济大学德国研究中心、同济大学政治与国际关系学院欧洲研究中心及德国波恩大学全球研究中心联合主办，上海市国际关系学会和上海市俄罗斯东欧中亚学会协办的"法德轴心与欧盟未来走向及中欧关系"国际学术研讨会在同济大学举行。同济大学副校长雷星晖、上海欧洲学会会长徐明棋、德国波恩大学副校长施坦方·科内曼（Stephan Conermann）莅临研讨会并致辞，上海外国语大学党委书记姜锋、同济大学中德人文交流研究中心主任董琦以及来自同济大学、上海外国语大学、复旦大学、山东大学、华东理工大学、德国波恩大学、德国希尔德斯海姆基金会大学、德国汉堡赫尔穆特—施密特大学等高校和上海社会科学院、上海欧洲学会、中国国际问题研究院、上海国际问题研究院等机构共60余名专家学者前来参会。

会议首先由主办单位代表同济大学副校长雷星晖、上海欧洲学会会长徐明棋、德国波恩大学副校长施坦方·科内曼分别致辞。雷星晖副校长向前来参会的各位嘉宾学者表示热烈欢迎，同时希望此次研讨会能推动同济大学的德国、欧洲研究朝向更深、更强发展。徐明棋会长在致辞中表示，在当前复杂多变的局势背景下，中欧关系面临诸多新的挑战，希望各位学者的交流与讨论能为政策制定者提供有益参考。施坦方·科内曼副校长在致辞中，介绍了"高校卓越计划"背景下波恩大学的最新发展动态，同时期待进一步推动与同济大学的战略性合作不断深入。

在为期一天半的会议中，同济大学德国研究中心、欧洲研究中心主任郑春荣教授、华东理工大学欧洲研究中心主任杨逢珉教授、上海欧洲学会监事曹子衡博士和同济大学德国研究中心、中德人文交流研究中心副主任胡春春副教授先后主持了"欧盟内外挑战""法德轴心""欧盟特定政策领域的深化"和"中欧关系走势"等四个单元的研讨交流。

一、英国脱欧、特朗普"退群"与欧盟内外挑战

德国波恩大学全球研究中心主任辜学武教授在"欧美伙伴关系何去何从？"的报告中指出，美欧关系现在已经到了一个转折点，没有人确切地知道如何去塑造跨大西洋关系，因为跨大西洋关系的三大基础即美欧间的共同利益、共同机构、共同价值观已经出现了变化，这三大支柱目前被撼动了。第一，跨大西洋联盟的共同价值观是自由、民主、透明、人权，但是，认真观察就会发现，美国特朗普政府现在的所作所为正在公然告别这些价值观。特朗普现在可以说是把美国体系彻底转变为一种新的体系。欧盟国家现在已经不再认为美国是现代人权以及现代自由的捍卫者，这已经是众所周知了。双方之间存在一定的理解差距。大部分的欧洲国家目前无法理解，也已经不再信任美国。第二，长期以来，美欧两边之间一直有很多共同利益，比如中东稳定、共同对抗气候变化，或是能源安全问题，欧洲大陆的能源安全问题。我们观察到，所有这些共同利益都已经发生变化，而且是破坏性变化。比如特朗普总统决定退出全球气候协定，这等于是给欧洲利益蒙上了阴影。美国针对伊朗的态度，还有如何平衡以色列和巴勒斯坦的关系，美国在这些方面的态度其实都是给欧盟蒙上了阴影，因为欧洲希望维护地区稳定，而美国的做法却背道而驰。伊核协议在防止伊朗继续开发核武器方面起到很大的

作用，美国却单方面违反了协定，擅自决定退出伊核协议。尽管很多欧盟国家领导人都要求特朗普总统不要这样做，但是他完全忽视了欧盟的诉求和欧盟利益，所谓美欧双方共同利益不复存在。无法想象，美欧双方如何能够在缺乏共同利益的情况下维持国际的稳定。最后，我们知道现在有很多机构和机制都是在跨大西洋联盟情况下建立的。比如世贸组织就是非常重要的机构，能够帮助推动全球贸易自由化，但我们在过去几个月中观察到，美国正要去摧毁世贸组织这样一个自由贸易的象征。还有G7集团，过去G7是非常重要的机制平台，确保工业化国家建立共识，共同应对气候变化、全球工业化的各项挑战，更好地塑造全球工业发展。但是这个平台遭到美国总统非常严重的损毁，他对这个机制完全没有展现出诚意和尊重。G7集团首脑会议上，特朗普完全没有展现出尊重，他极度蔑视此类国际机制和机构。北约组织也是同样的情况。把所有三点加在一起，我认为，跨大西洋联盟也存在瓦解的可能性。但是也有人比较乐观，认为这个联盟不会瓦解，只是会有变化。但是从传统的跨大西洋联盟转向一种更具竞争性的伙伴关系，这个过程当然不是自动发生的，它需要欧盟国家齐心协力从这样的关系中解放出来，这就需要法德两国在其中扮演领导角色，来推动这样一个解放过程。

中国国际问题研究院欧洲研究所所长、研究员崔洪建围绕"欧洲在多极化中的角色困境：从盟友到伙伴"，指出在当前国际格局之下，欧洲面临权力、财富转移进程中的自我定位、传统观念和利益的解构和重组、一体化方向和再国家化潮流之间的矛盾等三大挑战。欧洲外交或者国际关系的地位面临的第一个挑战就是——按照从财富转移到权力转移的逻辑进程——怎样在一个西方—非西方结构中找到自己的定位。以前我们看到西方和非西方的边界比较清晰，等级也比较明确。但由于国际权力的去中心化，多个权力中心的崛起，以传统西方为中心、非西方为边界或者为外围的结构正在被打破。现在这种情况对欧洲提出一个挑战，就是怎样去界定自己在西方和非西方的一些关系。欧盟在前几年就得出一个定位，说未来二三十年间世界财富的90%会产生于非欧洲国家或者说非欧洲地区。所以怎样去在广大非西方市场获得更大的利益，这是欧洲在经济合作上面对的一个问题。同时在外交方面也面临着不确定的存在。欧洲面临的第二个问题是，传统的西方，或者说传统的被视为中心的西方，正在经历从观念到利益上的解构和重组的过程。现在，欧洲在西方概念方面正面临一些比较矛盾的心态。一方面，传统的美欧为西方的核心，但它正在遭遇巨大的挑战。在德国和欧洲一些国家，对传统美欧关系还有留恋，他们更多希望这只是一个短暂的现象，希望美欧关系有一天重新回到传统轨道上面去，如果我们从多极化角度来看，这个过程恐怕不会像有些欧洲朋友想的那么乐观。特朗普的崛起有合理性，它不是一时的偶然。特朗普目前的所作所为反映的，很可能并非他个人或者是团队的意愿，的确在美国有着一定的社会和民意的基础，这样一来特朗普就会成为美国内政外交结构性的因素，会继续施加影响。如果欧洲回不到传统美欧关系里面去，那欧洲必须重新自己定义所谓西方的概念，而这个概念可大可小。我们看到，就是法德领导人不断要自强，似乎要把欧洲打造成一个新的西方核心或是高地，要独自来应对现在各种各样的挑战。这有一点点悲壮的感觉。同时我们也看到，欧洲不断在大国之间想要寻求平衡，换句话说，欧洲也可以寻求更加松散的或者更大范围的西方概念。这个大一点的西方概念包括不时和它产生矛盾和摩擦的美国，包括日本、澳大利亚等等，甚至还可以包括一个俄罗斯，最后回到一个更加宽泛的所谓大西方的概念。怎么样界定盟友、伙伴、竞争者这三者？这是欧洲在多极化进程中安身立命需要面临的第二个挑战。第三个是更加政治化的一个问题。这一波无论是新自由主义的解体或者是国家主义的回归，或者是外交上的现实主义的回归，它的指向都和欧洲一体化的指向产生了巨大的矛盾。我们知道一体化的指向是超国家化，但是我们看到现在欧洲内外发生着非常巨大的，似乎难以阻挡的再国家化的趋势。之前，一体化和新自由主义的浪潮一定程度是相符合的，但当新自由主义浪潮退去的时候，一体化和当今世界正在发生的一些趋势相违背的理念就暴露了出来。怎么样应对一体化的方向和再国家化潮流或国家主义回归之间的巨大矛盾，这是欧盟要应对的第三个挑战。崔洪建表示，乐观地说，我们都希望法德轴心能够重启，能够重新让一体化重装上阵。再乐观一点，现在似乎法德之间有了一种比较理想的搭配，因为我们知道马克龙是改革派，年轻有理想，默克尔总理是老成持重派，有经验而且很稳妥，但是这也反映出法德在战略文化和自身定位上其实有相当大的矛盾。现在德国是真的想在欧洲一体化里面发挥主导的作用，在下一届欧委会人选问题上，德国体现出了少有的勇气，不再遮遮掩掩，直接希望用机制的方式来对一体化施加更大的影响。我们看到或许德国更加忠实于一体化，它把一体化作为自己发展、获得稳定的必要前提；而对法国来说，一体化或者说欧洲可以是让法国维持大国地位有用的工具。但是对一体化本身，两国各自的利益取舍其实有相当大的矛盾。如果看最近美欧在贸易问题上的妥协，我们就可以看出来这后面基本是德国在主导，多大程度可以把法国放进去？法德之间在战略定位和文化上的矛盾，我们可以在很多的方面可以看到，比如说对待美国的态度问题上，在对待欧盟防务和安全能力建设等等方面都可以看到差异。现在对法德来说，可能最大问题还是在于内政，或者说内部政治的风险仍然会一定程度去消耗法德想要在一体化进程里面重启轴心的努力。最后，欧洲在面临困境和挑战、处于困难的这个时期，提出了有原则的现实主义这么一个方针或者原则，对此我们非常理解。但是从短期来说，仍然是德国方式主导欧洲目前应对挑战的路径，就是采取危机管理的方式。这点我们在之前美欧达成贸易协定上就可以看得很清楚。当时达成的一个协定以后，我见到了德国驻法使馆负责经济问题的官员，我当时问他：你们要和美国谈协定，你们想谈什么，如果你们谈的东西法国不同意怎么办？他说谈什么不重要，重要的是谈，如果法国反对什么，我们就不谈什么。所以从务实主义到实用主义到机会主义，这个界限非常模糊。长期来说，欧洲现在走上了一条能力建设的道路，这个能力不仅通过推动一体化来产生一种新的聚合能力。我们看到接下来处理匈牙利的问题、波兰的问题，欧盟都有可能展示出比较强硬的一面，当然这个后面主要是法德做推手。另外一方面，能力取决于怎么样平衡软实力和硬实力之间的关系。所以，短期以危机管理方式来应对，长期通过能力建设来增强自己在多极化格局中的竞争力，我觉得，这是欧洲目前正在采取的长短期相结合的策略。

德国波恩大学全球研究中心的亨德里克·W. 沃内索尔格（Hendrik W. Ohnesorge）从国际关系中的人物个性分析入手，认为人物个性，尤其是大国首脑的人物个性，对全球政局会带来非常重要的影响，而且他们会极大影响国与国之间、决策者之间的互动。不同人物性格在跨大西洋联盟中也会带来一些影响。他重点剖析了雄心与竞争力、自恋和外向、不可预测性与不一致性以及侵略性等五大性格特征对政治人物在内政、外交决策过程中的显著影响，探讨了默克尔、特朗普和马克龙的三边互动。

上海国际问题研究院研究员叶江对英国脱欧最新动向与未来英欧关系做了简要介绍，重点分析了英国脱欧的三种可能前景。第一种可能是有协议的脱欧，就是所谓"软脱欧"，所谓"契克斯计划"脱欧。如果特雷莎·梅继续做首相，有50%的可能性会按照这样一个"契克斯计划"走，但是所签订的脱欧协议会是非常模糊的，不会讲得很清楚。通过"软脱欧"的方式，英国部分留在一体化市场中，北爱尔兰和爱尔兰之间没有硬的边界，英国在一定程度上掌握自己的关税权利。在货物贸易方面，英国一定程度上继续留在贸易区，当然英国也会承诺"脱欧分手费"。这种"脱欧"，对欧盟一体化的影响、对英国经济的影响，相对来说比较小一点。第二种可能就是无协议的"硬脱欧"。如果梅首相倒台，强硬脱欧派上台，或者，即便梅首相没有被挑战下台，但是英国议会无法通过在"契克斯计划"基础上谈成的协议，英国和欧盟彻底了断，在北爱尔兰和爱尔兰之间有一个硬边界。这种可能性大概是49%左右。最后，通过第二次公投继续留在欧盟，这样的可能性是非常之小，小于1%，但是可能性还是存在。最近工党伦敦市长已经公开说了，我们需要有公投，但是这个公投首先是对协议进行公投，对协议不同意，然后再进一步是不是退出欧洲。前首相也是这样的看法。叶江认为，如果一旦"硬脱欧"之后英国政治、经济、文化和欧洲关系闹得一塌糊涂，这个时候可能在整个英国社会会产生一种对现任政府的反感，工党在议会内部会推动提前大选，选出一个新的政府，可能会推动公投，很有可能有第二次公投，即关于是否留在或者重新回到欧盟的公投。至于英欧关系未来具体走向，他认为由于英国脱欧前提不明朗，审议很难作出判断。当然如果是"软脱欧"，他觉得相互之间关系比较容易协调，如果是"硬脱欧"，可能双方公民在对方国家当中的定位、权利等等都会受到一系列的影响。"硬脱欧"使英欧关系变得比较难以协调。但从长远来看，不管是硬的还是软的，或者是继续留在欧盟当中，其未来总体发展走向是比较确定的，即无政府状态，也就是朋友之间的关系，但没有政府的架构。从建构主义角度来看，欧盟是一个超国家性质很强的、但依然是一个地区间的政府组织，在这个政府间组织之下，实际上成员国和成员国之间关系的基本常态依然是无政府状态。只是这种无政府状态，我们过去认为是一体化，是一个有政府，有一个超级国家的机构，但是实际不是那么回事。英国脱欧把这个现实暴露出来。

未来英国和欧盟之间的关系，不会回归到霍布斯式，即人与人互相为敌，也不是洛克式，即人和人或国与国之间是对手，而是朋友的关系。

德国波恩大学欧洲一体化研究中心主任卢德格·库恩哈特（Ludger Kühnhardt）教授以"欧盟被遗忘的海洋维度：英国脱欧后欧洲海外国家与疆域的未来"为题，梳理了法国等欧洲国家在其海外领土政策方面的最新动态。他认为，无论直接和间接上，英国脱欧对欧洲海外国家和疆域都是有影响的。英国脱欧将会给欧盟地区以及英国海外领地带来非常复杂的影响，而且这样一些影响也会促使欧洲一体化发生变化。比如说在南极洲有很多的保护点，相当于各国自己设立的据点，可能在二三十年之后矛盾会爆发，但是这样的问题，英国、法国等国家可能都没有注意到，而在未来则有可能会影响到欧盟的凝聚力。马克龙在2019年春天会去参加海外国家和领土（OCT）论坛，这个论坛大约成立于2000年，欧盟成员国会讨论全球欧洲各种领域政策、战略，包括海外领地的一些政策。整体来说，他们是在推动海外领地的立法。欧洲和海外领地之间的二元发展在英国脱欧的大背景之下，在欧洲的全球影响力上有其重要性。欧盟非常支持这方面的讨论，它更多关系到英国脱欧后欧洲海外领地的未来。对于这种国家与海外领地的战略，在英国脱欧之后会有什么变化，在欧盟内部，在荷兰、法国、丹麦、欧盟语境之下都有探讨。马克龙还计划在2020年举办一个全球小型发展中国家的会议，这个会议也受到了美国的支持。这个会议可能会在欧盟框架下举行，也是欧盟首次有国家首脑参加的海外领地与疆域的论坛。

同济大学政治与国际关系学院外交学系副主任、欧洲研究中心吕蕊副教授从原因、阶段、影响、制裁和展望五个方面入手对欧盟在伊朗核协议中的角色进行了剖析。她认为，伊朗核问题既是核问题，还是欧盟周边地区的问题。这是欧盟介入伊朗核问题的最主要考虑。欧盟从2003年开始参与伊朗核问题的解决后，呈现了很典型的阶段性。第一个阶段是外交谈判的阶段，签署了德黑兰宣言和巴黎协定，实现了伊朗的核暂停。但伊朗内贾德上台后推翻了这两个协定。2005年9月份欧盟将伊朗核问题提交到联合国安理会层面，从2006年12月到2010年6月份联合国出台了一系列的决议制裁伊朗。但联合国制裁也没有能够解决伊朗核问题，反而伊朗核进程越来越加速。这给欧盟造成了极大的压力，所以欧盟开始进入第三阶段，就是自己出台制裁伊朗的措施。欧盟的制裁首先是壮大了以美国为首的制裁同盟，对伊朗造成了极大的压力，对伊朗能源行业造成致命的打击，并直接影响到了伊朗国内经济，伊朗国内经济情况的变化又直接影响到了伊朗大选，2013年鲁哈尼上台之后采取了跟西方谈判来解决伊朗核问题的政策，2015年达成了伊朗核协议。2016年1月欧盟和美国对伊朗的制裁开始陆续解除。欧盟28个国家能够在制裁伊朗问题上达成一致，这个可以说是欧盟共同外交与安全政策为数不多的一个亮点。但是特朗普上台之后，宣布退出伊核协议，这对欧盟是非常大的打击。欧盟能够在多大程度独立于美国确保核协议的存在，我们只能是拭目以待。

上海外国语大学党委书记姜锋在针对上述主题发言的评论中，强调希望通过讨论与交流产生新的话语或视角，同时寄望中西方学者能够通过现象深入本质，更多地以中国传统的"和"的概念为着眼点来分析并解决当前的一系列复杂问题，一定要着眼于怎么样让这个世界有和平的机会，而不是哪一个国家一定要争过谁。

二、法德轴心重启的可能条件与制约因素

德国希尔德斯海姆基金会大学历史学系教授、德国波恩大学欧洲一体化研究中心研究员米歇尔·盖勒（Michael Gehler）通过回顾德法轴心的历史发展，指出政治人物的个性及其领导力在重大政治事件中，比如说在塑造德法轴心的过程中，起到很重要的作用，会影响政治事件的走向。他认为，目前的欧盟危机，其实是各成员国的危机聚合而成的总危机。德法两国之间达成共识，对于两方之间的合作，对于巩固欧盟机构稳定性起到非常重要的作用。如果法德两国不展开切实的合作，欧洲一体化就无从谈起。法德两国的合作现在更多是倾向于德法合作。现在默克尔在这个过程中没有扮演出强国领导人的角色。单靠马克龙是不够的。

德国波恩大学副校长、德国波恩大学东方学与亚洲学研究所施坦方·科内曼（Stephan Conermann）教授对法国总统马克龙于2017年12月在索邦大

学发表的演讲进行了盘点,在这个演讲中,马克龙对欧洲未来提出了雄心勃勃的计划,强调要通过推进欧盟一体化来解决欧洲面临的全球挑战。他强调指出,马克龙提出文化、知识和教育——尤其是欧洲大学机制的建立——对于凝聚欧洲、推动欧洲一体化具有重要的作用。他指出,2018年6月份,德国和法国政府首脑举行了会谈,2018年底会推出LTC协议,这样的举措有利于巩固德法之间的关系,更多促进经济、财务方面的合作,同时让两国共同发挥力量更好推动这个进程。

复旦大学国际关系与公共事务学院副教授、法国研究中心副主任张骥对于法德轴心的历史渊源和未来走向进行了解读,重点剖析了这一轴心在不同的历史背景和国际局势之下给两国带来的领导力、经济和政治权力等关系上相对失衡的状况。他指出,法德轴心的概念是建立在"不均衡的均衡"的基础上,就是说,法德轴心是在不同的政治体制、不同的经济制度和不同的欧洲观念之间的一个妥协。法国更多代表中央集权的体制,德国是联邦的体制。法国更多主张国家的干预,德国更多主张自由的经济。对于欧洲一体化概念来说,法国更多倾向于政府间主义,德国倾向于联邦主义。每一次法德合作对欧洲化提供动力,都是建立在德国和法国所谓大交易上,法国在政治上提供欧洲一体化的前进动力和领导,德国在经济上提供领导或者是动力。但德国统一以后,随着欧盟的扩大,法国原有很强的领导力被稀释。欧债危机在强化法德轴心的同时,也给其带来了不平衡。法德轴心体现出来德国领导力上升和法国领导力相对下降,它是法国的主张,但却是德国的内核。法国希望改变这样的情况。法国的欧债危机政策体现了两个不同的路径:一方面在外交和安全上表示出强势的领导和竞争性,包括对外发动了战争,另一方面在经济领域向德国进行妥协,跟德国共同领导,一定程度追随德国的经济政策。张骥指出,有学者认为,在欧洲一体化进程当中,三种情况下需要法德提供强大的领导力。第一是欧盟国家关于一体化发展方向产生分歧,需要依靠凝聚共识,设定一体化的目标和方向,这时需通过法德联合提出倡议方式来设定欧洲一体化的议程。第二是当欧盟面临危机的时刻,它需要在较短时间之内提出应对危机的措施,这个时候需要法德能够提出令其他成员国接受的应对危机的方案。第三种情况是欧盟对国际问题发出统一声音,希望法德能够合作,而不是分裂的声音。现在,有三个方面问题值得我们关注。

第一个问题是英国脱欧，欧盟在英国脱欧情况下需要领导力的提供。第二方面就是美欧关系，需要法德去合作，用马克龙的话来说，就是更加自主的欧洲。第三个情况就是内部一定程度的分裂，一些国家民粹主义等等反欧情绪上升，一些中东欧国家跟传统欧洲国家在一些重大问题产生了分裂，比如说现在面对匈牙利的问题，包括难民分摊问题。欧洲内部的分裂带来了新的动力，使得法德应该提供一个领导力。但是法德要提供一个领导力有一个前提和基础，也就是说法德必须在国内具有稳定的政治基础。然而，德国这次大选的结果使得德国国内政治基础不再像过去那么强，而法国在经济上依然面临很多的问题，不可能在经济上提供很强的领导，马克龙虽然非常雄心勃勃，提出了很多的倡议，但是从现在情况来看，他说的和做的确实有很大的差距，他在国内支持也出现下滑的情况。张骥认为，法德轴心重启需要两个条件：第一是法国需要说服德国支持法国的倡议。为此，法国必须自身进行彻底的经济和政治改革，扭转法国在法德轴心中在经济上薄弱的问题，但在这方面马克龙改革面临强大的工会和议会里极左和极右的挑战。德国也需要作出一定的妥协，特别在欧洲经济治理领域，德国需要改变在欧债危机应对上的非常强硬的立场，在欧元区里需要承担更多的风险和责任，包括与法国在共同基金预算、共同投资基金方面达成一些妥协，由此缓解法国对德国权力增长忧虑的情绪。但我们看到的是不同的情况，一方面，合作亮点在争议比较小的领域，比如说防务和安全、战略性自主方面等等，两个国家确实提供了领导力。另一方面，在财政政策和经济政策方面两国又存在分歧，比如法国主张多速欧洲，主张欧元区有实质性权力，包括设定共同的基金和财政部长，而德国则有不同的观点。总之，法德发动机的重新发动，既有促进条件，同时也面临两国内部的制约。

德国汉堡赫尔穆特—施密特大学国际政治研究所研究人员丹·克劳塞（Dan Krause）对德法在干预、多边主义以及外交中的武力运用进行了对比，并强调此方面的差异对于两国关系的发展具有重要影响，两国长期的战略伙伴关系离不开彼此的相互妥协。他认为，德法两国政府之间经常协调协作，在政策方面寻找一致性，包括在战略、技术和防卫等很多方面进行了整合，但德法对于多边、干预、军事政策还是有不同的意见。法国自视甚高，认为自己能够引领欧洲。法国希望把欧洲打造成法式的欧洲，认为军事领域非常

"法德轴心与欧盟未来走向及中欧关系"国际研讨会综述

重要,军事方面做的好,会得到更多民众的欢迎。法国对民众展示军事力量是有浓烈的兴趣,总统也会利用民众的心态,比较积极主动展示自己的军事实力,在外交政策当中采取很多军事干预行动,他们也是欧洲军事方面的力量领导人。而德国却不然,德国主要关注的是经济领域,希望能够通过经济实力稳固其在欧洲的地位。他们也希望能够通过经济实力去展示对欧盟的承诺。德国也是地缘政治意识非常强的国家。多边政策对于法国来说是非常重要的,德国也对此非常关注。在军事方面,包括欧洲共同防御上面,德国参与的不是特别多,更多参与的是政治方面的融合。德国希望能够通过经济和外交手段来解决外部问题。对于全球政策,德国更多关注自由政治,更多关注外贸,也希望能在国际秩序中起到重要作用。但德国未必像法国一样,有强烈的意愿要在国际秩序中起领导作用。丹·克劳塞最后指出,法德之间的区别会影响到今后德法之间的关系,所以两国必须找到一些妥协的地方,才能重塑长期战略性伙伴关系,否则就会很难。同时,德法伙伴关系也需要和他国共同合作,不能只是局限于两个国家,包括意大利、波兰,也要纳入到合作之中。如果想去领导整个欧盟,法国和德国今后还是要建立起联盟方面的机制,要共同去努力,防止让别人感觉到德法成为两个霸权国家,他们必须跟其他邻国建立良好关系,避免冲突。

同济大学德国研究中心朱宇方博士对法德双方的经济治理理念进行了对比,并指出,对于欧元区经济治理的非对称性这一问题,法德两国在理念和实践方面均存在明显差异,其背后则是两国在国家管理理念上的差异。法国的观点是要消除这种不对称性,就是在共同财政和经济政策上面进行一些补足,构建完全统一货币政策,也有统一性的财政和经济政策。德国的建议是维持现状,就是维持现行的机制,不做根本性的改动。最近提出来的欧洲货币基金,从根本上来说仍然是纪律加救助两方面配套的机制。一方面通过纪律强行要求或者是规制各个国家遵守财政纪律,而且在宏观经济上尽量步调一致,另外做最后救助网,掉队的救助一下,仍然是保持不对称的机制。两方面的改革方向存在差异。从实践来说,法国的建议始终没有得到实践,一直到现在为止欧元区实施就是德国的建议,不断加强纪律的规制,不断完善救助网。为什么欧洲会出现不对称的治理机制?问题更多可能在治理理念上,是观念上存在巨大的差异。德国从根本上来说一直是偏向于货币主义的经济体制，法国模式更多是一种国家干预，中央集权式经济管理模式。在国家整个管理层面，德法两国之间也存在巨大的差异。法国的戴高乐主义是带有民族主义色彩的理念，这种理念在一个民族国家内部是没有问题的，中央集权式管理理念和国家对经济较多干预的经济制度在一个民族国家内部可以很好地相互配合，不存在任何的悖论，但这样的理念在欧盟层面，在超国家层面存在非常严重的悖论。因为这里面有一个问题就是民主性的问题。经济政策和社会政策从根本来说是一种再分配政策，这样一种再分配政策带有一定政治上的主观，可能在民族国家层面没有问题，因为民主选举制度带有天然的措施，民意所向就会纠正这些可能带有偏差的决策，但如果在欧盟没有完备民主选举制度，任何带有不公平性的再分配政策都会引起很大的争议。

随后，上海社会科学院世界经济研究所研究员伍贻康对本单元的讨论进行了点评。他认为，目前欧洲对于法德轴心的需求更强，但法德双方目前面临一系列内外部的变化，"心有余而力不足"——缺乏实质行动，这也导致欧洲一体化进程愈加艰难。今后，德法轴心还是能够起作用，但是不能期望太高。德法轴心只能由过去契约性的合作，转为争取以功能性的合作为主。

三、欧盟特定政策领域的深化

德国波恩大学政治学系蒂尔曼·迈尔（Tilman Mayer）教授对于当前政府间主义者（主权主义者）与超国家主义者之间的角力进行了探讨，重点分析了欧洲的超国家机构之间的竞争及其职责。他认为，政府间主义者在欧盟决策过程中扮演着更加重要的角色。法德轴心的确可以推行相应的倡议，但是强国在欧洲仍然扮演自己的角色。欧盟委员会的意向和欧洲议会其实跟超国家主义哲学理念相关，他们希望将权力集中化。欧盟机构具有双重特性，而且成员国和欧盟委员会其实存在一定的竞争关系。他认为，欧洲的超国家机构目前并没有很好履行它的职责和权利，没有完成它的任务。欧洲不应该针对"一带一路"提出反抗性的策略。欧洲应当持更加广泛合作意向，这样才能让欧盟整体的一些活动在全球范围进一步扩展。欧盟应该将自己的关注点放到北非、中东等地区去推行它的地缘政治的政策。欧盟超国家机构如果太过于关注深入欧盟一体化，但不去关注欧盟大陆之外的疆域，欧盟超国家主义机构一定会失败。如果欧盟能够更好去协调它的政府间主义和超国家主义，就可以营造很好的环境。

复旦大学欧洲问题研究中心主任丁纯教授从背景、环境、计划、举措和进展等方面着手，全面介绍了欧元区改革的最新进展，并指出，欧洲目前面临的内外部挑战对于欧洲经济改革的进程和成效产生了诸多不利影响。他指出，迄今为止欧元区经济改革取得了一些进展，但总体讲这些进展并不是太大，主要是因为马克龙提出的协议更多体现法国人的想法和利益，它需要得到德国的支持。当然这方面，德国有自己本身的问题。他认为，不能指望欧元区改革在较快时期内有进展，尤其是整个内部环境和外部环境都面临挑战的情况下。

德国汉堡赫尔穆特—施密特大学国际政治研究所米歇尔·施塔克（Michael Staack）教授对永久性结构合作（PESCO）进行了探讨。针对欧盟军事能力不强的问题，欧盟是应该主动完成防御的能力，还是成为大西洋组织附属的国家去维持今后的防务和安全，或者是说欧盟沦为北约的附属品，他认为永久性结构合作其实可以紧密促进欧盟和北约之间的合作，同时它能够推动欧盟迈向战略自主性。永久性结构合作是在一年前提出的，希望欧盟成员国之间在防卫领域相互紧密合作。永久性结构合作能够促进有意愿合作的成员国共同联手合作去投资共同防卫项目，而且出资去增强各自的军事实力。他指出，2017年11月，永久性结构合作已经吸引了除了英国和丹麦外的25个成员国的加入。目前有17个项目已经得到确认，这17个项目有潜力帮助一些欧盟成员国增强防务、弥补军事方面实力的欠缺，极大推动了永久性结构合作的发展。但永久性结构合作框架也有一定的缺点。首先是在政治上缺乏真正实现长足性、自主性的战略意愿。还有一个方面就是高额的防卫预算不能够为很多欧盟国家所接受。很多国家反对提高军事防卫预算，认为这样是更加倾向北约和美国的做法。

同济大学德国研究中心、欧洲研究中心主任郑春荣教授在题为"欧盟共同安全与防务政策的新动向"的发言中指出，英国脱欧对欧洲共同安全防务起到的是解锁的作用，而美国特朗普上台之后对欧洲安全防务承诺的弱化则更多是催化剂的作用，倒逼了欧盟战略自主性。他指出，近期欧盟共同安全防务领域取得了一些发展：一是深化北约欧洲支柱；二是建立军事计划和实施参谋部；三是引入了所谓防务合作协调年度审查机制，也就是对各国国家防务规划要进行评估，另外设立用于研究、开发、采购的欧洲防务基金，这个基金具有高度政治含义，还有一个就是永久性结构合作。从永久性结构合作框架实际运作来讲，我们可以看到法德之间的分歧，德国强调的是包容性，法国希望更加有雄心的共同安全防务。最后德国立场得到贯彻。法国出于不满，又启动了欧洲干预的倡议行动，其参与国家还包括了英国和丹麦。其实，法德在共同安全防务的最终目标是不一样的，德国把它作为一体化的工程来看待，要建立欧洲安全与防务联盟，法国更多是政府间一个一个合作，希望增强行动能力。郑春荣强调指出，欧盟和北约间的合作一方面强化了欧盟对北约的依赖性，另一方面也有助于欧盟共同安全防务的发展。总之，欧洲共同安全防务已经出现趋势性的转折，很多以前推不动的改革在短时间里已经往前推了。从具体推动机制来说，它主要依赖于意愿者联盟，依赖于同行评价。同行施压是比较软性的机制，所以共同安全防务往前推的有效性也是打折扣的。另外，共同安全防务在推进当中，原来主要是自上而下一体化的推动模式，现在可以看到欧盟也采取自下而上的做法，就是以小型双边或者小多边的形式，包括 PESCO 也可以理解为自下而上累积各个小的进展，最后寻求一个大的突破。

山东大学哲学与社会发展学院副院长、移民研究所所长宋全成教授对欧洲应对难民危机的举措重点，围绕欧盟内部的分割、德国和欧洲的应对以及难民危机的发展前景等三个方面进行了梳理。他回顾了欧洲难民危机的发展阶段，指出德国在欧洲接受难民问题上是一枝独秀，因为德国几乎承担了欧洲难民接纳的三分之二，在这方面德国成为人道主义救援难民的光辉典范。他强调指出，欧盟国家应对难民危机最具有里程碑意义的一个措施就是欧土协议（2016 年 3 月）。在这个问题上德国同样发挥了关键性的作用。他指出，从数字看，近几年申请难民的人数在减少，但就发展前景而言，难民国依然存在，在今天的叙利亚、伊拉克有很多难民正在等待机会进入欧洲，他们随时准备穿越地中海进入欧洲。正如联合国秘书长所说，欧盟只有团结起来才能应付难民危机。欧盟成员国在难民接纳问题上依然是争论不休，甚至没有办法解决。

德国波恩大学欧洲一体化研究中心主任卢德格·库恩哈特教授在评论中，对于中外学者开诚布公地的交流与讨论给予赞赏。同时，他也强调，各国与各方在讨论时需要在关键性的话语和概念上达成一致。

四、中欧关系的走势

上海外国语大学欧盟研究中心常务副主任忻华副教授围绕"当前欧盟对华政策新动向"，对当前欧盟当前对华政策的变化、总体特征以及重要的决策窗口做了梳理。他认为，长期以来，中欧关系很大程度上受制于中欧经济关系总体的格局，而中欧经济总体的格局受制于一个大三角关系。这个大三角格局欧盟和美国是一端，中国大陆是一端，日本韩国和中国台湾是另外一端。在这三者之间，呈现出了一个应该说是逆时针方向的利润的流动，以及顺时针方向的商品的流动，还有资本和技术的流动。但是这样一个大三角格局现在逐渐是在变化的。这个变化是跟中国在全球价值链当中的位置的变化有关，同时也是跟世界格局有关。随着中国在近十年以来产业技术的升级和产业结构逐渐的转型，大三角结构的特征和架构逐渐发生消失或是变化。在这个基础上，中欧关系形势过去几年间其实已经出现巨大的转变。第一，由于长期以来的贸易经济全球化和地区一体化造成了欧洲内部的矛盾集聚的激化，所以现在在欧洲内部出现了社会撕裂和民粹主义的兴起。现在欧盟对中国不再更多强调对于经济全球化和地区一体化的坚定支持，更多的强调公平贸易。第二是跨大西洋关系裂痕的加深。第三是欧盟在世界技术竞争与全球战略安全格局中一定的边缘化。在这种情况下，欧盟对华政策的总体特征就是机会主义和两面下注。欧盟现在并没有一个非常明确非常稳固的对华政策的总体架构，并没有确定一个基调。一方面，它既要借助中国或是跟中国一起维护既有的国际多边贸易的格局，防止美国特朗普政府采取过度的政策拆解这样的架构。另一方面，在 WTO 规则改革和其他的方面，又对中国加以限制和采取某种对立的姿态。其实欧盟现在在美国、日本和中国之间不停摇摆。当前欧盟对华政策既有积极的方面，也有消极的方面。消极方面很明显的就是其对中国的防御性的架构是完善的。现在欧盟对中国的防御性的抵制性的经济政策已从贸易政策领域扩展到了投资政策、产业政策、知识产权和技术转让政策四个领域，还涉及了基本定位和总体架构。对于这样的防御性的经济政策架构值得进一步关注。

德国波恩大学全球研究中心研究人员黄颖在"'一带一路'给欧盟带来的机遇与挑战"报告中，介绍了中欧双方对于"一带一路"所持的不同立场，同时针对中欧双边关系的未来发展提出了建议。

上海国际问题研究院欧洲研究中心副主任龙静在"'16+1合作'与中欧关系"的主题发言中，简要介绍了"16+1"合作取得的阶段性成果。她指出，地方合作、次区域以及创新领域合作将是未来"16+1"合作模式的潜在亮点。对"16+1合作"采取对话、对接的态度，而非对抗或遏制，也是新时代加强中欧全面战略伙伴关系的内在要求。

同济大学德国研究中心特聘教授芮悟峰（Wolfgang Röhr）的"中欧关系的当前动向"报告，对近十年来的中欧交往做了宏观梳理，同时提出了旨在改善中欧双边关系的数项建议，包括欧方应取消对华武器禁运、避免对于中国投资的过度担忧、调整针对中国市场经济地位的态度等；同时，中国也需要继续改善外商投资环境、签署政府采购协议并参考亚投行的治理模式为"一带一路"倡议赋予更多的附加值。

德国汉堡赫尔穆特—施密特大学国际政治研究所米歇尔·施塔克教授对上述发言逐个做了点评，认为中欧之间在很多领域的政策需要进行一些调整，但我们还是有很多共通之处。中欧关系最好的方向就是，中国和欧盟可以在保持自身利益的情况下加强相互之间的关系，这样的话将对双方都非常有利。

在各环节主题发言之后，与会学者围绕相关问题进行了热烈交流和讨论。

最后，同济大学德国研究中心、中德人文交流研究中心副主任胡春春副教授代表本次活动主办方，感谢各位专家学者的积极参与以及各兄弟单位、机构和工作人员对本次活动的大力支持。会议取得圆满成功。

"改革开放四十周年的中国与欧洲"
国际学术研讨会综述

上海外国语大学欧盟研究中心　整理

2018年10月29日,"改革开放四十周年的中国与欧洲:成就、挑战与前景"国际学术研讨会在上海外国语大学召开。会议由上海欧洲学会、上海外国语大学欧盟研究中心和比利时欧洲学院联合举办,是上海社联2018年度学会重大学术活动合作项目之一。参加本次会议的有欧盟驻华使团和比利时驻沪总领馆的外交官,以及来自德国艾伯特基金会等机构的近20位驻沪外籍人士,他们与来自中国高校的60多位专家学者齐聚一堂,对中欧关系的历史进程、合作潜力与面临的问题展开了深入的分析和研讨。

上海外国语大学副校长张峰,欧洲联盟驻华代表团公使衔参赞、新闻与信息处处长白尚德(Asad Beg)出席开幕式并分别致辞,上海外国语大学欧盟研究中心常务副主任忻华主持开幕式。上海欧洲学会会长徐明棋、比利时欧洲学院中欧关系研究中心主任门镜作会议总结,上海欧洲学会秘书长杨海峰主持会议总结阶段。张峰表示,中国和欧洲都是全球化时代的"赢家",为国际社会贡献了关于经济全球化和地区一体化的"成功故事",然而从2016年以来,全球化积累的矛盾集中显露出来,政治民粹主义、经济民族主义和贸易保护主义的力量在崛起,世界经济和地区形势出现新一轮动荡,中欧学术界和战略研究界需要拿出新智慧,以应对新问题。白尚德(Asad

Beg）表示，未来中欧可以向着三个方向深入开展合作。首先是相互协作，共同维护国际多边贸易体系的秩序，制约逆全球化的力量；其次是增进相互理解，以继续推进中欧双边投资协定谈判；再次是通过"一带一路"等架构，在非洲和中亚等欠发达地区进行合作。徐明棋表示，当前全球出现了新的改变和发展形势，这不仅仅体现在国际关系上，也体现在各国国内经济和政治结构上，同时也影响到了各自的对外政策。中欧以及美国采取的政策主张各有不同，但都会对世界其他地区产生重要影响。如何推动欧洲一体化进程，如何推动中国改革开放，需要中欧双方彼此交流、了解对方、体谅他者，在各个领域开展进一步合作，以和平合作的方式解决分歧。门镜表示，中欧关系较之以往更加紧密了，所以出现的问题也会相对更多。中欧之间包括学者之间需要深入沟通。中欧在这个面临挑战的时代，不仅要有强大的内心、有力的双手，而且更加重要的是，要有共同的愿景，坚信能克服差异和困难，一起努力合作。

此次会议围绕"中国改革开放与欧洲一体化的互动""中欧投资与贸易的挑战与前景""过去四十年来国际体系与中欧关系的互动""中欧在国际安全公共产品上的合作：反恐、地区事务与发展援助""中欧在科技与环境领域的合作"等五个议题展开了研讨。

中国改革开放与欧洲一体化的互动

复旦大学欧洲研究中心教授戴炳然主持第一场"中国改革开放与欧洲一体化的互动"研讨。

匈牙利罗兰大学国际关系与欧洲研究系主任阿科斯·科珀（Akos Kopper）和匈牙利罗兰大学国际关系与欧洲研究系教授瑞基·帕普（Riki Papp）分别回顾了中国与匈牙利关系的演进历程，分析了未来可能推动两国关系加速发展的领域，以及中匈关系对中国与欧盟关系的影响，尤其谈到了当前中国在匈牙利的投资项目，以及匈牙利的华人华侨社区的情况。

上海欧洲学会会长、上海社会科学世界经济研究所研究员徐明棋表示，当前世界处在重大变革的阶段，欧盟面临多重危机，美国正在深刻调整其经济增长方式，而中国的崛起受到相当多的负面解读，美欧跨大西洋关系也面临挑战与危机，中、美、欧三方需要对全球治理达成新的共识。

复旦大学欧洲研究中心主任丁纯认为，目前欧洲国家按照其对"一带一路"的态度可分为三类：第一类是对"一带一路"相当感兴趣的国家，如匈牙利、波兰等中东欧国家，已经在着手运作具体项目；第二类是总体上持肯定态度的国家，如西班牙等；第三类是法、德这两个大国，对"一带一路"的态度看似不温不火，但有些负面看法。他认为，中欧双方评估"一带一路"的视角不同，中国注重长期收益，而欧洲更重视短期效益。

上海国际问题研究院院长助理张海冰研究员表示，在国际贸易对抗加剧的形势下，中欧需要合作，以共同稳定世界经济秩序；但目前中欧经济都含有不稳定因素，双方看待全球治理的视角和对于多边主义的理解也存在差异；中欧需要加强沟通，以便在世贸组织改革等当前重要议题上取得共识。

中欧投资与贸易的挑战与前景

比利时欧洲学院中欧关系研究中心主任门镜主持第二场"中欧投资与贸易的挑战与前景"研讨。

比利时布鲁塞尔研究所高级研究员海瑞罗（Alicia Garcia Herrero）比较详细地分析了中欧双边投资关系的现状。她认为，目前欧洲企业在华开展投资经营活动所面临的困难在增加，有些领域不对外资开放，允许欧洲企业进入的领域里，缺乏平等竞争的环境。欧洲决策者和社会各界并非对中国国企的所有权本身抱着负面态度，而是觉得中国国企的公司治理模式需要大幅度改进。

比利时欧洲学院研究员弗瑞曼（Duncan Freeman）肯定中国提出的"共赢"模式时表示，中欧双边经济关系中的争议，过去较多地集中于贸易不平衡的问题，现在则更多地聚焦于双边投资；欧盟成员国众多，不同国家与中国之间的经济依存度显著不同，比如德国对中国的市场与经济增长的依赖度很高，在2008年国际金融危机爆发之后，诸如西门子、大众和博世等德国大公司对中国的依赖度大幅上升，中德和中欧之间存在增进双边经济合作的共同需求。

华东理工大学欧洲研究所所长杨逢珉表示，中欧之间不存在政治与战略层面的对抗，《中欧合作2020规划》也表明彼此间存在巨大的合作潜力；中欧各自的经济结构存在显著的互补性，这是中国对欧贸易顺差和欧洲对华投资持续增长的原因。中国已经与欧盟28个成员国中的26个签署了某种形式的双边投资协定，未来中欧双边投资将成为推动双方经济实现新一轮增长的重要动力来源。

上海外国语大学欧盟研究中心常务副主任忻华提出，中欧经济关系的争执过去多集中于贸易领域，但从2010—2012年以来，双方的摩擦更多地出现在投资、产业政策、技术转让与知识产权保护等领域，目前欧盟已针对中国制订了涵盖多个领域系统的"防御性"经济政策体系。他认为，欧盟对华经济决策的负面态度受到美国的深刻影响，表现在三个方面：一是在意识形态上，美国反全球化力量所建构的关于中国"利用"全球化获取"不公平"利益的话语，影响着欧洲；二是在具体决策上，欧盟在模仿美国的经济民族主义、国家重商主义和贸易保护主义政策，以对付中国；三是在对中国的基本认知上，欧盟关于中国基本经济制度的评价，关于中国国企特性的认知，明显受到美国的影响。因此，中欧需要更深层的相互理解。

过去四十年来国际体系与中欧关系的互动

上海社会科学院世界经济研究所研究员伍贻康主持第三场"过去四十年来国际体系与中欧关系的互动"研讨。

英国华威大学政治与国际问题研究教授布列斯林（Shaun Breslin）通过回顾1978年以来英国和欧盟对中国的认知与评价的巨大转变提出，欧洲的对华政策，聚焦点一直是经济领域，欧洲工商界一直是积极推动决策层发展对华关系的重要力量；近十年来中国的崛起令国际社会刮目相看，例如中国对拉美的投资不断增长；随着中国的崛起，欧洲看待中国的心态正在发生相当微妙的变化，原有的平衡被打破，各方的认知都在调整，需要更多的、更加制度化的沟通。

英国伦敦玛丽女王大学法律系学者博内（Matthieu Burnay）认为，二战至今的自由主义国际秩序正在受到严峻的挑战，全球治理的诸多架构，如世贸组织、G20等，似乎未能使国际社会各主要行为体之间达成应对挑战的共识；中国现在希望在国际秩序中掌握一定的话语权，发挥一定的作用；欧盟不认为中国想要推翻现有的国际治理架构，中欧在改革全球治理方面应该开展更多的合作。

中国现代国际关系研究院副院长冯仲平回顾了二战以后欧洲所处战略环境的历史演变，进而指出，四项要素使当前中欧关系战略环境面临新一轮的变化：一是欧俄之间出现新的对抗；二是特朗普上台，美欧跨大西洋关系出现裂痕；三是中国崛起，被视为"超级大国"；四是英国脱欧。他认为，中欧之间不太可能出现贸易战，合作仍是主流，但竞争的一面在上升，面临更大挑战。

中国国际问题研究院欧洲研究所所长崔洪建研究员表示，中国的改革开放进程与中欧关系之间存在密切的联系，几乎同步发展；随着中国主动权和话语权的增强，欧洲表现得信心不足；中欧双方不仅要借助双边关系寻求各自的利益，更需要将利益诉求与责任意识结合起来，世界经济处在连续不断的动荡之中，中国提出了"一带一路"方案，中欧应共同强化免于受到单边主义、保护主义和不确定性损害的能力；中欧关系越是向前发展，就越复杂，需要共同妥善应对。

中欧在国际安全公共产品上的合作

上海欧洲学会监事曹子衡主持第四场"中欧在国际安全公共产品上的合作：反恐、地区事务与发展援助"研讨。

比利时欧洲学院的蒙特萨诺（Francesco Saverio Montesano）博士认为，

冷战结束以来,中美欧之间缺乏妥善管理三边战略关系的制度架构;美国决策层在充当全球霸权与固守孤立主义两种立场之间摇摆,目前的美国越来越倾向于采取单边主义和孤立主义的态度;中国似乎正在转变为霸权型或领导型的国家;而欧洲则看重相互依存,以务实的态度应对变化。

比利时根特大学的博苏伊特(Fabienne Bossuyt)博士比较了中国与欧盟对中亚发展援助的异同点。她感到,欧盟对中亚的援助不仅在规模上比中国小很多,而且对中亚的影响也远低于中国,总体上效果较差。

上海国际问题研究院研究员叶江提出,可以将"一带一路"倡议与联合国"可持续发展目标"相结合,以这种形式来落实和强化中欧合作;中欧各自都有致力于实现"可持续发展目标"的方案,彼此间存在不少相似性和关联性,从这一领域入手,探讨中欧合作,可以找到新思路。

同济大学德国研究所所长郑春荣教授表示,中欧在涉及战略安全的多个领域都有广泛合作,尤其是近年来不仅在军备控制和核安全等安全领域进行合作,而且在反恐、维护海上航行安全、网络安全等领域也有密切的沟通与协调;中欧安全合作可谓机遇与挑战并存,在美国给现有的战略安全格局带来急剧冲击的情况下,中欧有共同的意愿维护多边主义的国际秩序,因而合作的基础在增强,尤其是非洲事务可以成为提升中欧安全合作的重要领域。

中欧在科技与环境领域的合作

复旦大学国际关系与公共事务学院教授潘忠岐主持第五场"中欧在科技与环境领域的合作"研讨。

奥地利维也纳技术大学欧洲及国际研究与技术合作名誉教授霍凡特(Manfred Horvat)表示,中欧科技合作在1978年以来中国改革开放的进程中扮演了重要角色,1984年开始的"中欧联合研发计划"可谓意义深远;近年来的欧盟对华政策文件,如2013年的《中欧合作2020规划》文件、2014年欧盟关于中欧科技合作伙伴关系的文件、2016年欧盟关于"对华战略新要素"的文件都阐述了双边科技合作的潜力与前景,未来中欧在处理城市化问题和防止大规模杀伤性武器扩散的领域,可进一步合作。

上海国际问题研究院公共政策研究所所长于宏源研究员分析了全球去碳化时代的合作机遇,他认为,由于美国的消极态度,近年来全球关于碳减排的谈判进程在减速,特朗普政府宣布退出巴黎气候变化协定所带来的冲击尤为严重,过去一直强调的以国家为中心的气候治理模式已转向以社会为中心的模式,今后对于全球气候治理机制的聚焦点,可落在非国家行为体上;另一方面,中欧在新能源领域既有合作,又有竞争,这些新变化值得关注和分析。

复旦大学国际关系学院教授薄燕提出,围绕气候治理的议题,中欧在次国家层面的互动较多;欧盟最初重视美国在全球气候治理机制中的作用与影响,对中国不太重视,2009年哥本哈根会议后,中欧互动逐渐增多;在此领域中欧可以长期合作。

华东师范大学国际关系与地区发展研究院副研究员孙溯源通过分析中欧气候合作中的能源因素认为,中国能源状况的改善,受益于国际社会和中欧之间的气候治理合作,中国正在从国际气候合作中被动的规则接受者转变为主动参与、影响和塑造规则的重要行为体;能源议题应成为中欧气候合作的纽带和落脚点。

本次"改革开放四十周年的中国与欧洲:成就、挑战与前景"国际学术研讨会是在中国改革开放40周年之际,恰逢奠定欧洲一体化进程基础的《罗马条约》生效60周年之时,也是在中欧建立全面战略伙伴关系15周年的背景下召开的一次重要学术会议。与会者对中欧关系的历史进程进行回顾与总结,对当前中欧之间的合作潜力与遇到的问题展开深入分析与坦诚交流,对未来国际格局的发展趋势与中欧关系的前景做出展望,会议取得了圆满成功。

上海欧洲学会 2018 年年会暨"多重挑战下的欧盟和中欧关系"研讨会综述

杨海峰　整理

　　2018 年 11 月 3 日，上海欧洲学会 2018 年年会暨"多重挑战下的欧盟和中欧关系"学术研讨会在复旦大学经济学院 801 会议室召开。本次会议由上海欧洲学会主办，复旦大学欧洲问题研究中心/中欧人文交流研究中心承办。本次会议也是上海市社联第十二届（2018 年）学会学术活动月项目之一。

　　会员大会由上海欧洲学会副会长、复旦大学欧洲问题研究中心主任丁纯教授主持，上海欧洲学会徐明棋会长、复旦大学文科科研处姚凯副处长、上海市社联学会管理处梁玉国副处长分别致辞。会员大会听取并审议通过了学会杨海峰秘书长作的理事会年度工作报告和财务报告、曹子衡监事作的监事工作报告。理事会听取并审议通过了相关决议。来自上海社会科学院、上海国际问题研究院、复旦大学、华东师范大学、同济大学、华东理工大学、上海外国语大学、上海对外经贸大学、中国人民大学等科研机构院校近 60 位专家学者以及来自《文汇报》《新民晚报》《解放日报》、澎湃新闻等媒体记者参加了会议。

　　研讨会上，学者们就"欧洲政治社会与一体化""欧洲经济金融和外贸""中欧关系"等议题进行了热烈讨论。

上海欧洲学会副会长、华东师范大学国际关系与地区发展研究院院长刘军教授主持了"欧洲政治社会与一体化"环节的研讨。

上海欧洲学会副会长、上海国际问题研究院全球治理研究所叶江研究员在题为"英国脱欧与欧盟未来走向浅议"发言中认为，英国脱欧对欧盟的发展是一个巨大的挑战，与英国"脱欧"前景不明朗相伴而行的是欧盟未来走向不明朗。2018年英国保守党年度大会后特蕾莎·梅稳固了自己的地位，并拒绝了工党提出的重新公投的建议。梅政府原则上同意延长脱欧缓冲期，"协议脱欧"的概率已上升至80%左右。至于欧盟能否在英国脱欧后建立起"一体化主权欧洲"，仍有很大疑问。

上海欧洲学会顾问、上海社会科学院世界经济研究所前所长伍贻康研究员在题为"欧盟一体化局势纵横谈"发言中认为，默克尔是德国政治稳定的象征，默克尔的即将离任标志着德国乃至欧盟一个时代的结束，对德国甚至国际政治生态将产生影响。若基民盟新任党主席与默克尔政见不合，默克尔存在提前下野的可能。同时默克尔的下野预示着大联合政府摇摇欲坠，民粹主义的政党将有所抬头并进一步扩散。欧盟一体化将面临着动荡停滞，欧洲将来可能产生"大地震"。

上海欧洲学会理事、复旦大学法国研究中心副主任张骥副教授在题为"法德轴心的再起与困境"发言中认为，法德轴心在欧债危机后得到重新强调，然而德国日益增长的经济实力与法国政治领导力相对下降却存在不平衡。法德轴心再起需要三个前提，即法德在国内都有强大的领导力，法德都有强大的领导人，以及法德相互之间存在不均衡的均衡。为实现法德轴心的崛起，法国需要改变德国经济强法国弱的情况，德国也需要在政治经济上做出妥协。

上海欧洲学会学术研究部主任、上海外国语大学欧盟研究中心常务副主任忻华在题为"当前美欧日三边贸易关系的新动向"发言中认为，自2015年至今欧美TTIP谈判冻结，美欧贸易和投资并未实现进一步的自由化，欧盟的经济政策表现出机会主义和两面下注的特点。欧盟的贸易政策受到了特朗普政府贸易政策的较大影响，这主要表现在三个方面，即欧盟的基本认知受到美国的影响，其对民粹主义做出了退让，学习美国建立起一整套针对中国的贸易防御政策体系。

上海欧洲学会顾问、前中国驻拉脱维亚大使杨国强对第一场研讨进行了点评，指出欧盟领导人对国内的政治经济社会驾驭能力及其国际地位对其在欧盟的作为产生直接影响。欧盟之所以成为欧盟，主要是欧洲国家在利益驱使下联合起来建立起了共同体和联盟，从而取得经济利益的最大化。

上海欧洲学会副会长、华东理工大学欧洲研究所所长杨逢珉教授主持了"欧洲经济金融和外贸"环节的研讨。

上海欧洲学会副会长、复旦大学欧洲问题研究中心主任丁纯教授在题为"欧洲经济现状与问题"发言中指出，当前欧洲经济总体增长并稳步复苏，各国经济发展平稳，整体就业形势得到改善，物价水平开始回升，货币与金融状况稳定乐观。总体情况虽好，但也存在一定的发展隐患：全球经济增长速度减缓、贸易保护主义兴起、美欧贸易摩擦、中东局势恶化等外部风险增加，英国脱欧、成员国发展不平衡、民粹主义等内部风险突出。欧洲经济整体向好，但在全球经济复苏仍不稳定、新兴经济体发展下行趋势、贸易保护主义影响全球贸易的影响下仍存在不确定性。

上海对外经贸大学中东欧研究中心副主任张琳副教授在题为"中国中东欧贸易新特征"发言中分析了中国与中东欧国家经贸的新特征，指出中东欧的贸易主要集中在货物贸易，从要素密集度来看中国主要出口劳动和资本密集型产品，而中东欧国家主要出口资源和资本密集型产品。自2001年以来，中东欧国家对中国的贸易依存度显著提高。从投资来看，中国对中东欧国家投资总体占比较低，仍存在发展空间。

上海欧洲学会副秘书长、上海国际问题研究院欧洲研究中心主任张迎红研究员在题为"美欧投资审查合流新动向及对我国影响"的发言中指出，当前美欧投资审查机制出现了合流的趋势，在时点上遥相呼应，在内容上相互山寨、借鉴与吸收。美欧的审查对象都聚焦于国有企业，审查领域都集中在基础设施及高科技领域。合流的背景在于近些年中国对外投资规模不断扩大，引起欧洲国家的警觉，同时相互投资的失衡使欧盟认为并没有实现互惠，欧洲也想以此为由让中国降低自身的壁垒。投资审查的合流会对中国的对欧投资、应对贸易摩擦、"16+1"合作等方面产生不良的影响。

上海欧洲学会名誉会长戴炳然教授对第二场研讨进行了点评，他认为当今欧洲进入了新常态，存在经济低速增长、成员国发展不平衡的问题，并认为需要对中国中东欧贸易不平衡问题做进一步的政策性还是结构性因素引起的原因分析。

上海欧洲学会理事、前华东师范大学副校长范军教授主持了"中欧关系"环节的研讨。

上海欧洲学会副会长、同济大学德国研究中心主任郑春荣在题为"中欧安全合作的现状与挑战"发言中认为，中欧对安全合作重视程度上升，在诸多方面已经展开了合作。随着欧盟定位的转变，其重心放于周边地区的安全，与中国的冲突有所减少。但欧盟文件也显示，其会加大对南海、亚洲问题的关注，不断提升在亚洲安全事务的影响力。对于中欧安全合作未来的发展，非洲将是双方合作新的发展点。

上海欧洲学会理事、上海外国语大学德语系王志强教授在题为"全球政治变化下的中欧关系"发言中指出，目前中欧在维护多边主义以及贸易自由主义等领域存在合作的需要，但中欧的合作也受到政治制度、利益诉求、中国"走出去"政策以及中国自身快速发展的影响，中欧应当寻求双方认同的合作基础，积极开展多边合作，在一些分歧上应该采取求同存异的态度。

上海欧洲学会理事、上海社科院国际问题研究所崔宏伟研究员在题为"中欧互联互通竞合关系背景下的中国—中东欧合作"发言中认为，中东欧国家虽然需要中国投资，但另一方面也依靠欧盟市场。来自欧盟层面的压力会对中东欧国家参与"16＋1"合作产生影响。中欧在亚欧互联互通的总体目标较为一致。

上海欧洲学会理事、上海外国语大学法语系肖云上教授在题为"法国与'一带一路'"的发言中认为，中法关系从某种角度来说取决于马克龙对中国的态度。中法是战略伙伴关系，但法国在一些问题上对中国存有一定疑虑，马克龙对中国也是既欣赏又犹豫。法国想要保住在非洲原有的势力范围，也希望与中国展开合作。中法双方需要建立起信任关系。

上海欧洲学会理事、上海国际问题研究院院长助理张海冰研究员对第三场研讨进行了点评，指出发展中欧关系需要应对好合作需求与合作能力、价值导向和利益导向、选择合作与选择孤立这三重困难。中欧既有很强的合作需求，但很多时候又受困于国际格局、大国关系的调整和各国国内政治的影响，限制了行动能力。在当前这个重要而敏感的时刻，中欧应该选择合作，维护和建立有利于双方和各方的全球规则。

  与会者结合主题发言和点评踊跃提问、各抒高见。上海欧洲学会会长徐明棋最后指出，欧洲在目前国际格局的发展中起着重要作用，在中国崛起引起美欧警惕的背景下，欧洲对待中国未来的发展与美国有着很大差异，也正是因为这些诸多原因，当前欧洲研究显得越发重要，学会将继续为各位专家学者提供研究与交流的平台，也希望大家在学会今后活动中增进交流，进一步对欧洲及中欧关系开展及时、深入研究，同时也为国家政策制定提供有益参考。

《欧盟及其成员国对华政策报告（2018）》发布会暨第九届上海欧洲研究青年论坛综述

邹　宏　曹子衡　整理

2019年1月19日下午，上海欧洲学会与复旦大学国际问题研究院中欧关系研究中心联合主办的"《欧盟及其成员国对华政策报告（2018）》发布会暨第九届上海欧洲研究青年论坛"在复旦大学举行。伍贻康、戴炳然、杨逢珉、郑春荣等来自上海各高校和研究机构的欧洲研究学者近50人出席了会议。复旦大学副校长陈志敏教授、上海欧洲学会会长徐明棋研究员代表主办方分别致辞。上海欧洲学会监事曹子衡、上海欧洲学会秘书长杨海峰和复旦大学副教授张骥先后主持了开幕式和研讨交流。

一、欧洲的复杂性值得我们深入地研究

陈志敏教授在致辞中指出，2018年很不平常，世界发生了很大的变化，欧洲有很多不确定性，同时也有很多的确定性，《欧盟及其成员国对华政策报告（2018）》以务实、合作与软遏制同时加强来概括过去一年中欧关系总

的基调。我们看到，意大利的新政府、"黄马甲"运动、英国脱欧跌宕起伏，欧洲经济总体不错，失业率下降，整体政策上还维持原来的惯性，在这样的背景下，中欧关系比前一年还好，中欧峰会也开了，还发了公报，欧洲人也提出了互联互通的政策报告，算是对中国的一些倡议作了一个回应。另一方面，特别是面对特朗普的挑战，2018年中国跟欧洲的那些人文交流的机制都没有开会，英国人说就是因为他们的军舰跑到南海，最近英国人又说他们在文莱要搞个军事基地。从地缘的方面，从经济的方面，包括对华为的这种压制，特朗普的政策是不是像当时克林顿政府的政策？如果是这样的话，为什么会朝着克林顿时代的美国政策方向走？它未来又会往哪个方向前进？这些都值得我们好好研究。

当然，这个报告事实上主要的对象，是要研究每个国家的对华政策，我想这是非常好的倡议。这已是我们发表的第二份年度报告，而且也是越做越好。我想借这个机会感谢欧洲学界的各位年轻人，期待未来的报告做得越来越好！

徐明棋教授也肯定了《欧盟及其成员国对华政策报告（2018）》在不断取得进步。他指出，2017年的《报告》发布之后，在国际学术交流的过程当中，也得到了很多国外学者的信息反馈，已成为上海欧洲学会对外交流的一个重要的载体。我们希望能把这个《报告》做得越来越精彩，水平越来越高，发挥的作用越来越大。

欧洲的确是值得越来越重视，欧洲的发展变得越来越精彩，因为无论是从欧洲大陆内部的政治结构的演变、发展，政党重构以及左右各种思潮的对撞，产生的分化，都值得我们进一步研究。与此同时，欧洲经济也呈现出新的发展态势，经济一体化在不断往前推，同时，反一体化或者说逆一体化的思潮也在增长。面对外部冲击，欧盟现在虽说不算四分五裂，但在欧盟成员国之间已有了不同的声音。这种分化非常明显。欧盟几个大国还是想继续维护一体化现有的成就，并进一步推动一体化往前发展。我们看到各种各样的力量实际上变得不像以前非常清晰，出现了比较复杂的这样的一种局面，无论政治、经济、历史、文化传统对现在的整个欧洲，都产生了影响，都是更加复杂的一种状态。从全球这个角度来看，中欧关系也变得越来越重要。美国对中国的全面遏制变得越来越明显，尽管中美最近的贸易战可以获得暂时缓和，但中美之间的结构性的矛盾，崛起大国和守成大国之间的这对矛盾，将会为未来中美关系产生非常重要的决定性的因素。双方的竞争或者说一定程度的摩擦、对抗难以避免。在这样的大背景之下，欧洲仍然是我们工作的对象和团结的对象，因为在全球大视野当中，在世界力量分化和重新组合的过程当中，我们需要进一步加强和欧洲的关系。欧洲也存在着要和中国进一步合作的需要，德国、法国、英国都想进一步加强和中国的经济、贸易、投资的合作，一系列的相关活动都在推进。而另一方面欧洲又存在着类似美国的对中国的疑虑，这也很明显。欧洲的这种复杂性值得我们去进一步深入研究。我们今天这份《报告》的主题实际上也是谈到了这两个方向：一个就是合作在进一步的推进，务实的合作。同时，欧洲也和美国一样，内在有一种动机或者动力，不想看到中国能够快速发展，全面超出西方社会，因此一定会在和我们的合作过程当中，对我们提出各种各样的批评。这一点也已变得越来越清晰，所以我们应更深入地研究欧洲，提出超前的一些判断，指导我们的学术。通过国际交流，通过第一手信息、材料的掌握，能够出高水平的研究成果，提升我们上海欧洲研究的水平，更多发挥上海欧洲学会这个平台的作用。

二、不合调或根本唱不起来的合唱：
　　欧盟的对华政策

复旦大学国际关系与公共事务学院张骥副教授在"法国的'黄背心'运动及法国对外政策"的主题发言中指出，最近国内写了很多关于"黄马甲"运动的文章，主流意见认为"黄马甲"运动是法国全面的系统性制度性的危机，这种判断过于悲观。他认为，相比而言，"黄背心"运动实际上没有达到1968年5月风暴的程度，它带来的政治危机还没有达到5月风暴这样的危机，背后反映了三对矛盾。第一对矛盾是法国社会脉动。这个矛盾由来已久，马克龙上台以后的一系列改革措施，就是要解决这一对法国社会根深蒂固的矛盾，包括劳工法的改革、国铁的改革，都是前几届政府没有做到的,马克龙做到了。但马克龙对改革的阻力的判断有失误,急于推动全面福利改革,没有把握好改革的节奏与改革的利益框架调整。

第二对矛盾是法国政治结构的失衡,即传统利益代表机制的失灵,也就是传统政党的出局。以马克龙为代表的新型政党出来以后,实际上基础还没打牢。"黄背心"运动呈现出没有中心,没有代表,这和法国过去的运动不太一样。过去法国的运动里面最主要的两个力量,一个是工会,一个是政党。在这次"黄背心"运动里面,没有看到工会,也没有政党。这使得法国政府直接面对民众。其次,"黄背心"运动的诉求也是多元的。作为利益代表机制的体现,法国传统知识精英在表达社会利益方面发挥了很重要的作用。但从这次"黄背心"运动可以看出来,知识分子在这方面的作用已经在消解。

第三对矛盾是国家治理和全球治理之间的张力。马克龙一直想推动积极进取的外交,但是"黄马甲"运动发生以后,法国要在全球治理当中发挥这样的作用,其面临的国内的挑战变得越来越大。

关于"黄背心"运动对法国外交的影响,张骥认为主要有两点:第一,马克龙执政以来推行的积极进取的外交会受到制约。未来很长一段时间,法国政府的重心将回到内部稳定上去。第二,法国谋求欧盟领导地位的努力也将会受到一定程度的制约。由于法国的问题、英国的脱欧、默克尔的退休进程的启动,再加上难民问题,现在欧盟的领导力将更加的不足。无论从德国还是从法国的情况看,法德中心要重启更加困难重重,因为法国和德国同时在国内面临严重的挑战。全球治理和国家治理的矛盾,实际上也是欧洲一系列危机的后果,使得原来在全球治理当中能够发挥很大作用的这些国家,现在由于内部的问题,可能会进一步影响它在国际上发挥作用的前景。

上海外国语大学英国研究中心李冠杰博士在发言中认为,2018年中英交往频繁,有很多合作项目在进行,但是直到12月份,高层交流都没有再进行。概括英国的对华政策,可以用16个字,即:讲究实际、紧扣创新、政治非难、外交圆滑。英国对华最根本的利益是经济利益。最近三年,英国对华贸易赤字一直在缩小。英国为了要得到某些利益,可以不拘小节。英国人很注重创新,它不是跟我们搞低端合作,而是站在最前沿的角度,即中英或者说人类未来共同面临的最大的挑战,在人工智能,还有各种领域包括金融领域搞创新,频频参与我们各种的创新,在世博会、进博会,在各种高端会议上它都是主宾国。但在维护英国的价值观上,它又是毫不手软,凡是跟英国价值相违背的,都要提出抗议。

同济大学政治与国际关系学院欧洲研究中心宋黎磊副教授就 2018 年中东欧国家对华政策做了发言。她指出,中东欧对华关系实际上也是这几年来中欧合作的一个亮点。从 2012 年起,经过 5 年的发展,"16+1"机制已经进入到机制合作的成熟期及早期的收获期。从中东欧国家来看,它们接受这样一个概念,意识到在这个平台里,这些中东欧体量较小的国家,可以对华展开相对透明的这种合作。另外,在这样的平台上,之前有历史纠纷的国家,如克罗地亚、塞尔维亚,也是坐在一个桌子上谈问题。现在越来越多的国家重视年度峰会,重视中国领导人跟各国的领导人在双边会晤中可以谈些什么?有哪些新的领域有突破?

宋黎磊认为,2018 年 6 月召开的"16+1"索非亚峰会是一个重要的转折点。因为在此之前,有很多的谣言,说中国要降低峰会的合作规模。索非亚峰会的召开,粉碎了之前的不实言论。李克强总理在峰会之后,又跟德国和其他的欧盟国家进行互动,来推动中东欧国家以及德国开展三方合作,在某种程度上减轻了这些国家对中国跟中东欧合作是分裂欧洲的压力。在次区域层面,首先在波罗的海层面,2018 年 1 月,波罗的海国家联合北欧国家开始进行一个 NBA 出访的机制,即其国家议会领导人的出访,以此凸显波罗的海国家的身份。他们认为跟北欧国家合作有更多的优势,想提醒中国推进它们跟北欧国家的联合发展。在维谢格拉德集团层面,2018 年比较突出的是它们想推动 V4 政治磋商和对话,但看来还是不成熟。中东欧国家的主流态度仍然认为,经济合作的最终对象和目标还是欧洲一体化的大市场,中国不可能替代,它们希望中国在某种程度上推动它们尽快融入欧洲一体化,这是它们务实性的期待。在国别层面,既有积极的表现,也有消极的表现。且不谈在华为问题上捷克和波兰的一些表现,主要看下面两个国家。一个是罗马尼亚。之前罗马尼亚对"16+1"是有一些失望情绪的,因为它觉得跟中国有传统的合作性的友谊,但在"16+1"平台几年以后,它的经济增长却不如 V4 国家。它希望能够在上半年的合作机会里来落实它跟西巴尔干国家进行交往。另一个是匈牙利。匈牙利在中东欧国家里面一直是对话最为积极的国家，但它现在也有一些消极的情绪。2018 年 5 月 28 个欧盟成员国驻华大使发布对"一带一路"的批评意见信，匈牙利是唯一一个没有签字的国家。匈认为在政治上对中国做出了良好的态度，但却没有在经济方面得到良好的回报，所以有失望的情绪。

  复旦大学国际关系与公共事务学院严骁骁博士作了北欧国家对华政策的主题发言。他指出，严格来说，北欧国家对华政策的风格具有各自的特点。比如芬兰属于重商主义国家，而挪威和瑞典就比较偏重价值观倾向。但在具体的对华政策中，情况有的也发生了改变。比如，中国同挪威的关系在 2016 年年底结束了冰冻期，重新恢复了，这最主要来自挪威对于中国市场和与中国签订自贸协定的经济利益的驱使。2018 年，正是在北欧国家对于中方的市场及贸易的利益需求的大背景下，中国和北欧国家的关系得到了发展。从双边贸易总量来看，2018 年中国同北欧 5 国各自的贸易量都比去年有了一定的增长。北欧国家像挪威、丹麦，都派出了部长级的代表，率领贸易团出席了在上海举办的首届进博会。北欧国家由于国家的实力差距太大，其对华政策的核心目标是通过与中国保持良好的政治关系，来促进双边贸易和双边经济活动增长。但是，我们也要看到，在中国同北欧关系中，除了经济和贸易以外，有一些新的议题也值得关注，最典型的就是中国对参加北极治理的意愿越来越强烈。2018 年 1 月，中国发布了首个北极政策白皮书。对此，北欧国家是非常欢迎的。它们希望有像中国这样的力量加入进来，平衡世界大国在北极事务中的竞争。几天前，芬兰总统访华，在同习近平主席会晤的时候，也特别提到了芬兰非常支持中国参与北极事务，共同开发北极航道。当然，双边关系中，也有一个比较明显的负面的热点，时不时会在北欧国家中冒出来。北欧国家以瑞典为代表，在外交上特别强调一些规范性的问题。比如，2017 年瑞典发布了首部世界人权报告，其中特别批评了中国。2018 年，香港铜锣湾的事情又被瑞典拿出来炒作，批评中国政府在人权问题上的做法。总之，在处理同北欧国家关系的时候，中国应该抓住它们在经贸上对我有迫切需求这样一个偏好。

  上海国际问题研究院龙静博士就奥地利外交新动向和中奥关系的新发

展问题作了发言。她指出，奥地利在欧盟内部并不算是一个很显眼的国家，但从 2018 年来看，它似乎又跑到了欧盟外交舞台的中心位置，在中国的对欧关系当中添加了不少的亮点。奥地利的对华政策和它的总体外交走向有着非常密切的相互对应的关系。年初，奥总统、总理同时高调访华，同时还有 4 位部长及 150 多位的企业家一同随行。奥总统还参加了博鳌亚洲论坛，同时也对"一带一路"和"16 + 1"表示出了比较积极的态度。当时，奥地利与中国签署了一系列文件，包括就"一带一路"合作的备忘录。但迫于欧盟的压力，这份东西没有了下文。总的来说，奥地利对中国提出的诸多倡议持非常积极的态度。除了上面提到的两个之外，也包括它作为一个初创国参与了 AIIB。奥地利对中东欧非常关注，所以它的政策一直以来（不单单是这一届的政府）就是希望能够成为西欧和中东欧之间，或者说西欧和东欧之间的桥梁搭建者。当然，对奥地利来说，2018 年特别重要，第一是新政府上台，第二是奥担任了 2018 年下半年欧盟的轮值主席国，这赋予了它非常充分、有利的一个平台，让它从事这样的工作。这一年里，奥其实做了很多的事情，包括使得西巴尔干的入盟进程再次出现了松动，把中东欧对于难民问题的一些意见带到了欧盟的平台上，利用欧盟首脑峰会的机会，推动欧盟采取中东欧国家更希望的发展路径，即从过去希望在欧盟内部达成关于配额制度的协议，变成了加强与域外国家的合作，特别是与埃及的合作。需要强调的是，奥地利的这些外交政策，对于欧盟的影响是非常深远的。我们知道，奥地利现在是中右翼的人民党和极端的右翼政党联合执政，与 2001 年不同，欧盟（对这次极右政党上台执政）似乎没有亮起红灯，甚至有愿意合作的姿态，这似乎表明欧盟也努力调整以和这些极端政党参与的成员国进行合作、协调这样一种发展方向，可能欧盟也意识到将来这种情况未必仅仅是在奥地利发生，在其他的一些国家也可能会有更多的极端政党参与执政，甚至有可能面临极端政党独立执政的可能性，似乎欧盟也在尝试着适应这样一种新的变化。所以，奥地利结束了半年的轮值主席之后，还是得到了欧盟的很大肯定。奥地利当前国内政局的发展，一个是极端政党主流化，另外一个是主流政党出现民粹化，这样两个方向很有可能对 2019 年欧盟议会的选举以及今后整个欧洲层面的政治生态的变化，产生非常大的影响。

在对上述 5 位报告作者的发言作点评时，学会名誉会长、复旦大学戴炳然教授指出，2018 年欧洲对华政策的一个特点就是很务实，是实用主义，但这应该是很不错的了。中欧关系应该是很不错的，中欧之间的来往也算频繁，尽管中美关系在 2018 年出现了一个非常大的转折，可能是非常深远的转折。这是外部影响。内部来说，欧盟现在问题多多，在外交政策上是不合调的合唱，或者是根本唱不起来的合唱。过去可能还在某些问题上同一个声音说话，现在恐怕是同一个声音说话都说不起来了。在这种情况下，对中欧关系我们应该满足了。

戴炳然教授指出，德国本是最能把握自己方向的国家，现在开始迷失了；法国已经迷失了相当长一段时间，现在还是走不出来。马克龙上台以后曾经想有所作为，但他现在是束手无策了。至于英国，现在它的重心就是脱欧，这使它焦头烂额，前途迷茫。中东欧国家尽管是亮点，但中东欧对华政策是没有战略的。在这样的情况下，因为中国的经济分量，中国在欧洲的形象是分裂的。第一，欧洲不得不承认中国的经济分量，特别是在他们经济不太好的情况下，他们不能完全放弃跟中国的经济合作，而是希望能够加强。所以，中欧经济合作的前景，这个希望还是存在的，尽管可能更着重的是成员国之间的多方向的合作。在这方面中国还是可以有所作为的。第二，如果要欧洲在中国和美国之间做选择的话，它在政治上只可能选择美国，不可能选择中国，不可能完全跟中国站在这一边。所以，中欧关系要想回到 90 年代或者本世纪初那种情况是不可能的。在 5 到 10 年之内，如果能够维持现状，以经济合作为主，在政治上维持相互之间的友好，应该是很重要的。

学会副会长、华东理工大学欧盟研究所所长杨逢珉教授在点评中指出，要分析清楚一个国家对另外一个国家的外交政策，就必须分析这个国家国内的政治斗争和利益。要写一个国家对华的政策，不能仅从中国来找资料。另外，我们的研究如果能从比较小的、比较具体的问题讲清楚这个国家对中国的政策和看法，这对政府制定有关的政策是有帮助的，是特别好的。无论怎样，作为国别研究的学者，能够踏踏实实、认认真真地收集到更多的一些信息，写出一些对国家有用的政策报告，是值得做的事情。

三、新形势下的中欧关系

上海社科院国际问题研究所戴轶尘博士对我国2018年12月18日发表的第三份对欧政策文件与前两份政策文件进行了比较分析。她认为，至少从发文件这样一个举动来看，中国和欧盟还是一直保持着对话的姿态，是比较密切的一个互动。从文件的内容来看，2003年以来，中欧关系是在不断地充实和丰富的。

第一份政策文件全文只有5千多字，内容相对比较简单。最主要的是确定了中国对欧盟政策三大支柱，即政治、经济、人文这样一个结构，并明确了各领域合作的原则性的或方向性的一些内容。这个基本结构，实际上持续地保持下来了。2014年习主席访欧时，推出了第二份政策文件，内容大幅增加，并明确提出了中欧是"四大伙伴关系"，即和平、增长、改革、文明四大维度，后面从8个方面来讲在各领域如何推进中欧合作。现在的这一份文件，和前面相比，特别是和第二份相比，有一些延续性的关系，比如说中欧关系还是追求四大伙伴关系，但是用了四个坚持来概括和归纳，这是比较大的变化。另外对原来的一些具体合作领域的结构进行了调整，在内容上面有更进一步的细化。

具体而言，三个文件对中国和欧盟在国际体系中的定位没有发生变化，都强调了中国还是一个发展中国家，坚持走和平发展道路的基本战略趋向；对欧盟的认识，也没有因为欧债危机和英国脱欧，否定一体化或者唱衰欧盟，三份文件都强调欧盟是战略的力量。三份文件对中欧关系的认定和发展基调上也没有发生变化，三份文件都强调中欧之间没有根本性的冲突，对重大国际问题的认识没有分歧。对中国和欧盟在国际体系中所发挥的作用，强调双方都是世界多极化和经济全球化的参与者和塑造者。

新的对欧政策文件的变化体现在三个方面。文件的开头就指出，现在国际环境大背景发生了很大的变化，世界处于大发展、大变革、大调整的阶段，这跟前两份文件有很大的不同。文件说中国乐见一个团结、稳定、开放、繁荣的欧洲，然后又说要平衡发展并相互促进欧盟机构、成员国和欧洲其他国家之间的关系，中国和中东欧国家的合作对促进中欧关系是个补充。我们希望并行发展在中欧关系和中英关系的定位。文件更进一步强调了欧盟的地位，指出欧盟是不可或缺的合作伙伴，使欧盟从原来一个充分条件变成了一个必要条件。在具体的内容上面，文件对一般性的指导原则和一些具体的合作进行了区分，把一个中国原则从原来放在政治领域合作的内容，上升到了首要的指导原则，更强调了我们中国在维护自己核心利益上面的底线。另外在具体合作上面，尤其是在经贸领域和科技创新合作领域，更强调我们在发展规划上的对接、对话，和推进双方之间的相向而行的开放和投资。在一些治理的议题上面，有一些更为充实的具体的合作项目和方向。而对分歧比较大的人权问题，把它从原来的政治合作的议题之一，现在归到了文化议题，来淡化分歧。

戴轶尘总结说，通过比较分析，从这份文件可以看出，在目前国际环境发生急剧变化的背景下，中国还是希望维持中欧关系的稳定，就是不要像中美关系一样出现突然性的转折，避免大起大落。另外，中国和欧盟都成为各自内部发展议程中的重要力量，离开了对方，都难以推进自己内部的改革和发展议程。但是，这些务实合作已经触及到双方根本性的经济制度或者治理规则的制定权的问题，这可能是未来关系发展中比较困难的部分。另外，从整个国际秩序来看，由于美国采取退出战略，对未来的国际秩序提出了很多不确定的因素。稳定的中欧关系是保持国际秩序相对稳定的一个支柱。在战略合作上面，我们有一些共识，但也有很多分歧。在相对务实的层面，应尽量强调共识性，搁置在具体问题上面的一些争议，在维护国际秩序，尤其是多边主义的架构上，强调双方支持多边主义的共同立场。

华东师范大学国际关系与地区发展研究院臧术美博士就中欧地区政策合作做了发言。她指出，欧盟的地区政策的发展经过了几次大的改革。欧盟地区政策有4个非常重要的特点。第一是凝聚力和竞争力的双重强化，既强调凝聚力是核心，又不断强化对竞争力的要求。第二是效率的提高；第三是层级合作的加强以及分权化的管理；第四就是数量。将中国和欧盟地区政策放在一起比较是很困难的，因为它们其实不是同级别的。欧盟是成员国组成的，中国是单一制国家。但在不严格比较的基础上，可以发现两边有一些共同点。第一，政治目标都是要促进区域协调发展；第二，推动区域合作和一体化发展（对中国来说并不是一体化）；第三，城乡统筹；第四是生态；第五是注重发挥不同主体的作用；第六是发展体系演变当中，欧盟有一个NUTSJ，欧盟做得非常好，值得中国学习。比如，中国设定的目标只有一个，就是减贫。欧盟的地区政策目标的设定当中经过了非常复杂而完备的体系，从5个目标慢慢演变为6个目标。欧盟在评估方面也值得中国学习。中国的效率有很大的优势。中欧地区政策合作形式可以分为四个方面。第一个方面就是常态化的政策对话交流，现在已经到了第13次。第二个是联合课题。第三是人文、地理学者间的交流。最后就是案例合作。

华东理工大学商学院吴梦怡的发言题目是"中国与德国机电产品贸易的竞争性和互补性研究。"她指出，机电产品贸易在中德贸易中一直占据比较大的比重，而且德国为首的发达国家是中国出口的主要市场。"渝新欧"的开通极大地促进了中德机电产品贸易。通过贸易数据的整理，我们发现，中国机电产品出口德国市场的总额呈波动上升的趋势，到2017年出口总额达到了32.72亿美元，相当于2001年出口额的9倍。机电产品贸易是中国与德国双边贸易重要的组成部分。至2017年，中国出口德国机电产品的出口额占比达到44.59%。中国对德国机电产品出口的结构是严重失衡的，出口以劳动密集型产品为主。所以，提高中国资本密集型机电产品出口德国，具有较重要的意义。从贸易竞争力指数计算，可以发现，这个指数的计算结果表现为负数，说明在中德机电贸易中，中国一直处于进口的状态，也说明了中德机电贸易产品的竞争性是比较弱的。通过对出口产品相似度指数的计算，可以发现，中德机电产品出口相似度是较低，但呈现上升的趋势，说明中德机电产品的竞争性虽然比较弱，但竞争力在不断增强。通过贸易结合度指数的计算，可以发现，中国与德国的机电产品贸易联系程度其实是比较松散的，并且增进中国对德国机电产品出口贸易程度的因素，主要在于劳动密集型机电产品的出口。通过静态和动态的产业链贸易指数的测算，可以发现，劳动密集型机电产品主要是以产业链贸易为主，资本密集型机电产品是产业间贸易为主。在资本密集型产品中，则主要表现为互补性。最后，对RCA指数进行测算发现，劳动密集型机电产品竞争性比较强的，而资本密集型机电产品则一直呈现劣势的状态。劳动密集型产品竞争性比较强，在资本密集型产品上表现为互补性比较强。基于以上的实验结果，作者提出以下四点建议。首先是增强经济实力提高机电产品在德国市场的竞争力水平；其次是提高机电产品的附加值，积极应对技术性贸易壁垒；第三提高出口机电产品质量；第四是借力"一带一路"提高机电产品的出口。

江苏师范大学那传林副教授就中欧关系中的俄罗斯因素作了发言。他注意到，中欧关系的发展，会促进中俄关系的发展。反之，中俄关系不一定促进中欧关系的发展。中欧俄互为变量，不是一个互相促进的关系。作为一个有着几百年外交传统的国家，俄罗斯有自己完整的外交政策。从长远来说，俄罗斯的帝国意识不会消失。俄目前的所作所为，即从中国、印度获得资本，然后以此采用石油、天然气能源外交与欧洲发生关系，有其所图。中国对欧关系中，必须注意到俄罗斯的种种的表现。

对这一环节的主题发言，学会顾问伍贻康教授评论指出，从发言来看，不管宏观、中观、微观，从一个侧面角度来看，中欧之间的差异应该说是很明显。这一点无可讳言。在当前复杂的形势下，中欧双方确实互有需要，而且中国对欧洲的定位在原则上提到相当高度，可以说中国比全世界包括欧洲人自己还要对欧洲一体化有信心，而且给予重大的支持。那就是说我们要坚定地和欧洲发展好关系，而且是全面的、战略的、多层次、广角度的发展关系。应该说，目前欧洲确实也觉得中国不可缺少。大概也可以这样说，欧洲与中国，彼此都不可或缺。在人权等问题上，差异也很明显，但是双方相互依赖又很大。这个依赖不仅在经济方面，也包括在政治方面，现在更是在战略方面。总之，对中欧关系不能期望太高，能维持现在的水平已经不错了，在某些方面能够在战略上相互之间不公开表示对立，已经不错了。中欧之间的意识形态和政治制度、价值观等的差别在相当长时间内都是不可逾越的。中国坚定不移支持欧洲一体化，中欧关系不是挑战，更不要牵制和制约美国这个角度，我们是真诚地和欧盟发展贸易、投资、金融和整个的政治和战略关系。

学会副会长、同济大学德国问题研究所所长郑春荣教授点评说，关于中欧关系中的美国因素，其实在一些目标和诉求方面，欧洲或者是欧盟或者欧盟的主要成员国，和美国其实是合谋的或者合流的，只不过它们在方式方法上可能不一样。比如说对中国所谓国家对经济的干预的指责方面，欧美都有这样的诉求，只是欧洲不赞同美国所采取的动不动就进行制裁的这种方法，但欧洲一些国家也有要在暗地里施加更多的压力的想法。所以，我们也会听到欧洲有些国家释放出不和谐的声音。在美国不再可靠的背景下，欧盟或欧盟的主要成员国选择更多的是一种议题的联盟，就是说针对某些议题，他觉得哪些人可以跟他同道的，他能够获取更大利益的，那么他组成一个同盟，或者选择零和的关系。讲到多边主义，德国经常讲要和中国共同捍卫多边的国际秩序，事实上德国的外交部长马斯又讲我们要打造一个多边主义者的联盟，而这个多边主义者的联盟要针对美国，针对俄罗斯，针对中国。一方面跟你共同捍卫多边主义者的联盟，另一方面你又是我针对的对象，所以他的两面性非常明显。在中美之间，欧盟或其主要国家，其实也不想选边站，他既想从美国得到好处，又想从中国得到好处，可能这样舒适的位置不一定有。在5G网络的问题上，其实德国一开始表态相对比较积极，表示不会针对某一个国家、某一个企业制定相对排斥的政策，但是现在德国的国内已经有声音了，就是说把安全的问题加以泛化，出于工业间谍、安全的考虑，要把华为排除在德国的5G建设的招标之外。对此，德国经济界很纠结，一方面有这样的声音，另一方面他知道华为的经验和技术的优势，而且和华为有很多的合作，现在真的和华为脱钩，要付出很大的成本。他认为，新的中国对欧政策文件，把一些原来分散在各个政策领域的一些内容提升到了指导原则，等于为中欧关系进行了一些原则性的定调，提出了我们的要求。文件发布以后，找不到欧方舆论对它的一个反应，这是令人困惑的一个地方。但与此有一定关联的是，德国工业联合会11月10日发布了一份文件，名称叫伙伴与制度竞争者，称中国既是一个伙伴，又是制度竞争者。文件要求德国政府和欧盟要对中国采取更强硬的调门，来对中国进行施压，要中国更多开放市场。但德国工业联合会只代表一个经济界协会，也有一些协会的立场是不一样的，如德国工商大会、德国外贸协会，它们更多强调建设性的对话，而不要把中欧关系搞坏。

最后，徐明棋会长和陈志敏教授对研讨交流做了总结。徐明棋指出，总体上说，今年的《欧盟及其成员国对华政策报告》从欧盟层面直到成员国、主要区域的对华关系分析的主脉络还是比较准确的，取得了比较好的效果，但也还有很多值得进一步提高的地方，如有些分析相对平铺直叙，对问题的体验、在观点的阐述上还不够老道，分析的深度还有待进一步提升，还有一些参考文献的梳理及其权威性还可以进一步提升，视角还可以放得更宽一点，欧盟国家对华关系在这一年中突出的特点是什么？与 2018 年比有哪些重大的变化？有什么样的核心的内容延续下来了？等等，这些内容还可以继续提升，在文字的表述上，在用词的准确度上，还是可以进一步提升。希望以后的报告逐步能提升到这样的高度，除了描述以外，还要有准确的判断。在做分析的时候，不要仅限于现有的总结分析上，而要有一点超前性的判断，要有一点自己独到的见解。

陈志敏也再次肯定了策划、撰写这样一个报告是非常好的尝试。来自不同学校的学者形成一个团队，一起来做这样的研究，这非常不容易。这也是上海欧洲学会的一个很好的传统，希望能不断发扬下去。报告本身的确有需要改善的地方。建议有一两个附录，如大事年表、贸易、投资等关键的数据指标。如果有一些政策建议，可能会有更多的意义。

"中欧区域治理与融合发展政策"国际研讨会综述

杨海峰　整理

2019年3月8日至9日，"中欧区域治理与融合发展政策"国际研讨会在上海外国语大学举行。本次会议由上海外国语大学主办，德国弗里德里希·艾伯特基金会、上海欧洲学会协办，上海外国语大学德语系中德人文交流研究中心和上海全球治理与区域国别研究院承办。会议旨在加强中国与欧盟在推进区域治理和融合发展领域的政策研究，总结中欧区域治理和融合发展的经验启示，共商促进中欧区域融合发展的治理模式和有效路径。来自欧盟区域政策司、欧盟区域委员会、德国科学与政治基金会、柏林赫尔梯行政学院、匈牙利索邦大学、北京大学汇丰商学院、上海国际问题研究院、上海社会科学院、华东师范大学、同济大学、上海外国语大学等机构和科研院所的共计30余名中外专家学者参加会议。

上海外国语大学德语系主任兼中德人文交流研究中心主任陈壮鹰教授主持会议开幕式。上海外国语大学姜锋书记在致辞中表示，区域治理与融合的探讨对于欧盟和中国发展都具有极其重要的意义，此次研讨会得到多方支持，学校相关部门院系做了精心准备，与欧洲开展学术交流活动可以拓宽我们相互的视野，增进相互了解，减少存在的误解，可以在推动中欧区域发展政策和实践经验交流的同时，丰富我们对事物和社会的认知，以学术促交流、促发展，为美好生活做贡献。艾伯特基金会上海代表处主任潘启泰（Stefan Pantekoek）在致辞中介绍了欧盟长期关注加强区域凝聚力的融合政策，以消除欧盟区域间的不平衡和区域发展的不均衡，提升欧盟的整体竞争力。欧洲对于当前中国的区域发展政策研究非常关注。他表示，中欧双方可以通过区域合作领域的交流与合作，更好解决各自区域方面不平衡的问题。上海欧洲学会会长徐明棋表示中欧是全面战略伙伴关系，双方在区域发展政策上可以互相加强学习。他感谢会议合作伙伴上海外国语大学、艾伯特基金会，也对精心筹备此次会议的毛小红博士等表示感谢。他在题为"中国经济凝聚力的机遇与挑战"主旨演讲中介绍，得益于政府管理和统一的财政、货币政策，大规模的区域转移以及比较有效的产业结构的政策，中国在过去40多年的整体经济发展过程当中，区域不平衡和人均GDP差距实际上是不断缩小的。目前中国GDP增长速度正从高速往中高速转型，很大程度上是由于整体经济出现了转向以服务业为主等结构性的变化。虽然存在一定阻力和挑战，但如果从进一步扩大开放、精准扶贫等政策保障来看，未来中国经济的韧性将持续维持，区域经济也会更加平衡发展。

一、欧盟凝聚和融合政策研究

上海外国语大学上海全球治理与区域国别研究院秘书长高健副教授主持了"欧盟凝聚和融合政策研究"议题环节的发言讨论。

欧盟委员会原地区政策司司长德发（Walter Deffaa）先生就"欧洲凝聚政策：经济、社会和区域融合发展的工具"回顾了欧盟凝聚政策的背景、制定过程，他强调欧盟凝聚政策的目的是区域协调发展、缩小地区间差距、促进欧洲一体化。凝聚政策的具体实施由多层级治理体制完成：超国家的欧盟层面负责监督，次国家的区域委员会层面负责具体运作，由此使欧盟凝聚政策和欧盟整体经济规划相融合，对欧盟各成员国的经济形成了强力促进：不但东欧国家受益，购买力提升，而且富裕国家也得到了消费红利。目前欧盟凝聚政策也遇到了英国脱欧、欧盟设置新的优先事项等措施带来的预算压力等问题，政策的灵活性及其整体效益都有待进一步提高。

上海外国语大学英国研究中心郭小雨博士围绕"欧洲对世界秩序形成的贡献及其造成的危机——从卡尔·施密特的《大地之法》说起"，提出当下我们需要重新理解政治概念以及概念下的世界秩序，进一步追问起点正义和程序正义，点明法律与秩序之间的沟壑。她分析了中国人是如何理解欧洲的统一、以及欧洲一体化如何影响世界秩序两个问题，并认为世界秩序的新旧交替和目前经济秩序与政治秩序的交错是我们中欧共同面临的挑战，而中国对卡尔·施密特的热议也说明了中国和欧洲处境的相似。中欧对世界秩序的理念能否融合？未来进行交流的平台在哪里？这些问题恰恰是双方对话的基础。

华东师范大学城市发展研究院院长曾刚教授就"德国创新政策及其对区域发展的影响"利用大量数据对德国创新政策的效果、意义进行了阐释，他认为德国区域创新的要点有三：邻近区域联合发展、告别威权以新为强、人才劳动力优先。该创新政策可供借鉴之处有四：合作创新、提高门槛、增加维度、重视开放。只有鼓励创新，优化产业，建设有利于人才发展的良好经济生态，才能保持经济的高位运行。

同济大学经济与管理学院、可持续发展与新兴城镇化智库主任韩传峰教授就"中国区域治理的政策演进与战略走向"从"区域治理"的角度对新中国各历史时期的大政方针进行了解读：从"三线建设""西部大开发"到"平衡东部""改革开放"，再到今天的"一带一路"倡议，中国的区域治理政策不断走向全面协调、经济改革与制度改革融合、国内区域和国内外区域共同发展，在此趋势下，"一带一路"倡议势必对中国区域发展提供强大助力。

二、欧洲凝聚政策的影响与挑战

上海欧洲学会秘书长杨海峰博士主持了"欧洲凝聚政策的影响与挑战"议题环节的发言讨论。

欧盟区域委员会社会民主党团政治顾问舒劳先生（Justus Schönlau）以"凝聚政策下的区域委员会多层次治理实践"为题，对地区委员会的结构和运作机制进行了介绍，同时就地区委员会在欧盟多年度财政框架中如何平衡预算、制约成员国进行了阐述。

同济大学政治与国际关系学院宋黎磊副教授就"欧盟周边治理视阈下的东部伙伴关系进展与挑战"展开论述，欧盟在"政府到政府""政府到民众""民众到民众"三个层次展开周边外交布局，重视地缘政治因素、能源安全以及具体的非法移民、跨国犯罪等问题。欧盟睦邻政策在实施过程中过于强调推广自己的价值观，产生了一定反效果。通过对欧盟治理理念的解读有助于我们思考中国与周边国家的关系，中国应该提倡和塑造相互包容、邻里认同的价值观、打造人类和周边命运共同体。

匈牙利索邦大学经济学院柏加萨（Zoltán Pogátsa）教授在发言中指出欧盟财政紧缩政策对欧盟地区和凝聚政策产生了对冲效应。欧盟借助紧缩政策对西班牙、意大利、希腊等国的财政政策施加影响。他大力赞誉了中国高速铁路网的建设对经济的刺激效果，这样的大规模基础设施建设项目在欧盟鲜有匹敌。

上海外国语大学欧盟研究中心常务副主任、上海欧洲学会学术研究部主任忻华在题为"欧盟区域治理对东亚地区一体化合作的启示"中对东亚地区一体化和欧盟一体化进行了建设性比较，他侧重谈到东亚地区一体化仍处于"贸易一体化"的初级阶段，特别是多边贸易仍发展不足，而欧盟所经历的贸易一体化、货币一体化乃至今天的政治、财政一体化趋势可以为东亚命运共同体的深入发展提供启示。

三、从德国统一到欧盟东扩

艾伯特基金会上海代表处亚瑞（Arthur Tarnowski）主持了"从德国统一到欧盟东扩"议题环节的发言讨论。

柏林赫尔梯行政学院国际安全政策研究中心副研究员科奇（Anna-Le-

"中欧区域治理与融合发展政策"国际研讨会综述

na KIRCH)围绕凝聚政策对东西德均衡发展的措施展开发言。她指出,两德统一后德国联邦政府采取了联邦州之间财政收入转移再分配的机制、以及在个人所得税中提取团结附加税等措施来资助东部地区发展。目前在基础设施、卫生保健等领域都取得了明显进步。德国人普遍对凝聚政策持正面态度。2020年后,财政再分配机制可能会从单一支援东部地区转向支持"经济欠发达地区"。

上海外国语大学国际工商管理学院张鹏副教授从都市圈建设着手,比较了中欧大城市的发展过程,认为中国的都市圈同日韩大都市以及欧洲大都市的发展阶段不同,正处于新建设、新发展的阶段,今后中欧发展协作与都市圈建设密不可分。

德国科学与政治基金会资深研究员朗(Kai – Olaf Lang)介绍了欧盟凝聚政策在东欧国家的成功经验,他认为东欧国家逐渐趋同、地区之间差异不断缩小、国际影响力提高。但凝聚政策也有一定的局限性,欧盟预算机制对成员国申请比较严格,并且存在行政冗余、法治腐败、区域发展政策不连续等现象。

四、中欧在区域合作中的挑战与潜力

上海外国语大学欧盟研究中心常务副主任、上海欧洲学会学术研究部主任忻华主持了"中欧在区域合作中的挑战与潜力"议题环节的发言讨论。

北京大学汇丰商学院斯塔尔教授(Gerhard Stahl)从区域合作的理论层面展开论述,强调了中欧之间加强地区政策合作的重要性,即区域政策原则必须综合考虑社会经济因素、创新政策必须综合考虑技术、社会和机构创新,多级治理政策必须综合考虑城市、地区和国家政府合作。

上海国际问题研究院公共政策研究所所长于宏源研究员围绕"中欧资源合作和一带一路"指出,地质勘探工作不仅对能源领域的学术研究有益,而且是国家现实发展战略的重要组成部分。他认为中国在能源领域的科研数据多来源于英美等国的地质科研机构,而我国对能源数据的战略意义尚意识不足。中国的能源效率产出多年来始终低于欧洲，在能源定价、数据库建设、国内竞争型市场建设等方面均需要向欧洲学习，才能使自己从资源大国走向能源强国。他认为，中国在"一带一路"地区面临地缘政治和可持续发展的风险，欧盟在可持续发展方面的经验值得我们借鉴，中欧加强合作将有助于实现"一带一路"可持续发展。

华东师范大学国际关系与地区发展研究院臧术美博士着重比较了中欧在地区政策上的异同。她表示，欧盟的地区政策和中国的地区政策都十分庞杂，对两者进行比较的主要障碍是层级不对等，不过两者又可以在目标与挑战、区域划分与政策体系、发展历程与前景方面进行有意义的比较。中国区域政策的目标更加明确，相当程度上集中于减贫。欧盟区域政策的目标体系更加完善。不过如何具体衡量区域政策的效果，仍然存在难以评估的困难。中欧之间在区域政策上的合作还处于起步阶段，深度广度不够、不同体制间合作存在一定顾虑，不过因此发展空间也很大。

上海外国语大学国际关系与公共事务学院副院长刘宏松研究员以亚投行创建过程中中欧协调为例，梳理了欧洲国家在建立亚投行过程中提出的建议。他指出，亚投行创建过程中中欧规则制定协调进程确保亚投行成为真正的国际多边机构，遵守现行多边开发银行和社会政策，同时避免亚投行成为中国输出过剩产能的工具，帮助亚投行避免了与周边开发银行采购政策的国际标准的直接对抗。他表示，在亚洲基础设施建设银行创建过程中，中国和欧洲共同发挥作用，亚投行的治理规则是在中欧协调基础上制定的，而且欧洲国家的加入使亚投行有了更多金融资源，也使其他国家对亚投行的治理能力有了更强的信心，从而吸引了更多国家的加入。

上海外国语大学德语系周方副教授以上外德语系的本科经济学专业合作办学为例，证明了中德高校教育合作及其对中德经贸关系的推动作用。他认为，虽然中德合作办学的机构还很少、区域发展不平衡、学科领域过于集中、高层次项目发展薄弱，但是整体走势乐观。

上海外国语大学德语系主任兼中德人文交流研究中心主任陈壮鹰教授主持会议闭幕式。德国艾伯特基金会代表亚瑞表示，中国和欧盟在区域政策方面面临比较相似的挑战，但是各个地区的问题不尽相同，两天以来的讨论证明了中欧之间在这个领域继续深入合作的可能性和相互学习的必要性。徐明棋会长强调，区域治理是非常复杂的问题，不仅涉及区域经济学，而且涉及政治学、社会学特别是具体的政府行政管理问题。在这些领域加强学术交流，共同探讨交流经验是非常必要的。上海外国语大学姜锋书记在总结发言中指出，会议中发现了中国和欧盟以及中国内部或者欧洲内部都有很多差异，而有了这样的差异，就有了不同的政策取向和具体举措，以及相互之间的学习和交流。中欧共同发展应该是双方追求的共同目标。

中欧专家学者在会议期间积极开展对话交流，双方既分析与总结了中欧在区域治理与融合发展领域积累的经验，又对中欧携手推动区域治理与融合进一步发展提出了许多新的建议，整个会议取得了圆满成功。

图书在版编目（CIP）数据

多重挑战下的欧盟及其对外关系/徐明棋主编.—北京：时事出版社，2019.11
ISBN 978-7-5195-0332-1

Ⅰ.①多… Ⅱ.①徐… Ⅲ.①欧洲联盟—外交关系—研究 Ⅳ.D850.2

中国版本图书馆CIP数据核字（2019）第206513号

出版发行：时事出版社
地　　址：北京市海淀区万寿寺甲2号
邮　　编：100081
发行热线：（010）88547590　88547591
读者服务部：（010）88547595
传　　真：（010）88547592
电子邮箱：shishichubanshe@sina.com
网　　址：www.shishishe.com
印　　刷：北京旺都印务有限公司

开本：787×1092　1/16　印张：25　字数：392千字
2019年11月第1版　2019年11月第1次印刷
定价：138.00元